연구보고서 2017-48

# 한국형 복지모형 구축

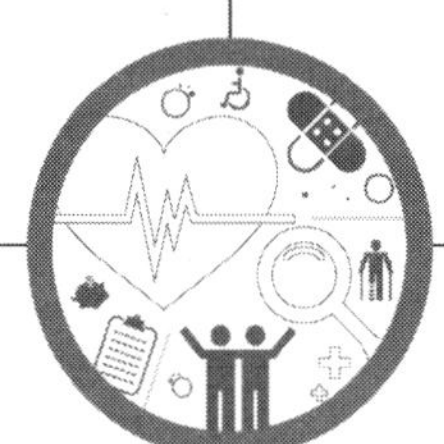

- 복지환경의 변화와 대안적 복지제도 연구

여유진 · 김미곤 · 김수정 · 박종현 · 백승호 · 이상호
이승윤 · 정준호 · 주은선 · 김성아 · 조한나

**【책임연구자】**
**여유진** 한국보건사회연구원 연구위원

**【주요 저서】**
한국형 복지모형 구축: 복지레짐 비교를 통한 한국복지국가의 현 좌표
한국보건사회연구원, 2016(공저)

한국형 복지모형 구축: 생애주기별 소득·자산·소비 연계형 복지모형 구축
한국보건사회연구원, 2015(공저)

**【공동연구진】**
**김미곤** 한국보건사회연구원 선임연구위원
**김수정** 동아대학교 사회복지학과 교수
**박종현** 경남과학기술대학교 경제학과 교수
**백승호** 가톨릭대학교 사회복지학과 교수
**이상호** 동국대학교 다르마칼리지 교수
**이승윤** 이화여자대학교 사회복지학과 교수
**정준호** 강원대학교 부동산학과 교수
**주은선** 경기대학교 사회복지학과 교수
**김성아** 한국보건사회연구원 전문연구원
**조한나** 한국보건사회연구원 연구원

연구보고서 2017-48

**한국형 복지모형 구축**
- 복지환경의 변화와 대안적 복지제도 연구

발 행 일 2017년 12월
저 자 여 유 진
발 행 인 김 상 호
발 행 처 한국보건사회연구원
주 소 [30147]세종특별자치시 시청대로 370
세종국책연구단지 사회정책동(1~5층)
전 화 대표전화: 044)287-8000
홈페이지 http://www.kihasa.re.kr
등 록 1994년 7월 1일(제8-142호)
인 쇄 처 (사)아름다운사람들복지회
가 격 13,000원


ISBN 978-89-6827-483-1 93330

# 발간사

외환위기 이후 지난 20여 년 동안 한국 복지국가는 숨 가쁘게 달려 왔으며, 향후 20년 동안도 지금까지에 못지않게 잰걸음을 옮겨야 할 것이다. 하지만 '급할수록 돌아가라'라는 옛말처럼 산적한 과제를 안고 있다고 해서 앞만 보고 달려갈 수는 없는 일이다. 과거와 끊임없이 대화해야 하며, 복지국가를 둘러싼 대내외적 환경 변화와 그것이 미치는 파장 또한 민감하게 포착할 수 있어야 한다. 본 보고서는 『한국형 복지모형 구축』이라는 제하에 2014년 이래로 매년 주제를 바꾸어 가며 한국 복지국가의 과거와 현재, 그리고 미래를 좀 더 포괄적이고 체계적으로 되짚어보고자 하는 의도로 기획된 보고서이다.

1차 연도(2014년) 보고서가 경제·산업구조, 노동시장, 교육체계, 가족구조, 복지제도의 구조와 복지태도 등의 측면에서 한국 복지국가의 특수성을 거시적 차원에서 포괄적으로 다루었다면, 2차 연도(2015년) 보고서는 생애주기별 소득·재산·소비 분포의 특성과 변화 추이를 가구 단위의 미시 차원에서 분석함으로써 복지국가의 안정과 빈곤예방 기능이 한국에서 어떻게 작동하고 있는지를 체계적으로 검토하였다. 3차 연도(2016년) 연구에서는 노동시장, 가족, 노인, 조세, 복지지출, 재분배 효과와 사회 질의 차원에서 주요 복지국가들을 비교 분석함으로써 한국 복지국가의 상대적 좌표를 확인하고자 하였다.

4차 연도에 해당하는 올해의 보고서는 지금까지의 연구 성과를 바탕으로 한국 복지국가의 특징과 현 상황을 파악하고, 나아가 눈앞에 닥친 4차 산업혁명이라는 거대한 파고가 기존 복지국가에 미칠 영향을 분석하고자 하였다. 또한, 이러한 한국 복지국가의 특징과 새로운 도전에 맞서 기존 복지국가 제도의 재구조화 방향과 새로운 복지제도의 적용 가능성을 종합적으로 검토하고 있다.

본 보고서에는 원내외의 다양한 학문적 배경을 가진 연구진의 협업으로 완성되었다. 여유진 연구위원의 책임하에 본원의 김미곤 선임연구위원, 김성아 전문연구원, 조한나 연구원이 연구진으로 참여하였으며, 정준호 강원대학교 교수(기술변화 및 노동시장 변화와 기존 복지국가정책의 한계), 이승윤 이화여자대학교 교수(근로계층을 위한 복지제도의 재구조화 방안), 김수정 동아대학교 교수(가족지원정책의 재구조화 방안), 주은선 경기대학교 교수(노후소득보장제도 재구조화 방안), 박종현 경남과학기술대학교 교수(사회적경제, 복지의 민영화와 복지의 혁신 사이에서), 이상호 동국대학교 교수(공유경제, 소유기반 경제하에서의 작은 실험), 백승호 가톨릭대학교 교수(기본소득, 복지국가의 새로운 실험)가 외부 필진으로 집필에 참여하였다. 모든 연구진의 노고에 감사드리며, 아울러 보고서 작성과 관련하여 유익한 의견을 통해 적지 않은 비판과 자극을 주신 이태진 연구위원, 윤자영 충남대 교수, 김수완 강남대 교수, 그리고 익명의 평가자에게도 감사의 말씀을 전한다. 본 연구의 내용이 한국 복지국가 관련 연구의 토론과 논의를 활성화하는 데 조금이나마 기여할 수 있기를 바란다. 마지막으로, 본 보고서의 내용은 본원의 공식적인 의견이 아님을 밝힌다.

2017년 12월

한국보건사회연구원 원장

**김 상 호**

# 목 차

## 제2부 기존 복지제도의 재구조화 방안

## 제3부 대안적 복지제도의 적용 가능성

## 표 목차

## 부표 목차

## 그림 목차

## Designing A Korean Welfare State Model in a Changing Policy Climate

Project Head · Yeo, Eugene

This study aims to examine the characteristics of the Korean welfare state and to identify ways to restructure the current system and establish alternative welfare programs in response to emerging social challenges. To do this, internal and external environment challenges of Korea and traits of the Korea welfare state formation were analyzed. Furthermore, the effect of the upcoming 4th industrial revolution is discussed. In this vein, current welfare programs for working class and family and income security for old-aged are reevaluated. In addition, the feasibility of the asset-based policy, social economy, sharing economy and basic income as alternative welfare programs are investigated.

Contrary to the Western welfare states, Korea has developed through the heavy chemicals industry, the direct financial support and the investment in social overhead capital (SOC), leaving the domestic economy to the family themselves and the market. The 1997 financial crisis shows a turnover from eco-

---

Co-Researchers: Kim, Meegon · Kim, Sujeong · Park, Jonghyun · Baek, Seungho · Lee, Sangho · Lee, Seungyoon · Jeong, Junho · Joo, Eunsun · Kim, Seonga · Cho, Hanna

nomic crisis to social crisis due to the developmental mode of regulation of the least interventionism in family policy. The 4$^{th}$ industrial revolution and the rapid population ageing accelerate the discussion on the revolution in the current welfare state.

The working class, susceptible to the high portion of self-employed, worsened dual labour market and increase in crowd workers under the new gig economy, reveals the limitation of the current social insurance scheme, which was the main pillar of the modern welfare states. This leads to the need for establishing a Korean 'flexicurity' model and the systematization of social allowances loosely connected to personal labour experiences. For family policies acquired by the rapid quantitative growth over a qualitative unripeness, various benefits should be reorganized under the principles of universality, benefit adequacy, gender effectiveness, compatibility and priority between programs, reestablishing the value of the family care in policy. As multi-pillar Income security for old age is evaluated as insufficient, it is required to reform the system by increasing benefits and universalizing the beneficiaries of the Basic pension, increasing income replacement rate and the taxable income ceiling in the National pension and introducing a targeted assistance for the elderly maintaining themselves only with the Basic pension as income sources.

Asset-based policy, social economy, sharing economy and

basic income have taken place of alternative welfare schemes against the limitations of current welfare states. These, however, are double-edged swords: It is possible not only that the limitations of current welfare states could be complemented or be replaced but also that the existing welfare schemes might be eroded. It is time for a precise plan for all possible futures of alternatives to the current welfare states.

# 요 약

## 1. 서론

□ 연구 목적

○ 본 보고서는 한국 복지국가의 특징을 종합적으로 정리하고, 이러한 특징과 미래의 도전에 대응하여 복지국가의 재구조화 방안과 대안 복지제도의 적용 가능성을 검토하는 데 그 목적이 있음.

□ 연구 내용

○ 주요 연구 내용과 분석틀은 아래 그림과 같음.

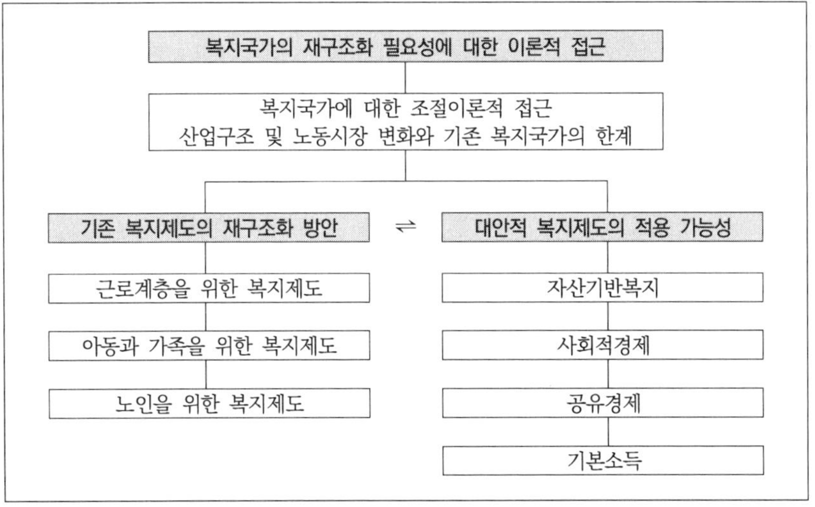

## 2. 한국 복지국가에 대한 조절이론적 접근

□ 복지국가 위기, 나아가 자본주의 위기에 대한 조절이론적 해석은 특히 자본주의의 재생산과 축적 위기에 조응하는 조절양식으로서 복지국가(제도)의 변화 방향에 많은 시사점을 제공할 수 있음.

○ 또한, 조절이론은 구조주의적이고 거시적인 자본주의의 보편적 변화 양상과 위기 속에서 각 국가의 조절기제로서 복지국가의 변화와 다양성에 주목한다는 점에서 한국 복지국가의 특수성과 위기의 원인을 파악하는 데 유효한 이론이 될 수 있음.

□ 조절양식으로서의 복지국가

○ 전후 선진 자본주의 국가들을 중심으로 형성된 포디즘적 축적체제는 자본주의의 유례없는 위기의 경험—두 차례의 파국적 세계대전과 대공황—에 대한 정치경제적 반응의 결과.

- 전후의 자본주의는 크게 두 가지 방식으로 조절됨. 먼저, 시장의 변덕스럽고 불안정한 경향에 대처할 수 있는 국가의 총합적인 소비수요를 조절하는 것. 다른 한편, 이러한 동맹은 복지국가의 창출에 의해 거시적으로 뒷받침.

□ 한국의 자본주의와 조절양식의 위기

○ 한국 자본주의의 발전양식은 '또 다른 관리된 자본주의'임. 국가는 시장경제에 대해서는 중화학·수출대기업 중심의 산업 육성과 직접적인 금융지원, SOC 투자 등을 통해 적극적이고도 직접적으로 개입한 데 비해, 가정경제에 대해서는 거의 전적으로 가족의 영역에 맡겨둔 채 거의 개입하지 않는 소극적 태도를 견지.

○ 외환위기는 수출주도 경제체제가 브레턴우즈 체제 붕괴 이후 국제 금융질서의 급변에 부적응한 결과이기도 하지만, 동시에 서구와 마찬가지로 제조업 비중의 하락과 서비스업 비중 증가, 극소전자혁명과 생산라인의 변화로 인한 노동시장 불안정성 증가와 같은 축적체제의 변화에 기존의 조절양식이 제대로 작동하지 못한 결과이기도 함.

- 외환위기 이후, 성장 우선주의로 인해 그동안 거의 방기되었던 개인과 가족의 위험에 대한 안전 장치, 즉 복지 부문의 취약성이 외환위기를 전후로 고스란히 드러나기 시작.

○ 조절양식의 취약성과 부조응성 결과는 사회적 지속가능성과 경제적 지속가능성을 동시에 위협하면서 위기를 재생산하는 양상을 보임.

- 산업·노동시장·소득의 양극화, 사회복지 기능의 취약성과 생애주기별 불안정성, 교육불평등 악화와 사회이동성 저하, 복지국가 '대체물'(safety valves)들의 붕괴 등이 외환위기 이후 사회적 지속가능성을 위협하는 요인들로 등장.

## 3. 기술변화 및 노동시장 변화와 기존 복지국가정책의 한계

□ '4차 산업혁명'과 5차 장기 기술파동을 대표하는 정보기술(IT) 기반의 연산 집약적인 자동화가 야기하는 경제구조의 변화, 즉 디지털 플랫폼 경제(또는 자본주의)를 살펴보고 그것이 미치는 고용효과, 즉 기술실업의 규모와 속도 및 기그경제의 확산 등을 비판적으로 검토하였음. 또한 노동권에 기반을 둔 기존 복지국가 앞에 놓인 과제들을 논의하였음.

□ 기술변화와 새로운 경제 담론의 등장 및 노동시장에 미친 효과

○ 디지털 경제의 전면화에 따른 경제구조의 변화는 공유경제, 플랫폼경제 또는 자본주의로 지칭되고 있음.

- 이는 실험적인 혁신성과 소유 대신에 이용과 공유가 부각됨으로써 가치와 운동으로서 진보적으로 수용되고 있음.
- 또한 공유경제가 가지는 이상을 실현하기 위해 플랫폼의 공유화를 기반으로 하는 플랫폼 협동조합주의 운동이 제안되고 있음.

○ 하지만 기술혁신에 수반되는 고용효과로 거대한 기술실업이 야기될 것이라는 우울한 전망이 제출되고 있음. 이는 '고용 또는 노동의 종말'로 지칭되고 있지만 그 규모와 속도에 대해서는 이견이 존재함.

- 디지털 플랫폼에 기반을 둔 크라우드소싱은 가상적 공간에서 동일한 전략을 수행하고 있음. 이에 따라 단기 비정규직의 이용이 확산되는 기그경제가 등장하고 있음.

○ 파괴적인 기술변화에 따라 고용과 노동이 재편되고 있으며, 이러한 경제·사회적 변동을 수용하기 위한 새로운 법적·정치적 프레임워크가 요구되고 있음.

- 기존 복지국가의 한계와 직면한 문제들에 관한 성찰이 제기되고 있음.

□ 기존 복지국가정책의 한계

○ 완전고용과 정규직 중심의 기존의 복지국가 모형에 대한 문제제기가 이루어지고 있음.

- 플랫폼 노동자의 법적 지위를 둘러싼 논쟁이 그것임. 이들은 1인 자영자이자 동시에 피고용인의 성격을 가지고 있기 때문에 근로조건과 근로형태에 대한 노동법과 민법 조항의 각기 다른 적용으로 고용보호와 규제의 사각지대가 발생하고 있음.

○ 또한, 베버리지 복지국가는 기여 원리에 따라 질병, 연금, 노후 등의 개인적 삶의 위험을 집단적으로 대처하려는 사회보험에 기반을 두고 있음.

- 하지만 고용주와 피고용인의 관계가 명확하지 않은 기그경제에서는 기여의 원리를 어떻게 적용할 것인가에 관한 이슈가 제기될 수 있음.

○ 기존 복지국가는 공정경쟁과 불평등의 해소를 통해 모든 사회구성원이 생애 단계에 걸쳐 일정한 소득 흐름을 가질 수 있도록 함.

- 이에 비해, 디지털 플랫폼은 대용량의 인터넷 네트워크를 통해 양면 또는 다면 시장을 창출하고 다양한 경제활동을 중개하고 경제적 순환을 창출함.
- 하지만 플랫폼, 공급자, 소비자 간에 경제적 편익이 고르게 배분돼야 함에도 불구하고 플랫폼이 초과지대를 수취하고 있음.
- 이러한 점에서 공정경쟁과 불평등의 문제가 제기됨. 이는 정규분포에 기반을 둔 '평균의 시대'가 아니라 파레토 분포에 기반을 둔 양극화의 시대를 야기함.
- 이러한 상황에서는 노동권이 제약되어 자본과의 정치적 타협이 힘들어지고 현행 복지국가가 후퇴할 수 있음.

○ 따라서 합리적 시장규제와 분배정의는 여전히 복지국가의 앞에 놓여 있는 과제임.

## 4. 근로계층을 위한 복지제도의 재구조화 방향

□ 본 장에서는 근로계층을 위한 복지제도의 재구조화 방향을 한국 불안정 근로계층의 실태와 한국 고용정책의 발달과정, 현재 제도의 범위와 한계를 검토함으로써 한국 근로계층을 위한 복지제도의 부정합성을 확인하였음.

○ 또한 덴마크와 네덜란드 사례를 통해 이들의 유연안정성 정책과 한국의 유연안정성 정책의 방향이 얼마나 다른 방향성을 가지고 있는지 살펴보았음. 이를 토대로 변화하는 한국 노동시장 상황에서 근로계층의 지속적 안정성을 보장할 수 있도록 제도의 재구조화 방안을 제시하였음.

□ 한국 불안정노동시장의 확대와 복지제도

○ 인지자본주의 이론과 지식기반 경제론을 통해 현재 우리 사회에서 발견되는 생산방식의 변화와 불안정노동 확산의 자본주의의 질적 변화 속에 나타나는 일상화되고 있는 불안정성에 대한 근본적인 요인을 설명하였음.

- 불안정 근로계층의 규모와 특징을 분석한 결과 노인계층의 경우 2014년 기준 노인빈곤율은 48.8%에 달하고 노년층의 경제활동참가율이 30% 정도로 경제협력개발기구(OECD) 회원국 평균에 비해 매우 심각하나, 노인 임금 근로자 68%가 비정규직(통계청, 2015), 55세 이상의 중·고령 임금근로자 중 법정 최저임금 미달자는 전체의 약 30%에 달하고 있음.
- 청년계층의 실업률은 9.2%로 1999년 이후 가장 높은 수치이며, 정규직에 종사하고 있는 청년의 수는 감소하고 비정규직은

증가하는 추세를 확인하였음(이승윤, 백승호, 김미경, 김윤영, 2017a).

- 여성계층은 고용률뿐 아니라 고용형태의 격차와 임금격차, 여성의 출산, 양육, 육아로 인한 경력단절의 집중화 현상이 심화되고 있음(김유선, 2016).
- 이를 통해 여성 노동시장의 불안정성이 여성청년, 여성노인으로 결합되었을 때 극대화됨을 확인할 수 있었음.

○ 반면, 한국 노동시장의 근로계층의 불안정성이 확대됨에도 불구하고 근로연계 복지제도의 지원 수준, 보장수준은 이에 미치지 못함.

- 근로빈곤층의 노동 공급을 촉진하고 소득 지원을 통해 이들의 생활수준을 제고하는 것을 목적으로 하는 근로장려세제는 2013년 8월 8일 세제 개편안에 따라 적용연령 하향 조정과 재산기준, 소득기준 확대, 수령금액 인상에도 근로빈곤가구에 대한 포괄성 문제가 드러남.
- 실업급여 역시 2000년대 들어 세계화, 노동 유연화, 산업구조의 변화 등은 지속해서 고용의 불안정성을 가져오는 가운데 실업급여에 피보험자 자격의 완전 배제 즉, 고용보험에 가입하지 못한 근로계층의 포괄성에 대한 문제를 안고 있음.
- 취업성공패키지는 직업훈련의 부족으로 인한 취업의 연속적인 실패에만 있는 것이 아니라 가정환경, 건강, 육아 등으로 인해 구직활동 자체가 쉽지 않은 집단과 같은 노동시장에서 원천적으로 배제되는 집단이 증가하고 있는 상황에서 이들의 고용과 복지, 직업훈련의 연계에 한계를 가지고 있음.
- 자활정책은 현재 노동시장의 변화에 따라 누구나 노동 불안정

성 속에 노출되는 상황에서 근로취약계층만을 대상으로 하는 것에 대한 한계들이 제시되고 있으며, 근로연계복지의 작동원리에 대한 본질적 문제에 봉착하고 있음.

□ 재구조화 방향

○ 단기적 관점에서는 사회보험 급여의 적절성 보장이 요구됨.

- 개별적 공평성 원칙이 사회보험을 통한 노동시장에서의 소득수준 유지 욕구를 형식적으로 보장하는 원칙이라면, 급여의 적절성 원칙은 소득수준 유지 욕구에 대한 실질적 보장 원칙이라 할 수 있음. 공적연금과 고용보험에서의 소득대체율이 급여의 적절성과 밀접하게 관련되며 급여의 적절성은 기본적인 욕구 보장과 기존 소득 유지 욕구를 종합적으로 고려하여 평가할 필요가 있음.

○ 장기적 관점에서의 사회수당/기본소득 도입을 제안함.

- 엄격한 의미에서 사회보험은 보험수리원칙에 기초하고 있기 때문에 소득재분배가 우선적인 원칙은 아니지만, 재분배의 역설(Korpi & Palme, 1998) 논리에 따라서 소득재분배의 실현에 유리하게 작용할 가능성이 높음.
- 좀 더 본격적인 보편적 사회수당이 도입될 경우 사회보험은 소득비례형 원칙에 충실하고 소득재분배 기능은 이러한 보편적 사회수당을 통해 실현 가능할 것으로 보임.

## 5. 가족지원정책의 재구조화 방안

□ 가족지원정책은 다양한 프로그램의 도입과 확대를 통해 양적 성장을 성취한 대신 개별 프로그램의 질적 미성숙 문제와 단시간에 여러 프로그램이 우후죽순으로 도입되어 정책 우선성과 프로그램 간 정합성 문제를 갖게 되었음.

○ 본고에서는 가족지원정책의 재구조화 방안을 도출하기 위하여 이용보편성, 급여적절성, 젠더효과성 차원에서 평가하고자 함.

- 이에 더하여, 가족지원정책의 대표적 두 가지 모델인 스웨덴, 프랑스와 비교하여 우리나라 정책의 특징을 살펴보고 재구조화 방안에서 시사점을 도출함.

□ 가족지원정책 프로그램별 평가

○ 출산휴가는 우리나라 가족지원정책 중 가장 오래된 프로그램으로서 현재 고용보험을 통해 재원을 사회화하면서 모성건강과 일·가정 양립을 지원하지만, 고용보험 가입기간 180일 기준에 의한 사각지대, 80%의 낮은 실제 평균 급여대체율 등의 문제가 있음.

○ 육아휴직 대상자는 출산휴가와 마찬가지로 고용보험 180일 이상 가입자로 노동시장 착근성이 낮은 여성노동자의 경우 사용이 어렵고, 장기 육아휴직자 중 여성의 비율이 높아 유리천장 현상 지속 등의 문제가 있음.

- 육아휴직제도를 실효성 있는 제도로 정착시키기 위해 급여수준을 높이고, 다른 나라에는 없는 사후지급분 제도 폐지를 검토하며, 남성의 육아휴직 참여를 독려하기 위한 조직문화 개선이 필요함.

○ 보육서비스 품질에 대해서는 지속적으로 개선 요구가 있어왔으며, 국공립어린이집의 서비스 질에 대한 신뢰 및 선호가 높아 현 정부는 국공립시설 보육아동의 비율을 40%로 확충하는 것을 목표로 하고 있음.

- 보육서비스 대상 연령의 영유아에 대해 어린이집을 이용하지 않는 조건으로 월 10만~20만 원의 양육수당을 지급하고 있으나 보편주의 복지의 근간이 되는 '욕구'(need)를 다양한 '선호'(preference)의 문제로 환치하는 데 대한 제고와 더불어 젠더 평등의 관점에서도 프로그램 전환을 모색할 필요가 있음.

○ 4대보험과 아동수당이라는 복지국가 소득보장의 5대 구성요소 중 우리나라에서 누락되어 왔던 아동수당이 19대 대선 이후 2018년 실시될 예정이나, 우리나라는 0~5세 영유아로 국한되어 아동수당 도입 국가들의 지급대상(0세부터 16~20세)에 미치지 못함.

□ 재구조화 방안

○ 가족지원 프로그램별 이용보편성, 급여적절성, 젠더효과성 측면

- 육아휴직의 급여액을 현실화하고 사후지급분을 폐지함으로써 급여기간 소득안정을 보장할 필요가 있음. 남성의 육아휴직 참여를 높일 수 있도록 기업 차원의 실효성 있는 제도적 장치가 필요함.

- 보육서비스는 영리추구형 민간의존적 공급구조에 의해 서비스 품질이 낮은 문제를 해결하는 것이 필요함. 국공립 서비스 확충, 민간부문에 대한 평가인증 등 관리 및 규제를 강화할 필

요가 있음.

- 양육수당은 보육서비스의 대체재로서 돌봄노동을 '재가족화' 하고 남성 생계부양자 모델을 강화하는 효과가 있음.
- 아동수당은 영유아를 대상으로 하는데 자녀양육 부담을 고려하여 적용대상 연령을 확대할 필요가 있음.

○ 프로그램 간의 정합성 및 우선성

- 양육수당은 보육서비스를 이용하지 않는 것을 조건으로 한 급여이므로 아동수당을 중심으로 한 현금급여가 정비되는 과정에서 재정비할 필요가 있음.
- 양육수당, 아동수당의 관계를 재정립하고 양육수당 급여를 동결, 장기적으로 폐지할 필요가 있음.
- 맞벌이 부모가구는 출산 및 육아휴직 기간 최장 자녀 출생 후 2년 45일 동안 휴직급여 외에도 보육서비스(혹은 양육수당)를 받을 수 있어 육아휴직과 보육/양육수당 간의 발생할 수 있는 중복급여 문제를 조정해야 함.
- 영유아기에 국한된 아동수당의 적용범위를 단계적으로 확대해갈 필요가 있음.

○ 돌봄 가치의 재정립

- 가족지원과 관련하여서는 돌봄의 가치를 재정립하는 것이 중요함. 그간 "탈가족화" 정책의 중심은 비용보조에 있었고 상대적으로 돌볼 권리, 돌봄노동에 대한 '인정'이 낮았음. 남성의 돌봄 참여가 예외적인 것이 아니라 정상적, 일상적인 것이 될 수 있도록 문화적, 제도적 지원책을 마련해 갈 과제가 남아 있음.

## 6. 노후소득보장제도 재구조화 방안

□ 현재와 미래의 노인빈곤 문제 대응 및 안정적 노후보장을 목표로 한국 노후소득보장체계 재구조화 방안을 논하고자 함.

○ 근로소득, 가족부양, 퇴직연금, 퇴직금, 개인연금, 주택연금, 기초연금, 국민연금, 국민기초생활보장제도 등 노후 소득원이 다양함에도 노인빈곤율이 높은 것은 연금제도의 역할 부재로 인한 것임. 이에 공사 연금제도를 중심으로 노후소득보장체계 개편 및 개선을 다룰 것임.

□ 노후소득보장체계 구성과 재구조화 고려 요소

○ 한국 노후소득보장체계는 다층체계로 자리 잡았으나 공적연금과 사적연금 모두 노후보장 역할이 미흡함.

○ 기초연금급여는 2014년 제도개편과 함께 한 차례 대폭 인상된 바 있으나 국민기초생활보장급여 1인 가구 수급기준 소득인정액의 절반에도 미치지 못하고 기초연금 인상의 노인빈곤 개선 효과도 크지 않음.

- 또한 수급기준을 둘러싼 불공평성 논란 및 욕구 미충족 문제가 남아있으며, 선별성으로 인해 매년 급여 수급의 불안정성 존재.

○ 국민연금은 가입자들의 가입 이력이 길어지면서, 소득비례방식의 공적연금으로서 기대되는 기본적인 수준 이상의 소득보장 기능을 다하지 못함.

- 수급률 제고, 고용형태 변화에 대응한 국민연금 가입규정 완화, 보장수준 인상 등의 문제를 고려해야 함.

- 제도의 지속가능성은 재정적 안정성과 정치적 지지, 적정급여 제공을 통해 제도 목표 달성에 관련되므로 기존의 축소지향적 개혁과 다른 방향으로 국민연금의 대안을 구성할 필요가 있음.

○ 한국의 퇴직연금제도는 기존 퇴직금제도보다 노동시장 유연화에 대응성이 높은 노후소득보장제도를 도입하고자 하는 의도와 함께 사적연금 촉진을 위해 도입되어 퇴직금제도와 병행되고 있음.

○ 개인연금 역시 여타 공적연금 및 퇴직연금과 같이 고용지위 및 소득수준에 따른 가입률 격차와 보장성 면에서 개선의 여지가 많음.

- 소득기반이 불안정한 상태에서 세제혜택 중심의 유인책은 한계를 보이며, 특히 소득계층별 유인효과에 뚜렷한 격차를 보이므로 개인연금의 위상과 공적연금과의 관계 재설정이 필요함.

□ 재구조화 방안

○ 공사 연금제도는 각각 대상과 보장 수준에 따라 어떤 목표를 달성해야 할지 명확하게 설정되어 있지 않음. 기초연금, 국민연금과 사적연금제도의 역할을 명확히 해야 함.

- 노후소득보장체계에서 공적연금이 중심 역할을 하기 위해서는 급여수준 제공에서 적절성을 실현해야 함. 단기적으로는 노인의 경제상태를 볼 때 공적노후소득보장제도의 빈곤방지 기능 회복을, 장기적으로는 애초에 추구한 생애소득 평탄화 기능 달성, 즉 적절성 확보를 목표로 함.

○ 기초연금의 경우, 모든 노인에게 동일하게 A값의 15% 수준의 급여를 지급하는 보편적 수당 제도로 재편하고, 국민연금 가입기간에 따른 차등지급 방식을 폐지하며, 급여액의 물가연동을 A값 연동으

로 전환.

- 보편적 급여제도가 가지는 재정적 약점을 보완하기 위해 기초연금액 과세액을 기초연금재정으로 재산입하는 과세-재정산입방식을 제안함.

○ 국민연금의 급여적절성을 제고하는 가장 직접적인 방안이자 여타 크레딧, 보험료 지원 등의 보장성 강화 효과를 증폭시키는 소득대체율 인상을 제안하며, 적절성을 높이는 다른 방안으로 부과대상 소득 상한의 인상을 제안.

○ 노인 특별부조제도 도입을 검토할 필요가 있음. 기초연금이 유일한 소득원인 노인들에 대해 국민기초생활보장제도가 소득보장을 하지 못하는 경우가 다수 발생하므로 별도 공공부조제도가 소득보장 기능을 하도록 할 것을 제안함.

○ 퇴직연금의 경우 민주적 운영, 사회적 고려에 의한 기금운영, 불안정한 노동자들을 포괄하고 낮은 가입률 문제를 해소하기 위해 산업별, 지역별, 직종별 퇴직연금조합 구성 검토가 필요함.

○ 개인연금은 명확하게 중간층 이상의 부가적인 노후소득보장을 위한 제도로 자리매김하는 것이 적절함. 향후 공적노후소득보장을 위한 일반재정 확충 요구가 더욱 커진다면 향후에는 개인연금 상품 가입에 대한 세제혜택을 축소할 수 있음.

○ 요컨대, 사회보험 방식의 공적소득비례연금의 역할 수준을 높이되, 국민연금의 불가피한 역할 공백을 보편적 수당과 강화된 공공부조가 메우는 방식을 제안함.

## 7. 자산기반복지, 다주제의 새로운 가능성

□ 복지국가의 재정위기로 인해 특히 노후소득보장체계의 최저보장 기능이 약화되면서, 재산의 유동화를 통해 개인의 안녕을 향상시키는 방안에 대한 관심이 새롭게 제기됨.

○ 출발선상에서의 불평등을 만회하는 하나의 방편으로 재산의 형성에 대한 관심도 제기되었는데, 이는 주로 아동기 혹은 청년기의 마중물로서 일정 자본금을 제공하는 방안으로 제안되고 있음.

○ 본고는 자산기반복지제도의 확대 필요성과 한계 등을 비판적으로 재고함으로써 향후 사회복지의 대안재 혹은 보완재로서 자산기반복지의 가능성을 검토하는 데 그 목적이 있음.

□ 자산기반복지의 이론적 기반 및 쟁점

○ 자산기반복지에 주목하기 시작한 시점은 대체로 복지국가 위기 이후, 기존 복지제도의 대안재 혹은 보완재로서 주목받아 왔음.

○ 자산기반복지는 자산효과 접근, 인센티브 접근, 자유주의적 접근, 공화주의적 접근 등을 이론적 배경으로 하고 있음.

- '자산효과 접근'은 자산을 보유하는 것이 태도 변화를 야기해서 사람들이 투자할 가능성을 높인다고 주장.
- '인센티브 접근'은 소유지분이 피용자에게 열심히 일하도록 물질적 유인을 제공한다는 입장(주인-대리인 접근).
- '자유주의적 접근'은 사람들이 그들 노동의 생산물을 수확할 권리가 있다고 인정하지만, 개인은 다른 사람들로부터 자연의 유산을 갈취할 수는 없다는 입장.

- '공화주의적 접근'은 사람들이 그들의 안녕(건강 같은)에 영향을 주는 재화뿐 아니라 자신들의 목표와 꿈을 실현할 수 있게 해주는 재화에도 접근할 수 있어야 한다고 주장함.

○ 자산기반복지는 현실에서 개인발달계좌와 같은 자산형성제도, 역모기지와 같은 자산유동화제도, 그리고 현실에는 거의 존재하지 않지만 기초자산, 공유지분제도와 같은 좀 더 개혁적인 제안들로 구분됨.

- 자산기반복지의 제안자들은 이것이 소득기반 복지를 대체하리라고 기대하지는 않음. 다만 자산기반복지는 주거마련, 창업과 같이 소득지원과는 다른 효과를 발휘할 수 있으며, 특히 복지국가의 재정 위기하에서 노인의 빈곤을 경감하고 삶의 질을 제고하는 데 일정 정도 기여할 수 있다고 주장.
- 이에 대한 반론으로 자산기반복지는 기존의 소득기반 복지국가를 침식하는 효과를 가지며, 현실의 부실한 복지제공과 자산불평등 확대를 정당화하는 데 이용될 수 있다는 우려를 제기.

□ 자산기반복지제도의 국내 현황 및 평가

○ 현재 실시되고 있는 자산형성제도로는 디딤씨앗통장, 희망·내일키움통장, 청년내일채움공제 등이 있으며, 지방자치단체 차원에서 희망두배 청년통장(서울), 일하는 청년통장(경기) 등이 운영되고 있음.

- 자산형성지원제도는 수급자에서 차상위계층으로, 아동과 중장년 근로빈곤층 위주에서 최근 청년층으로까지 확대되는 추세임.

- 하지만 여전히 지원금액이 적고, 주로 빈민층이나 저소득층을 대상으로 협소하게 운영되는 등의 한계가 있음.

○ 자산유동화제도로서 주택연금은 공공성이 가미된 역모기지 제도로 세계적으로 상당히 성공적이라고 볼 수 있음.

- 하지만 소득이 빈곤한 노인이 자산도 빈곤할 가능성이 높아, 이러한 노인들에 대한 노후소득보장이 상대적으로 소홀해질 가능성을 경계할 필요성이 있으며, 여러 가지 공적 노후소득보장제도와의 연계성, 형평성 문제도 추가적으로 검토될 필요가 있음.

□ 정책적 함의

○ 자산기반복지는 '양날의 검'과 같음. 한편으로 출발선상의 불평등을 보완하는 방안인 동시에 노후의 빈약한 공적 복지를 보완하는 역할을 기대할 수 있는 반면, 다른 한편으로는 현재의 취약한 소득보장체제를 정당화하고 대체하는 부정적 효과로 인한 비판에 직면할 수 있음.

○ 자산의 형성에서 특히 청년의 교육, 주택, 창업을 지원하는 마중물로서 지자체 차원에서 실험되고 있는 자본보조금(capital grant)제도의 도입이 적극적으로 검토될 필요가 있음.

○ 자산의 유동화 측면에서 주택연금과 농지연금 등 역모기지 제도의 활성화가 요구되지만, 이는 재산에 대한 조세 강화가 동반됨으로써 부의 불평등 세습 완화라는 좀 더 큰 틀의 정책과 동반될 필요가 있음.

○ 지분공유제도나 공동체 자산형성과 같이 좀 더 근본적으로 자산에 대한 접근방식 변화를 꾀하는 제도에 대해 새로운 실험이 필요함.

## 8. 사회적경제, '복지의 민영화'와 '복지의 혁신' 사이에서

□ 1990년대 전후로는 구조화된 실업과 만성적인 빈곤이 일상화되는 새로운 도전 속에서 '사회적경제'라는 새로운 이름과 함께 정부 및 시민사회와의 적극적인 파트너십 속에서 그 역할이 크게 주목받고 있음.

○ 본고에서는 대안적 복지의 맥락에서 사회적경제가 어떤 의미와 역할을 지니는지를 검토하고자 함. 주요하게 선진국에서 복지국가의 재편과 함께 사회적경제가 등장한 배경과 주요 쟁점 및 특징, 한국의 사회적경제 현황 및 특징과 제도적·정책적 보완점 등을 검토함.

□ 사회적경제의 등장 배경, 개념 및 쟁점

○ 복지국가의 위기 속에서 제3섹터는 취약계층에 복지서비스나 일자리를 제공하는 정책적 파트너로서의 역할 담당.

○ 사회적경제는 경제활동의 목적을 돈벌이가 아니라 살림살이와 사회적 필요의 충족에서 찾으며, 경제활동 및 노동분업의 원리를 재분배·상호성·가정경제·교환으로 재구성한 폴라니의 작업으로부터 큰 영향을 받음.

- 사회적경제는 상이한 방식으로 참여자들의 활동을 조직해 새로운 유형의 서비스를 창출함으로써 정부와 시장이 해결하지 못하던 사회문제의 해법을 제공했다는 점에서 사회혁신임.
- 하지만 정책 수행기관으로서의 압력이나 영리 및 공공부문으로부터 파급된 전문가주의의 규범 아래 사회적기업의 내재적 특성이 소실되는 동형화(isomorphism)의 우려 제기.

- 시장자원·정부자원·시민자원 등 다양한 자원 동원을 통한 혼성적 성격 강화와 공동생산을 통해 제도적 동형화 저지 가능.

○ 사회적경제가 시장경제의 보완인가, 대안인가와 관련하여 두 가지 노선이 있을 수 있음.

- 첫째, 시장경제 보완노선으로서, 복지시장의 긍정적 잠재력 적극 수용, 경제적 혁신 및 기업가정신의 고취를 통해 경제적 빈곤층이나 사회적 취약계층의 역량 강화에 주력, 경제적 효율성과 시장의 인간화 추구, 사회적기업가의 활동 촉진에 정책적 초점, 호혜와 시장 사이에서 적절한 균형을 잡는 것이 과제.
- 둘째, 시장경제 대안노선으로서, 신자유주의적 복지의 대항담론 및 자본주의 시장경제의 새로운 대안 추구, 시민의 권리보호, 자족 가능한 새로운 삶의 방식을 제공하는 터전, 사회적경제는 커뮤니티 기반, 사회적 소유, 자조·상호의무·사회적 적합성의 원리에의 명확한 전념 등 시장 및 국가의 경제활동과 다른 고유의 가치 및 원리를 지닌 독자적 경제영역, 사회적경제의 고유한 목적·특성·작풍(ethos)에 부합하는 평가지표를 활용한 정책적 지원 강조.

□ 사회적경제의 국내 현황과 평가

○ 사회적경제는 빈민운동, 생협운동의 흐름 속에서 출현, 외환위기 이후 복지국가의 확장과정 속에서 성장, 2000년대 이후에는 정부 중심의 제도화.

- 사회적경제 조직의 고용 비중은 1.4%, 유럽연합(EU)은 6.5%. 사회적기업·협동조합·마을기업·자활기업 등 주요 사회적경제

조직은 1만 4,948개, 고용인원은 9만 1,100명.

○ 법 제정, 기본계획 수립 등을 통해 직간접 지원정책 시행.

- 인건비 등 직접지원과 세제혜택·공공조달 시 우선구매 유도·정책자금 등 간접지원을 병행하고 협동조합은 간접지원 중심.
- 2007년 사회적기업 육성법 제정 이후, 사회적기업 수는 30배, 고용규모는 15배 이상 증가, 사회적기업 3년 생존율은 91.8%로 일반기업 38.2%에 비해 매우 높은 수준.

○ 한계로는 첫째, 사회적경제 조직의 정부지원 의존성 심화 및 사회적경제 조직의 정체성 훼손 위험, 둘째, 사회적경제의 자생적 성장을 촉진할 생태계 미형성, 셋째, 부처별 별도의 정책수행에 따른 폐해 발생, 사회적경제 육성정책이 취약계층의 일자리 창출에 집중됨에 따라 사회적경제 협소화 등임.

□ 정책적 함의

○ 사회적경제의 육성 및 지원에 대한 다음과 같은 정책적 쇄신이 요구됨.

○ '사회성'과 '경제성' 강화에 초점 맞춘 정책

- 시민참여·협치·사회적 성과 및 외부효과 창출에 대한 보상을 통한 사회적 성격 강화.
- 사업역량 및 직무역량을 실제로 높일 수 있는 방향으로의 정책, 규모화와 성공모델의 확산에 대한 적극적 관심.

○ 사회적경제의 생태계 조성에 초점 맞춘 정책

- 사회적경제의 다양한 참여자 및 조직들이 공동의 활동공간 속

에서 연대·협력·공동사업 펼칠 환경 조성.

- 정부 보조금을 사회적 가치 창출 및 외부효과 창출에 대한 사회적 보상으로 자리매김하고, 더 많은 혼합자원·외부자원 유인의 마중물이 될 수 있게 정책설계.
- 사회적경제 조직이 창출하는 사회적 가치의 평가·측정 지표 개발 및 활용. 효율성과 경쟁력이라는 시장의 기준에 더해 사회적 목적의 달성이라는 사회적 회계의 기준도 충분히 반영.

○ 사회적경제 사업체의 유형별 차별화된 정책적 지원

- 미션별, 조직유형별, 업종별 창출하는 사회적·공익적 가치의 정도가 다르므로, 공익성이 높고 사회적 가치를 창출하지만 수혜층의 지불 능력이 낮은 영역에 속하는 사회적경제 사업체에 대해서는 정부가 수혜층을 대신해 공익적 가치를 보상하고, 조합원들의 자발적 협력을 통해 높은 경제적 가치를 창출하고 시장에서 경쟁이 가능한 사회적경제 사업체 유형에 대해서는 정부의 직접적 지원 대신 공정한 시장경쟁의 제도적 기반만 제공.

○ 사회적경제의 전반적인 활성화를 위한 제도 환경 마련

- 〈사회적경제기본법〉 제정 등을 통한 사회적경제 사업체의 사회적·경제적 가치에 대한 사회적 승인 및 사회적경제 사업체의 제도적 위상 부여.
- 사회적경제 조직의 공공구매와 공유재산 등의 이용에 대한 우선적 지위를 부여하는 법적 근거 마련 등.

## 9. 공유경제, 소유기반 경제하에서의 작은 실험

□ 공유경제는 미사용 자원(이나 재화, 또는 서비스)을 소유자와 이용자 사이에서 '함께 나눠 쓰는' 것으로 정의될 수 있음. 자원의 공유가 확산되면 소유기반 아래서 빈부격차를 완화할 수 있는 새로운 가능성이 확보될 수 있다는 점에서, 공유경제는 새로운 복지모델의 가능성을 제공한다고 볼 수 있음.

○ 본 연구는 공유경제(sharing economy)를 중심으로 새로운 복지제도의 가능성을 모색해보는 시도임.

□ 공유경제의 의미와 이론적·철학적 배경

○ 공유경제가 현실적으로 중요한 의미를 지니는 영역으로 작동하기 시작한 것은 2010년 이후로 볼 수 있음.

- 2008년 글로벌 금융위기 이후, 우버나 에어비앤비와 같은 주문형 경제가 새로운 수익창출 모델로 부상하면서 공유경제 논의 또한 주문형 경제 중심으로 전개되었음.

○ 그러나 레시그와 벤클러는 상업경제(Commercial Economies)와 공유경제를 구분하면서 후자를 비가격적인 사회관계가 중요한 역할을 담당하는 영역으로 정의.

- 이들이 보기에, 주문형 경제는 경영 목표가 사회적 동기에 있지 않고 영리와 수익에 있다는 점에서 공유경제가 아님.

- 그는 공유경제의 특징으로 탈집중화(decentralization)와 함께 사회적 동기를 언급하면서, 디지털 기술이 발달된 상황에서는 서로 독립적인 개인들이 어느 누구의 통제나 지시도 받지 않은 채 느슨한 협력 관계를 구축하는 것이 오히려 효율적일

수 있다고 주장.

○ 공유경제는 크게 비영리형과 영리형으로 구분될 수 있음.

- 우버나 에어비앤비로 대표되는 공유기업이 자본주의 시장경제를 기반으로 자원의 공유하면서 영리나 수익을 추구하는 것이라면, 벤클러의 '공유재 기반 동료생산'은 사회적 동기에 따라 자원을 공유하면서 자본주의 시장경제만이 아니라 정부의 관리나 통제에서도 벗어난, 즉 시장도 정부도 아닌 제3의 경제영역을 추구하는 것으로 정의될 수 있음.

- 정부나 지방자치단체가 운영하는 공유경제의 경우, 비영리를 지향한다는 점에서는 벤클러의 공유경제와 동일하지만, 정부나 지방자치단체의 관리나 통제를 전제한다는 점에서는 벤클러의 공유경제와 차이가 있음.

□ 공유경제의 복지모델 가능성

○ 오늘날 복지와 관련된 공유경제 논의는 노동시장 관련 문제를 중심으로 전개되고 있음.

- 우버나 에어비앤비 같은 공유기업에서는 정규직 고용보다 프리랜서나 독립 계약자 등의 고용 형태가 일반적.

- 그 결과, 공유경제의 성장이 비정규직이나 불안정 고용의 양산으로 이어지면서 작업자에게 시장의 위험이나 불확실성이 그대로 전가되는 문제 야기.

○ 반면 정부나 자치단체가 주도하는 공유경제는 빈부격차나 분배문제를 해결하거나 완화하는 데 부분적으로나마 기여할 수 있지만, 이른바 '거래비용'의 문제에서 자유롭지 않음.

□ 벤클러는 디지털 기술을 통해 거래비용의 문제를 절감할 수 있을 뿐만 아니라 자발적인 협력을 통해 공유재 기반 동료생산을 구축하고 우리의 삶을 더욱 자유롭고 윤택하며 행복하게 만들어줄 수 있다고 주장.

○ 이러한 공유경제를 대표하는 사례로 자유 또는 오픈소스 소프트웨어 운동을 제시, 하지만 이러한 운동이 물질적 자본과 관련된 분야에서는 아직까지 나타나지 않고 있음.

□ 정책적 함의

○ 공유경제가 소유기반 경제에서 대안적인 복지모델의 가능성을 부분적으로나마 보여줄 수 있는 방법은 크게 세 가지로 요약됨.

○ 첫 번째 방법은 벤클러의 공유경제 모델을 IT 영역 너머로 확장하는 것, 두 번째 방법은 정부나 자치단체가 공유경제를 위한 제도나 플랫폼을 설계하되 관리나 통제에 따른 비용을 최소화하는 데 있을 것, 세 번째 방법은 주문형 경제의 불안정 노동에서 비롯된 빈부격차나 불평등을 완화하기 위한 복지정책의 도입임.

○ 이렇게 볼 때, 공유경제가 소유기반 경제에서 대안적인 복지모델로서 기능할 가능성은 과연 벤클러 공유경제 모델이 IT 영역 외부로까지 확장될 수 있을 것인지, 그리고 자원의 공유와 함께 빈부격차나 불평등을 완화하기 위한 정부나 자치단체의 정책적 노력이 얼마나 설득력을 갖고 지속될 것인지에 달려 있다고 볼 수 있음.

## 10. 기본소득, 복지국가의 새로운 실험

□ 4차 산업혁명이 화두가 되면서 노동 없는 미래를 전망하는 시각과 새로운 형태의 일자리가 만들어질 것이라는 전망이 동시에 제기되고 있음.

○ 현 시기 불평등과 양극화의 구조화 원인은 산업자본주의에서 인지자본주의로의 전환에 있으며, 인지자본주의로의 질적인 변화는 전통적 산업사회의 복지제도들과 변화된 환경 사이의 부정합을 심화시키고 있다는 것임.

○ 본 연구는 노동 없는 미래와 불안정 노동의 확대가 진행되고 있고, 전통적 복지국가가 이러한 문제들을 충분히 해결하고 있지 못한 시점에서 대안적인 복지국가의 재구성 전략으로 기본소득을 제안하고자 함.

□ 기본소득의 개념, 쟁점 및 철학

○ 기본소득은 '자산조사와 근로에 대한 요구 없이 모든 개인에게 무조건 교부되는 주기적 현금'이며 보편성, 무조건성, 개별성, 정기성, 현금지급, 충분성을 특징으로 함.

○ 서구에서 기본소득에 대한 연구가 본격화된 것은 1970년대와 1980년대 초임. 우리나라에서 기본소득에 대한 학술적 논의는 세 시기로 구분하여 전개되어 왔음(백승호, 2017).

- 첫 번째 시기는 기본소득 아이디어를 소개하는 시기로서 2000년대 초반이었음.
- 두 번째 시기는 2010년 전후 기본소득에 대한 학술적 논의가

활성화된 시기임.

- 세 번째 시기는 2016년 이후 기본소득에 대한 본격적인 찬반 논쟁이 전개되고 있는 시기임.

○ 기본소득의 철학적 기초는 '모두를 위한 실질적 자유'의 실현에 있음(Van Parijs, 1995).

- '모두를 위한 실질적 자유론'은 권리가 잘 지켜지는 사회구조(권리보장)에서 각 개인은 스스로를 소유하며(자기소유권), 각 개인이 원할 수 있는 것이라면 무엇이든 할 수 있는 기회가 최대화되어 있는(기회의 최소극대화) 사회가 실질적인 자유가 보장되는 사회라고 주장함.

□ 기본소득의 한국적 적용을 위한 전략

○ 기존 사회보장제도와의 관계 속에서 한국에서의 이상적 기본소득 모델을 제안하고 있는 연구는 김교성, 백승호, 서정희, 이승윤(2017b)이 대표적임.

- 이 모델에서는 2016년 기준 생계급여 기준인 중위소득의 30% 수준으로 기본소득 50만 원을 제안하고 있음.

- 기본소득 50만 원이 지급될 경우, 국민기초생활보장제도의 생계급여 등 사회수당은 기본소득으로 대체되며, 사회보험과 사회서비스는 현행 제도 수준을 유지하거나 확대되는 모델을 제안하고 있음.

○ 완전한 형태의 기본소득 실현을 위해서는 사회적 합의가 필수적이며, 사회적 합의를 위해서는 기본소득 원칙들을 실현하기 위한 실험들을 필요로 함.

- 이러한 실험들과 관련되어 제안되어 왔던 유사 기본소득으로 참여소득, 부의 소득세, 사회적 지분급여, 사회수당 등이 존재함.

□ 정책적 함의

○ 현재 한국사회의 문제를 기본소득 하나로만 해결할 수는 없음. 완전기본소득 모델이 실현되는 중간 단계에서 다양한 시도들이 필요함.

- 우선적으로는 플랫폼 노동과정에서 기존 사회보험으로는 포괄하기 어려운 고용형태들의 사회보험 사각지대 문제를 해결하기 위해, 근로자성 인정 범위를 확대하는 노력 필요.
- 고용관계를 전제로 하는 현재의 사회보험 시스템에서 벗어나 고용주와 일하는 사람에게서 발생하는 모든 소득에 대해 보험료를 부과하는 방식의 소득보험 형태로 현행 사회보험 제도를 근본적으로 재설계하는 접근 필요.

○ 장기적으로 생산적 노동만을 전제로 하는 사회보장 시스템을 근본적으로 바꾸는 프로젝트 실험 필요.

- 생산적 노동 이외에 돌봄노동, 자원봉사활동 등 사회적으로 유용한 활동에 대한 참여에 대한 보상 시스템으로서 참여소득 실험.
- 생애 일정 기간 동안 수당 사용권을 제안하고 개인들이 자유롭게 수급일시를 결정할 수 있도록 하는 한시적 시민수당 실험.

## 11. 결론 및 정책적 함의

□ 한국 복지자본주의의 위기와 새로운 도전들

○ 한국은 후후발 산업국가로서 시장경제에 적극적, 직접적으로 개입한 데 비해 가정경제 개입을 최소화하는 소극적 태도 견지.

- 그 결과, 1997년의 경제위기가 고스란히 사회적 위기로 전화, 경제적 위기를 사회양극화, 노동시장의 이중구조화, 초저출산, 신용불량, 부동산가격 급등과 가구부채 급증, 높은 비율의 노인빈곤과 자살 등의 문제들이 추가되면서 경제적·사회적 지속가능성 위협.

○ 이에 더해 4차 산업혁명으로 지칭되는 기술 혁신으로 노동시장 불안정성 확대, 디지털 인공지능과 로봇 사용에 따른 숙련 일자리의 감소와 온라인 플랫폼으로 인한 비정형 노동의 증가가 예고됨.

□ 기존 복지제도의 재편 방향

○ 기존 복지국가 제도들의 문제점에 대응하여 공통적인 재구조화의 방향으로 다음과 같은 몇 가지 사안들이 제시.

○ 첫째, 좀 더 큰 영역에서의 목표가 명확하게 제시될 필요가 있음. 둘째, 향후 재구조화에 가장 중요한 요소는 제도 간 연계성의 확립. 셋째, 재구조화에 있어 미래 변화에의 대응성을 확보하는 것은 무엇보다 중요한 과제임.

□ 새로운 대안의 가능성과 한계

○ 제기되고 있는 대안적 복지제도들의 가능성과 한계에 대한 논의 결과는 다음과 같이 정리될 수 있음.

○ 첫째, 무엇보다도 제안되고 있는 대안들은 기존 복지국가에 대해 ‘양날의 검’과 같음. 둘째, 대안들 모두 누구에게 이니셔티브가 주어지느냐에 따라 상당히 다른 결과가 나타날 수 있음. 셋째, 제도의 좀 더 정치한 설계도면과 함께 실현 가능성과 문제 해결능력, 확대 가능성과 확대 범위, 기존 제도와의 비교를 통한 우위성의 입증, 중장기 소요 예산 등이 구체적으로 뒷받침되어야 함.

□ ‘한국형 복지모형’을 향해?

○ 민주주의와 복지국가는 물질적 풍요 이상으로 인류가 지켜야 할 자산이며, 시민권의 성숙이야말로 이러한 민주주의 복지국가로의 이행을 가능케 했던 핵심 동력이었음.

○ 우리나라는 황금기 복지국가를 경험하지는 못했지만 복지국가의 이상은 견지될 필요가 있으며, 이를 위해 보편적 시민성의 제고와 공론장의 확대가 전제되어야 함.

*주요 용어: 한국형 복지모형, 조절이론, 4차 산업혁명, 노동시장, 가족지원정책, 노후소득보장, 자산기반복지, 사회적경제, 공유경제, 기본소득

# 제 1 부 이론적 배경

# 제 1 장 서 론

# 1 서론

## 제1절 연구의 필요성 및 목적

위기는 "새로운"(new) 패러다임에 대한 무성한 주장과 함께 등장한다. 복지국가는 인류 역사상 전무후무할 정도로 높은 수준의 경제적 복지와 시민의 보편적 평등을 실현한 체제이지만, 불과 30여 년의 황금기 이후 지속적인 위기와 재편 논란에 직면했다. 에스핑-앤더슨은 그의 1999년 저작 서문에서, 복지국가의 위기는 초기부터 항구적인 것이었지만 현재의 위기는 1980년대 이전 위기와는 근본적으로 다르다고 주장한다(Esping-Andersen, 1999, 1장). 복지국가 초기의 위기가 주로 내재적인 것이었다면, 현재의 위기는 분명 외적인 충격에 의한 것이며 이는 복지국가의 장기적 지속가능성을 위협하고 있다는 것이다. 지구화로 상징되는 경제·통화정책에서의 국민국가의 재량권 감소와 노동시장 유연성 확대, 인구 노령화로 인한 사회보장의 재정위기, 그리고 가족의 불안정성 증가와 충격흡수 능력 약화 등이 복지국가의 지속가능성을 위협하는 외적 요인들이다. 여기에 최근에는 4차 산업혁명으로 인한 기업조직과 노동형태의 근본적 변화가 예고되는 만큼 이에 대한 복지국가의 대응반안도 새롭게 주목받는 주제가 되고 있다.

앞선 보고서에서도 언급한 바와 같이, 한국의 경우 후후발 복지국가로서 선진 복지국가들이 복지국가의 위기를 거쳐 재편을 논의하는 시기에 비로소 복지 제도의 도입과 확대가 본격적으로 시작되었다. 더구나 한국 사회는 상대적으로 매우 짧은 기간 동안 근대화·산업화가 진행되는 와중에 개발주의적·국가후원적 발전전략에 의존해 온 만큼 개인의 복지는 주로 가족과 시장에 맡겨져 있었다. 그 과정에서 발발한 1997년의 외환위기는 그동안 축적되었던 산업화 과정의 구조적 문제들과 개방경제의 취약성이 결합되어 발생한 경제위기인 동시에, 전근대적 공동체와 확대가족의 급격한 붕괴를 대체하지 못했던 빈약한 복지체제가 경제위기의 충격을 제대로 완충하지 못하면서 사회적 위기로 비약한 일대 사건이라 할 수 있다. 그만큼 외환위기 이후 20여 년 동안은 경제·사회적 체제 변화에 조응하는 복지국가의 틀을 구축하는 데 고심해 왔던 기간이라 할 수 있다. 실제로 외환위기 직전인 1995년 3.1%에 불과하던 국내총생산(GDP) 대비 공적사회지출의 비율은 2016년 10.4%까지 증가하였다. 여전히 경제협력개발기구(OECD) 평균(2016년 21.0%)의 절반에도 못 미치는 수준이지만, 1995년 이미 OECD 평균이 18.8%에 이르렀다는 점을 감안하면 우리나라는 매우 빠른 속도로 OECD 평균을 따라잡고 있음을 알 수 있다(OECD. SOCX).

짧은 기간 동안 고용보험이 도입되고(1995년), 국민연금이 전 국민 연금시대를 열었으며(1999년), 시혜성 생활보호제도가 권리성이 강화된 국민기초생활보호제도로 전면 개편되었다(1999년). 이후에도 장애아동부양수당(2002년), 긴급복지지원제도(2006년), 기초(노령)연금제도(2008년), 노인장기요양보험제도(2008년), 근로장려세제(2008년)와 자녀장려세제(2015년), 장애인연금(2010년), 무상보육서비스, 가정양육수당(2009년), 각종 사회서비스 실시 등 많은 소득보장제도와 사회서비스가 도입되고 확대되어 왔다. 2018년 아동수당까지 도입된다면, 형식적으로 많은 선진복지국가에는 있지만 우리나라에는 없는 거의 유일한 복지제도는 상병수당(보험) 정도를 꼽을 수 있을 것이다. 이렇듯 급격하게 복지제도의 외연을 확대한 만큼 앞서 언급한 바와 같이 복지재정의 증가 속도 또한 매우 빨랐다.

하지만 외연이 확대되는 만큼 혹은 그 이상으로 한국 복지국가에 대한 고민은 더 깊어지는 것 같다. 사회복지의 역할과 기대가 커지는 만큼, 복지제도와 정책을 둘러싼 논쟁도 가열되고 있다. 성장과 분배, 효율과 평등 간의 관계, 외환위기 이후 사회안전망 구축 방안, 양극화 논쟁, 사회서비스 산업화와 일자리 논쟁, 선별적 복지와 보편적 복지 논쟁, 지속가능한 복지국가 구축 방안, 초저출산·고령화의 원인과 대응방안, 노인빈곤과 청년일자리 문제를 둘러싼 논쟁 등등 사회복지를 둘러싼 많은 논의와 논쟁이 제기되고 있다. 이와 관련하여, 본 연구는 지금까지 3차에 걸친 연구를 통해 한국형 복지모형 구축을 위한 기반 연구를 진행한 바 있다(표 1-1 참조).

먼저, 한국형 복지국가의 구축을 위해서는 한국 복지국가를 둘러싼 경제·사회·문화적 특성에 대한 이해가 전제될 필요가 있다는 문제의식하에, 1차 연도(2014년)는 한국 복지국가의 특수성을 주제로 보고서를 집필한 바 있다. 여기에서는 우리나라 경제·산업구조와 발전주의 모델의 특성, 노동시장 이중구조화의 기원과 현황, 교육체계의 확대과정과 특성, 그리고 가족구조 변화와 가족주의 레짐의 한계 등을 복지국가를 둘러싼 환경적 특성으로 파악하고, 이러한 환경과 상호조응하여 발달해 온 한국 복지국가의 제도·구조적 특성, 전달체계의 특성, 복지재정 체계, 그리고 복지태도의 특수성 등을 분석적으로 논의하였다.

미시적 차원에서 사회복지의 일차적 목적은 자본주의 산업사회의 각종 사회적 위험에 대응하여 가구경제의 안정(security)과 빈곤 예방(anti-poverty)을 도모하는 것이다. 2차 연도(2015년) 보고서에서는 오늘날 가구경제의 두 축을 구성하는 노동시장제도(분배)와 사회복지제도(재분배)가 얼마나 상보적으로 잘 작동하고 있는지를 살펴보기 위하여 가구의 생애주기별 소득·재산·소비를 종합적으로 분석하고자 하였다.

〈표 1-1〉 연차별 보고서의 연구 목적 및 주요 연구 내용

| 연차 (연도) | 연구 목적 및 이론적 기반 | 주요 연구 내용 |
|---|---|---|
| 1년 차 (2014) | - **연구 목적:** 한국 복지국가의 경제·사회·문화 특수성과 복지제도의 특수성 연구<br>- **이론적 기반:** 신(역사적) 제도주의<br>- **접근 방식:** 거시적·역사적 접근 | - **한국 복지국가의 경제·사회·문화적 특수성**<br>•경제·산업구조와 발전주의 모델<br>•노동시장의 이중구조화<br>•교육체계의 특성<br>•가족구조 변화와 가족주의 레짐의 한계<br>- **한국 복지제도의 특수성**<br>•복지 제도 및 구조의 특수성<br>•복지 전달체계의 특수성<br>•복지재정의 특수성과 대안적 재정체계<br>•복지태도의 특수성 |
| 2년 차 (2015) | - **연구 목적:** 생애주기별 소득·재산·소비 분석을 통한 가구(개인) 복지 수준 및 특성 확인<br>- **이론적 기반:** 생애주기 이론<br>- **접근 방식:** 미시적·계량적 접근 | - **생애주기별 소득·재산·소비 기초분석**<br>•생애주기별 소득·재산·소비의 분포<br>- **생애주기별 소득·재산·소비 심층분석**<br>•소득불평등의 코호트 효과<br>•여성 경제활동과 생애주기별 소득·재산·소비<br>•노인빈곤 악화 요인 분석<br>•소비지출 불평등 변화 추이와 관련 요인<br>•보건의료지출의 형평성 분석 |
| 3년 차 (2016) | - **연구 목적:** 복지국가 유형 비교 분석을 통한 한국의 좌표 확인<br>- **이론적 기반:** 복지레짐론<br>- **접근 방식:** 비교국가적 접근 | - **복지국가의 제도·정책 중심적 접근**<br>•노동시장정책 유형화<br>•가족지원정책 유형화<br>•노인생활보장정책 유형화<br>- **복지국가의 노력·효과 중심적 접근**<br>•조세체계 유형화<br>•복지지출 유형화<br>•재분배 효과와 사회의 질 |
| 4년 차 (2017) | - **연구 목적:** 대안적 복지제도와 체제의 실효성과 한계 분석<br>- **이론적 기반:** 조절이론<br>- **접근 방식:** 종합적·대안분석적 접근 | **-복지환경의 변화 흐름과 복지국가에 미치는 영향**<br>**-기존 복지제도의 재구조화 방안**<br>**-대안적 복지제도의 주요 내용 및 적용 가능성** |

1차와 2차 연구가 한국 복지국가의 특성을 각각 거시와 미시 수준에서 분석하고자 하였다면, 3차 연도(2016년) 연구에서는 복지국가 비교를 통해 한국 복지국가의 상대적 좌표를 확인하는 데 할애되었다. 먼저 복지국가 비교의 영역을 제도와 효과로 구분하고, 제도 영역에서는 노동시장정책, 가족지원정책, 노인생활보장정책 영역에서 우리나라의 상대적 위치를 확인하고자 하였으며, 노력과 효과 영역에서는 조세체계, 복지지출, 그리고 재분배 효과와 사회 질 차원에서 우리나라의 상대적 좌표를 검토하고자 하였다.

4차 연도(2017년)에 해당하는 본 보고서에서는 한국 복지국가의 특징을 종합적으로 정리하고, 이러한 특징과 미래의 도전에 대응하여 복지국가의 재구조화 방안과 대안 복지제도의 적용 가능성을 검토하고자 하는 데 그 목적이 있다. 좀 더 구체적으로, 우리나라가 직면하고 있는 대내외적 환경의 변화와 복지국가 형성의 특성을 파악하고, 나아가 다가올 4차 산업혁명이라는 거대한 파고가 우리나라의 노동시장과 복지국가에 미칠 파장을 예측할 필요가 있다. 이러한 현재의 특성과 미래의 파고에 맞서, 기존의 복지체제가 어떠한 변화를 꾀해야 할지, 그리고 어떠한 새로운 복지 대안이 제기되고 있으며, 이러한 복지 대안들의 가능성과 한계는 무엇인지를 종합적으로 검토하고자 하는 것이 본 보고서의 목적이다(그림 1-1 참조).

## 제2절 주요 연구 내용

본 보고서는 4부 11장 체계로, 전체 보고서의 구성은 아래 〔그림 1-1〕과 같다.

〔그림 1-1〕 본 보고서의 분석틀

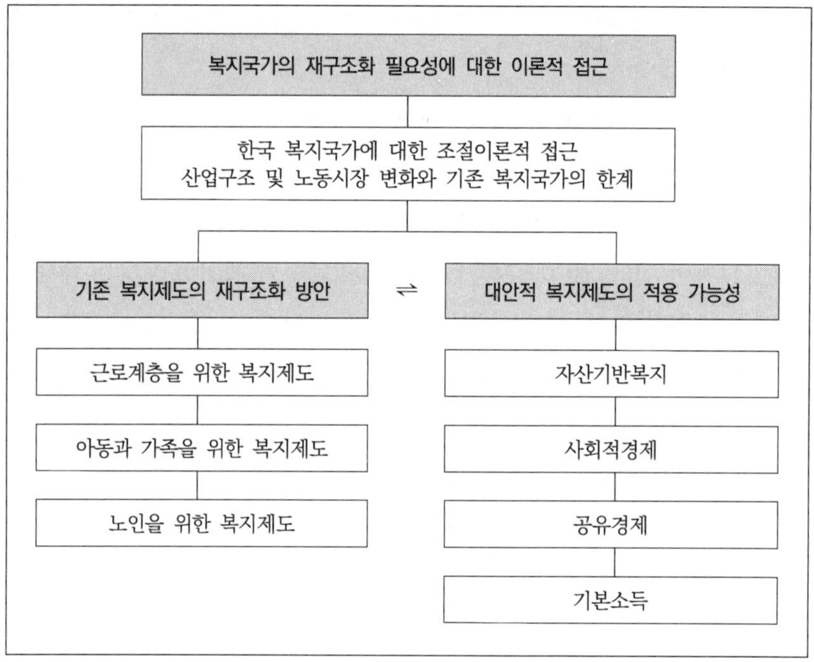


먼저, 본 장(서론)을 포함한 1부(이론적 배경)에서는 현재 한국 복지국가가 처해 있는 상황을 조절이론의 관점에서 논의하고, 아울러 4차 산업혁명으로 대변되는 가까운 미래의 기술 변화와 노동시장 변화가 복지국가에 미칠 파장을 정리하는 데 할애되었다.

다음으로 2부와 3부에서는 각각 기존 복지제도의 재구조화 방안과 대안적 복지제도의 적용 가능성을 검토하고 있다. 2부(기존 복지제도의 재구조화 방안)에서는 근로계층(4장), 가족(5장), 그리고 노인(6장)을 위한 기존 복지제도의 문제점과 재구조화 방안을 각 장에서 논의하고 있다. 4장에서는 한국 불안정 근로계층의 실태와 한국 고용정책의 한계를 검토함으로써, 한국 근로계층을 위한 복지제도의 부정합성을 확인하고, 한국의 유연안정성 정책의 재구조화 방안을 제시하였다. 5장에서는 가족지원 정책의 이용보편성, 급여적절성, 젠더효과성 차원에서 평가하고, 우리나라 정책의 특징과 문제점을 분석함으로써 재구조화 방안을 검토하고 있다. 6장은 근로소득, 가족부양, 퇴직연금, 퇴직금, 개인연금, 주택연금, 기초연금, 국민연금, 국민기초생활보장제도 등 노후소득원의 재구조화 방안을 검토함으로써 현재와 미래의 노인빈곤 문제에 대응하고 안정적인 노후보장 방안을 제시하고자 하였다.

3부(대안적 복지제도의 적용 가능성)에서는 현재는 미미하게만 적용되고 있거나 학자들에 의해 제안되고 있는 수준이지만, 현재 혹은 미래의 사회·경제적 도전에 대응하여 기존 복지제도의 한계를 보완하거나 대체해 줄 수 있을 것으로 기대되는 대안적 복지제도들을 검토하고 있다. 자산불평등에 대응하고 유동화 가능성에 착안한 생애주기별 자산기반복지(7장), 구조화된 실업과 만성적 빈곤에 대응하여 시장경제의 보완 혹은 대안으로 주목받고 있는 사회적경제(8장), 소유기반의 경제에서 자원의 공유를 통해 제3의 경제영역을 추구하고자 하는 공유경제(9장), 그리고 노동없는 미래와 불안정 노동의 확대에 대응하여 대안적 복지국가의 새로운 실험으로서 기본소득(10장)에 이르기까지 다양한 범주의 대안적 복지제도들의 개념, 철학적 기반과 현실적 쟁점들, 그리고 적용·확대의 가능성과 한계 등을 제시하고자 하였다.

# 제 2 장 한국 복지국가에 대한 조절이론적 접근

# 2 한국 복지국가에 대한 조절이론적 접근

## 제1절 서론

조절이론의 탁월한 학자로 꼽히는 부아예(Robert Boyer)는 그의 책 한국어판 서문에서 "미래의 역사가들은 기술, 조직, 제도 및 지정학적 환경에 영향을 주는 다양하고도 심대한 구조 변환이 일어나고 있던 상황에서 연구자들이 극단적으로 정태적인 세계와 자기조절적인 시장경제를 가정하는 초시간적인 분석틀을 준거로 삼고 있었다는 사실에 대해 놀라움을 금치 못할 것"(Boyer, 2004/2013, p. 7)이라고 서술하고 있다. 여기에서 그가 '초시간적 분석틀'로 주로 언급하고 있는 이론은 표준적인 경제학 이론이다. 변화하고 있는 세계를 분석하는 데 더 적절한 이론으로 꼽고 있는 이론은 물론 조절이론이다.

조절이론은 애초에 제2차 세계대전 이후부터 1970년대 중반까지 포드주의 축적체제와 복지국가라는 쌍두마차가 이끄는 영광의 30년을 지나면서 지속적인 스태그플레이션과 금융위기 등을 경험하게 된 원인이 무엇인가에 대한 질문에서 출발했다. 따라서 복지국가 위기, 나아가 자본주의 위기에 대한 조절이론적 해석은 특히 자본주의의 재생산과 축적 위기에 조응하는 조절양식으로서 복지국가(제도)의 변화 방향에 많은 시사점을 제공할 수 있다. 실제로 조절이론은 "어떤 체제가 포드주의 체제의 뒤를 이을 수 있을 것인지를 진단하는데"(Boyer, 2004/2013, p. 120) 많은 노력을 기울이고 있다. 동일 맥락에서 조절이론은 구조주의적이고 거시적인 자본주의의 보편적 변화 양상과 위기 속에서 각 국가의 조절기제로서 복지국가의 변화와 다양성에 주목함으로써 중범위적이고 제도주의적인 접근을 끌어들인다는 데에서도 본 보고서의 내재적인 이론적 배경으로 설정될 수 있다.

다만, 본 보고서에서 주로 다루고자 하는 것은 조절이론의 자본주의에 대한 심도 깊은 분석이나 관련 논쟁이라기보다는, 자본주의의 주기적 위기와 이에 대한 조절기제를 바라보는 조절이론적 분석틀이다. 즉, 조절이론이 바라보는 국가, 특히 복지국가의 배경과 특징에 대해 언급하고, 특히 한국 복지국가의 발전과정을 조절양식의 한 틀로 바라봄으로써 복지환경의 변화와 대안적 복지제도 연구에 잠재적[2] 분석틀로 활용하고자 한다.

## 제2절 조절양식으로서의 '복지'국가

### 1. 포디즘적 축적체제와 조절양식으로서의 복지국가

황금기 복지국가를 흔히 케인즈-베버리지언 복지국가(Keynes-Beveridgeian Welfare State)라고 일컫는다. 두 사람 모두 경제학을 전공한 실업 전문가라는 공통점이 있으며, 전자는 수요중심 경제학을 통해 대공황을 극복하는 데 이론적 토대를 제공하였으며, 후자는 전쟁 중에 베버리지 보고서를 통해 전후 복지국가의 밑그림을 완성하는 데 결정적 기여를 하였다. 즉, 케인즈는 외연적 축적체제로 인한 자본주의 위기에 대

2) '잠재적'이라는 용어를 사용한 이유는 이후 장들에서 명시적으로 조절이론의 틀을 활용하고 있지는 않기 때문이다. 다만, 본 보고서에서는 자본주의 축적체제의 급속한 변화 속에서 이에 조응할 수 있는—물론 이조차도 사후적으로만 확인 가능하겠지만—기존 복지국가의 대안들을 탐색하고자 시도한다는 점에서 조절이론의 발상을 차용하고자 한 것이다.

해 국가 개입을 통한 적극적 수요 창출을 통한 해법을 제시함으로써, 전후 복지국가 형성에 경제학적 정당성을 부여하였다. 베버리지는 빈민법 전통의 영국 복지제도의 외연을 확장하여 '요람에서 무덤까지' 이르는 생애주기상의 사회적 위험에 대해 포괄적이고 보편적인 복지 건축물의 설계도면을 완성함으로써 복지국가의 제도적 기틀을 마련하였다.

그렇다면, 황금기 복지국가는 어떠한 사회경제적 배경에서 태동하게 되었는가. 다시 말해, 1945년 이전의 양차 세계대전과 전간기 대공황이라는 자본주의 위기는 어떠한 원인으로 발발하였기에 복지국가라는 새로운 조절양식이 탄생하게 되었는가. 이에 대한 조절이론의 해석을 거칠게 요약하면 축적체제와 조절양식의 위기에 대한 반응이 '관리된 자본주의'로 귀결되었다는 것이다.

〈표 2-1〉 축적체제들의 개요

| 축적체제 구성요소 | 경쟁적 조절하의 외연적 축적체제 | 대량소비 없는 내포적 축적체제 | 대량소비를 동반한 내포적 축적체제 | 불평등을 조장하는 외연적 축적체제 |
|---|---|---|---|---|
| 생산조직 | 대규모 제조업 | 테일러주의에 뒤이은 조립라인 | 수확체증 활용 | 생산성 향상의 고갈 및 서비스화 |
| 임노동관계 | 경쟁적 | 임노동의 확산에도 여전히 경쟁적 | 생산성 향상 이득 분배의 제도화 | 분권화, 개인화 및 집단적 형태들의 쇠퇴 |
| 부가가치의 분배 | 산업예비군에 의한 조절 | 이윤에 유리하게 | 분배의 사전적 안정화 | 임금 몫의 축소 후 안정 |
| 사회적 수요의 구성 | 농민, 부르주아, 공공지출 | 임노동자 수요의 비중 증가 | 임노동자 수요의 주도적 역할 | 소득별 계층 분화, 능력에 따른 소득 |

자료: Boyer. (2013). 조절이론: 1.기초. (서익진, 서환주, 정세은, 김태황, 이지용, 역). (원서출판 2004). p. 99.

즉, 대공황(Great Depression)의 직접적 계기는 1929년 주식시장의 붕괴로 촉발되었지만, 그 내재적 원인은 새롭고 지배적인 내포적 축적―테일러리즘에 뒤이은 기계화와 합리적 공정 등으로 대표되는 새로운 조립라인―과 낡고 경쟁적인 조절양식 간의 구조적 괴리에서 기인한 축적체제의 위기라는 것이다(여유진, 2002, p. 16).3)

〔그림 2-1〕 대공황 파급경로 및 파급영향

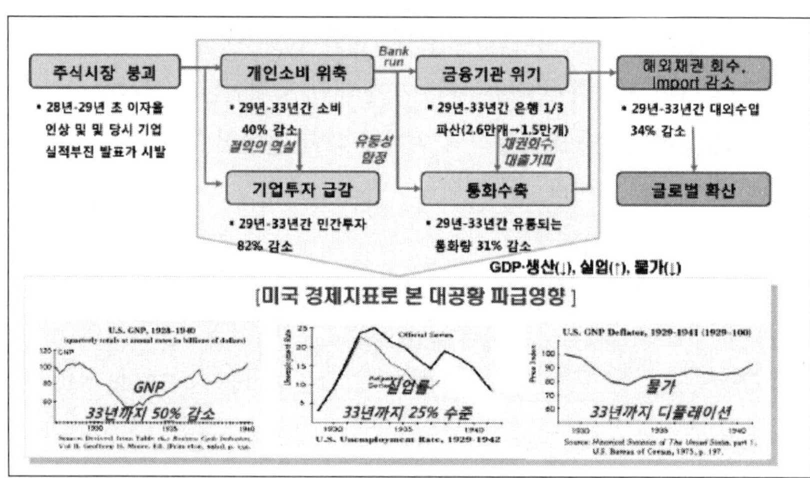

자료: 손명석. (2012). 대공황 사례로 본 현위기 진단 및 전망. p. 3.

1차 대전을 전후로 노동조직의 형태가 변화되면서 외연적 축적체제와 경쟁적 조절양식 간에 부조응성이 지속되었다. 이를 극복하기 위해 등장한 테일러주의는 기계를 중심으로 노동을 재조직함으로써 기계화된 반복

3) 부아예(2013, p. 127)는 위기를 그 심각성에 따라 명백한 외적 충격에 의한 위기, 조절의 일부분으로서의 위기, 조절양식의 위기, 축적체제의 위기, 그리고 생산양식의 위기로 구분하고 있다. 이 중 1929년 미국 대공황은 축적체제의 위기로 이는 "'축적체제'를 조건 짓는 가장 핵심적인 제도 형태들이 한계에 부닥침으로써 모순들이 급속하게 심화되는 현상으로, 이는 조절의 위기를 내포하고 있다는 점에서 결국 총체적인 발전양식의 위기"(p. 129)이기도 하다.

노동을 통해 노동 동질성을 획득하게 되었다. 그러나 이와 같은 테일러주의적 노동조직의 재조직화에도 불구하고 이에 조응하는 조절양식을 안착시키지 못함으로써 대공황이라는 파국적 상황이 초래된 것이다(Lipietz, 1985, p. 17; 안승국, 1999에서 재인용). 대량소비 없는 내포적 축적체제에서 대량으로 쏟아져 나오는 공산품과 소비능력 간의 괴리가 심화되고, 직접 투자가 위축되면서 주식버블이 형성되었다. 1920년대 후반 과열된 주식시장이 1929년 붕괴되면서 이후 3년간의 극심한 디플레이션과 8년간의 장기적인 경기침체가 이어졌으며(손명석, 2012, p. 2), 이후 파국적 경제 상황은 잘 알려진 바와 같다.

전후 선진 자본주의 국가들을 중심으로 형성된 포디즘적 축적체제[4]는 이러한 자본주의의 유례없는 위기의 경험—두 차례의 파국적 세계대전과 대공황—에 대한 정치경제적 반응의 결과라 할 수 있다. 즉, '보이지 않는 손'에 의한 시장의 자율적 조절에 대한 믿음이 극단적 자유방임주의를 제외하고는 사라졌으며, 시장과 개인(가족)에 대한 국가 개입의 필요성과 정당성에 대한 좌우의 컨센서스가 형성된 것이다. 1936년 출간된 「고용, 이자 및 화폐에 관한 일반이론」에서 "현대 자본주의는 만일 어떠한 형태의 체계적인 외적 규제 혹은 통제도 없다면 내재적으로 불안정한 경제체제가 될 것"이며, "일반이론의 근본적인 실제 메시지는 보이지 않는 무형의 금전을 사용하는 민간기업 경제는 적절한 금융 및 재정정책에 의해 안정될 필요가 있고, 안정될 수 있으며, 따라서 안정되어야 한다는 것"이라는 케인즈(John Maynard Keynes)의 주장(Lee, 1993, p. 80)에 대한 공감대가 형성된 것이다.

---

4) 포디즘(fordism)이라는 용어는 20세기 전후 미국 자본주의의 특성을 묘사하고자 그람시(Antonio Gramsci)가 그의 에세이 『옥중수고』(1934) 중 "미국주의와 포디즘 Americanism and Fordism"에서 사용했던 용어라고 한다(정국헌, 1994, https://en.wikipedia.org/wiki/Fordism에서 2017. 10. 17. 인출).

조절이론의 용어를 빌리자면 생산성의 급증을 수반한 내포적 축적체제 하에서 이에 조응하는 조절장치의 변화, 즉 단순한 생산조직의 변화를 넘어선 새로운 제도적 장치들, 예컨대 화폐제도, 임금 혹은 노동관계, 경쟁 형태 등이 요구된다는 것이다. 무엇보다도 이러한 제도적 형태 변화에서 핵심적인 역할을 담당하는 국가가 중요한 당사자로 등장한다. 즉, 국가는 축적체제의 안정화와 관련한 구조적 전략적 요소이며, 확대된 재생산과 자본주의 조절을 보장하는 데 중요한 역할을 한다. 특히, 두 가지 일반적 기능이 중요한데 그 하나는 자본안정화를 위한 조건을 확보하도록 돕는 것이며, 다른 하나는 노동력 재생산을 위한 조건을 확보하도록 돕는 것이다(Jessop, 1993).

전후의 자본주의는 크게 두 가지 방식으로 '조절'된다. 먼저, 주기적으로 변화하는 시장의 불안정성에 대처할 수 있는 수단으로써 국가가 소비수요를 총합적으로 조절하는 것이다. 거시경제이론은 핵심적으로 임금과 생산성, 그리고 인플레이션 간의 변덕스러운 관계를 안정시키는 데 관심이 있었다. 대량생산·대량소비 경제가 안정적으로 유지되기 위해서는 주기적으로 발생하는 임금관계와 상품생산의 위기를 헤쳐나가는 국가의 역할이 핵심적이다. 2차대전 후 선진자본주의 국가에서는 자본과 노동 간의 전례 없는 동맹을 통해 이 둘 간의 관계를 매우 안정적으로 유지할 수 있었다(Lee, 1993, pp. 80-81; 여유진, 2002에서 재인용). 이와 같이 자본과 노동 간의 동맹이 안정적으로 유지될 수 있었던 것은 복지국가의 거시적인 뒷받침이 주효했다. 생애과정에서 부닥칠 수 있는 각종 사회적 위험—예컨대 실업, 질병, 재해, 노령—에 대한 안정장치 확보와 집합적 소비(학교, 보육시설, 병원, 공공주택 등)를 통한 메리트재에 대한 접근성 제고 등을 통해 국가가 이차적 소득(사회적 임금)을 제공함으로써 근대적 대량소비사회의 출현을 가능케 하였다. 즉, 전후 복지국가는 새로운 축적체제에 대한 대중적 합의를 가능케 했으며, 효과적인 거버넌스 구조를 안착시킬 수 있도록 하는 궁극적 보증자 역할을 수행했다. 이러한 조절을 통해 포디즘은 새로운 축적체제로서의 지위를 성취하고 전성기를 구가할 수 있었다. 그 결과 1950~60년대에 생산과 소비 조건 모두에서 대대적인 변형이 유발되었다. 즉, 생산의 사회적 관계 변형과 그러한 생산관계가 출현하고 유지되는 전반적인 사회적 생활방식의 변형을 가져온 것이다(Lee, 1993, pp. 73-82). 이러한 포드주의적 소비양식을 가능케 한 또 하나의 조건은 소비자 신용이다(정신동, 1990). 특히, 주택, 자동차와 같이 고가의 내구재는 대부분의 노동자들이 일시불로 구매하기 어려운 상품이다. 모기지, 신용카드와 같은 소비자 신용 보증의 확대는 대량소비를 가능케 하는 제도적 장치로 기능했으며, 이는 앞서 언급한 임금노동자의 실질소득의 향상이나 국가에 의한 사회적 위험의 보장과 밀접하게 관련되어 있음은 물론이다.

조절이론의 관점에서 전후 자본주의의 '영광의 30년'이 가능했던 것은 포디즘적 축적체제와 조절양식의 정합적 구조화에 있다고 본다. 이러한 의미에서 부아예(2004/2013, p. 58)는 "법과 정치로부터 완전히 독립된 순수 경제라는 환상은 사라져야 마땅하다"고 주장한다. 국가는 최소개입의 원칙을 버리고 생산관계와 상품관계에 직·간접적으로 개입함으로써 포디즘적 축적체제의 안정화에 주도적인 역할을 수행했다. 특히, 전후 복지국가는 베버리지언 접근 방식으로 조세를 통해 사회보장의 재원을 직접 조달하거나, 비스마르키언 접근 방식으로 사회보험을 통해 노동과 자본 간 협상을 주도했다. 궁극적으로는 사회적 임금(social wage)을 통해 임금 노동자의 중산층화를 주도함으로써 대량생산을 흡수할 수 있는 소비사회의 도래를 가능케 했다.

## 2. 포스트 포디즘적 축적체제와 복지국가의 변화

포디즘적 축적체제는 "안정적이고 높은 이윤수준과 임노동자들의 소득 증가가 조화를 이룰 수 있도록 만들어주었고, 역동적인 효율성과 불평등 완화 간의 결합 그리고 역동적인 민간부문과 풍부한 공공 개입 간의 결합을 가능하게 했다"(Boyer, 2004/2013, p. 120). 그러나 1973년 1차 오일쇼크를 전후로 유럽과 미국 경제는 장기적인 경기침체—스태그플레이션—에 빠져들었다. 이는 전후 생산성 향상을 주도했던 제조업의 침체와 서비스업 비중의 급증, 값싼 노동력을 바탕으로 시장을 잠식해 오는 아시아 국가들의 위협, 급격한 인구고령화로 인한 국가재정의 고갈 등을 그 배경으로 하고 있다. 이와 함께, ME혁명과 LIN 생산방식의 도입, 금본위의 '브레턴우즈 체제'가 붕괴, 금융·자본·노동의 국제적 이동 가속화 등이 동시다발적으로 진행되면서 기존의 포디즘적 축적체제와 쌍을 이루던 조절양식, 특히 복지국가의 위기가 가시화된다(여유진, 김미곤, 임완섭, 김민희, 2009, pp. 26-27).

제솝(Jessop, 1993)은 이러한 변화를 '케인지언 복지국가'에서 '슘페테리언 근로국가'로의 전환으로 묘사하고 있다. 슘페테리언 근로국가(Schumpeterian Workfare State)는 경제정책 영역에서 혁신과 구조적 경쟁력을 향상시키는 데 주목하고, 사회정책 영역에서는 유연성과 경쟁력을 향상시키는 데 관심을 가진다는 것이다.

〈표 2-2〉 축적체제 변화와 복지국가의 기능 변화

| 축적체제 | 포디즘 | → 위기 → | 포스트포디즘 |
|---|---|---|---|
| 복지국가 | 케인지언 복지국가 | 노동유연화와 직업구조 변화, 완전고용 실패, 관료주의 기능 저하, 사회·환경 문제 대처능력 상실 등 | 신자유주의, 신조합주의, 신국가주의 |
| 기능 | 경기변동에 대한 안정성 제공, 최저사회임금 보장 등 | | 조절기제 혹은 사회적 축적 구조의 변화, 사회화 패턴의 재편성 |

자료: Jessop. (1991). The Welfare State in the Transition from Fordism to Post-Fordism. In Jessop, B., Kastendiek, H., Nielsen, K. and Pedersen, O, K.(eds.), *The Politics of Flexibility: Restructuring State and Industry in Britain, Germany and Scandinavia.* Edward Elgar. p. 103.

이러한 변화의 배경은 몇 가지로 요약된다. 주지한 바와 같이, 금본위제 붕괴로 국제 통화의 유동성이 증가하고 국가화폐의 불안정성이 증가함에 따라 수요 측면의 관리에 어려움이 가중되면서 공급 측면에 더 집중하는 경향을 띠게 되었다는 점이다. 또한, 세계화된 경제에서 임금은 더 이상 수요를 창출하고 자본투자를 가능케 하는 데 기여하기보다는 점점 더 생산비용으로 간주된다. 따라서 임금이 고정비용으로 간주되는 나라—예컨대, 독일, 일본의 핵심노동력—에서는 고임금·고성장 축적전략을 유지하기 위해서는 혁신과 재훈련이 강조되어야 한다. 반면 임금이 가변비용으로 간주되는 나라—예컨대, 미국, 영국—에서는 단기고용이나 해고의 용이성을 높이는 신자유주의적 유연성이 경쟁력을 유지시키는 방안으로 강조된다(Jessop, 1991, 1993).

제솝(Jessop, 1993)은 이러한 전환 과정에서 국민국가는 공동화(hollowing out)되는 경향이 있다고 주장한다. 그럼에도 불구하고, 기존의 제도화된 유형에 따라 복지국가는 경로의존적 적응과정을 거치게 되는데, 그것이 각각 신국가주의, 신조합주의, 신자유주의이다. 이는 에스핑-앤더슨(Esping-Andersen, 1990/2007)의 고전적인 유형화에 따라 각각 사민주의, 조합주의, 자유주의에 대응하는 것이다. 이와 같이, 제솝은 축적체제가 변화함에 따라 기존 복지국가들은 불가피하게 변화를 경험하겠지만, 이러한 변화의 결과로 복지레짐이 근본적으로 수렴하지는 않을 것으로 보았다.

먼저, 독일로 대표되는 신국가주의는 국가 간 경쟁이 격화되는 양상을 인식하면서 지금까지의 축적 전략을 수정하고 자원을 재배치하는 데 노력을 기울였다. 또한 가부장적 접근을 견지하면서 기존의 국가후원적 유연화 전략을 통해 핵심 생산부문의 효율성을 보장하고자 한다. 신조합주의는 기존의 협의적·합의적 접근의 제도화 틀을 유지하면서 이를 통해 국가경쟁력 강화와 연대의 균형을 견지하고자 한다. 하지만 중앙집중적인 거시 수준의 협의구조는 중범위 혹은 미시 수준의 지역과 기업으로 이동하는 양상이 관찰된다. 신자유주의는 시장주도적 변화와 지구화된 경제에 발맞추어 기업의 경쟁력을 제고하면서 민영화, 시장화, 자유화를 가속화시키고, 사회복지의 잔여적 접근을 강화하는 접근을 취하고 있다(Jessop, 1993; 여유진, 2011, pp. 16-17에서 재인용).

제솝의 이러한 주장은 아이버슨과 렌(Iversen & Wren, 1998)이 언급한 복지국가의 분배 - 실업 - 재정안정 간 이른바 '트릴레마'(trilemma)에 대응해 나가는 방식에서의 차이로 귀결된다(Iversen & Wren, 1998). 신자유주의는 분배를 희생하고 실업을, 신조합주의는 실업을 희생하고 분배를 추구하는 경향이 강하다면, 국가주의적 접근은 '세 뿔 사이'를 비켜나기 위해 '유연안전성'(flexsecurity) 전략을 비교적 성공적으로 추진하고 있는 것으로 평가된다(여유진, 2011, p. 17).

하지만, 이러한 복지국가에 대한 조절이론가들의 논의는 주로 중심부 자본주의 국가들을 대상으로 한다는 점에서 한국에 적용하는 데는 한계가 있다. 한국은 후후발 산업국가로서 선진 자본주의 국가들의 축적체제·조절양식과는 상당히 다른 방식으로 발전해 왔다.

# 제3절 한국의 자본주의와 조절양식의 위기

## 1. 한국 자본주의의 발전양식

조절이론에서는 축적체제의 다양성에도 주목한다. 물론 주 관심 영역은 유럽과 신대륙의 영미권 국가들에 국한되지만 후발 산업화 경제들로 분석 대상을 확장할수록 축적체제의 다양성도 더욱 뚜렷이 나타난다고 주장한다(Boyer, 2004/2013, p. 91). 그렇다면 한국의 자본주의는 어떠한 축적체제와 조절양식을 바탕으로 발전해 왔는가.

서구적 관점에서 한국과 같이 지리적으로 동떨어져 있는 후후발 산업국가들을 '주변부 포드주의'로 명명하곤 한다. '중심부'의 입장에서 보면 한국은 생산자본의 국제화 과정에서 신국제 분업체제에 수직적으로 통합됨으로써 노동집약적 산업을 통해 자본을 축적해 온 신흥 산업국가로 비친다(안승국, 1999). 내부적 관점에서 보면 한국은 전후 서구 복지국가를 칭하던 '관리된 자본주의'와는 완전히 상이한 방식으로 발전해 온 '또 다른 관리된 자본주의', 즉 '국가주도적 개발국가'로 칭해질 수 있다.

주지한 바와 같이, 전후 복지국가에서 '국가'는 시장에는 재정정책, 금융정책, 통화정책과 같은 안정화를 위한 개입에 치중한 반면, 개인과 가족—통칭해서 시민—에게는 각종 사회임금과 사회서비스의 제공, 집합적 재화의 공급이라는 형태로 적극적으로 개입해 왔다. 즉, 국가는 '시장경제'에는 물가안정, 독과점 규제와 같은 게임의 규칙을 설정하고 조절하는 역할을 담당한 데 비해 '가정경제'에는 시장소득의 불안정성을 완충하는 역할, 즉 노동시장정책과 사회복지제도를 통해 탈상품화를 통한 재상품화와 안정성(security)의 보장이라는 직접적이고도 적극적인 역할을 담당해 왔다. 하지만 한국의 경우 이와는 대조적으로 시장경제에 대해서는 중화학·수출대기업 중심의 산업 육성과 직접적인 금융지원, 사회간접자본(SOC) 투자 등을 통해 적극적이고도 직접적으로 개입한 데 비해, 가정경제에 대해서는 거의 전적으로 가족의 영역에 맡겨둔 채 개입을 최소화하는 소극적 태도를 견지하였다. 확대가족의 전통적인 효문화와 연줄망에 기댄 사적 부양이 산업화 과정에서 불거지는 소득의 불안정성을 완화하는 역할을 전담하다시피 하였고, 돌봄 역할은 거의 전적으로 여성의 몫으로 남겨졌다. 다만 저임금을 기반으로 한 산업화 과정에서 필수적인 노동력 확보를 위한 보편적인 교육제도의 조기 도입, 완전고용에 가까운 낮은 실업률, 비교적 안정적인 고용보장과 대기업 중심의 기업복지, 낮은 세율과 높은 면세점 등이 가족의 불안정성을 완충하는 데 부분적으로 기여한 것으로 보인다.

이와 같이 후후발 산업국가로서 관료주의 극대화를 통해 국가 주도의 발전을 주도하는 산업화 과정을 '신중산주의'로 명명하기도 한다. 정용덕(1998)은 그 근거로 경제행정기구의 비대화와 복지기능의 주변화를 꼽고 있다. 1959년 부흥부에 뿌리를 둔 경제기획기구를 구축하고, 민간부문 경제활동에 개입하기 위해 다양한 산업정책기구를 발전시켰는데, 이러한 기구들이 1997년 당시 35개 중앙행정기구의 과반수인 18개(1원 5부 1처 11청)에 이르렀다. 반면 보건사회, 환경문제는 부차적이고 상징정치적인 수단으로 활용되는 경향이 있었다는 것이다. 이 시기 한국은 예외국가로서의 특징을 보이며, 통합기구에 비해 합의 및 생산기구가 훨씬 높은 비중으로 성장해 있고, 합의기구 가운데서도 억압하위기구가 크게 성장해 있으며, 집행기구 또한 크게 발전해 있다고 주장한다(정용덕, 1993, 1998). 또 다른 근거로 정부 지출구조를 들 수 있다. 〈표 2-3〉에서 보는 바와 같이, 우리나라의 경제개발 및 지역개발비 비중은 19.8%에 이르러 OECD 평균인 12.2%에 비해 상당히 높은 수준이다. 이에 비해 사회복지

지출은 정부지출의 18.4%로 OECD 평균인 35.7%의 절반을 약간 넘는 수준이다.

〈표 2-3〉 주요 OECD 국가의 정부지출 구조(2013년)

| 구분 | 일반 공공 서비스 | 국방 | 공공 질서 및 안전 | 경제 개발 | 환경 보호 | 주택 및 지역 개발 | 건강 | 문화 | 교육 | 사회 복지 |
|---|---|---|---|---|---|---|---|---|---|---|
| 호주 | 12.9 | 3.9 | 4.7 | 11.1 | 2.9 | 1.7 | 18.8 | 2.0 | 14.4 | 27.7 |
| 오스트리아 | 14.2 | 1.2 | 2.6 | 11.1 | 1.0 | 0.7 | 15.6 | 1.9 | 9.8 | 41.9 |
| 덴마크 | 13.6 | 2.3 | 1.8 | 6.3 | 0.7 | 0.5 | 15.3 | 3.2 | 12.3 | 43.9 |
| 핀란드 | 14.4 | 2.6 | 2.4 | 8.2 | 0.4 | 0.7 | 14.5 | 2.5 | 11.2 | 43.1 |
| 프랑스 | 11.9 | 3.1 | 2.9 | 8.7 | 1.8 | 2.4 | 14.2 | 2.6 | 9.6 | 42.9 |
| 독일 | 14.3 | 2.4 | 3.5 | 7.5 | 1.3 | 0.9 | 15.8 | 1.9 | 9.7 | 42.6 |
| 그리스 | 16.3 | 3.6 | 3.1 | 25.5 | 1.4 | 0.5 | 8.6 | 1.1 | 7.6 | 32.4 |
| 아이슬란드 | 19.2 | 0.0 | 3.1 | 10.4 | 1.3 | 2.4 | 16.3 | 6.9 | 16.9 | 23.6 |
| 아일랜드 | 16.5 | 1.0 | 3.9 | 7.5 | 1.6 | 1.6 | 17.4 | 1.8 | 10.2 | 38.6 |
| 이탈리아 | 17.5 | 2.3 | 3.8 | 8.2 | 1.8 | 1.4 | 14.1 | 1.4 | 8.0 | 41.3 |
| 일본 | 10.6 | 2.1 | 3.1 | 10.3 | 2.8 | 1.8 | 17.5 | 0.9 | 8.5 | 42.4 |
| **한국('08)** | **14.1** | **8.9** | **4.4** | **21.8** | **3.2** | **3.6** | **13.0** | **2.5** | **16.3** | **12.4** |
| **한국('13)** | **17.1** | **7.8** | **4.0** | **16.8** | **2.4** | **3.0** | **12.1** | **2.2** | **16.3** | **18.4** |
| 네덜란드 | 11.0 | 2.5 | 4.2 | 8.2 | 3.2 | 1.1 | 17.7 | 3.4 | 11.8 | 36.7 |
| 노르웨이 | 9.7 | 3.1 | 2.3 | 10.6 | 1.9 | 1.6 | 17.0 | 3.1 | 11.1 | 39.7 |
| 포르투갈 | 17.9 | 2.1 | 4.4 | 6.7 | 0.8 | 1.4 | 13.3 | 2.0 | 13.5 | 37.8 |
| 스페인 | 15.5 | 2.1 | 4.5 | 10.0 | 1.9 | 1.0 | 13.6 | 2.6 | 9.1 | 39.7 |
| 스웨덴 | 14.6 | 2.8 | 2.6 | 8.1 | 0.6 | 1.4 | 13.1 | 2.0 | 12.4 | 42.3 |
| 스위스 | 11.7 | 3.0 | 4.9 | 12.3 | 2.2 | 0.6 | 6.5 | 2.5 | 17.8 | 38.6 |
| 영국 | 12.5 | 5.0 | 4.8 | 6.8 | 1.8 | 1.5 | 16.7 | 1.7 | 12.0 | 37.2 |
| 미국 | 14.3 | 9.8 | 5.6 | 9.2 | 0.0 | 1.5 | 22.3 | 0.7 | 16.0 | 20.7 |
| OECD WA | 13.8 | 5.5 | 4.4 | 9.5 | 1.2 | 1.5 | 17.7 | 1.5 | 12.5 | 32.4 |
| **OECD UWA** | **14.0** | **3.3** | **3.9** | **10.8** | **1.7** | **1.4** | **14.5** | **2.6** | **12.1** | **35.7** |

자료: 1) OECD. (2011). Government at a Glance.
2) OECD. (2015a). Government at a Glance.

이러한 국가주도적 개발주의 전략은 다분히 계획경제적 성격을 띠었으며, 수출대기업에 대한 적극적 지원과 관치금융을 통한 급속한 경제성장이라는 일정한 성과를 달성해 낸 것이 사실이다. 하지만 중소기업 경쟁력 약화, 저임금·저소득으로 인한 내수 부진, 급격한 산업화와 핵가족화 과정에서의 가족 불안정성 증가 등의 문제를 희생하고 얻어낸 결과였다. 1987년 민주항쟁과 1997년 외환위기는 각각 억압적 정치체제와 국가와 재벌 중심의 경제체제가 빚어낸 모순과 위기의 표출을 상징적으로 보여주는 사건이라 할 수 있다.

## 2. 한국 축적체제와 조절양식의 위기 징후와 양상

부아예(2004/2013, pp. 17-19)는 1997년의 한국을 비롯한 아시아 국가들의 외환위기를 "더 이상 어떤 후진성의 표현이 아니라 국제금융이 생산적 논리에 기초한 축적체제들을 불안정하게 만들 수 있는 힘을 가지고 있음을 예고해 주는 것"이라고 언급하였다. 하지만 이러한 그의 해석은 다분히 서구중심적 시각으로 세계화된 금융시스템에 포섭된 주변부 포드주의 국가들의 취약성을 강조했을 뿐, 아시아 국가들의 고성장을 떠받치던 독특한 축적체제와 조절양식의 부정합성으로 인한 위기의 다른 측면을 간과한 것으로 보인다. 즉, 외환위기는 수출주도 경제체제가 브레턴우즈 체제 붕괴 이후 국제 금융질서의 급변에 부적응한 결과임은 분명하다. 하지만 서구와 마찬가지로 제조업 비중의 하락과 서비스업 비중 증가, 극소전자혁명과 생산라인의 변화로 인한 노동시장 불안정성 증가와 같은 축적체제의 변화에 기존의 조절양식이 제대로 작동하지 못한 결과이기도 하다. 만약 전자의 요인이 지배적이었다면 외환위기 극복 이후 다양한 사회·경제지표들이 제자리를 찾아야 하지만 결코 그렇지 못했다는 것이 이를 방증하고 있다. 그 한 예로, 〔그림 2-2〕에서 보는 바와 같이, 소득불평등은 외환위기 시기에 크게 증가하였고 그 직후 감소하였으나, 이후 다시 상승하기 시작하면서 현재는 외환위기 시기보다 오히려 더 높은 수준을 유지하고 있다. 자살률도 이와 유사한 패턴을 보여주고 있다(그림 2-3 참조).

[그림 2-2] 2인 이상 도시가구의 소득 및 지출 불평등도(지니계수) 추이

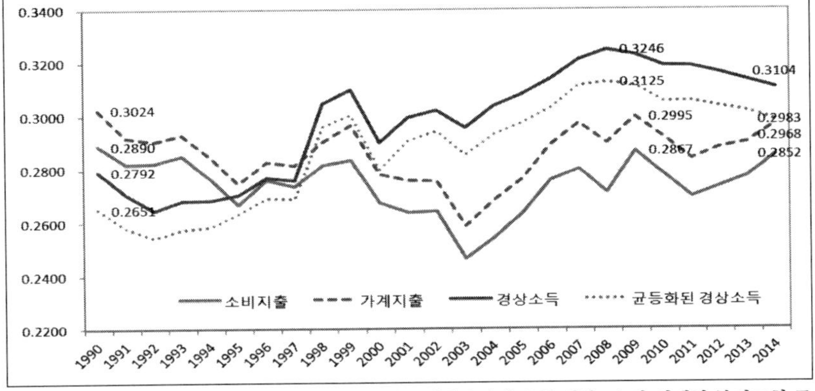

자료: 여유진 등. (2015a). 한국형 복지모형 구축: 생애주기별 소득·재산·소비 연계형 복지모형 구축. p. 286.

[그림 2-3] 자살률 추이

(단위: 10만 명당)

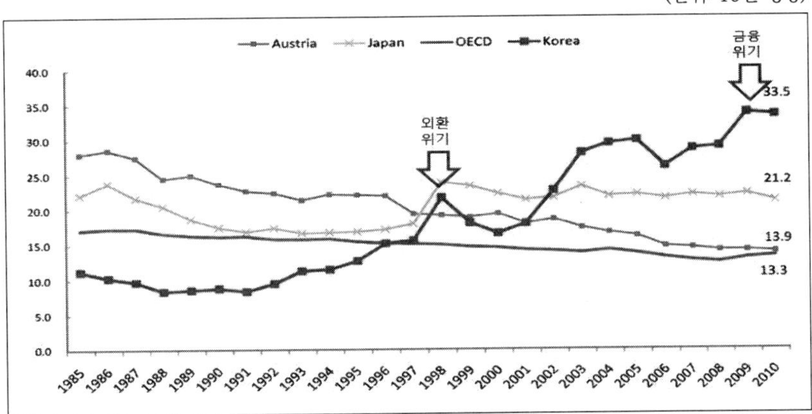


원자료: OECD. (2013a). Factbook: Economic, Environmental and Social Statistics.

이러한 맥락에서 "1997년 경제위기 이후보다 근본적으로는 세계화와 정보화가 심화되면서 기존의 한국 발전모델은 급격히 약화"되었다는 김인춘(2007)의 진단은 유효하다. 한국의 개발국가는 "자본 간 조정을 주도하면서 경제발전을 우선적으로 추진하였고 1980년대 중반까지 사회갈등

을 권위적으로 관리하고 해결해 왔지만, 1987년 이후 민주화와 세계화라는 대내외적 환경변화에 대응하지 못하면서 개발국가 운용의 전제조건이었던 국가의 권위와 자율성은 크게 약화되었고 국가는 '사회갈등의 장'으로 변모했다"는 것이 그의 진단이다.

이와 더불어 강조되어야 할 부분은 외환위기 이후 성장 우선주의로 인해 그동안 거의 방기되었던 개인과 가족의 사회적 위험에 대한 안전장치, 즉 복지 부문의 취약성이 외환위기를 계기로 고스란히 드러나기 시작했다는 점이다. 외환위기를 전후로 고용보험, 국민기초생활보장제도, 기초연금, 장애연금, 장기요양보험, 공공보육, 근로장려세제, 각종 사회서비스 등 많은 복지제도들이 도입되거나 확대되어 왔다. 하지만 이러한 복지확대가 노동시장의 불안정성 확대, 급격한 고령화, 가족의 해체와 같은 불안정 요인을 따라잡기에는 역부족인 것처럼 보였다.

〔그림 2-4〕 재생산 위기의 표출 양상

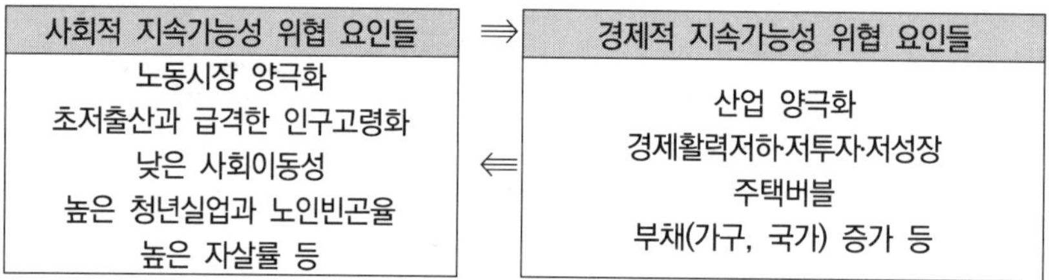

| 사회적 지속가능성 위협 요인들 | | 경제적 지속가능성 위협 요인들 |
|---|---|---|
| 노동시장 양극화<br>초저출산과 급격한 인구고령화<br>낮은 사회이동성<br>높은 청년실업과 노인빈곤율<br>높은 자살률 등 | ⇒<br>⇐ | 산업 양극화<br>경제활력저하·저투자·저성장<br>주택버블<br>부채(가구, 국가) 증가 등 |

자료: 여유진. (2017). 한국 복지국가의 현좌표에서 수정.

결국 조절양식의 취약성과 부조응성 결과는 사회적 지속가능성과 경제적 지속가능성을 동시에 위협하면서 위기를 재생산하는 양상을 보이고 있다. 즉, "근대화·산업화 과정에서 해체된 공동체주의가 복지국가의 시민권과 연대주의로 치환되지 못한 채, 시장경제가 야기하는 다양한 사회적 위험을 개인과 가족의 몫으로 떠넘긴 결과로 높은 노인빈곤율과 자살률, 초저출산, 빈곤의 대물림 등의 문제가 야기되고 있으며, 이는 다시 저성장으로 이어지는 악순환 고리가 형성되고 있는 것"(여유진, 2017)이다. 현재의 노동시장 양극화와 가구 불평등 증가, 그리고 초저출산, 고령화 문제 등은 선진국들도 이미 경험해 오고 있는 현상이지만, 우리나라의 경우 심도(深度)와 강도(强度), 그리고 체감도(體感度) 측면에서 더욱 심각한 양상으로 표출되고 있다(여유진, 2017).

### 가. 산업 · 노동시장 · 소득의 양극화

좀 더 구체적으로 살펴보면, 먼저, 산업·노동시장·소득 양극화는 내수 부진과 가구부채 악화로 이어지고, 이는 다시 저성장과 저고용의 중요 원인으로 작용하는 악순환 고리를 형성하고 있다. 외환위기 이전까지만 해도 가계소득과 기업소득은 대등하게 증가한 반면, 외환위기 이후부터 2008년 세계 금융위기 이전까지 가계소득 증가율(6.5%)은 기업소득 증가율(14.1%)의 절반에도 미치지 못하였다. 특히 금융위기 이후에는 가계소득과 기업소득이 전반적으로 이전에 비해 크게 낮아져 저성장의 기조가 고착화되어 가는 것처럼 보인다.

[그림 2-5] 가계소득과 기업소득의 기간별 증가율 추이

(단위: %)

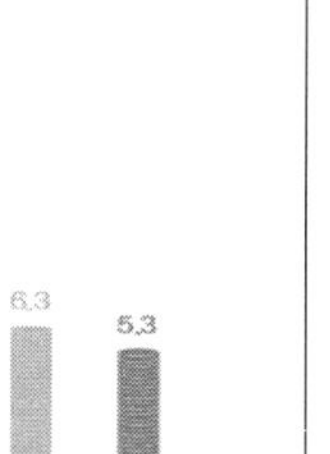


자료: 황종률. (2017). 가계소득 및 지출의 특징과 시사점: 2016년 통계청 가계동향조사 자료를 중심으로. p. 33.

그 결과 국민총소득(GNI)에서 가계소득이 차지하는 비중은 2001년 66.5%에서 2015년 62.0%로 하락하는 추세를 보이고 있으며, 이에 비해 기업이 국민총소득에서 차지하는 비율은 동 기간 동안 18.8%에서 24.6%로 상승하였다(황종률, 2017, p. 34)(그림 2-6 참조).

〔그림 2-6〕 경제주체별 소득/국민총소득(GNI) 비율

(단위: %)

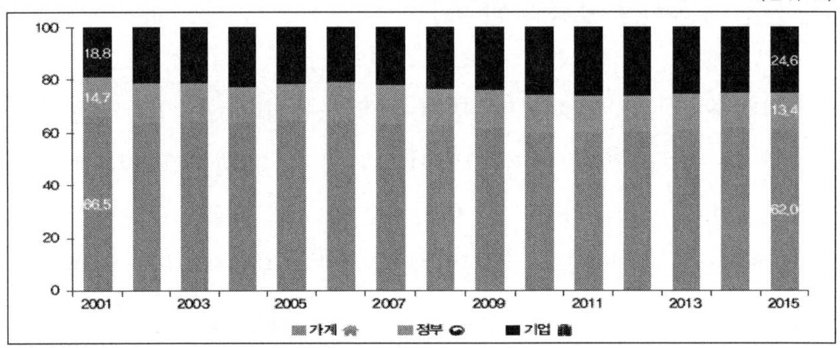


자료: 황종률. (2017). 가계소득 및 지출의 특징과 시사점: 2016년 통계청 가계동향조사 자료를 중심으로. p. 34.

〔그림 2-7〕 주요국의 가계소득/GNI 및 기업소득/GNI 비중 추이

(단위: %)

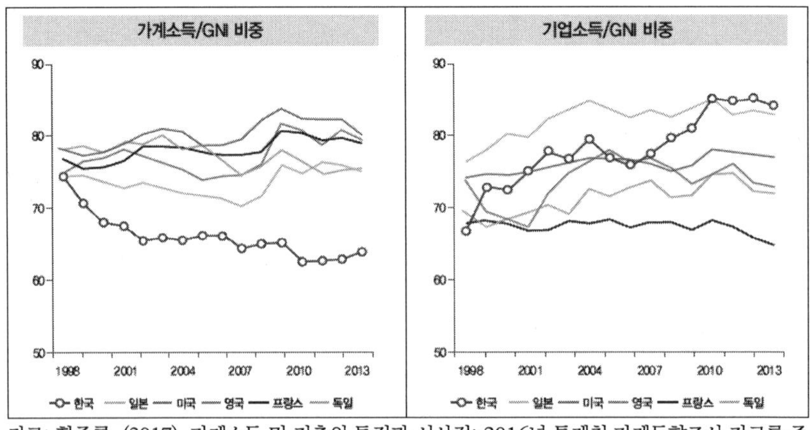


자료: 황종률. (2017). 가계소득 및 지출의 특징과 시사점: 2016년 통계청 가계동향조사 자료를 중심으로. p. 35.

국민총소득에서 가계소득이 차지하는 비중은 줄어들고 기업소득이 차지하는 비중은 늘어나는 상황이 선진 자본주의 국가에서도 보편적으로 일어나고 있는 것은 아니다. 〔그림 2-7〕에서 보는 바와 같이 외환위기 이후 우리나라의 가계소득 비중은 가파른 하향세를 그리고 있는 데 비해 일본, 미국, 영국, 프랑스, 독일 등의 선진국들은 파동을 그리고 있지만 크게 줄지는 않은 상태이다. 특히 우리나라의 경우 1998년까지만 해도 가계소득이 국민총소득에서 차지하는 비중이 70% 중반대에 이르러 선진 자본주의 국가들과 비슷한 수준이었지만 2013년에는 60% 초반대로 비교 대상국에 비해 크게 낮은 수준이다. 이에 반비례하여 기업소득이 차지하는 비중은 급격하게 상승해 왔는데 이 또한 비교 대상국들 중 가장 높은 상승률을 보였다.

〔그림 2-8〕 OECD 국가들의 국내총생산에서 가구소득이 차지하는 비중

(단위: %)

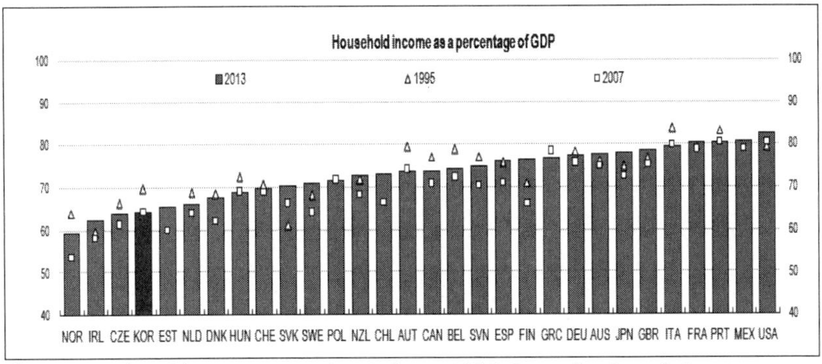

자료: OECD. (2016c). Economic Policy Reforms 2016: Going for Growth Interim report. p. 100.

〔그림 2-8〕 역시 유사한 결과를 보여주고 있다. 국내총생산(GDP)에서 가구소득이 차지하는 비중에 있어 우리나라는 노르웨이, 아일랜드, 체코에 이어 네 번째로 낮은 비중(64.3%)을 보이고 있다. 더구나 이러한 비중

은 1995년 69.6%에 비해 5.3%포인트 낮아진 것이다.

이러한 결과를 초래한 요인은 다양하지만 수출대기업 중심의 국가후원적 조절양식이 지속된 결과에서 그 원인을 찾을 수 있다. 〔그림 2-9〕에서 보는 바와 같이 우리나라는 일본, 미국과 같은 내수중심형 국가와 대비되는 수출중심형 국가이다. 특히 외환위기 이후 적어도 2014년까지 우리나라의 수출입 비중이 국민총생산에서 차지하는 비중은 급속히 상승하였다.

〔그림 2-9〕 주요국의 국민총생산(GNI) 대비 수출입 비율

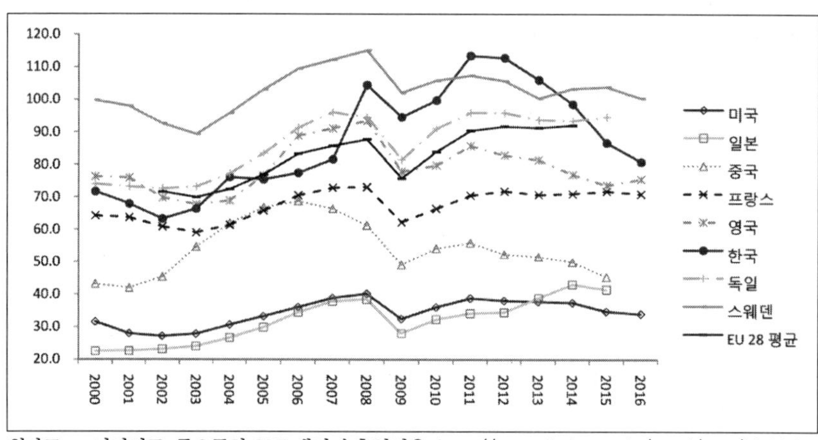


원자료: e-나라지표. 주요국의 GNI 대비 수출입비율. http://www.index.go.kr/potal/stts/idxMain/selectPoSttsIdxSearch.do?idx_cd=4006&stts_cd=400604&freq=Y에서 2017. 10. 17. 인출.

이러한 추세와 거의 반비례하여 우리나라의 대기업과 중소기업 간 1인당 부가가치, 1인당 급여액의 격차는 크게 벌어지기 시작하였다. 특히 고부가가치 수출대기업의 경우 고용유발계수가 낮고 국내투자의 유인이 점차 낮아지고 있어 수출이 증가하더라도 국내경기 활성화, 즉 내수 회복으로 이어지지 못하고 있다. 오히려 이러한 산업 양극화는 노동시장 양극화로, 다시 소득과 자산의 양극화로 이어지는 양상이다.

〔그림 2-10〕 광공업의 대·중소기업 간 임금과 생산성 격차 추이(1960~2012년)

(단위: %)

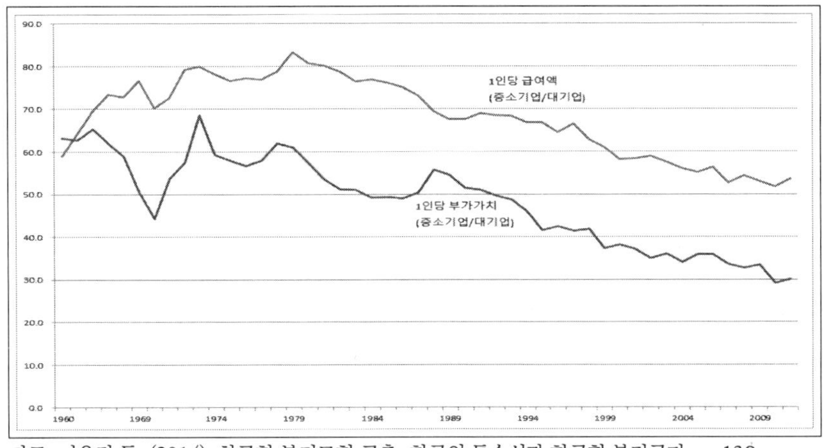


자료: 여유진 등. (2014). 한국형 복지모형 구축: 한국의 특수성과 한국형 복지국가. p. 139.

최근 가구 소득과 소비지출 불평등이 악화되고 있는 상황 역시 양극화의 한 측면으로 해석할 수 있다. 최근 들어 소득 불평등보다 소비지출 불평등이 가파르게 증가하고 있다(그림 2-11 참조). 이는 부분적으로 한계소비성향이 높은 중산층 이하 계층의 실질소득 정체와 가계부채 등으로 인한 비소비지출 증가로 소비성향이 낮아진 데서 그 원인을 찾을 수 있다. 실제로 2003년에서 2016년 사이 2인 이상 전국 가구의 처분가능소득은 전체적으로 64.3% 상승하였으나, 하위 1분위 가구는 58.8% 증가하는 데 그쳤다(그림 2-11 참조). 높은 빈곤율을 보이는 노인단독가구와 독신청년 등 1인 가구까지 포함한다면 이 수치는 더욱 낮아질 것으로 추정된다.

[그림 2-11] 2003~2016년 분위별 소득 및 소비지출 증감률(2인 이상 전체가구)

(단위: %)

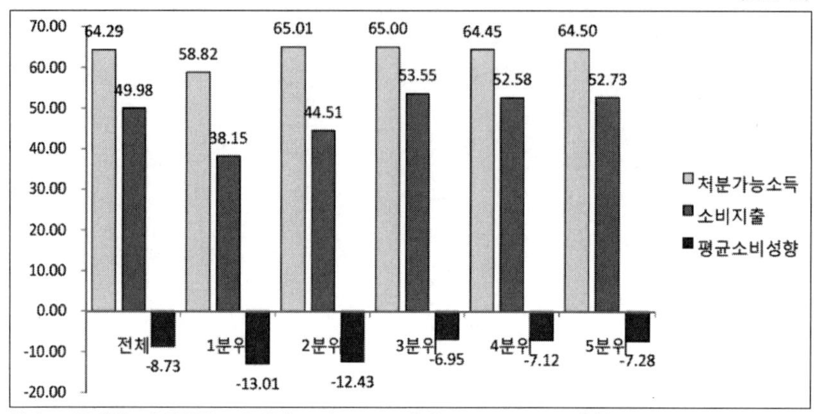


원자료: 통계청. 가계동향조사 원자료. (kosis.kr에서 2017. 10. 17. 인출).

소비지출 증가율 또한 1, 2분위는 동 기간 동안 각각 38.2%와 44.5%로 전체 가구 평균 증가율 50%에 비해 상당히 낮은 수준에 머물렀다. 결국 1, 2분위의 낮은 소비지출 증가율은 평균소비성향의 저하로 이어져 이 기간 동안 1분위의 경우 13%, 2분위의 경우 12.4% 평균소비성향이 저하된 것으로 나타났다. 평균소비성향은 모든 분위에서 낮아졌지만 1, 2분위의 하락률이 가장 컸다. 결국, 산업 양극화, 노동시장 양극화는 가구소득과 지출의 불평등 상승으로 이어져 내수의 저하로 악순환되고 있는 것이다. 특히 우리나라의 자영자의 비율은 2013년 기준으로 27.4%로 OECD 평균(16.3%)에 비해 11.1%포인트 높은 수준으로(황종률, 2017, p. 36에서 재인용), 내수 하락은 자영자의 소득 하락으로 이어져 전체 경기침체에 영향을 미치게 된다. 이와 같이 수출 대기업과 중소기업·자영자 간, 정규직과 비정규직 간, 고소득층과 저소득층 간 격차가 확대되고, 국내총소득에서 기업이 차지하는 비중이 증가하면서 돈이 (쌓이고) 있는 부문과 돈을 필요로 하는 부문 간 괴리가 점점 더 심화되고 있다.5)

## 나. 사회복지 기능의 취약성과 생애주기별 불안정성

외환위기 이후 가계소득의 몫이 크게 낮아진 것은 사회복지의 상대적인 기능이 약한 데서도 그 원인을 찾을 수 있다. 서구 복지국가들과 달리 산업화 과정에서 복지의 기능을 주로 가족과 기업의 몫으로 돌려온 결과, 외환위기 이후 개인과 가족의 생애과정상의 불안정성이 크게 증가하였다. 사회복지의 가장 중요한 기능은 계층 간 재분배(redistribution)와 사회적 위험(실업, 질병, 장애, 노령 등)에 대한 생애주기·세대 간 분산 기능이다(여유진, 2017). 즉, 〔그림 2-12〕에서 보는 바와 같이 시장소득에만 맡겨둘 경우 생애주기의 양 끝부분, 특히 노후 기간 동안 소득이 급격히 하락할 위험에 직면하게 될 뿐 아니라 생애주기상 부닥칠 수 있는 사고, 질병, 실업과 같은 위험이 현실화될 경우 소득의 급락을 경험하게 된다.

〔그림 2-12〕 사회복지의 생애주기별 소득안정화 기능

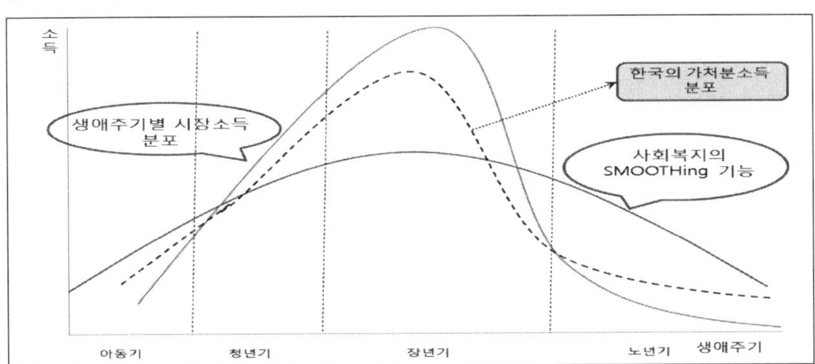


자료: 여유진 등. (2015a). 한국형 복지모형 구축: 생애주기별 소득·재산·소비 연계형 복지모형 구축. p. 339.

5) 예를 들면 100대 비상장법인의 사내유보금은 2008~2016년 기간 2.5배 늘었고, 같은 기간 토지 가액은 1.8배, 건물 가액은 1.2배 증가하였다. 100대 비상장법인은 2016년 전체 비상장법인의 0.02%에 불과한데도 이들의 사내유보금은 전체 비상장법인의 38.3%를 차지하였다(김수현, 2017).

[그림 2-13] 우리나라의 생애주기별 평균 소득분포

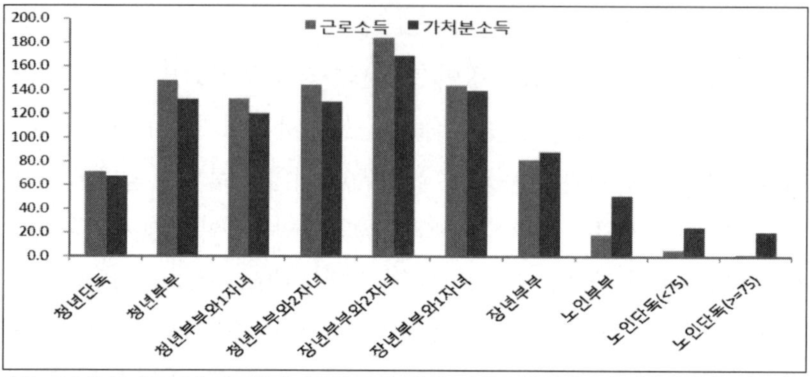

200.0
180.0
160.0
140.0
120.0
100.0
80.0
60.0
40.0
20.0
0.0
근로소득
가처분소득
청년단독
청년부부
청년부부와1자녀
청년부부와2자녀
장년부부와2자녀
장년부부와1자녀
장년부부
노인부부
노인단독(<75)
노인단독(>=75)

자료: 여유진 등. (2015a). 한국형 복지모형 구축: 생애주기별 소득·재산·소비 연계형 복지모형 구축. p. 340.

[그림 2-14] 연령대별 빈곤위험

440
420
400
380
360
340
320
300
280
260
240
220
200
180
160
140
120
100
80
60
40
20
0
Mid-1980s(OECD_18)
2013 or latest(OECD_18)
2003년_Korea
2014년_Korea
437.4
307.8
102.5
60.1
45.6
38.5
36.0
Below 18
18-25
26-40
41-50
51-65
66-75
Above 75

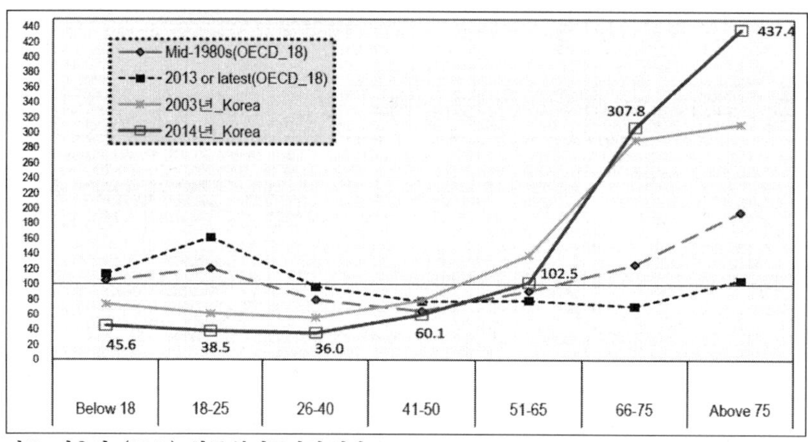

자료: 여유진. (2017). 한국 복지국가의 현좌표. p. 2.

사회복지는 이러한 위험에 대비하여 소득의 평탄화를 보장하는 기능을 수행하게 된다. 역으로 우리나라의 경우 근로활동 여부에 따른 소득 등락의 폭이 매우 큰데, 이는 일차적으로 사회복지의 계층·생애주기 간 분산 기능이 취약하기 때문이다. 특히, 사회복지의 재분배와 위험분산 기능이 취약한 경우 발생할 수 있는 청년과 노인빈곤이 우리나라에서 전형적으로 나타나고 있다(여유진 등, 2015a). 노인빈곤율이 40% 중반대를 넘나들 정도로 높을 뿐만 아니라, 인구구조의 고령화로 인해 전체 빈곤인구 중에서 노인이 차지하는 비중 또한 급격히 증가하는 이른바 '빈곤의 고령화'가 진행 중이다(여유진, 2017)(그림 2-15 참조).

〔그림 2-15〕 빈곤인구 구성의 변화

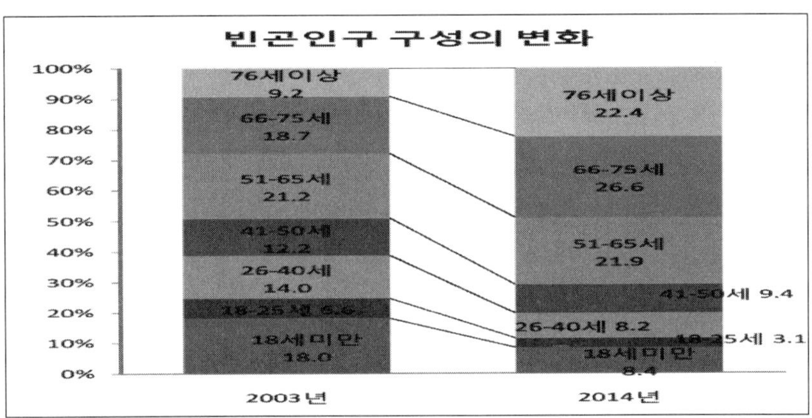


자료: 여유진. (2017). 한국 복지국가의 현좌표. p. 2.

더구나 길어진 노후 기간을 낮은 소득으로 버텨야 한다는 불안감이 중장년 이후 삶을 지배하고 있다 해도 과언이 아니다. 〔그림 2-16〕에서 보는 바와 같이, 1970년 한국인의 평균수명은 62.3세, 60세 기대여명은 15.9년이었다. 농업인구 비율이 높았고, 산업화가 시작되면서는 일자리의 안정성이 비교적 높았으며, 공동체와 확대가족 간 상호부양관계가 돈독했던 1970년 당시에는 사회복지제도들이 거의 부재한 상태라 하더라도 노후의 불안정성이 상대적으로 높지 않았을 것으로 추정된다. 하지만 2015년에는 평균수명이 82.3세로 늘어났고, 60세에 은퇴하더라도 평균 24.6년을 은퇴 후 소득으로 살아가야 한다. 더구나 기대수명과 건강수명

간에 8년 정도 차이가 있다.6) 평균적으로 8년 내외는 질병이나 사고로 인해 발생하는 의료비와 간병비 등이 추가로 소요될 수 있음을 의미한다. 사회복지제도들이 속속 도입되고, 예산도 빠르게 증가하고 있다고는 하나, 노동시장 불안정과 빠른 고령화 속도를 따라잡기에는 역부족이다.

[그림 2-16] 연령별 기대여명

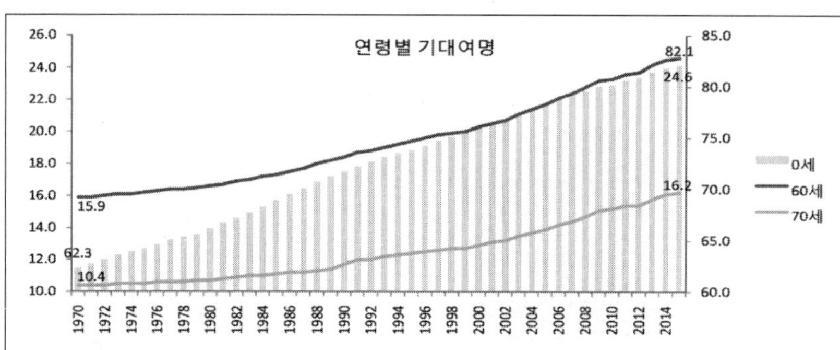


원자료: 통계청(kosis.kr에서 2017. 9. 4. 인출).

이와 같은 생애주기별 불안정성에 대한 반응으로 공무원·교원과 같은 안정적 일자리의 선호와 혁신과 모험의 회피, 기득권의 양보 기피와 이기주의, 부동산과 같은 비생산적 투자 확대, 높은 자살률 등의 양상이 나타나고 있다. 더불어 실업과 일자리 불안정성 증가, 주택가격 상승 등 청년의 불안정성 요인이 증가하고, 이들의 가치관과 삶에 대한 태도가 변화하면서 결혼과 출산을 기피하는 현상도 증가하고 있다. 결국 삶의 불안정성은 청년, 중장년, 노년에 이르기까지 전반적인 삶의 궤적에서 소극적이고 이기적인 태도를 견지하게 함으로써 경제적 활력을 저하시킬 뿐 아니라, 결혼과 출산에까지 영향을 미쳐 잠재성장률 저하를 초래하고 있다. 그 결과 세대 간·계층 간 연대에 기반을 둔 복지 확대가 더욱 어려운 악순환이 반복되고 있다.

---

6) 2013년 기준으로 기대수명은 81.4세, 건강수명은 73세로 이들 간에는 9.4년 정도 차이가 난다(e-나라지표, www.index.go.kr에서 2017. 9. 4. 인출).

## 다. 교육불평등 악화와 사회이동성 저하

경제정책, 노동시장, 사회복지와 함께 주요한 조절양식으로 꼽을 수 있는 것이 교육제도이다. 교육제도는 생산양식에 부합하는 노동인력을 양성하는 역할을 할 뿐만 아니라, 이러한 생산양식에 정당성을 부여하는 이데올로기적 기능을 수행하기도 한다. 특히, 우리나라는 초등학교 의무교육이 1948년부터 시작되었으며, 1959년에는 취학률이 96%에 이르렀다(여유진, 김수정, 구인회, 김계연, 2007, p. 60). 또한 고등학교에서 2년제 이상의 대학에 진학하는 학생의 비율은 1970년 26.9%에서 2006년 82.1%에 이를 정도로 급속하게 증가하였다(여유진 등, 2007, p. 70). 이러한 높은 교육열을 통한 우수한 인적자원의 배출은 우리나라와 같이 자연자원이 빈약하고 인구밀도가 높은 나라에서 고도 경제성장을 가능케 한 원동력이 되었다. 하지만 지나친 교육경쟁은 교육불평등을 심화시켰을 뿐 아니라 교육에 대한 과잉투자를 촉발하고 노동시장의 일자리 미스매칭의 주요인으로 작용하는 부작용을 낳고 있다.

이주호, 지상훈(2017)이 OECD PISA 점수를 활용하여 연도별 변화를 분석한 결과에 의하면, 우리나라의 PISA 점수 표준 편차는 2000년까지만 해도 비교 대상 국가들 중 가장 낮은 수준(1위)이었지만, 이후 표준편차가 점차 커져서 2012년에는 7위, 2015년에는 18위까지 순위가 하락하였다. 특히, 가정배경 변수가 성적에 미치는 영향을 나타내는 계수값(Home Possessions Index)을 비교한 결과, 2000년 13위, 2003년 17위였으나 2006년 이후 26~29위로 비교 대상국들 중 최하위를 기록하고 있다. 이와 같이 계층 간 교육불평등의 확대는 노동시장에서의 불평등으로 이어짐으로써 교육의 계층 사다리 역할이 거의 사라져가고 있을 뿐 아니라, 오히려 교육이 계급의 공고화와 부의 대물림에 일조하고 있다는 비판이 제기되고 있다. 또한 교육비 지출은 가구의 총소비지출 불평등에 가장 크게 기여하는 비목으로 나타났다(여유진 등, 2016, p. 293).

[그림 2-17] 청년(35세 미만)의 계층별 실태

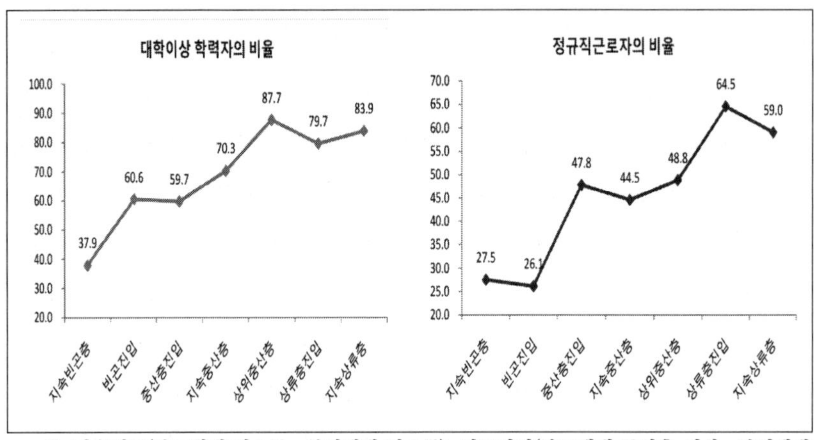


주: 지속빈곤(부모세대 저소득→본인세대 저소득), 빈곤진입(부모세대 중산층 이상→본인세대 저소득), 중산층진입(부모세대 저소득→본인세대 중산층), 지속중산층(부모세대 중산층→본인세대 중산층), 상위중산층(부모세대 고소득층→본인세대 중산층), 상류층진입(부모세대 중산층 이하→본인세대 고소득층), 지속상류층(부모세대 고소득층→본인세대 고소득층)
자료: 여유진. (2016). 청년세대 내부격차의 확대와 '희망'의 불평등.
원자료: 한국보건사회연구원. (2015). 사회통합실태조사.

실제로 35세 미만 청년 중 부모세대부터 지속적으로 빈곤했던 청년의 대학 이상의 학력을 가진 청년의 비율은 37.9%에 불과했지만, 지속중산층 청년의 70.3%, 지속상류층 청년의 83.9%가 대학 이상의 학력을 취득한 것으로 나타났다. 또한, 지속빈곤층 청년 중 정규직 근로자의 비율은 27.5%에 불과한 반면, 지속중산층 청년의 44.5%, 지속상류층 청년의 59%가 정규직 일자리에 취업해 있는 것으로 나타났다. 부모 세대의 빈곤이 학력의 차이와 일자리 안정성의 차이와 많은 관련성을 가지고 있음을 시사하는 결과이다(여유진, 2016).

흔히 'N포세대'로 일컬어지는 현 세대 청년들이 결혼과 출산을 포기하거나 지연시키는 가장 큰 이유로 안정적 일자리와 주택을 꼽고 있다. 〈표 2-4〉에서 보는 바와 같이, 특히 주택은 부의 대물림과 불평등이 큰 영역이다. 지속빈곤층 청년의 61%가 월세나 반전세 형태의 주거 형태에 거주하고 있는데 비해 지속상류층의 56.9%는 청년기에 이미 자가 주택을 보유하고 있는 것으로 나타났다.

〈표 2-4〉 부모와 본인세대 소득계층별 청년포함가구의 주거점유형태

| 주거점유형태 | 지속 빈곤층 | 빈곤 진입 | 중산층 진입 | 지속 중산층 | 상위 중산층 | 상류층 진입 | 지속 상류층 | 평균 |
|---|---|---|---|---|---|---|---|---|
| 자가 | 28.0 | 33.1 | 46.8 | 40.4 | 42.8 | 54.7 | 56.9 | 45.8 |
| 전세 | 9.9 | 18.7 | 13.0 | 29.3 | 23.9 | 28.2 | 21.8 | 24.4 |
| 월세 (반전세 포함) | 61.0 | 39.4 | 40.2 | 26.1 | 20.4 | 15.5 | 16.7 | 25.9 |
| 부모 명의 주택 | 0.1 | 6.9 | 0.0 | 3.3 | 12.9 | 1.0 | 0.0 | 2.7 |
| 기타 | 1.1 | 1.9 | 0.0 | 0.9 | 0.0 | 0.6 | 4.7 | 1.1 |

주: 지속빈곤(부모세대 저소득→본인세대 저소득), 빈곤진입(부모세대 중산층이상→본인세대 저소득), 중산층진입(부모세대 저소득→본인세대 중산층), 지속중산층(부모세대 중산층→본인세대 중산층), 상위중산층(부모세대 고소득층→본인세대 중산층), 상류층진입(부모세대 중산층 이하→본인세대 고소득층), 지속상류층(부모세대 고소득층→본인세대 고소득층)

자료: 여유진. (2016). 청년세대 내부격차의 확대와 '희망'의 불평등.

원자료: 한국보건사회연구원. (2015). 사회통합실태조사.

이러한 청년의 실태는 성공에 가족 배경이 얼마나 중요하다고 생각하는지에 대한 인식에서 더욱 명확하게 인식되고 있다. 〔그림 2-18〕에서 보는 바와 같이, 성공에 있어 '부유한 가족이 얼마나 중요하다고 생각하는지'에 대한 5점 척도의 질문에서 우리나라 청년의 평균 점수는 3.4점으로, 17개 비교 대상국 중 부유한 가족의 중요성을 가장 높게 생각하는 것으로 나타났다. 또한, 우리나라 청년들은 다른 나라에 비해 성공에 있어 부유한 가족과 사회적 연줄망을 유독 중요한 것으로 평가하고 있다. 여전히 좋은 교육, 야망, 노력을 중요한 성공 요인을 꼽고 있는 미국, 스웨덴과는 많은 대조를 이루는 결과이다.

〔그림 2-18〕 청년의 성공에 중요한 요인에 대한 인식

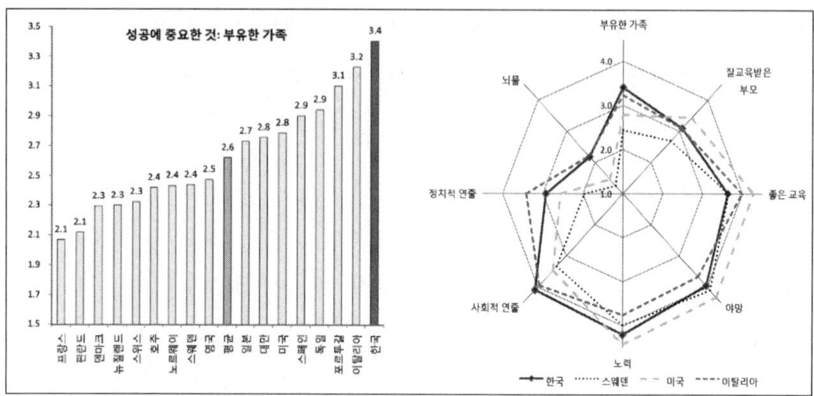


주: 35세 미만 청년을 대상으로 분석. 5점 척도(Essential, Very Important, Fairly Important, Not very Important, Not important at all)
자료: 여유진. (2016). 청년세대 내부격차의 확대와 '희망'의 불평등.
원자료: ISSP(national Social Survey Programms). Social Inequality Ⅳ. (2009)

생애 초기 인적 자본과 물적 자본, 여기에 더해 문화적 자본과 사회적 자본의 격차를 안고 출발하는 한 '기회의 평등'이라는 가치는 무색해질 수밖에 없다. 교육 불평등이 악화되고 부와 빈곤의 대물림이 공고해지면서 청년들의 희망과 도전의식이 약화되는 양상은 사회·경제적 지속가능성에 경종을 울리는 징후들이다.

## 라. 복지국가 '대체물'(safety valves)들의 붕괴

국가주도의 개발주의를 견지하는 동안 복지국가의 역할을 대신하던 "대체물"들이 붕괴하고 있는 현상 또한 재생산 위기를 가속화하는 요인으로 작용하고 있다. 앞서 언급한 바와 같이, 우리나라는 산업화 과정에서 서구 선진 복지국가들과는 반대로 중화학공업, 수출대기업에 대한 지원, 관치 금융, SOC 투자 등을 통해 시장에 적극적으로 개입한 반면, 가구와 개인의 불안정성에 대해서는 확대가족과 사적 연줄망을 활용하는 방식으

로 거의 방기하다시피 하는 전략을 취해 왔다. 그럼에도 불구하고 산업화 과정에서 가구경제가 유지되고 버틸 수 있었던 데는 국가의 복지를 대체하는 몇 가지 기제들이 작동했기 때문이라 할 수 있다. 하지만 외환위기를 직접적인 계기로 이러한 기제들은 더 이상 작동하지 않거나 오히려 역기능이 강화되는 방식으로 전환되었다.

먼저, 시장 영역에서 낮은 실업률과 고용안정성은 외환위기 전후 악화되기 시작했다. 정이환의 2014년 연구 결과에 의하면, 우리나라 임금근로자의 평균 근속연수는 5.31년으로, 미국의 7.90년, 영국의 8.70년, 독일의 12.36년보다 크게 낮은 수준이다. 3년 이상 동일 직장을 유지하는 비율 또한 한국은 55.88%로 영국의 63.11%, 독일의 77.56%에 비해 낮았다. 특히, 우리나라의 임금 하위 1/4분위의 3년 직장 유지율은 35.65%로 3명 중 1명 정도만 3년 이상 한 직장에 다니는 것으로 나타났으며, 이는 영국의 54.39%, 독일의 62.78%에 비해 매우 낮은 수준이다(정이환, 2014).

비단 비정규직 일자리 확대뿐만 아니라 정규직 일자리의 근속연수도 낮아지면서 산업화 시기 안전판 역할을 담당했던 '평생직장'의 개념은 사실상 사라졌다. 이와 함께 제조업 구조조정과 서비스 산업화의 여파로 '괜찮은 일자리'(decent job)의 수도 줄어들면서 청년 실업과 빈곤 문제도 악화되고 있다.

〔그림 2-19〕 연도별 산업별 취업자 증감률

(단위: 만 명)

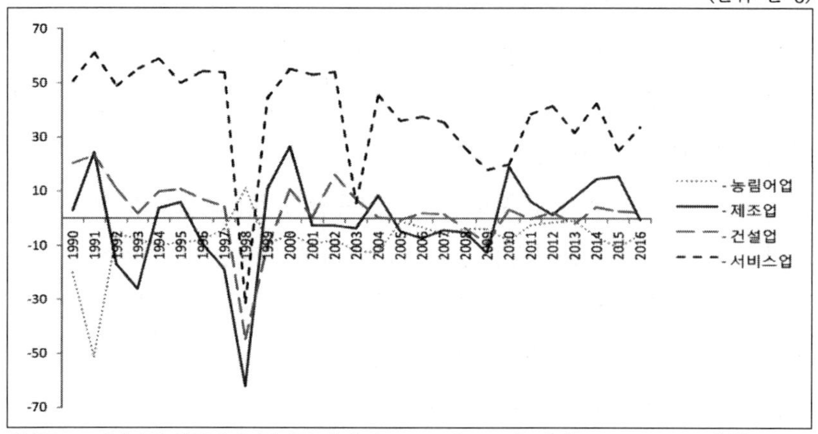


원자료: e-나라지표 취업자 수/실업률 추이. (www.index.go.kr에서 2017. 10. 23. 인출).

한편, 우리나라에서 자영업은 조기 퇴직으로 피고용 일자리로부터 벗어난 중장년층들의 일종의 '안전망'(safety valve) 역할을 해 왔던 것이 사실이다. 전체 자영자 중 50대가 차지하는 비중이 30.5%, 60대 이상이 차지하는 비중도 26.7%에 이르러, 자영자의 57.2%가 중고령 자영자인 점으로도 이러한 짐작을 가능케 한다. 최근 점차 감소하는 추세에 있기는 하지만, 우리나라의 취업자 중 자영자 비중은 2015년 기준으로 21.4%로 OECD 국가들 중 주로 남유럽 국가들—그리스, 이탈리아, 스페인, 터키—과 유사하게 높은 수준이다(박승호, 2017, p. 35). 하지만 고용원이 없는 자영자의 비중이 72.0%이고, 중고령 창업은 대부분 숙박 및 음식업 등 이미 상당히 포화상태에 있는 업종에 집중되는 경향이 있어 노후의 안정적 소득원으로서 자영업의 미래는 그리 밝지 않다.

〔그림 2-20〕 청년 실업자 수 및 실업률

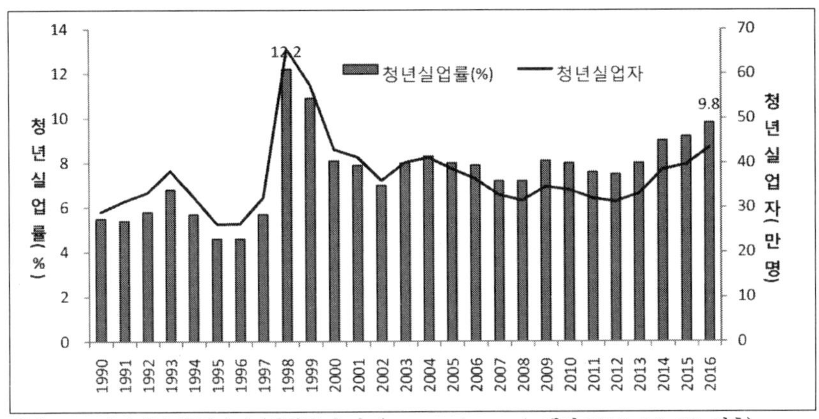


원자료: e-나라지표 취업자 수/실업률 추이. (www.index.go.kr에서 2017. 10. 23. 인출).

넷째, 주택 영역에서 전세는 집값의 지속적 인상을 통한 투자이득을 전제로 한 특이한 주거점유형태라 할 수 있다. 특히 우리나라의 주택가격 상승은 아파트가 주도하고 있음을 〔그림 2-21〕을 통해 알 수 있다. '88 서울올림픽'을 전후해서 1990년대 초반까지 주택가격은 단기 급등세를 보였으나 이후 외환위기까지 안정기를 누렸다. 하지만 외환위기를 계기로 일시 하락했던 아파트 가격은 2000년대 들어 급상승을 거듭했다. 1986년 1월의 서울 아파트 가격을 100.0으로 했을 때, 외환위기 직후인 1998년 9월 191.7을 기점으로 1998년 11월 156.8까지 하락했다. 하지만 이후 급등해서 2008년 8월 481.5까지 치솟았다. 이후 조정기를 거치고 있는 양상이지만 최근 들어 다시 상승 추세를 보이고 있다. 이와 같은 아파트 값의 상승은 '내 집 마련'을 꿈꾸던 청장년 중산층에 큰 좌절을 안겨주었지만, 주택 투기를 통해 단기 차익을 누리는 세력에는 일확천금의 꿈을 실현해 주면서 '부의 불평등'이 심화되는 큰 요인으로 작용하기도 했다.

[그림 2-21] 주택가격지수 변동 추이(1986.01=100.0)

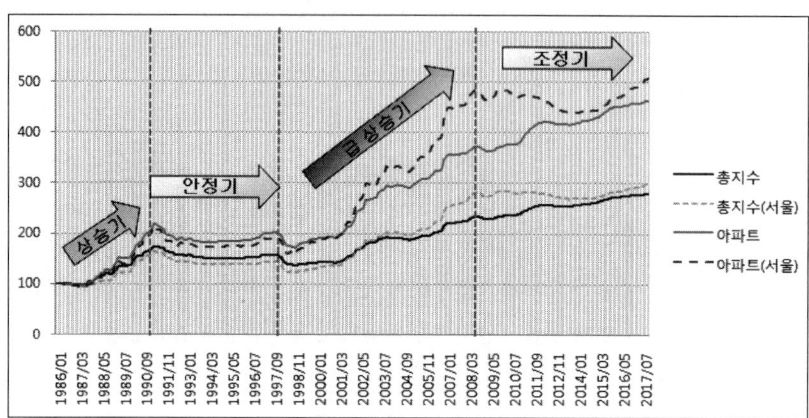


원자료: 한국은행 경제통계시스템 주택매매가격지수. ecos.bok.or.kr에서 2017. 11. 30. 인출.

〈표 2-5〉 청년단독가구의 주거점유형태 변화

(단위: %)

| 구분 | 2005년 | 2009년 | 2011년 | 2015년 |
|---|---|---|---|---|
| 자가 | 7.2 | 5.8 | 8.4 | 4.7 |
| 전세 | 32.7 | 33.1 | 29.7 | 26.6 |
| (보증부)월세 | 54.4 | 55.3 | 56.3 | 66.7 |
| 기타 | 5.7 | 5.8 | 5.6 | 2.1 |

원자료: 한국보건사회연구원. (각 연도). 국민생활실태조사 원자료.

전세는 이러한 집값 상승을 노리는 투기 수요의 이해와 맞물려 있지만, 다른 한편으로는 내집마련의 여력이 적은 서민·중산층이 상대적으로 적은 자산으로 주거문제를 해결할 수 있다는 점에서 '복지의 대체물'로 기능해 왔던 것이 사실이다. 하지만 주택가격의 급등으로 전세가격도 급등했을 뿐만 아니라, 조정기를 거치면서 전세의 '반전세화 혹은 월세화' 경향이 나타나고 있다. 특히, 다가구나 오피스텔에 대한 수요가 높은 청년단독가구의 경우, 2005년에는 월세 혹은 보증부 월세 가구의 비중이 54.4%였으나, 2015년에는 66.7%로 크게 상승하였다. 이들 대부분은 전세 비중의 하락으로부터 발생한 것이다(표 2-5 참조).

주택가격 상승과 더불어 '전세의 월세화'는 서민·중산층에게 이중의 고통을 안겨 주고 있다. 한편으로는 주택가격 상승으로 자가 주택을 마련할 가능성이 점점 더 요원해지고 있다는 점이고, 다른 한편으로는 월세화로 인해 생활비 부담이 크게 증가하고 있다는 점이다.

요컨대, 산업화 과정에서 안정적 고용과 낮은 실업률, 전세라는 주거형태가 주는 상대적 생활비 부담 절감 등의 요인이 복지 부재의 공백을 일정 정도 메꾸어주는 역할을 했다면, 현재는 이러한 복지의 대체물 혹은 등가물들이 대부분 붕괴하였거나 붕괴하고 있다.

## 제4절 소결

폴라니(Polanyi, 1944/1991)는 대공황과 양차 대전의 참상을 경험하면서 "지나치게 빠르고 통제되지 않은 변화과정은 사회공동의 번영을 보호하기 위해 가능하다면 완화시켜야 한다는 것이 두말할 나위 없는 진실"이며 "시장의 자기조정 장치에 의해 야기된 혼란은 인간의 관계들을 해체시키고 인간의 자연환경 절멸을 위협할 것이 틀림없다"고 단언한 바 있다. 한국은 세계 유례없이 빠른 속도로 성장해 왔고 그 결과 놀라운 경제적 성과를 이룬 것이 사실이다. 하지만 '성공의 그늘' 혹은 '성공의 실패'에 맞서야 할 거대한 과제가 우리 앞에 놓여 있다. 전근대·근대·탈근대의 사회경제적 위험과 갈등이 해결되지 못한 채, 밀려오는 4차 산업혁명의 파고에도 응전해야 한다. 서구가 이루어 왔던 복지국가의 방식을 압축적으로 실행하는 방법도 있지만, 부분적으로 그것을 뛰어넘고 새로운 대안(적 조절양식)을 향해 나가는 방법도 있다. 하지만 기존의 사회적 위험과 위협들을 단숨에 해결할 수 있는 하나의 방도란 상상할 수 없다. 또한 부아예(2004/2013)가 주장하듯이 조절양식의 성공과 실패는 '사후적으로'만 관찰 가능한 것이다.

축적체제의 급격한 변화에 조응하는 한국의 복지체제는 어떠한 형태여야 하는가가 본 보고서의 근본적인 질문이지만, 이 질문에 대해 매우 구조화된 형태의 단일한 복지모형을 설정하는 방식으로 대답하는 것은 필자의 능력 밖이다. 그 대신 기존의 복지제도의 재구조화 방안과 새로운 대안의 모색이라는 두 가지 큰 갈래를 두고 각 연구진이 나름의 대안을 제시하는 방식으로 보고서를 구성하고자 한다. 이에 앞서 먼저, 3장에서는 우리나라의 특수한 위기의 양상과 함께, 미래 자본주의 축적체제의 일반적 변화양상으로서 4차 산업혁명이 산업구조와 노동시장에 미치는 파장에 대해서 논의한다. 또한 이러한 변화가 기존에 안정적인 노동계층을 대상으로 하던 복지국가에 던지는 도전 과제를 제시할 것이다. 4장~6장의 내용은 기존 복지국가 제도들은 급변하는 축적체제하에서 어떠한 부정합성을 보이고 있으며, 이를 부분적 혹은 근본적으로 해소할 수 있는 방안이 무엇인지를 검토하는 데 할애하고자 한다. 7장~10장의 내용은 지금은 매우 미미한 수준이거나 실험적 수준이지만, 현재와 미래의 위기와 도전에 맞서 대안 혹은 대체재로서 적용될 수 있는 사회복지의 새로운 형태들은 무엇인가, 그러한 대안들은 현재의 제도들보다 더 적절한가, 바람직한가, 그리고 확대의 여지와 가능성은 어디까지인가 등에 대해 논의해 보고자 한다.

제 3 장

# 기술변화 및 노동시장 변화와 기존 복지국가정책의 한계

# 3 기술변화 및 노동시장 변화와 기존 복지국가정책의 한계

## 제1절 서론

소위 '4차 산업혁명'은 생산 공정들이 다양한 서버들과 반(半)지능 결절들을 통해 연결된다는 것을 시사한다(Arthur, 2011). 2000년대 이후 인터넷과 컴퓨터로 상징되는 디지털 경제가 확산되고 있지만 일반 노동자의 실질 임금은 정체되고 있다. 노동을 대체하는 자본의 소유자는 엄청난 소득을 수취했다. 신기술 도입에 따른 생산성 이득의 확산은 파레토 분포를 따르고 있으며, 이른바 '소득 양극화' 현상이 나타나고 있다. 케인즈(Keynes, 1932)가 예견했던 기술변화에 의해 야기된 '기술실업'에 대한 우려가 깊어지고 있다. 이러한 기술 진보의 기반 위에서 단기 비정규직 일자리가 광범위하게 활용되는 기그경제(gig economy)가 만연하고 있다(Huws, 2014). 이처럼 IT, AI, 3D 프린팅, 사물인터넷 등 파괴적인(disruptive) 기술혁신이 일어나고 그에 수반되는 사회경제적 효과에 대한 우려, 특히 '고용의 종말'과 기그경제의 확산에 따른 소득 양극화 및 불평등 심화에 대한 우려가 가중되고 있다.

다른 한편으로 디지털 기술의 기반 위에서 협력, 공유, 경계를 무너뜨리는 실험과 혁신 등이 나타나고 있다. 디지털 플랫폼을 활용하여 주거, 자동차, 기술과 숙련 등 내구재 및 기존 자산의 소유보다는 자원의 효율적 이용을 극대화하는 공유경제(sharing economy)가 나타나고 있다. 그것이 가지는 혁신성과 공유가 가지는 진보적 성격 때문에 이는 가치와 운동으로 수용되고 있다(Schor, 2014).

이와 같은 기술변화에 따라 노동시장이 변동하고, 이는 다시 사회구조에 큰 영향을 미치고 있다.[7] 특히 기술실업에 따른 고용의 종말과 기그경제의 확산은 기존 복지국가 형성의 물적 토대에 대해 근본적인 문제를 제기하고 있다. 기존 복지국가는 완전고용과 정규직 노동을 기반으로 질병, 실업, 노후 등의 사회적 위험에 대해 집단적으로 대처하고자 했다. 하지만 비정규직, 1인 자영자의 증가, 고용형태의 다양성으로 '노동권'에 대한 재정의가 요구되고 있다(Sundararajan, 2017). 그리고 이에 수반되는 '재산권'에 대한 성찰도 요구되고 있다.

본고는 최근의 4차 산업혁명 담론으로 대표되는 기술변화에 따른 경제구조의 변화와 그러한 변동이 야기하는 고용효과를 비판적으로 검토하고 이를 바탕으로 기존 복지국가에 대한 한계를 성찰하고자 한다. 이를 위해 2절에서는 기술변화에 따른 새로운 경제담론의 등장을 '디지털 플랫폼 경제'라 지칭하고 이에 대해 논의한다. 3절에서는 이러한 새로운 경제 담론에 대한 고용효과, 즉 기술실업과 기그경제 담론을 검토한다. 이러한 논의를 바탕으로 4절에서는 기존 복지국가가 직면한 문제들을 비판적으로 성찰한다. 그리고 5절에서는 이제까지의 논의를 요약·정리한다.

---

7) 본고는 주로 서구에서 일어나고 있는 논의들과 사례들을 기반으로 작성한 것이다. 한국적 현실에 대한 분석이나 내용이 본고에서는 심도 있게 논의되고 있지 못하다. 이는 본고의 한계이다. 최근 기술변화와 한국경제의 제조업 특성에 관한 논의로는 정준호(2016)를 참조하라.

## 제2절 기술변화와 새로운 경제 담론의 등장 : '디지털 플랫폼 경제'

### 1. 기술변화: 소위 '4차 산업혁명' 담론의 등장

세계경제포럼(World Economic Forum)의 클라우스 슈바프(Klaus Schwab) 의장은 소위 '4차 산업혁명'의 담론을 제기하였다(Schwab, 2016). 네 차례의 혁명은 '자동화'와 '연결성'의 개선을 도모하는 것이었다. 1차 혁명은 기계를 통해 초기의 자동화를 도입하고 교량과 선로를 건설해 국내 지역 간의 연결성을 향상시켰다. 이는 1700년대 말(1784년)에 일어났으며, 증기기관에 의한 기계적 생산이 이루어졌다. 2차 혁명은 자동화를 통해 대량생산을 가능케 했으며 분업을 통해 효율적이고 생산적인 연결성을 한층 더 배가시켰다. 이는 19세기 후반(1870년)에 일어났으며 전기에너지에 기반을 두었다. 3차 혁명은 1970년대(1969년) 디지털 시대의 등장과 함께 시작됐다. 인간과 자연 내부 및 이들 사이의 연결성이 더욱더 강화되었으며 자동화 수준도 정교해졌다. 4차 혁명은 '초'자동화와 연결성에 의해 추동되고 있으며 머지 않아 도래할 것이다. 이는 기존 혁명들과 달리 인공지능(artificial intelligence)이 광범위하게 활용된다(UBS, 2016).

이와 같은 시기 구분은 어떤 범용기술(general purpose technologies)이 어느 정도로 사회·경제 전반에 확산되고 영향을 미치는가에 따른 것이다. 환언하면, 18세기 중반의 산업혁명, 19세기 후반의 대량생산체제, 20세기 후반의 IT 등 3개의 거대한 기술혁신 국면이 그것이다. 각 국면을 특징짓는 대표적인 범용기술의 혁신은 산업혁명기의 증기기관·면방적기·철도, 대량생산기의 전기·내연기관·상하수도, IT산업 생산기의 개인용 컴퓨터와 인터넷 등이 거론된다(Haldane, 2015).

하지만 Atkinson과 Wu(2017, p. 21)는 이러한 시기 구분에 대해 문제를 제기한다. 1780년대 이후 현재까지 슘페터적인 기술 장기파동론에 따르면 대략적으로 50~60년 간격으로 5개의 파동이 존재한다. 1780년대와 1790년대 증기기관에 기반을 둔 1차 파동, 1840년대와 1850년대 철(iron)에 기반을 둔 2차 파동, 1890년대와 1900년대 강철(steel)과 전기에 기반을 둔 3차 파동, 1950년대와 1960년대 전기기계기술과 화학기술에 기반을 둔 4차 파동, 2000년대 정보기술과 통신기술에 기반을 둔 5차 파동이 그것이다. 그리고 그들은 최근 미국 제조업 생산성의 정체를 보면서 로봇과 AI의 활용은 현재로서는 시작 단계에 불과하다는 점을 지적하고 있다.

이러한 시기 구분에 대한 논쟁에도 불구하고 최근의 기술변화가 경제 전반에 미치는 구조적인 효과를 무시할 수 없는 것이 사실이다. 디지털 기술, 로봇, 유전학, 3차원 프린팅, 빅데이터, 사물인터넷 등의 분야에서 최근 기술 진보의 파급효과가 전술한 3개의 거대한 기술혁신 국면을 특징짓는 기존 범용기술의 그것과는 차원이 다르다는 주장, 즉 소위 '4차 산업혁명' 담론이 제기되고 있는 것이다(Schwab, 2016).

어떠한 점에서 새로운 범용기술의 확산효과가 차이가 나는 것일까? Arthur(2011)는 바이오기술이나 나노기술 분야는 현재로서 타 분야와의 기술적 융합이나 파급효과란 측면에서 시기상조라고 보고 디지털 기술을 예를 들어 이것이 가지는 "심대하고, 완만하지만 조용한 변화"를 '물리적 경제'에 대비해 '제2차 경제'라고 명명하였다. 이는 컴퓨터, 소셜미디어, 인터넷 상거래가 활용된다는 것 이상이며, 물리적 경제의 공정들이 다양한 서버들과 반(半)지능 결절들을 통해 연결된다는 것을 의미한다. 인간은 이를 설계하고 디자인할 수 있지만 이를 작동하는 데는 직접적으로 관여하지 않는다. 산업혁명기의 증기기관이 기계성능의 형태로 근육조직을 구성한 것이라면, 디지털 기술은 지능적이고 자율적인 계통망(neutral system)을 형성하는 것과 같다. 따라서 이는 경제와 사회 전반에 심대한 파급효과를 미치게 된다. 디지털 기술과 같은 범용기술은 '원격', '병존'(동시성), '자기구성'의 특성을 갖기 때문에 생물학적인 유추가 가능하다(Arthur, 2011). 바로 이러한 특성 때문에 무수한 서버들 간의 연계와 소통으로 알파고와 같은 인공지능이 등장할 수 있게 된 것이다.

이러한 범용기술은 유형의 물건을 생산하는 것이 아니라 물리적 경제의 각 공정들을 연결하여 이를 추적하고, 통제하고 감시함으로써 그것의 운영(operation)에 기여하는 것이다. 이러한 의미에서 기존의 범용기술과는 다른 막대한 파급효과를 가지게 된다(UBS, 2016). 즉 디지털 기술은 철도와 비교해 연결의 기술이라는 점에서는 유사하지만 타 기술과의 연계와 파급효과는 그 이상이다. 이러한 막대한 잠재력은 나노기술이나 유전자 기술에도 해당된다. 특히 이러한 범용기술들은 플랫폼의 기반기술이다. 다양한 공정과 사업들을 연결함으로써 새로운 사업과 혁신이 가능할 수 있다.

당대의 파괴적인(disruptive) 기술혁신 국면을 제대로 포착하고 이에 대해 적절하게 대응함으로써 세계경제의 대국으로 발돋움한 사례로 미국을 들 수 있다. 1850년대 미국경제의 규모는 이탈리아의 그것보다 작았지만, 미국 동부와 서부 간에 철도가 연결되면서 미국은 규모의 경제 및 그에 따른 철강과 제조업 발전을 구가할 수 있었다. 그 결과 미국은 1890년대에 사실상 세계 최대의 산업생산국이 되었다. 그 이후 미국은 대량생산을 가능케 한 전기의 발명, IT 혁명의 총아인 인터넷 기술혁신을 이루어 냄으로써 세계경제의 중심으로 자리를 잡았다(Arthur, 2011). 특히 신기술이 경제성장에 긍정적 영향을 미칠 것으로 생각하는 낙관론자들은

IT, 바이오, 신소재 기술 등이 앞으로 세상을 뒤바꿀 것이라고 주장하고 있다. 이들은 IT 혁명의 과실을 현행 국내총생산(GDP)가 제대로 측정하지 못해 저성장의 논쟁이 촉발되고 있다고 비판한다(Mokyr, 2014).

## 2. 새로운 경제 담론의 등장

최근 정보기술혁명과 이에 따른 디지털 기술은 Arthur(2011)가 언급한 바와 같이 사회경제 전반에서 "심대하고, 완만하지만 조용한 변화"를 일으키고 있다. 이를 소위 '4차 산업혁명'이라고 명명하든, '5차' 기술파동으로 파악하든 이러한 기술변화에 따라 경제구조가 심대한 변동을 겪고 있다. 전술한 바와 같이, 빅데이터, 사물인터넷, 3D 프린팅 등으로 대표되는 기술혁신의 새로운 시대가 개막되면서 이는 새로운 비즈니스모델과 결합되고 있다. 예를 들면 온라인 쇼핑과 주문형(on-demand) 서비스가 나타나고 있다.

최신의 IT기술와 결합한 우버(Uber)와 에어비앤비(Airbnb)는 최근의 경제구조의 변동을 반영하는 대명사로 알려져 있다. 우버와 에어비앤비로 대변되는 경제구조의 변화를 공유경제(sharing economy) 또는 플랫폼(platform) 경제 또는 플랫폼 자본주의라고 일컫고 있다(Schor, 2014; Kenny & Zysman, 2016; Langley & Leyshon, 2016; Sundararajan, 2017).

Schor(2014)는 '공유경제' 담론이 '빅 텐트'(big tent)와 같다고 한다. 이는 공유라는 진보적인 의미, 혁신적인 디지털 기술의 접속, 공유 활동(commoning)의 증가를 반영하고 있으며, 또한 비즈니스모델과 가치로서 운동을 포괄하고 있다. 가치와 운동으로서 공유경제는 공정, 저탄소, 투명성, 참여, 사회적 연대 등을 내세운다. 반면에 비즈니스모델로서 공유경제는 저가도(race to the bottom)를 향한 노동착취, 왜곡된 생태적 효과, 저임금 노동자와 소수자에 대한 접근성의 제한, 규제와 조세 회피 등의 문제를 노정하고 있다. 이처럼 공유경제 담론은 이중적 모습을 담고 있다.

공유경제는 명확히 정의되기가 쉽지 않다. 하지만 이는 대체적으로 개인이 타자와 재화나 서비스를 구매, 임대, 교환하기 위한 기회를 창출하기 위해 디지털 기술이 적용된 중간 플랫폼을 활용하는 광범위한 일련의 경제활동을 지칭한다. 이러한 경제활동은 '재화의 재순환'(예: eBay, Craigslist 등), '내구재 활용의 증대'(예: Uber, Airbnb 등), '서비스의 교환'(예: Task Rabbit, Zaarly 등), '생산적 자산의 공유'(예: hack-erspaces, makerspaces 등) 등과 같은 네 가지 범주로 나누어 볼 수가 있다(Schor, 2014).

〈표 3-1〉에 보는 바와 같이 공유경제의 유형 구분이 시장지향성(영리 여부)과 시장구조[P2P 대(對) B2P]에 따라 가능하다(Schor, 2014). 이는 전술한 공유경제의 이중적 속성을 모두 반영하고 있다. 공유경제의 플랫폼은 교환을 촉진하여 시장을 효과적으로 창출할 수 있다. 이와 같은 영리 플랫폼의 대표적인 경우가 우버와 에어비앤비이며, 이들은 벤처자본의 지원을 받고 있다(Langley & Leyshon, 2016). 반면에 연장(tools), 음식(food), 시간(time) 등을 교환하는 비영리 플랫폼도 존재한다. 이는 '필요'(needs)에 기반하고 있으며 근린(neighborhood) 또는 커뮤니티(community)의 공간 규모에서 잘 작동하는 경향이 있다.

P2P와 B2P의 시장구조에 따라 공유경제를 보면, P2P는 교환에 따른 수수료에 의존하기 때문에 수입규모는 거래의 수에 달려 있다. 반면에 B2P는 기존 사업과 마찬가지로 거래당 수입의 극대화에 의존한다. P2P 구조하에서 플랫폼 간의 경쟁이 있으면 소비자는 더 많은 이득을 가져갈

수 있지만 경쟁이 없으면 해당 플랫폼이 지대(rent)를 포획하고 초과이윤을 가져가게 된다.

〈표 3-1〉 공유경제의 유형 구분

| 구분 | | 공급자 유형 | |
|---|---|---|---|
| | | Peer-to-Peer | Business-to-Peer |
| 플랫폼 지향 | 비영리 | Food Swaps, Time Banks | Makerspaces |
| | 영리 | Relay Rides, Airbnb | Zipcar |

자료: Schor. (2014). Debating the Sharing Economy, Great Transition Initiative. p. 4.

공유경제는 다음과 같은 특성들을 갖는다(Schor, 2014; Kenny & Zysman, 2016; Langley & Leyshon, 2016; Sundararajan, 2017).

첫째, 시장영역이 내포적으로 확대된다. 플랫폼 기반의 가상적인 마켓플레이스를 통해 소비자를 위한 새로운 서비스가 제공되고 이에 따른 새로운 일련의 소득 흐름이 창출됨으로써 전반적으로 경제활동이 확대되고 자본이 성장한다.

둘째, 배타적인 소유가 아니라 접근(access) 또는 이용의 가치가 강조된다. 저활용 개인 자산의 영리 기회가 확대된다. 자동차, 주택, 숙련 등이 대표적인 사례들이다. 공유경제를 통해 이러한 자산들에 대한 개인 소유의 필요성이 경감될 수가 있다. 따라서 내구재 본연의 이용의 가치가 부각되면서 자원의 재순환이 일어나 생태적 가치에 일조할 수 있다.[8)]

셋째, 공유경제는 분산적인 네트워크에 기반을 둔다. 즉 특정기업이나 산업에 통제된 집중형 네트워크보다는 개인 소비자의 네트워크에 뿌리를 두고 있다. 이는 생산자로서 개인이 경제활동에 참여할 기회를 제공한다.

넷째, 공유경제를 통해 이루어지는 경제활동에서 특히 고용의 제도적

8) 물론 그 반대로 사용의 극대화를 통해 생태적 환경에 악영향을 미칠 가능성도 존재한다.

배치와 관련하여 고용분류상의 경계가 허물어진다. 예를 들면, 피고용인과 독립/종속적인 고용계약자, 고용주와 중간 플랫폼 간의 경계가 애매모호해진다.

다섯째, 개인적인 활동이 전문적인 활동으로 바뀐다. 공유경제에서 개인이 생산자로서 부각되면서 예를 들면, 대출, 차량서비스, 환대와 집으로의 초대 등과 같은 개인적 활동이 전문적인 영리활동으로 전환되는 것이다. 따라서 주업과 부업이 상호 전환될 수도 있다.

전술한 공유경제, 디지털 공유자산(digital commons), P2P 네트워킹 등과 같은 담론은 포스트자본주의 사회를 지향하는 가치와 운동의 논리를 담고 있다. Huws(2014)가 지적한 바와 같이, 이러한 담론은 일종의 유토피아적인 시각을 반영하고 있다. 단순하고 거칠게 이야기하면, 인터넷을 통해 개인들이 상호 협력하고 연계하고 또한 상호 이득을 위해 서로 간에 가령, 3D 프린팅을 이용한 재화와 서비스를 제공할 수 있다는 것이다. 하지만 가치나 운동으로서 공유경제에 대한 긍정적인 이해는 반쪽의 진실을 담고 있는 것이다.

Kenny와 Zysman(2016)은 플랫폼 경제의 논의를 통해 디지털 플랫폼[9]이 노동의 본질, 가치사슬의 변화, 인간과 기계 사이의 결합 방식, 국가의 역할에 미치는 광범위한 사회·경제적 효과들을 탐구하고 있다. 그들은 디지털 플랫폼이 AI, 기계학습, 지능증강(intelligence augmentation) 등으로 나타나 진화하고 있는 '연산'(computation)과 '집약적인

9) Kostakis와 Bauwens(2014)에 따르면 디지털 경제는 온라인 인프라에 다수의 소기업가들이 접근 가능하다는 '분산 자본주의'(distributed capitalism)와 이러한 인프라는 집중적인 사적소유 형태를 취한다는 '네트워크 통치 자본주의'(netarchical capitalism) 사이의 긴장을 가지고 있다. 디지털 플랫폼이 중개자로 기능할 수 있는 것은, 인터넷 용량의 확대를 통해 시장교환의 조정문제를 해결할 수 있었기 때문이다. 대용량 인터넷 시대의 도래는 거래하기 위해 경제적 주체들이 서로를 탐색할 필요가 있는 양면(two-sided)과 다면적인(multi-sided) 시장의 문제를 해결하는 데에 기여하였다(Evans, 2011).

자동화'(intensive automation)에 기반을 두고 있으며, 이를 통해 경제 전반의 생산성 향상이 가능하다고 주장한다. 이에 따라 노동과정은 연산 집약적인 자동화에 기반을 둔 플랫폼 활용의 문제와 연관된다는 것이다. 특히 그들은 플랫폼을 규제의 틀, 즉 거버넌스 체계로 바라보면서 플랫폼 작동에 따른 공(公)과 사(私) 간의 거버넌스의 긴장에 주목하고 있다.

이러한 논의를 한 걸음 더 나아가서 전술한 경제 구조적 변동을 '플랫폼 자본주의'로 이해하기도 한다. Langley와 Leyshon(2016)은 새로운 유형의 디지털 기술에 기반을 둔 경제적 순환으로 이를 지칭한다. 그들에 따르면, 현행 플랫폼 자본주의는 실리콘밸리의 벤처자본 투자의 의사결정에 따라 상향식이 아니라 하향식으로 규정되고 있다. 기술 블랙박스의 알고리즘에 의해 경제적 순환이 발생하지만 역설적이게도 공유, 지배, 개방, 협력 등의 진보적인 키워드가 전면에 등장한다. 전술한 바와 같이 여기에는 가치와 비즈니스모델이 상호 교차하기도 하고 병존한다.

〈표 3-2〉에서 보는 바와 같이, 플랫폼 자본주의는 다양한 플랫폼을 통해 경제적 순환을 일으킨다. 아이디어, 지식과 노동, 미활용 자산의 사용권 등이 지리적으로 분리되어 있지만 상호작용적인 온라인 커뮤니티상에서 가상적으로 연계되어 있다. 이러한 디지털 생태계는 소셜미디어, 온라인 마켓플레이스, 크라우드소싱, 크라우드펀딩 등을 통해 가시화된다. 이러한 디지털 기반의 경제적 순환은 네트워크형 교환관계에 기반을 두고 있어 개인들 간의 민주적인 협력의 특성을 가진다.

〈표 3-2〉 플랫폼 자본주의: 순환의 영역과 플랫폼 유형

| 순환 영역 | 플랫폼 유형 | 주요 플랫폼 사례 |
|---|---|---|
| 온라인 교환시장 | -물리적 배포, 다운로드, 기존 사업자가 부과하는 것보다 일반적으로 할인율을 적용하는 스트리밍을 통한 제품과 서비스의 판매를 위한 마켓플레이스<br>-전형적으로 폐쇄형 API를 가진 다면 플랫폼, 개발자 혁신을 위한 개방형 API를 가진 양면적인 벤더 플랫폼 | 아마존, 애플, Spotify, E-Bay, Allibaba, AmzonMarketplace, Craigslist, Taobao, Rakutem 등 |
| 소셜미디어와 사용자가 창출하는 콘텐츠 | -콘텐츠를 게재하기 위한 사용자 커뮤니티의 유치<br>-개발자 혁신을 위한 다면적인 개방형 API | 페이스북, 유튜브(구글), Flickr, 트위터 등 |
| 공유경제 | -일반적으로 기존 사업자가 부과한 것보다 할인율을 적용하는 저활용 또는 그 자체로 인식되지 않았던 자산과 서비스의 사용을 위한 마켓플레이스<br>-전형적으로 다면적인 폐쇄형 API | 우버, 에어비앤비, Sidecar, RelayRides, JustPark 등 |
| 크라우드소싱 | -거래와 계약적 노동, 프리랜서, 비공식 노동, 노하우를 위한 마켓플레이스<br>-다면적인 개방형 API | TaskRabbitt, Upwork, Amazon Mechanical, Turk 등 |
| 크라우드펀딩과 P2P대출 | -일반적으로 기존 금융서비스업체보다 높은 이자율이 적용되는 기부, 약속, 대출 또는 투자를 위한 마켓플레이스<br>-다면적인 폐쇄형 API | Kickstarter, Indiegogo, Lending Club, Prosper 등 |

자료: Langley & Leyshon(2016), Platform capitalism: The intermediation and capitalisation of digital economic circulation, p. 6에서 수정·보완.

그러나 이러한 디지털 기반의 네트워크형 경제적 순환은 거대한 자본의 순환에 포섭된다. 이에 따라 플랫폼은 특정 사회-기술적 중개와 비즈니스 모형의 제도적 배치를 의미하는 것으로 이해될 필요가 있다. 플랫폼은 다면적인 시장을 창출하고 네트워크 효과를 조정·통제하기 위해 참여적인 문화를 통해 사용자들을 대거 끌어들인다. 그리고 이러한 디지털 인프라를 구축하기 위해 광범위한 코딩과 자료 분석 작업이 동원된다. 따라서 비즈니스 모형과 이에 수반되는 제도적 배치로서 플랫폼은 경제적 순환에서 중개자, 조정자, 규칙의 설정자 등으로 기능한다. 그리고 디지털

플랫폼의 작동을 통한 독점지대를 수취하기 위해 벤처자본 투자가 실리콘밸리를 중심으로 광범위하게 일어나고 있다. Huws(2015)는 공유경제 논의보다는 플랫폼 자본주의 논의가 온라인 플랫폼이 중개하는 오픈 마켓(open market) 유형의 교환관계를 통해 노동이 조직되고 활용되는 양상들과 그에 따라 상호 관련된 글로벌 경제의 특성들을 더 잘 포착할 수 있다고 지적한다.

플랫폼 자본주의는 규제를 회피하여 사실상 사회적 보호와 노조의 지원이 없는 계약 노동자를 활용한다. 이 과정에서 경제적 이득이 비대칭적으로 분배되면서 공유경제의 이상은 사라진다. 주문형 서비스경제의 작동을 통해 시장관계는 우리 삶 속에 더욱더 뿌리를 내리고 있다. 이는 플랫폼 소유자의 초과지대의 수취와 노동력의 불안정성을 증폭시킨다. 이러한 플랫폼 자본주의에 대해 Scholz(2016)는 이에 대한 하나의 대안으로 '플랫폼 협동조합주의'(platform cooperativism)를 제기한다. 이는 운동으로서 공유경제의 부작용을 제기하고 플랫폼 자본주의를 넘어서려는 대안적인 조직적 시도이다. 이를 통해 플랫폼 자본주의를 지탱하는 가치 수취(value extraction)의 문제를 제기하고 플랫폼에 대한 소유권을 변화시켜 민주적인 거버넌스를 구축하고 연대성을 복원하려고 한다. 공유경제의 기본적 원리, 즉 모두에게 상호 이득이 되어야 한다는 것이다. 가상적인 플랫폼 협동조합은 다양한 형태가 가능하다. 예를 들면, 협동조합 소유의 온라인 노동중개와 마켓플레이스, 도시 소유의 플랫폼 협동조합, 생산자 소유의 플랫폼, 노조가 지원하는 노동 플랫폼, 내부로부터의 협동조합, 프로토콜로서의 플랫폼 등이다(Scholz, 2016). 플랫폼 협동조합 운동은 가치로서 공유경제 논의를 한 걸음 더 진전시킨다. 사용권이 자유로이 거래가 되고 그것이 상호 이득이 되기 위해서는 그 사용권을 거래할 수 있는 디지털 인프라와 플랫폼을 공유화(commoning)하지 않으면 안 된다는 것이다.

# 제3절 기술변화가 노동시장에 미친 효과 : 기술실업과 기그경제의 등장

## 1. 기술변화가 노동시장에 미친 효과: '기술실업'

4차 산업혁명이든, 5차 장기 기술파동이라고 지칭하든지 간에 경제의 디지털화는 가속화되고 있는 것이 주지의 사실이다. 이러한 경제구조의 변화는 공유경제, 플랫폼 경제 또는 플랫폼 자본주의 등과 같은 새로운 경제담론을 불러냈다. 그렇다면 이러한 기술변화가 우리의 삶과 직접적인 연관을 가지는 노동시장에 미친 효과는 어떤 것인가.

Huws(2014, 2015)는 지난 40여 년에 걸쳐 자동화를 수반하는 기술변화가 노동에 미친 영향에 대한 연구 흐름을 다음과 같이 요약해 주고 있다. 1970년대 연구는 2차 대전 이후 정립된 완전고용 모형의 종말을 예측하였다. 당시 연구의 관심사는 컴퓨터 자동화에 따른 탈숙련화 효과와 대량실업이었다. 1980년대 연구는 정보통신기술의 발전이 노동에 미치는 효과에 집중하였다. 그 당시 정보통신기술의 발전으로 인해 원격근무(communication)가 가능해지면서 그에 따른 고용의 재배치(relocation)가 주요 논의의 대상이었다. 1990년대 연구의 관심사는 글로벌 IT 네트워크와 인터넷망의 구축에 따른 디지털 서비스의 외주화(offshore outsourcing)에 관한 것이었다. 2000년대 이후 연구의 관심사는 두 가지로 요약될 수가 있는데, 하나는 로봇 사용에 따른 숙련 일자리의 감소 효과에 관한 연구, 다른 하나는 기하급수적으로 늘어나는 온라인 플랫폼의 사용이 노동에 미치는 효과에 관한 것이다.

최근의 관심사는 1970년대 IT 기술이 처음 도입되던 시기의 그것과 비슷하다. 즉 연산 집약적인 자동화에 따른 숙련 일자리의 대량 상실에 대한 두려움, 그에 따른 새로운 경제사회적 전환 등이 논의의 주류를 이루고 있다.

전술한 바와 같이, 4차 산업혁명을 특징짓는 것으로 예상되는 범용기술은 사물 간의 연결기술이거나 무수한 관계들을 요약하는 기술이다. 빅데이터와 스마트 기술의 결합은 상당한 일자리를 대체할 것으로 예상되고 있다. 예를 들면, 텍스트 마이닝 프로그램은 법률 서비스의 일자리를, 이미지 가공 프로그램은 조직 검사를 담당하는 실험실의 일자리를, 세무프로그램의 개선은 세무사의 일자리를 대체할 것이다(Frey & Osborne, 2013). 2014년 다보스포럼 참석자 147명을 대상으로 한 설문조사를 보면, 80%가 향후 기술진보가 고용 없는 성장을 야기할 것이라고 대답했다. 경제적 불평등의 원인 중의 하나가 신기술에 의한 일자리의 대체이며, 이에 따라 자본의 소유자가 생산성 이득에 따른 소득 증가를 포획하면서 일반 노동자들의 실질임금이 정체되고 있다는 주장이 세를 얻고 있다. 물론 이에 대해 세계화 및 외주화와 같은 생산 공정의 지리·공간적 재배치와 조직이 기술변화보다 더 중요한 구조적 실업의 요인이라고 보는 이들도 있다(Vivarelli, 2012).

1930년대 케인즈(1932)는 2030년의 세상을 예측하면서, “100년 뒤에는 생활수준이 8배 더 나아져 노동시간이 주당 15시간이면 충분할 것이라고” 예언한 바 있다. 그리고 그는 기술변화에 의해 야기된 실업, 즉 “기술실업이라는 신종 질병”에 대해 무척 우려하였다. Brynjolfsson과 McAfee(2014)는 산업혁명(‘제1의 기계시대’)의 증기기관이 근력을 대체한 것처럼 ‘제2의 기계시대’는 ‘정신력’(mental power)을 대체할 정도로 기술 진보가 기하급수적으로 일어나고 있다고 주장했다. 이는 구상과 실행이라는 기존의 노동 분업에 기반을 둔 노동시장 구조가 재편될 수 있다는 것을 시사하고 있다.

Pew Research Center(2014)는 선진국에서 조사 대상자의 과반수가 자신의 자녀들이 자신의 부모보다 재정적으로 더 힘들 것이라고 대답했다고 보고하고 있다. 또한 응답자의 절반 이상이 불평등의 증가에 대해 매우 우려하고 있으며, 이러한 우려 중에 약 70% 이상이 적절한 일자리 기회 부족에 관한 것이었다고 지적하고 있다.

노동시장에서 불평등을 악화시키는 기술편향적인 자동화는 양극화로 귀결된다. 즉 일자리의 분포가 '저숙련-저임금 부문과 고숙련-고임금 일자리'로 양극화(bi-modal)된다. 그 결과 중간 숙련의 일자리가 사라진다. 디지털과 같은 범용기술 변화에 따른 일자리 상실에 관한 추정결과를 보면, 향후 20년 동안에 미국 고용의 47% 정도가 고용상실의 위험에 처해 있다고 전망했다(Frey & Osborne, 2013). PricewaterhouseCoopers(2017)는 2030년까지 미국 일자리의 약 38%가 잠재적으로 없어질 수 있다고 전망했다.

Bowles(2014)는 유럽을 대상으로 미국의 경우와 동일하게 컴퓨터화와 지능로봇에 의해 주도되는 자동화의 효과를 추정하였다. 이에 따르면 많은 산업부문이 노동절약 기술에 의한 대량의 일자리 상실의 위험에 처해 있으며 그 비율은 국가별·산업별로 상이한 것으로 나타났다. 국가별로 보면 스웨덴의 경우 47%, 루마니아의 경우 62%에 이르렀다. 산업별로 보면 호텔과 음식서비스 산업의 경우 87%에 이르렀고 교육서비스의 경우는 17%에 불과했다.

디지털 기술의 발전에 따라 고용상실이 일어나는 것이 기정사실이라는 앞선 논의들에 대해 비판적인 연구들이 있다. Autor(2014)는 기계에 의한 인간노동의 대체 정도가 과장됐다고 주장한다. 적응성, 상식, 창조성을 요하는 직무에서 노동자를 기계로 완전히 대체하는 것은 쉽지가 않기 때문이다. 그는 구조적인 기술적 요인 이외에 다른 요인들이 양호한 일자리 상실 및 양극화에 기여하는 바가 더 크다고 지적한다. 2000년 이후, 특히 2007년 이후 미국 노동시장의 거대한 고용상실은 두 가지 사건과 연관되어 있다. 하나는 자산시장의 버블과 관련되어 있는데, 닷컴(dot.com) 버블과 주택시장의 붕괴 및 금융위기가 고용시장을 악화시켰던 주범이다. 이에 따라 투자와 혁신활동이 급속히 위축되었다. 다른 하나는 세계화에 따른 미국 노동의 해외로의 재배치(relocation)이다. 특히 이는 2001년 중국의 세계무역기구(WTO) 가입 이후 미국으로의 수입품이 급증한 것과 글로벌 가치사슬의 구축을 위한 해외 직접투자의 증가에 기인한다.

Atkinson과 Wu(2017)는 미국의 1850~2015년 시기의 장기 시계열을 이용하여 기존 논의와는 상이한 결론을 제시하고 있다. 첫째, 미국에서 2000년대 이후 직업(occupational churn)의 변동률이 역사상 가장 낮다는 것이다. 둘째, 새로운 기술혁신으로 새로운 일자리가 더 창출되는 것이 아니라 생산성 주도의 구매력 증가로 기존의 일자리가 더 많이 생겨나서 실업이 발생하지 않았다는 것이다. 이는 Autor(2014)의 주장과 일맥상통한다. 셋째, 신기술이 새로운 일자리를 창출하기보다는 더 많은 일자리를 잃게 한다고 통상적으로 받아들여지지만 미국에서 2010년대 이후 그 이전 시기에 비해 상대적으로 더 많은 일자리가 만들어지고 있다는 것이다. 따라서 그들은 최근의 이러한 고용변동이 로봇과 AI 주도의 일자리 상실이라는 폭풍 전야의 고요함을 나타낸다고 주장하는, 4차 산업혁명의 도래에 따른 고용상실을 기정사실로 받아들이는 이들에 대해 역사적·경험적으로 근거가 미약하다고 비판한다.

Atkinson과 Wu(2017, p. 22)는 또한 자동화에 의한 고용상실에 대한 Frey와 Osborne(2013)의 연구결과, 즉 약 47%가 일자리 상실의 위험에 처할 것이라는 추정결과가 과장되어 있다고 비판하면서 그 수치는 대략적으로 10% 안팎에 불과하다고 주장하고 있다.

이처럼 기술 진보가 고용에 미치는 효과에 대한 연구결과를 보면 기술변화가 구조적 실업의 핵심 동인인가, 아니면 다른 요인들이 더 중요한가에 따라 향후 고용상실의 전망에 대한 판단의 차이가 나타나고 있다.

## 2. 디지털 '기그경제' 담론의 등장

이제까지는 기술 진보에 따른 일자리의 상실에 관한 양적 분석이나 전망에 관한 논의들을 살펴보았다. 여기서는 디지털 기술 기반의 플랫폼 경제가 노동시장에 미치는 효과를 논의할 것이다.

비정규직 노동 배치가 일반화되고 단기의 독립적인 계약 노동자의 활용을 지칭하기 위해 기그경제(gig economy)[10] 담론이 등장하고 있다(Huws, 2015). 이와는 달리 공유경제 또는 플랫폼 노동은 가상적인 디지털 세계를 가정한다. 즉 기그경제는 디지털 기반 또는 중간 플랫폼과 관련이 없는 단기 비정규직 노동의 배치를 포함한다. 따라서 이는 광의의 비정규직 노동 배치의 확산을 일컫는다.

예를 들면, 여러 개의 시간제 근무 일자리를 가진 노동자를 떠올려 보자. 그는 온라인 플랫폼을 통해 운전 서비스를 제공하고 있으며 커피숍에서 서빙하고 있으며 밴드에서 연주를 하고 있다. 이 경우 이 노동자는 기그경제와 연관되어 있지만 그의 일자리 모두가 플랫폼 경제와 연관되어 있는 것은 아니다. 그가 하고 있는 일의 일부, 즉 운전서비스는 디지털 기술 기반의 중간 플랫폼에 의해 제공되고 있어 그는 플랫폼 경제와 일부 연관되어 있는 것이다.

10) 기그경제는 원래는 창조산업에서 불안정한 단기 계약의 노동 현실을 기술하기 위해 만들어진 개념이다. 불안정성, 단기, 프리랜서 등의 키워드로 구성되어 있다.

이러한 의미에서 플랫폼 경제(노동) 담론이 기그경제의 그것보다 디지털 기술의 변화에 따른 일자리의 배치를 이해하는 데에는 더 적실성이 있을 것이다. 하지만 플랫폼 노동이 사실상 기그경제의 일부를 구성하기 때문에 여기서는 기그경제와 플랫폼 경제(노동)를 넘나들면서 사실상 동일한 의미로 사용하고자 한다.

Brynjolfsson과 McAfee(2014)는 '제2 기계시대'에서는 연산 기반 자동화가 노동의 정신력을 대체할 것이라고 경고하고 있다. 그의 논지는 '제1 기계시대'에서 기계가 노동력의 근력을 대체함으로써 구상과 실행의 분리에 기반을 둔 노동배치가 가능해졌다면 제2 기계시대에서는 기계가 더 나아가 숙련노동을 대체할 수도 있다는 것이다. 즉 기존의 구상과 실행에 의한 노동의 배치 구도가 와해될 수가 있는 것이다. 그래서 숙련노동의 전망, 더 나아가 인간 노동에 대해 우울한 또는 장밋빛 전망이 제출되고 있는 것이다.

하지만 디지털 기반의 기그경제에서 노동의 배치는 이러한 논의와 무관할 수는 없지만 인간의 노동은 'cloud' 또는 'crowd'로서 간주된다. 중간 플랫폼을 통해 노동은 '주문형' 노동력(workforce on demand) 또는 '유동적인' 노동(liquid labor)으로 활용되어 적기에 소비자에게 서비스가 공급된다. 이는 어떤 직무에도 적용이 가능하다. 이러한 점에서 크라우드소싱(crowdsourcing/cloudsourcing)은 기존의 아웃소싱 또는 글로벌 소싱의 조직적 배치와 논리적으로 연관성이 있다(Huws, 2014, 2015). 기존의 아웃소싱이 전 세계에 걸쳐 적절한 숙련 노동을 가장 저렴하게 탐색하고 매칭하는 것을 의미하다면, 크라우드소싱도 마찬가지로 온라인 플랫폼 상에서 이러한 노동의 탐색과 매칭을 수행하는 것을 의미한다.

크라우드소싱의 현실은 전술한 기그경제와 조우한다. 이는 불안정한 단기 노동계약의 상시적인 반복의 세계이다. 따라서 디지털 기술이 내파한 플랫폼 경제11)에서 크라우드소싱의 고용관행은 기존의 아웃소싱과 별반 다를 바가 없다(Huws, 2015).

그렇다면 왜 이러한 노동의 배치가 가능한 것일까? 무엇보다 이는 표준화에 기반을 둔다. 이를 통해 공정과 직무의 배치가 계산 가능해지고 따라서 목표와 성과지표를 설정하는 것이 더욱더 용이해졌다. 또한 모듈화가 가능해졌다. 따라서 공정과 직무가 공간적으로 또는 기능적으로 분리가 가능해져 그에 따른 노동계약이 더욱더 용이해졌다. 정보통신기술로 연결되고 온라인 플랫폼으로 조정됨으로써 직무는 수많은 형태로 배치되거나 매칭될 수가 있다. 플랫폼 노동자는 수많은 상황 변화에 대처가 가능해야 일자리를 구할 수 있기 때문에 노동은 원자화로 귀결된다. 이에 따라 플랫폼 노동자는 특정 숙련을 보유하고 있어야 하고 CV를 지속적으로 업데이트하고 있어야 단기의 고용계약을 맺을 수가 있다. 생존을 위해서는 이메일, 메시지, 앱 등의 공지사항에 신속하게 반응할 수밖에 없다.

하지만 플랫폼 노동자는 각 플랫폼이 고안한 고객의 평가방식(rating)에 의해 고용계약의 갱신 여부가 결정된다. 따라서 이제까지의 그에 대한 개인적 평판은 여기에 끼어들 여지가 없다. 직무는 고객과 개별적으로 협상하는 것이 아니라 이미 주어져 있으며 비용도 부과되어 있다. 모든 업무 내용에 대해 온라인상에서 추적이 가능하다. 일자리가 필요한 경우 플랫폼 노동자는 지속적으로 온라인상에 로그온 상태에 있어야 하는 것이다(Langley & Leyshon, 2016).

디지털 기반의 기그경제가 가지는 새로움은 바로 비공식 노동을 최대한 포섭하고 통합한다는 것이다. 예를 들면 미화원, 번역가, 목수, 택시운

11) 물론 긍정적인 측면들이 노동자에게 존재한다. 신규 노동자들의 시장 참여가 용이해질 수가 있으며, 노동자는 시장 참여를 통해 다양한 소득 원천을 가질 수도 있다. 디지털 경제는 다양한 새로운 고용기회를 제공할 수 있다. 예를 들면, 장애인 및 기타 개인사정으로 전일 근무가 가능하지 않은 사람들에게는 노동시장 참여의 기회가 개선될 수 있다.

전사, 예술인 등은 이전에는 각기 나름의 구직 채널과 경로, 즉 사회적 네트워크에 기반을 두고 일을 찾았다면 지금은 구글 탐색이나 우버, Helping, Freelancer 등과 같은 온라인 플랫폼[12]을 활용한다. 그 결과 자영자가 증가하고 이들은 이러한 중간 플랫폼 기업들에 포섭되고 있다(Sundararajan, 2017).

크라우드소싱은 기업에는 저비용, 효율성, 규제의 회피 등과 같은 이득을 가져다준다. 특히 사회보장비용, 보건, 연금, 사무실 및 기타 사회보험 등과 같은 노동 관련 고정비용을 줄일 수 있다는 점에서 사회적으로 미치는 파급효과를 무시할 수가 없다. 노동자의 사회적 보호와 같은 현행 사회계약의 질서가 여기에 적용이 되지 않아 사각지대가 발생하면서 사회적 긴장과 갈등의 여지가 증폭될 수가 있다(Huws, 2015).

플랫폼 노동과 기그경제 종사자는 폭발적으로 증가하고 있다. Katz와 Kruger(2016)에 따르면 미국에서 프리랜서, 독립 계약자 등을 포함한 비정형 근로형태의 노동자의 몫이 2005년 2월 10.1%에서 2015년 말 15.8%로 증가한 것으로 추정되었다. Manyika, Lund, Bughin, Robinson, Mischke, Mahajan(2016)은 프리랜서조합(The Freelancers Union)이 미국 생산가능인구의 약 22%가 주업과 부업에서 프리랜서 또는 자영업 일자리라고 추정했다는 결과를 보고하고 있다. Sundararajan(2017, p. 29)은 2005-2015년에 미국경제에서 순고용 증가의 거의 모두가 프리랜서 일자리에 기인한 것으로 보고 있다. Intuit(2015)의 추정에 따르면, 3천2백만 미국 노동자들이 기그 일자리에 종사하고 있으며, 2020년까지 7천6백만 명이 이러한 일자리를 가질 것으로 예상되었다. 미국 노동자의 약 40%가 비정규직 일자리이고, 그중 약 11%가 주문형 플랫폼과 관련되어 있다.

---

12) 이 외에도 'Amazon Mechanical Turk', 'Clickworker', 'oDesk', 'InnoCentive', 'TopCoder', 'Testbird' 등을 거론할 수 있다.

Manyika 등(2016)은 McKinsey Global Institute가 수행한 연구결과를 다음과 같이 보고하고 있다. 이에 따르면 프리랜서 일자리 증가는 미국만의 현상이 아니라 유럽에서도 마찬가지이다. 프랑스 취업자의 30%, 독일의 25%, 스페인의 31%, 스웨덴의 28%가 독립적인 계약 노동으로 일부 또는 전체의 소득을 벌고 있다. 영국의 경우에는 취업자의 약 5분의 1 정도가 기그 일자리에 관련되어 있으며, 서베이 조사결과에 따르면, 기그경제에 종사하는 응답자의 59%가 전문, 창조 및 관리직이고, 18%가 육체노동 서비스 숙련과 관련되어 있다. 또한 응답자의 20%와 17%가 각각 택배 또는 운전과 개인서비스(예: 청소)에 종사하고 있다고 답변하였다(Balaram, Warden & Wallace-Stephens, 2017).

하지만 이러한 추정은 정확하지가 않다. 왜냐하면 명확한 정의가 없기 때문에 정확한 통계치가 주어지지 않는다. 사실 플랫폼 노동에 대한 법적인 실체가 명확하지 않다. 이들과 관련된 종사자들이 시장, 노동의 물물교환, 사회적기업, 서비스의 공급자, 온라인 플랫폼 등에 분산되어 있다. 따라서 이들의 실체를 제대로 파악하기 위해서는 이들의 지위를 결정하는 것이 필요하지만 그에 앞서 여러 가지의 규제사항들에 대한 정비가 필요하다. 예를 들면, 규제 기관, 사용자 보험, 분쟁 중재, 자격 심사, 사고처리 방식,[13] 기존 노동규제 적용 여부 등에 걸쳐 있다. 이와 아울러 이들에 대한 사회적 보호와 자영 노동자의 권리에 대한 문제가 있다(Huws, 2015).

13) 사고를 소비자 보호, 공공안전, 노동자의 보호 어느 측면에서 바라볼 것인가에 따라서 그 처리방식이 상이할 것이다.

## 제4절 기존 복지국가정책의 한계

디지털 기술에 기반을 둔 최근 또는 향후의 경제·사회적 구조의 변동을 공유경제 또는 플랫폼 경제 또는 플랫폼 자본주의 어느 용어로 지칭하든, 그러한 변동은 기존 경제와 사회적 삶의 틀을 재편하고 있다. 마켓플레이스, 소셜미디어, 엔터테인먼트, 주택, 교통 등의 온라인 플랫폼에서 자본의 순환이 발생하고 있다. 이러한 경제는 청년 기업가와 장애인에게는 저비용의 시장진입과 소득 창출의 기회를 제공한다.

하지만 파괴적인 기술혁신은 노동시장과 사회적 관계의 변동을 은폐하고 있다. 크라우드소싱과 기존 아웃소싱은 별반 다를 바가 없으며, 디지털 경제가 노동시장에 미치는 효과도 현재로서는 예측일 뿐이다. 특히 자동화에 따른 일자리의 상실 규모 및 디지털 플랫폼을 통한 기그 일자리의 근로조건에 대한 난제들이 우리 앞에 놓여 있다.

### 1. 기존 고용관계의 재정립에 대한 요구

디지털 기반의 자동화는 노동의 시·공간 및 조직의 경계들을 무너뜨린다. 예를 들면 일과 여가시간, 의존고용과 독립고용 간의 경계가 애매모호하다. 이처럼 사적 고용주, 소비자, 노동자 간 역할의 경계가 모호해지는 것이 플랫폼 자본주의의 주요 특성 중의 하나이다.[14] 이는 일을 조직하는 방식과 인식에 심대한 영향을 미치고 있다. 디지털화로 인해 개인의 이동성이 강화되어 더 많은 자유와 자기결정권이 개인에게 주어져 있는 것처럼 보인다. 이에 따라 일과 사생활 간의 구분이 무너지고 있다. 또한 기업은 세계화와 경쟁 심화에 따른 적기 생산을 위해 유연 노동의 사용을

14) 특히 소비자는 프라이버시의 침해라는 문제를 갖는다.

강화하고 있다. 노동자는 기업가적으로 사고하고 행동하기를 요구받고 있으며 일의 성과는 결과에 의해 판단되고 있다(Huws, 2015; Sundararajan, 2017).

이러한 노동배치의 변화는 노동강도의 강화와 노동시간 관련 스트레스의 증가를 야기한다. 주지하는 바와 같이 저녁이나 밤, 그리고 주말에 일하는 사람들이 증가하고 있다. 이러한 유연한 노동 스케줄이 더 많은 자유를 부여하는 것이 아니다. 즉 일과 여가시간의 계획을 세우기가 사실상 어렵게 되었다. 따라서 과거와 같은 단체교섭을 통해 표준적인 고용관계를 구축하는 것이 어려워지고 있다. 고용관계가 맞춤형으로 파편화되어 가고 있다(Bussemer, Krell & Meyer, 2016).

따라서 사회적 파트너와 정부 사이에 노동 유연성에 관한 새로운 합의를 도출할 필요가 있다. 이에 근거하여 노동자는 노동시간 모형을 생애단계(life-phase)에 따라 조정해야 한다. 기존의 복지국가는 노동자에게 생애주기에 걸쳐 일정한 소득흐름을 보장할 수 있는 기제를 제공하였다. 새로운 유연성에 대한 합의가 생애주기에 걸쳐 이루어지지 않으면 기존 복지국가의 고용관계는 위협을 받는다.

기존의 단체교섭이 고용관계의 파편화를 포괄하기 힘들기 때문에 노동자들 간의 연대성을 도모하기가 쉽지 않다. 주지하는 바와 같이 연대성은 근대 복지국가 형성의 기본 논리이기도 하다. 구체적으로 서구 복지국가는 실업, 질병, 고령화 등과 같은 개인 생애의 위험에 대해 집단적인 보험으로 대처하고자 하였다. 또한 복지국가는 개인 자유의 확대에 기반을 둔다. 디지털 기술에 따른 초이동성이 도리어 개인에게 자유를 확대한 것이 아니라 자유를 제약할 수가 있다. 왜냐하면 디지털 경제에서 누구나 자유로이 네트워크에 접근하거나 접속할 수 있지만, 그 인프라가 소수에게 소유되어 있어 플랫폼에 속박될 수 있다는 긴장이 있기 때문이다(Kostakis & Bauwens, 2014).

## 2. 기존 사회계약의 재편에 대한 요구

비정규직, 프리랜서 계약 및 디지털 기반의 1인 자영업이 증가하고 있는 반면에 정상적인 근로조건의 고용은 감소하고 있다. 이와 같은 불안정한 자영 근로자의 증가에 따라 기존 사회보험의 체계에 사각지대가 크게 발생하고 있다. 기존 사회보험은 개인 노동의 이력(예: 실업) 간의 갭 또는 은퇴에 따른 개인의 위험에 집단적으로 대처한 것이다. 이는 기본적으로 정규직 고용에 기반을 두고 있다.

예를 들면, 우버 플랫폼을 이용하는 운전기사는 '독립적인 계약자'인가 아니면 '피고용인(직원)'인가? 기존의 법률과 고용범주에 따르면 우버 운전기사의 분류가 애매모호하다. 전자의 경우 계약 서비스를 제공하며 일체의 비용을 부담한다. 대부분의 국가에서 이러한 계약은 민법(재산권)에서 규제된다. 반면에 후자인 피고용인은 노동법(노동권)으로 보호되고 사회보장 및 보험 관련 비용은 주로 고용주가 부담한다. 따라서 플랫폼 근로자의 법률적인 지위가 자영자인가 아니면 노동자인가에 따라 사회적 보호 수준이 달라진다. 현실에서 그 근로자는 양자의 특성을 모두 가지고 있다(Bussemer et al., 2016; Sundararajan, 2017).

주지하는 바와 같이 플랫폼 노동 또는 디지털 자영업의 매력은 바로 '규제의 차익거래'(regulatory arbitrage)가 가능하다는 점이다(Huws, 2015). 이는 고용주가 노동자에 대한 책임성에 대해 벗어나겠다는 시도를 반영한다. 이는 하나의 고용주를 전제한 정규고용의 일자리 모형에서 벗어나는 것이다. 따라서 이러한 비즈니스 모형에 대한 무차별적인 규제완화는 반드시 사회적 복지를 증가시키지 않는다. 이러한 변화는 기존 복지국가의 모형에 대해 문제를 심각하게 제기한다.

비정규직 노동 형태가 이러한 책임성을 회피하는 사업에서 연원하기 때문에 디지털 자영업은 개인에 따라 긍정적인 선택일 수도 있다. 플랫폼이 공급자(또는 근로자)를 끌어들일 수 없다면 그것은 비즈니스로서 존재가치가 없다. 왜냐하면 플랫폼의 가치는 수요와 공급의 매칭에 달려 있기 때문이다. 따라서 플랫폼이 부여하는 근로의 기회는 노동시장의 외부적인 옵션보다 더 매력적일 필요가 있다(Coyle, 2017). 플랫폼 노동에 대한 우려는 전체 노동시장의 상황에 따라 차별적이다. 따라서 특정 비즈니스모델을 겨냥한 정부정책은 성공하기가 쉽지 않다. 또한 정책전달과 관련하여 고려해야 할 점은, 정책전달의 수단으로 고용주의 활용이 점차적으로 확대되어 왔는데, 플랫폼 비즈니스모델의 등장과 자영 소기업 등의 확산 등으로 일반 직종의 종사자는 줄어들고 있다는 점이다.

그렇다면 하나의 고용주를 가정한 정규직 고용모델이 위협을 받고 있는 상황에서 질병이나 연금 등과 같은 사회적 보호와 훈련과 출입국과 이민 문제와 같은 기타 정책들은 누구를 대상으로 어떻게 전달되는가가 중요한 이슈로 등장한다. 이는 기존 사회계약의 재편과 새로운 사회계약의 합의를 요구하는 것이다(Sundararajan, 2017). 예를 들면, 베버리지(Beveridge) 복지국가의 주요 원칙 중의 하나인 기여(contribution) 원리가 현대적으로 재생되기 위해서는 디지털 플랫폼 자본주의에서 개인과 정부 간 중개기구(intermediary)나 제도가 어떻게 사회계약에 개입해야 하는가? 이는 정치적 논쟁의 대상이다. Coyle(2017)는 중개기구가 개입하지 않는 것이 기여 원리를 쉽게 복원할 수 있다고 생각한다. 하지만 그도 인정하듯이 이는 전후 복지국가의 성립처럼 중대한 정치적 논쟁의 영역이다.

## 3. 고용의 종말과 기본소득의 문제제기

디지털 경제의 확산과 그에 따른 기술실업의 대안으로 새로운 복지 안전망의 구축, 교육 투자, 인프라 투자를 통한 공공 근로사업의 확대, 노동시간의 단축, 기술자산 소유의 확대(예: 빅데이터 형성과 구축에 대한 일반인들의 지분 인정) 등이 제시된다. 특히 최근에는 기술실업에 대한 새로운 대안으로 기본소득이 고려되고 있기도 하다. 이는 부(—)의 소득세 또는 사회 구성원 모두가 인간다운 생활을 유지하기 위한 최소한의 소득분배를 의미한다. 핀란드, 네덜란드, 캐나다 등지에서 이를 구체적으로 실현하는 방안을 찾고 있다.

Brynjolfsson과 McAfee(2014)는 제2의 기계시대에서 디지털 경제가 어떻게 인류의 사회경제적인 삶을 변화시키고 있는지를 보여주면서 고실업에 따른 총수요의 부족을 경고하였다. 그들은 이에 대한 대안으로 '기본소득'이 고려되어야 하고 단순히 삶의 영위라는 차원, 즉 생계 차원을 넘어서서 노동이 중요한 사회적 차원을 가진다는 점을 인정해야 한다고 주장하였다.

이러한 기본소득 논의에 대한 반론도 존재한다.[15] 첫째, 노동은 소득을 창출할 뿐만 아니라 성취감과 자존감의 원천이고 일상적인 사회적 상호작용의 일부라는 점이다. 이는 Brynjolfsson과 McAfee(2014)도 지적하고 있는 부분이다. 이러한 노동의 기능은 단순히 돈을 나눠주는 것으로 대체될 수가 없다. 환언하면, 사람들은 단순히 기능적인 소비자로 남아 있을 수 없다는 것이다.

둘째, 기본소득 논의는 복지와 복지국가 간의 필연적 연관을 가정하지

15) 여기서 기본소득에 관한 세부적인 논의를 전개하지는 않는다. 기본소득의 본질과 특성, 그 형태에 관해서도 여러 가지 다양한 입장이 존재한다. 통상적인 의미에서 기본소득을 가정하고 그것이 수반하는 복지와 복지국가 간의 긴장에 대해 짤막하게 논의를 전개한다.

않는다(Bussemer et al., 2016). 통상적인 기본소득의 제안은 국가가 제공하는 급여 또는 사회서비스의 축소와 결합되어 있다. 물론 기존의 복지수단과 기본소득 간의 관계가 대체적인지 아니면 보완적인지에 따라 다르겠지만 복지국가의 주춧돌인 연대성의 논리가 약화될 수 있다. 기존의 복지국가는 개인의 생애에 걸쳐 실업, 질병, 노후 등과 같은 삶의 위험을 집단적인 사회보험을 통해 대처하고자 한다. 특히 실리콘밸리 기업가의 기본소득 제안의 경우 이러한 개인의 위험을 개별적으로 대처하고자 한다는 점에서 복지와 복지국가 간의 필연적 연관이 약하다고 볼 수가 있다. 물론 Meade(1995)의 경우처럼 기본소득을 사회복지의 보완재로 생각한다면 이러한 비판은 적실성이 없을 것이다.

셋째, 기본소득은 디지털 세계의 승자를 포함하여 모든 사람들에게 분배된다. 따라서 이는 희소한 공공자원의 비효율적인 사용을 의미할 수도 있다. 보편적인 제도와 행정상의 비용문제 등을 고려하여 부자에게도 이러한 제안이 적용되고 이들에 대한 사후 과세를 통해 소득분배가 교정될 수가 있다. 하지만 이렇게 주장하는 것은 쉽지만 현실에서 이러한 방식을 수행하는 것은 무척 어렵다는 것이다. 조세 저항이 심해 최근에 부자 증세가 쉽지가 않으며, 부자 증세에 따른 세원은 불평등의 심화 및 다른 영역의 문제를 해결하는 데에 우선적으로 배분될 필요가 있다는 것이다(Sundararajan, 2017).

넷째, 기본소득은 일국 모형인가, 아니면 다국적 모형에서도 적용이 되는가에 대한 이슈가 있다. 이는 유럽연합(EU)과 같은 제도적 환경과 연관되어 있다. EU는 자유로운 이동과 차별금지라는 제도적 배치를 가지고 있다. 이러한 상황에서 '복지 관광'(welfare tourism)이 일어날 경우 이를 어떻게 운용할 것인가가 문제가 될 수 있다(Meyer, 2016). 따라서 현재로서는 일국에 기반을 둔 또는 특정 지역에 기반을 둔 경우 그것이 성공적으로 작동할 가능성이 높다.

## 4. 공정경쟁과 분배정의의 문제

전술한 바와 같이, 앞으로 다가올 새로운 범용기술의 활용에 따른 사회·경제적 파급효과는 매우 지대할 것으로 기대된다. 이제까지 거대한 파급력을 가지는 범용기술들은 대략 50-60년 간격으로 등장하여 수십 년 동안 부지불식간에 경제를 변화시켜 새로운 사회계급을 등장시키고 새로운 사업 기회를 열어 왔다. 20세기 대량생산 시기에 정규분포에서 '평균의 시대'를 대표하는 중산층의 등장은 정치·사회적 혁신이었다. 이는 신기술의 도입에 따른 생산성 이득이 중산층에까지 미친다는 것을 의미한다. 신기술은 생산성과 이에 따른 소득을 증가시켰다. 이러한 소득 증가는 신제품과 서비스에 대한 수요를 증대시켜 신기술에 의해 대체된 노동에 대한 새로운 일자리를 창출하는 선순환이 정치·사회적 타협을 통해 나타났다. 그것이 바로 우리가 목도한 '서구의 복지국가' 또는 '포디즘'체제였다.

2000년대 이후 인터넷과 컴퓨터로 상징되는 IT 시기에 일반 근로자의 실질 임금이 정체되고 있지만, 노동을 대체하는 자본의 소유자는 엄청난 소득을 포획했다. 신기술 도입에 따른 생산성 이득의 확산이 정규분포를 따르지 않는, 즉 '파레토 분포'를 따르는 소위 '양극화' 현상이 나타나고 있다. Arthur(2011)의 예상대로 "부의 생산 문제가 아니라 부의 분배 문제"가 전면적으로 등장하고 있다.

Huws(2015)는 규제되지 않은 경제의 디지털화가 상호 이익이 되는 근로조건을 위협할 수 있다는 점을 보여주고 있다. 대기업은 양극화된 모순적인 고용형태를 활용한다. 한편으로 대기업은 고품질 제품을 개발하기 위해 지식 재산권 보호를 강화하고 소수의 고숙련 근로자들을 고용한다. 반면에 대기업은 비용을 절감하기 위해 온라인 플랫폼을 통해 전문 프리랜서 또는 저숙련 노동자에게 업무나 공정을 아웃소싱하고 있다. 이를 위해 공정과 노동과정을 단순화하고, 표준화하고, 모듈화한다.

디지털 경제는 플랫폼을 매개로 하여 비즈니스 모형이 성립된다. 누구나 네트워크와 플랫폼에 접근이 가능하지만 그것의 소유자는 집중되어 있다. Kostakis와 Bauwens(2014)는 이를 '분산 자본주의'와 '네트워크 통치 자본주의' 간의 긴장이라고 개념화하고 있다. 이는 디지털 경제에서 콘텐츠와 인프라 간의 공정경쟁(a level playing ground)의 문제를 제기한다. 주지하는 바와 같이 플랫폼 소유자와 서비스 공급자 간의 수익 배분은 비대칭적이어서 전자는 초과수익, 즉 막대한 지대를 수취하고 있다. 이들 간에 공정한 부가가치 사슬이 창출되거나 또는 공정한 기업 생태계가 형성될 필요성이 제기되고 있다(Herwig, 2015). 이 부분의 공정거래에 관한 규제가 담보되어야 한다.

공정경쟁과 상호 간의 공정하고 정당한 소득배분은 복지국가의 지탱에 필수적인 요소이다. 전술한 바와 같이, 기존의 복지국가는 소득분배의 '정규분포'를 가정하고 이를 토대로 노동자의 정치적 시민권을 획득한 기반 위에서 이루어진 노사정 간의 정치·경제적 타협의 산물이다. 소득분배가 양극화를 가정하는 파레토 분포를 따를 경우 노사정 간의 새로운 정치·경제적인 타협을 모색할 수밖에 없으며, 노동의 발언권이 약화된 상태에서 이러한 타협은 복지국가의 기반을 약화시킬 수가 있다. 디지털 경제에서 공정한 이익의 배분과 그에 기반을 둔 시장경제를 통해 역동적인 기업 생태계를 구축하고 그 성과를 집합적으로 공유하는 생산과 분배체제를 창안하는 것은 복지국가 앞에 놓여 있는 긴박한 과제이다.

## 제5절 소결

이제까지 소위 '4차 산업혁명'과 5차 장기 기술파동을 대표하는 IT 기반의 연산 집약적인 자동화가 야기하는 경제구조의 변화, 즉 디지털 플랫폼 경제(또는 자본주의) 논의들을 살펴보고 그것이 미치는 고용효과, 즉 기술실업의 규모와 속도 및 기그경제의 확산 등을 비판적으로 검토하였다. 또한 노동권에 기반을 둔 기존 복지국가 앞에 놓인 과제들을 논의하였다.

디지털 경제의 전면화에 따른 경제구조의 변화는 공유경제, 플랫폼 경제 또는 플랫폼 자본주의로 지칭되고 있다. 이는 실험적인 혁신성과 소유 대신에 이용과 공유가 부각됨으로써 가치와 운동으로 진보적으로 수용되고 있다. 또한 공유경제가 가지는 이상을 실현하기 위해 플랫폼의 공유화를 기반으로 하는 플랫폼 협동조합주의 운동이 제안되고 있다. 하지만 우버, 에어비앤비, TaskRabbit 등의 영리 디지털 플랫폼은 자본의 순환을 중개하고 통제하는 역할을 수행하며 우리 삶의 프레임을 전면적으로 변화시키고 있다.

이에 수반되는 고용효과로 거대한 기술실업이 야기될 것이라는 우울한 전망이 제기되고 있다. 이는 '고용 또는 노동의 종말'로 지칭되고 있다. 하지만 그 규모와 속도에 대해서는 이견이 존재한다. 선진국에서 최근의 고용상실에서 기술변화 요인보다 버블경제 또는 세계화 효과가 더욱더 강조되기도 한다. 따라서 지금 예측되는 자동화에 따른 고용상실 규모와 속도가 다소 과장된 것이라는 주장도 제기되고 있다.

기존의 아웃소싱이 전 세계의 지리적 공간을 대상으로 직무에 부합되는 저임금 노동을 탐색하고 활용하고 있다면, 디지털 플랫폼에 기반을 둔 크라우드소싱은 가상적 공간에서 동일한 전략을 수행하고 있다. 이에 따라 단기 비정규직 노동자의 이용이 확산되는 기그경제가 등장하고 있다. 물론 이러한 크라우드소싱은 장애인이나 청년 기업가들의 노동시장 참여를 용이하게 해주고 유연한 노동시간을 활용케 하고 부가적인 소득을 얻을 수 있게 하는 장점도 가지고 있다.

파괴적인 기술변화에 따라 고용과 노동이 재편되고 있으며, 이러한 경제·사회적 변동을 수용하기 위한 새로운 법적·정치적 프레임워크가 요구되고 있다. 기존 복지국가의 한계와 직면한 문제들에 관한 성찰이 제기되고 있다. 완전고용과 정규직 중심의 기존 복지국가 모형에 대한 문제제기가 이루어지고 있다. 플랫폼 노동자의 법적 지위를 둘러싼 논쟁이 그것이다. 이들은 1인 자영자이자 동시에 피고용인의 성격을 가지고 있기 때문에 근로조건과 근로형태에 대한 노동법(노동권)과 민법(재산권) 조항의 각기 다른 적용으로 고용보호와 규제의 사각지대가 발생하고 있다.

이와 연관되는 문제가 사회계약의 이슈이다. 베버리지 복지국가는 기여 원리에 따라 질병, 연금, 노후 등의 개인적 삶의 위험을 집단적으로 대처하려는 사회보험에 기반을 두고 있다. 하지만 고용주와 피고용인의 관계가 명확하지 않은 기그경제에서는 기여의 원리를 어떻게 적용할 것인가에 관한 이슈가 제기될 수밖에 없다. 이는 복지국가의 성립과 마찬가지로 치열한 정치적 논쟁의 장이기도 하다.

기술변화에 따른 '고용의 종말' 담론이 널리 유포되면서 이에 대한 대안으로 기본소득 논의가 제기되고 있다. 이는 사회구성원에게 일정한 소득을 보장하는 것을 일컫는다. 이는 개인을 단지 기능적 소비자로 취급하거나 노동이 가지는 사회적 역할을 과소평가한다는, 개인의 위험에 대해 집단적이 아니라 개별적으로 대응한다는, 복지와 복지국가를 구별하지 않는다는 등의 여러 비판들에 직면하여 있다. 하지만 기본소득 논의가 가지는 진보적인 성격 또한 무시할 수가 없다. 기존 복지국가가 노동권의 기반 위에서 성립하였다는 역사적 사실을 간과할 수 없다면, 기본소득이 Meade(1995)의 제안처럼 사회보장을 보완하는 것인지, 아니면 실리콘밸리 기업가의 제안처럼 이를 대체하는 것인지에 관한 논쟁이 중요하다. 전자라면 이는 노동권의 확대로 해석할 수 있지만 후자라면 이는 노동권의 축소로 이어질 수도 있기 때문이다.

기존 복지국가는 공정경쟁과 불평등의 해소를 통해 모든 사회구성원이 생애 단계에 걸쳐 일정한 소득흐름을 가질 수 있도록 한다. 그런데 디지털 플랫폼은 대용량의 인터넷 네트워크를 통해 양면 또는 다면 시장을 창출하고 다양한 경제활동을 중개하고 경제적 순환을 창출한다. 하지만 플랫폼, 공급자, 소비자 간에 경제적 편익이 고르게 배분되어야 함에도 불구하고 플랫폼이 초과지대를 수취하고 있다. 이러한 점에서 공정경쟁과 불평등의 문제가 제기된다. 이는 정규분포에 기반을 둔 '평균의 시대'가 아니라 파레토 분포에 기반을 둔 '양극화'의 시대를 야기한다. 이러한 상황에서는 노동권이 제약되어 자본과의 정치적 타협이 힘들어지고 현행 복지국가가 후퇴할 수 있다. 따라서 합리적 시장규제와 분배정의는 여전히 복지국가 앞에 놓여 있는 현재적인 과제이다.

# 제 2 부 기존 복지제도의 재구조화 방안

# 제 4 장 근로계층을 위한 복지제도의 재구조화 방안

제1절 서론

제2절 한국 불안정노동시장의 확대와 복지제도

제3절 재구조화를 위한 방향

제4절 소결

# 4 근로계층을 위한 복지제도의 재구조화 방안

## 제1절 서론

한국의 노동시장은 급격한 기술 발전, 산업구조 변화, 저성장 등의 외부환경과 저출산, 고령화 등에 영향을 받아 변화하고 있다. 상업자본주의, 산업자본주의를 거쳐 인지자본주의로 자본주의의 질적인 변화가 일어남과 더불어 산업구조의 급속한 변화 속에서 특히 저숙련, 비정규직이 집중된 서비스 부문의 노동 수요가 증가하였다. 서비스 부문의 노동 수요는 주로 노인, 청년, 여성 등 노동시장의 취약계층에 의해 충당되고 있는 가운데 전통적 고용 관계가 해체되고 새로운 고용형태들이 등장하고 있다. 이 과정에서 저임금노동자 및 불안정노동자가 증가하고 있으며 청년 및 노인들의 워킹푸어 비율이 증가하는 등 근로계층의 불안정성은 증가하고 있다(이승윤, 백승호, 김윤영, 2017b).

특히 전통적 산업사회의 배경 속에서 형성된 복지제도가 변화하는 노동시장에 적절하게 대응하지 못하면서 불안정 노동시장은 더욱 확대되고 있다. 고용보험, 근로연계복지정책(Welfare to/for work), 유연안정성 정책, 근로장려세제(EITC) 등에 이르기까지 다양한 복지제도 및 정책적 노력 등이 근로계층의 불안정성 완화를 위해 수행되어 왔지만 근로계층의 불안정성은 심화되고 있어 다양한 정책들이 변화하는 노동시장에 효과적으로 대응하지 못하고 있음을 알 수 있다. 따라서 전통적 산업사회에 맞춰 발전한 복지정책 패러다임에 대한 전면적 재검토가 요구되고 있다.

이에 본 연구에서는 향후 노동시장의 불안정성을 완화하기 위한 방안을 모색해 보고자 지금까지의 한국 근로계층 대상의 정책들을 구체적으로 살펴보고 노동시장에 효과적으로 대응하지 못하는 원인을 분석하고자 한다. 이를 위해서는 근로계층을 위한 주요 제도의 범위와 실태 및 문제점 등을 살펴보고 제도의 효과와 성과를 분석할 필요가 있다. 특히 노동시장의 환경 변화에 유연하게 대응하면서도 근로계층의 안정성을 높이기 위한 방안으로 제시되는 유연안정성 정책에 주목하고 한국에서의 적용 가능성과 한계를 살펴보고자 한다. 이를 통해 급변하는 노동시장 상황에서 근로계층의 지속적 안정성을 보장할 수 있도록 한국 복지제도의 재구조화 방안을 제고할 것이다.

구체적으로 이 장의 구성은 다음과 같다. 우선 한국에서 불안정노동시장이 확대된 과정을 4차 산업혁명과 인지자본주의를 중심으로 살펴볼 것이다. 그다음으로는 한국의 근로계층의 규모와 특징을 파악하고 이들을 위한 주요 제도 및 정책의 범위, 정책의 역사적 발달 과정, 그리고 문제와 한계점을 분석할 것이다. 불안정노동은 복합적 속성을 가지고 있기 때문에 다차원적 측면을 함께 고려해야 하는데 이를 반영하여 여기서는 불안정노동을 이루는 세 가지 측면인 고용, 임금/소득, 사회보험에 주목하고 노동시장에서 특히 취약한 집단인 노인, 청년, 여성을 중심으로 살펴볼 것이다. 또한 현재 근로계층을 대상으로 한 한국의 소득보장정책에 대해 그 변화와 현재 모습을 중심으로 살펴보는데 구체적으로 근로장려세제, 적극적노동시장정책으로서의 취업성공패키지, 자활정책과 부조, 그리고 고용보험과 실업급여에 대해 알아본다.

3절에서는 재구조화를 위한 방향을 모색하기에 앞서 유연안정성에 대한 기존의 연구를 바탕으로 한국의 유연안정성의 변화과정을 살펴보고 어떠한 특징과 성격의 유연성과 안정성을 가지고 있는지 분석한다. 구체적으로 성공적인 유연안정성 사례로 꼽히는 덴마크와 네덜란드의 사례에 대해 먼저 살펴본 후 이를 바탕으로 한국의 복지제도 재구조화 방향을 모색한다. 여러 재구조화의 대안 중에서 특히 본 장에서는 한국에 적합한 유연안정성 정책 설계 방안을 모색한다. 특히 앞서 불안정한 집단별로 살펴보았던 노인, 청년, 여성 등의 근로계층에 주목하고 종합적으로 근로계층을 위한 복지제도를 재구조화하기 위한 단기적 관점과 장기적 관점에서의 정책적 대안을 제시할 것이다.

## 제2절 한국 불안정노동시장의 확대와 복지제도

### 1.한국 불안정노동시장의 확대

전통적 산업사회에서의 가치생산은 생산수단을 소유한 자본가가 노동력을 상품화함으로써 가능했다. 이렇게 노동력의 재생산을 위해 자본은 노동과의 실질적 타협을 추구하였고 이 과정에서 전통적 산업사회에서 사회보험 중심의 복지체제가 구축되었다. 전통적 산업사회는 포디즘과 테일러리즘에 기반을 둔 대량생산시대의 개막을 의미하였다. 이러한 대량생산시대에는 반숙련 산업노동자들의 역할이 매우 중요했는데 그들은 주로 제조업에 정규노동자로 고용되었다.

노동자들의 주된 관심이 안정적 시장임금의 확보 및 산재, 상병, 해고 등의 사회적 위험에 대비한 사회적 임금의 확보였다면, 자본가들은 노동비용의 감소, 노동생산성의 증가를 통해 지속적으로 자본을 축적하고자 하였다(김교성, 백승호, 서정희, 이승윤, 2017a). 이러한 산업구조에서 국가의 사회보장제도는 자본가의 입장에서도 중요했는데 그 이유는 노동자들의 소득 상실과 상병 등에 대한 국가의 개입이 유효수요를 창출하여 자본축적에 순기능을 하기 때문이었다(O'Connor, 1972/1990).

그러나 현재 우리 사회에서 발견되는 생산방식의 변화와 불안정 노동의 확산을 자본주의의 질적 변화 속에 단순히 기술발전의 결과라든지, 신자유주의적 정책의 확산으로 설명한다면, 일상화되고 있는 불안정성에 대한 근본적인 대응이 불가능하다. 인지자본주의론에서는 자본주의의 발전이 상업자본주의, 산업자본주의를 거쳐 인지자본주의 단계로 질적인 변화가 진행되고 있음을 강조한다(안현효, 2012). 인지자본주의론은 지식기반경제론과 현대 자본주의 발전단계에 대한 문제의식을 공유하고 있다. 지식기반경제론(Knowledge-based Economy)의 주요 이론적 기반은 다니엘 벨(Danniel Bell)과 마누엘 카스텔(Manuel Castells)의 정보사회론이다(김어진, 2013).

정보사회론의 주장은 첫째, 마르크스의 노동가치론을 부정하면서 가치가 노동력이 아니라 지식, 정보에 의해 창출된다고 주장한다. 전통적 산업사회와 달리 지식과 정보가 생산과정에서의 본질적인 재료라는 것이다(Castells, 1997). 이는 자본과 노동의 전통적 계급관계에 균열을 가져올 뿐 아니라 서비스 노동자 중심의 '탈산업자본주의'로의 변화를 추동한다(Bell, 1996). 둘째, 생산성의 주요원천은 노동력이 아니라 아이디어, 지식, 창의성 등에서 나오기 때문에(Leadbeater, 1999) 새로운 경제체제가 등장할 것이라고 본다. 지식기반 경제론은 부가가치를 만들어 내는 중요한 수단은 지식이며, 자본주의 경제시스템은 새롭게 재편된다고 주장하고 있다. 이러한 문제의식은 인지자본주의론에서도 공유된다. 인지자본주의론에서는 자본축적 방식이 질적으로 변화됨으로써 전통적 산업사회의 고용관계 및 사회보장제도에 대한 정당성이 변화되고 있음을 지적한다. 자본은 노동비용을 줄이기 위해 파견, 용역 등 고용을 외주화하는 방식으로 표준적 고용관계를 해체함으로써 불안정노동을 확산시켜 왔다. 불안정노동의 확산은 신자유주의 정책의 결과라기보다는 자본주의 가치생산과정에서의 근본적 변화에 기인한다(안현효, 2012, p. 138). 자본주의적 가치생산은 기존의 공장과 기업에 국한된 것이 아니라 사회 전체로 확산되고 있다는 것이다. 즉 사회구성원 모두가 가치생산에 참여하고 있다. 인지자본주의하에서 노동자는 생산의 주체이기보다는 소비의 주체이며, 임노동계약관계의 틀 안에 있지 않은 일반지성이 플랫폼 경제를 통해서 자본주의의 가치 창출에 주요한 역할을 한다. 특수형태의 고용은 주로 주문형 경제에서 확산되고 있다. 주문형 경제란, 4차 산업혁명[16]의 핵심인 플랫폼을 통해서 노동 및 서비스의 수요와 공급이 연결되는 방식으로 생산과 소비가 이뤄지는 경제 형태를 말한다(황덕순 등, 2016). 한국의 경우 역시 경제 전체로 보면, 4차 산업혁명 관련 분야의 시가 총액은 정체되어 있는 국내총생산(GDP) 성장률과 비교해 보면 매우 높은 수준이다.

플랫폼 노동은 안정적인 전일제 정규직 일자리가 아니라 파편화된 불안정노동의 성격을 갖기 때문에 이러한 경제를 기그경제(gig economy)라 한다(황덕순 등, 2016). 디지털 플랫폼으로 중개되어 온라인으로 불특정 다수의 노동자들이 참여하여 이루어지는 노동을 크라우드워크(crowdwork)라 하며(황덕순 등, 2016), 이 유형의 노동에 종사하는 노동자를 크라우드 노동자라 부른다. 주문형 앱 노동자도 불안정노동의 대표주자다. 크라우드 노동자는 많은 데이터를 단시간에 낮은 비용으로 정교하게 처리 및 생성한다. 좀 더 숙련된 기술이 필요하여 높은 비용이 드는 작업도 플랫폼을 기반으로 하게 되면 더욱 저렴한 비용으로 처리할 수 있다(황덕순 등, 2016). 주문형 앱 노동자는 디지털 플랫폼으로 중개되지

16) 1차 산업혁명과 2차 산업혁명이 각각 증기기관과 전기동력을 통해 오프라인 시장에서 대량생산의 물질사회를 가능하게 했다면, 3차 산업혁명은 인터넷을 통해 온라인에서 초연결 사회를 가능하게 한 플랫폼 경제를 특징으로 한다. 4차 산업혁명은 이러한 온라인과 오프라인의 융합을 통한 초연결지능사회로의 변화를 의미하기도 한다(이민화, 2017).

만, 오프라인에서 대면접촉을 통해 이루어지는 노동에 종사하는 노동자를 의미한다. 많은 경우 플랫폼은 가치활용, 이익극대화, 노동력 착취를 통해 이뤄지는 특수한 작업방식을 조장한다(황덕순 등, 2016). 한국에서는 앱 노동에 해당하는 대리운전 및 퀵서비스 음식배달앱 노동이 주를 이룬다(박찬임, 황덕순, 김기선, 2016). 이들의 정확한 규모와 근로실태는 공식통계 조사를 통해서 이루어지지 못하고 있다. 이러한 플랫폼 노동은 확대되고 있으며, 그 결과 특수고용이 확대되고 있다. 조돈문(2016)에 따르면 이들의 규모는 임금근로자의 12%에 달한다. 이러한 한국의 앱 노동은 주로 주업의 성격을 갖고 있고, 일반 노동자들보다 근로환경이 열악하다(황덕순 등, 2016). 이들 크라우드 노동자 및 앱 노동자들은 평균 연령보다 현저히 젊으며, 전체 표본과의 교육수준 차이도 적다. 그리고 대부분 최저소득 집단에 속해 있다. 이들의 사회적 보호 수준은 또한 매우 열악하다(황덕순 등, 2016).

결국 노동력의 재생산을 위해 자본과 노동의 타협과정에서 형성되었던 전통적 산업자본주의사회의 사회보장제도는 인지자본주의시대에 많은 한계를 노정하고 있음을 의미한다. 전통적 산업사회의 작업장에 기반을 둔 노동중심적 사회보장제도(workplace-based welfarism)는 이제 그 한계에 직면해 있다(Stiglitz, 2017). 4차 산업혁명으로 대표되는 인지자본주의 시기를 맞이하여 전통적 산업사회의 복지패러다임에 대한 전면적 재검토가 필요한 이유이다. 그리고 인지자본주의 시스템에서 창출되는 경제적 부는 사회 일반의 가치참여과정을 통해 만들어진 공유된 부이며 이러한 부를 사회전체 구성원이 자신의 몫으로 분배받는 것이 인지자본주의에서 정당한 분배이다.

## 2. 한국 불안정근로계층의 규모와 특징

앞서 살펴본 것과 같이 자본주의와 더불어 산업구조의 급속한 질적 변화 속에 주로 저숙련, 비정규직 위주로 확장되고 있는 서비스 부문의 노동 수요가 노인, 청년, 여성 등 노동시장 취약 계층에 의해 충당되고 있으며 이 과정에서 전통적 고용 관계가 해체되고 새로운 고용형태들이 등장함으로써 노동시장의 불안정성은 가속화되고 있다. 비정규직으로 대변되는 불안정고용은 불안정노동과 동일하게 사용되는 경향이 있었지만 불안정노동은 고용형태만을 의미하는 비정규직보다 광범위한 개념이다. 불안정노동은 고용계약 형태, 종사상 지위와 관련되어 사용되는데 주로 표준적이지 않은 계약, 상용직이 아닌 계약, 무기계약이 아닌 계약 등으로 정의되어 왔다. 그러나 불안정노동은 단일 차원에서 병렬적으로 나열되어 정의되기 어려운 복합적 속성을 가지고 있어 다차원적인 측면을 전체적으로 살펴볼 필요가 있다.

### 가. 노인

한국은 세계에서 고령화가 가장 빠르게 진행되고 있는 나라 가운데 하나로 1990년 5.1%였던 65세 이상 노인 인구 비율이 2015년 13.1%로 급증하였다(통계청, 2016a). 한국은 가난한 노인이 많다는 것, 다른 하나는 일하는 노인이 많다는 특징을 지닌다. 2014년 기준 노인빈곤율은 48.8%로 OECD 회원국 가운데 가장 심각한 수준이고(OECD, 2016a) 경제활동에 참가하는 노인의 비율도 31.3%로 가장 높으며(OECD, 2016b) 일을 하면서도 빈곤한 계층인 근로빈곤층 중에는 60세 이상 노인의 비율이 4분의 1을 넘게 차지한다. 2016년 한국의 65세 이상 노인인구는 약 7백만 명, 이 중 경제활동인구는 2백만 명으로 노년층의 경제활동 참가율이 30% 정도로 OECD 국가 평균 13%에 비하여 매우 높으나, 노인 임금 근로자 68%가 비정규직에 종사(통계청, 2015)하고 55세 이상의 중·고령 임금근로자 중 법정 최저임금 미달자는 전체의 약 30%에 달한다. 서비스 경제 사회로의 전환은 저숙련·저임금 일자리가 집중된 서비스업에서의 노동 수요를 촉발시키고 이 과정에서 생계비가 필요한 노인들의 노동 공급이 서비스업의 노동 수요와 맞물리면서 현재와 같은 모습의 불안정한 노인 노동시장을 형성하였다(이승윤 등, 2017b).

한국노동패널에서 65세 이상 경제활동인구를 대상으로 노동의 구성요소인 고용, 임금/소득, 그리고 사회보험 각각에 대한 불안정 노동자 규모를 분석해 보면(이승윤 등, 2017b), 노인의 경우 세 가지 속성 가운데 임금/소득의 불안정성이 가장 큰 것으로 나타났다. 2008년에 비해 2014년에 약 10% 감소하기는 했지만, 고용과 사회보험에 비해 임금/소득 측면의 불안정성을 겪는 노인의 규모가 가장 크고 66%에 해당하는 노인 노동자들이 저임금을 경험하는 가운데, 여성 노인의 경우 그 규모는 90%에 달하고 있어 여성 노인의 저임금 정도가 심각한 것으로 나타났다. 또한, 대다수의 노인들은 질 낮은 일자리에 집중되어 있어 고용, 임금/소득, 사회보험 측면에서 모두 불안정한 경우가 많았으며, 서비스업 종사자의 불안정 유형 규모가 다른 산업 종사자에 비해 크게 나타났다. 전체적으로 매우 불안정 유형은 2008년에 비해 2014년에 상당히 줄어들었지만, 산업별로 살펴보았을 때 서비스업 종사자는 오히려 증가하였다. 2008년에는 매우 불안정 유형에서 농림·어업 종사자가 차지하는 비중이 가장 컸으나, 2014년에는 서비스업 종사자 비중이 가장 크게 나타났다. 이는 고령 인구가 빠르게 증가하는 가운데 노후 소득이 불충분한 가난한 노인들 역시 증가하면서 노인 노동력의 공급이 늘어나고, 동시에 서비스업에서 노동 수요가 증가하면서 서비스산업 부문으로 노인 노동력 공급이 증가하여 노인들이 노동시장에서 불안정할 가능성이 커졌음을 보여준다.

〔그림 4-1〕 노인 불안정노동자의 규모

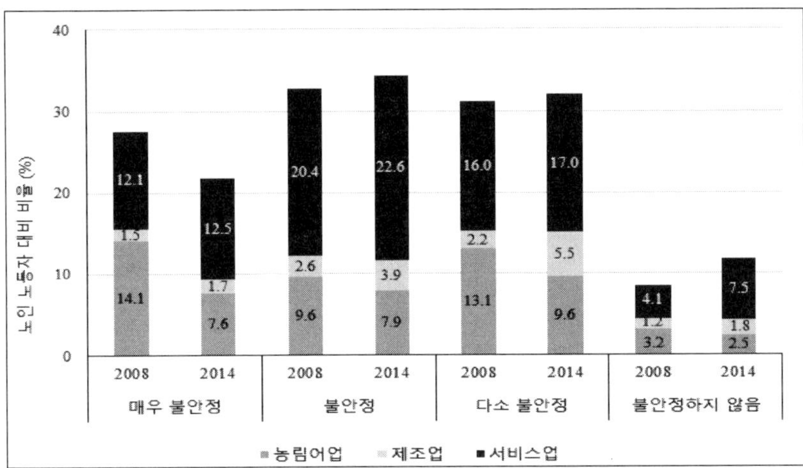


자료: 이승윤 등. (2017b). 한국의 불안정 노동자.

## 나. 청년

한국 청년들의 경제활동인구와 경제활동 참가율은 2000년 이후 지속적으로 감소하는 추세를 보이고 있다. 경제활동 참가율은 2000년 47.2%에서 2015년 45.7% 수준으로 경제활동에 참가하는 청년들은 전체 청년의 절반이 채 되지 않고 청년의 고용률은 2015년 현재 41.5%, 실업률은 9.2%로 1999년 이후로 가장 높은 수치이다. 교육을 받지도 않고, 취업도 하지 않으며, 취업을 위한 직업훈련도 받지 않는 청년(NEET) 비율은 18.5%, 여기에 취업 준비자, 구직 단념자 등을 포함한 청년 실질실업률은 26.5%에 달하는 것으로 추정되고 있다(서울노동권익센터, 2015).

한편, 노동시장에 참여하는 청년들의 고용 불안정성 역시 심각하다. 2015년 취업한 15~29세 임금 근로자 10명 중 6명 이상이 비정규직이며, 8년 만에 10%가 증가하였다. 임금 근로자 중 29세 이하 청년들의 비정규직 비율은 통계청 기준 2010년 33.6%에서 2015년 35%로 증가 추세에 있다. 정규직 청년층은 감소한 반면, 비정규직 청년층은 오히려 증가하고 있어(이승윤 등, 2017a), 다른 연령층의 비정규직 비율이 감소하는 것과 비교하면 청년층이 특히 다른 연령층에 비해 불안정한 노동시장 지위에 집중되어 있다. 전체 임금 근로자 중위임금의 3분의 2 미만을 받는 저임금 청년층 근로자의 비중은 2016년 30% 수준으로, 60세 이상 노인층을 제외하면 가장 높은 수준이며 다른 연령층의 저임금 근로자 비중이 지난 5년간 감소했지만, 청년층의 저임금 근로자 비중은 변화가 없다.

또한 기존의 임금 근로자 중심의 사회보험에서 배제되는 경험이 특히 청년층에 집중되고 있다. 2013년 국민연금, 건강보험, 고용보험 가입률은 70.1%, 70.8%, 69%로 나타났으나 2016년 가입률은 더 감소하였고 이 또한 다른 연령층에서 2013년 이후 나타나는 사회보험 가입률의 증가 추세와는 대조적인 모습이다(이승윤 등, 2017a).

이렇듯 한국의 청년들은 노동시장의 고용 및 일의 형태가 다변화되는 현상을 전면에서 경험하고 있고, 노동시장에서 경험하는 고용 및 소득 불안과 사회보험으로부터의 배제는 청년 계층과 매우 밀접하게 연결되어 있다. 즉, 한국 청년들은 전통적인 고용 관계에 맞춰 발전해 온 사회보험의 영역에서는 포괄될 수 없는 다양한 측면의 불안정성에 노출되어 있다(이승윤 등, 2017b).

## 다. 여성

한국 여성의 경제활동참여율은 2000년 48.8%에서 2015년 51.8%까지 증가했으나, 여전히 남성보다 20%포인트 넘게 낮은 수준이다(2015년 남성의 경제활동참가율 73.8%). 고용률은 2015년 남자 71.1%, 여자는 49.9%로, 남녀 격차는 지속적으로 감소하고 있으나 여전히 20%포인트 이상 차이를 보이고 있다(김유선, 2016). 연령대별 고용률의 남녀 격차는 30대에 34.0%포인트로 가장 컸다가 40대 이후 20%포인트대로 줄어드는데, 이는 30대 여성이 결혼, 출산, 양육의 이유로 경력단절이 된 결과로 볼 수 있다.

한국노동사회연구소 비정규직 기준에 따르면 남성 임금노동자 가운데 35.3%, 여성 임금노동자 가운데 54.3%가 비정규직으로 분류되며, 여성의 비정규직 비율이 남성에 비해 매우 높은 수준이다. 고용형태의 연령별 분포를 살펴보면, 남자는 20대 초반 이하와 60대 이상만 비정규직이 정규직보다 많았던 반면. 여자는 20대 후반부터 40대 초반까지는 정규직이 많고, 그 밖의 연령층에서는 비정규직이 많은 것으로 나타났다. 정규직 여자는 20대 후반(68만 명)을 정점으로 크게 감소하지만, 비정규직 여자는 30대 초반(32만 명)을 저점으로 늘어나 40대 초반에는 47만 명, 50대 초반에는 57만 명으로 증가하는 것으로 나타났다. 이것은 출산과 자녀 육아기를 거친 여성이 노동시장에 다시 진입하려 할 때 제공되는 일자리가 대부분 비정규직이라는 것을 보여준다(김유선, 2016).

〔그림 4-2〕 성별·연령별 비정규직 비율(2016년 8월)

(단위: %)

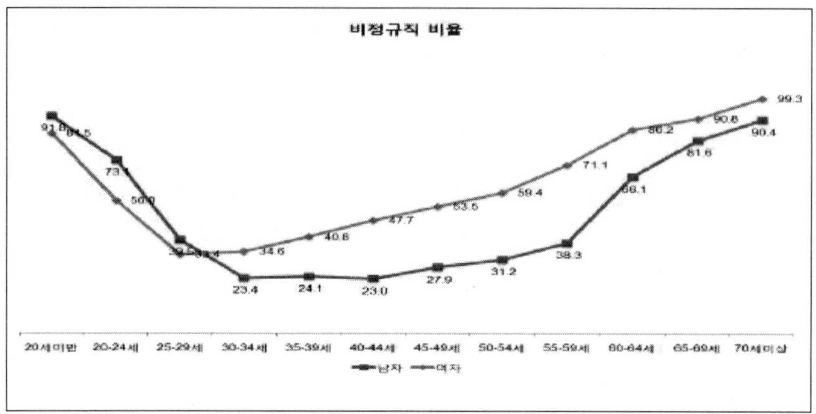


자료: 통계청. (2016a). 2015년 경제활동인구조사 고령층 부가조사.

전일제와 자영자의 임금만을 기준으로 하더라도 한국의 성별 임금 격차는 외국에 비해 매우 높은 편으로 OECD에 따르면, 2015년 한국의 성별 임금 격차[(남성 중위 소득-여성 중위 소득)/남성 중위 소득]는 37.2%로 다른 OECD 국가들에 비해 월등히 높았다. 한국 다음으로 성별 임금 격차가 높은 일본은 25.7%였으며, 칠레(21.1%), 미국(18.9%)순으로 나타났다(OECD, 2017). 이러한 큰 성별 임금 격차는 여성들은 일의 작업 방식이 '여성적 문화'에 가까운 서비스 직종에 취업하는 경향이 있는 동시에 가족이 담당해 왔던 일들이 시장 영역으로 통합되어 가면서, 교육과 건강, 개인 서비스 부문의 일자리가 늘어나고, 더 많은 여성들이 저숙련 저임금, 불안정 고용을 특징으로 하는 대인 서비스 작업 방식을 갖는 직종에 집중됨에 따라 더욱 심화되고 있다.

여성 노동시장의 불안정성이 그만큼 확대되어 결국 여성들의 불안정한 삶은 '불안정성의 젠더화'라는 용어로 요약될 만큼 일상화되어 가고 있다. 따라서 여성들이 수행하는 일자리의 종류는 단시간 저임금인 경우가 많고 사회보장도 제한이 많아 결과적으로 여성들은 여전히 남성들보다 불안정노동에 노출될 확률이 높다. 시간제 일자리와 비공식 불안정노동에는 여성들의 불균형한 집중이 지속되고 있으며 성별 임금격차, 여성들의 비정규직 상태 의존성은 여전히 높다. 또한 성별 직무 분리 관행이 존재해 여성들이 조직의 상위 계층으로 진입하고자 할 때 승진의 제약을 받는 상황에 놓여 있다.

## 3. 근로층 대상의 소득보장정책의 변화와 현재

앞에서 한국 근로계층의 성격과 불안정노동의 확대에 대하여 살펴보았다면, 본 절에서는 한국의 근로계층 대상 복지정책들을 구체적으로 살펴보고 그 한계점을 논해 보고자 한다.

### 가. 근로장려세제(EITC)

근로장려세제는 근로빈곤층의 노동공급 촉진과 소득 지원을 통한 생활수준 제고를 목적으로 노동시장에 참여한 저소득층에게 조세제도를 통해 근로에 대한 인센티브 성격의 급여를 지급해 주는 제도이다(강신욱 등, 2015). 한국의 근로장려세제는 2003년 제도 도입이 논의되었고, 2008년부터 시행되어 2009년 첫 근로장려금 지급이 이루어졌다. 2015년 근로자에게만 해당되던 근로장려세제는 2015년 자영자를 대상으로 확대하였으며, 자녀장려금 역시 처음 시행되었다. 한국의 근로장려세제 정책은 설계 당시 일할수록 그 보상수준을 확대하여 일을 통한 빈곤 탈출을 지원하는 데 중점을 두었다(정기현, 2009). 이러한 목적으로 도입된 근로장려세제를 통해 ① 근로빈곤층의 근로의욕을 제고해 노동공급 증대와 빈곤 탈출 지원, ② 국민기초생활보장법상 수급자의 탈수급 유도, ③ 사회안전망의 사각지대 해소 및 빈곤감소, ④ 근로빈곤가구의 아동 지원, ⑤ 소득파악률 제고와 같은 정책효과를 달성하고자 하고 있다(장기용, 2013).

2008년 도입 시 근로장려세제의 수급조건을 보면, 18세 미만의 자녀를 1인 이상 부양하고, 부부 합산 총소득 1700만 원 이하, 재산합계액 1억 원 미만의 무주택자 또는 기준시가 5000만 원 이하의 주택 소유자로서 재산 합계액이 1억 원 미만인 가구인 경우 신청할 수 있었다. 또한 급여 지급구조를 살펴보면 800만 원 미만은 15%의 점증률을, 800만~1200만 원 미만은 정액으로 120만 원을, 1200만 원 이상 1700만 원 미만의 경우는 1700만 원에서 소득을 뺀 값의 24%를 지원금으로 지급받았었다(최현수, 2011). 그러나 영세 자영자에 대한 배제, 최저생계비 기준으로 도출한 1,700만 원 미만 소득요건 등은 최소한의 근로빈곤층에 대한 지원을 어렵게 한다는 문제가 제기되었다. 또한 무주택 기준으로 5000만 원 이하 주택 기준은 수도권 및 광역시 주택 가격을 고려하지 못한 설계라는 비판 역시 제기되었다. 이러한 문제점들이 제기됨에 따라 2011년 대폭적인 제도의 확대가 이루어졌다(최현수, 2009). 2011년부터는 무자녀가구까지 근로장려금을 확대하였고 급여구조 역시 부양자녀수에 따른 차등지급으로 전환되어, 최대 급여가 기존 120만 원에서 부양자녀가 3인 이상인 경우 200만 원까지 받을 수 있도록 개편되었다(강신욱 등, 2015, p. 162). 이후 2013년 8월 8일 세제 개편안에 따라 근로장려세제에 대한 연차별 확대가 이루어졌다. 적용연령 하향 조정과 재산기준, 소득기준 확대, 수령금액이 늘어났다(기획재정부, 2013).

따라서 현재 근로장려세제는 대상가구의 유형 및 자녀 여부에 따라 다르게 적용되고 있다. 2016년 귀속 기준 신청자격은 18세 미만의 부양자녀가 있거나 배우자 또는 부양자녀가 없어도 40세 이상이면 가능하다. 자녀장려금의 경우 18세 미만의 부양자녀가 있어야 한다. 소득요건의 경우 부부합산 총소득요건이 단독가구의 경우 1300만 원 미만, 홑벌이 가구의 경우 2100만 원 미만, 맞벌이 가구의 경우 2500만 원 미만이다. 자녀장려금의 경우 홑벌이 가구와 맞벌이 가구의 경우 4000만 원 미만이다. 재산요건의 경우 가구원의 부동산 및 예금 등 재산 합계액 1억 4000만 원 미만(2016. 6. 1. 기준)이다. 다만 2017년 개정세법에 따르면 재산요건 중 주택요건은 2017년 1월 1일 이후 신청하는 대상에 한해서 폐지되었다. 근로장려금 지급액의 경우 단독가구 최대지급액은 77만 원, 홑벌이 가구 최대 지급액은 185만 원, 맞벌이 가구 최대 지급액은 230만 원이다. 자녀장려금의 경우 부양자녀 수×50만 원이다(국세청, 2017). 2008년 이후 근로장려세제의 대상과 지급액 범위를 확대해 나아감에 따라 근로장려세제 혜택 가구의 확대를 가져왔다. 국세청 국세통계에 따르면 2011년 근로장려세제 혜택 가구가 75만 2049가구였던 것이 2015년 137만 8953가구로 확대되었음을 알 수 있다(국세청, 2016).

[그림 4-3] 2011~2015년 근로장려금 수급 가구 수

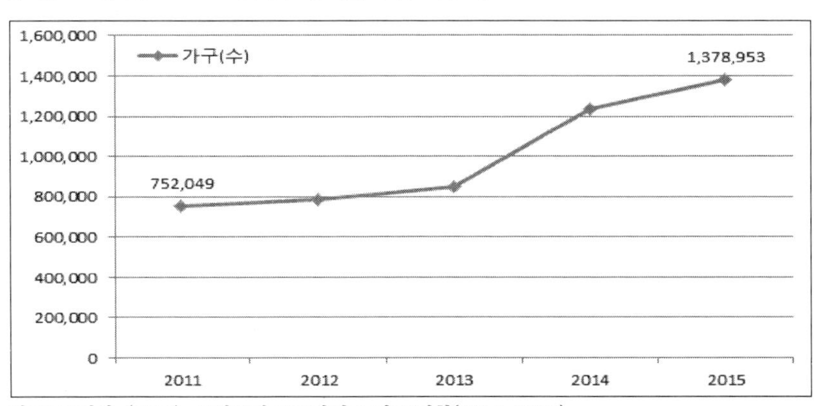


자료: 국세청. (2016). 국세통계 근로장려금 지급 현황(2011~2015).

반면, 고용 없는 성장 속에 일자리가 늘지 않는 상황에서 근로빈곤층의 빈곤이 근로의욕 부족으로 인한 문제라는 근본적인 운영원리에 대한 이의가 제기되고 있다. 임완섭(2016)은 근로장려세제의 노동공급 효과성을 분석하였는데 근로장려금이 대상자들의 경제활동 참여를 높이고 주당 근로시간 등의 노동공급 성과를 제고시킨 것으로 나타났지만 전반적으로 근로유인 제고 효과는 크지 않은 것으로 나타났다. 정의룡(2014)도 한국 근로연계 복지정책의 효과성을 근로장려세제를 중심으로 살펴보았는데 근로일수 측면에서 긍정적 효과를 보였으나 대상자의 특성별로 효과가 다르게 나타나 세분된 대상별 접근이 필요함을 보여주었다.

[그림 4-4] 2011~2015년 근로장려금 수급 가구 연령

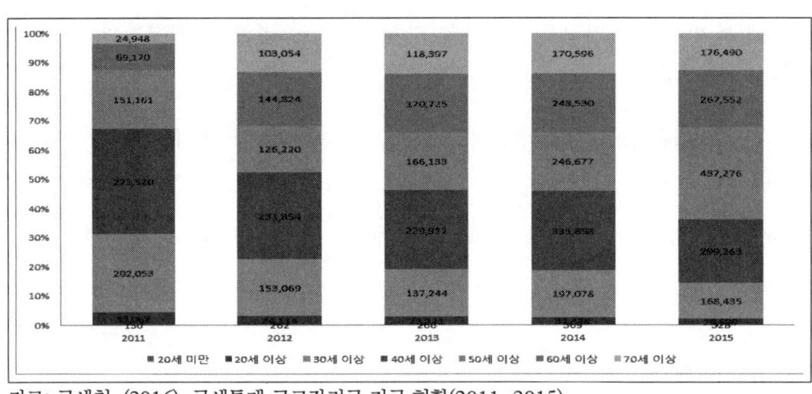

자료: 국세청. (2016). 국세통계 근로장려금 지급 현황(2011~2015).

또한 앞서 설명한 것과 같이 다양화되고 있는 고용형태로 고용주를 특정하기 어려운 특수고용형태 일자리와 프리랜서와 같은 독립계약자가 발생하는 가운데 이들에 대한 적용의 문제가 여전히 존재한다(장기용, 2013; 강신욱, 2017; 이현주, 장지연, 전병유, 2017). 이와 별도로 근로장려세제가 연령에 대한 포괄성이 낮아 청년층, 30~40대에 대한 확대가 요구되고 있다(최현수, 2011). 국세청 국세통계에 따르면 2011년부터

2015년까지 가구 수는 확대되었지만 연령에 있어서 중고령층의 비율이 지속해서 확대되고 있고, 40대 미만은 지속적으로 감소하고 있는 것으로 나타났다. 즉, 근로장려세제는 수급가구의 확대 속에서도 나타나고 있는 사각지대에 놓인 근로빈곤가구를 어떻게 포괄할 것인지의 문제에 당면해 있다. 특히 청년 근로빈곤층은 포괄하지 못하고 있다.

## 나. 취업성공패키지(ALMP)

취업성공패키지는 2009년 근로빈곤층에 대한 고용정책 개입으로 시작되어 다양한 취업취약계층을 포함하였고, 2012년 청년층 및 중장년층을 포괄하여 통합형 고용서비스로 확대하였다. 취업성공패키지는 취업성공패키지Ⅰ, 취업성공패키지Ⅱ, 청년 취업성공패키지[17] 유형으로 구성되어 있다. 취업성공패키지Ⅰ의 참여 대상은 조건부 수급자, 근로능력이 있는 생계급여 수급자 중 조건부 수급자는 아니지만 희망하는 자, 보장시설(장애인, 노숙인, 성매매 피해여성 등) 수급자, 차차상위 이하 저소득층, 노숙인 등 비주택거주자, 북한이탈주민, 신용회복지원자, 결혼이민자, 위기청소년, 니트족(2년간 교육·훈련에 참여하지 않고, 일도 하지 않은 청년(18~34세 이하)), 여성가장, 국가 유공자, 영세자영자 및 특수형태근로종사자, 건설일용직, 장애인, 미혼모 및 한부모 등이 포함된다. 취업성공패키지Ⅱ의 참여 대상은 중장년층(만 35~64세 이하) 중위소득 100% 이하의 가구원으로 미취업자, 영세자영자 등이다. 청년취업성공패키지의 참여 대상은 청년층(만 18세~34세 이하)으로 고등학교 이하 졸업자 중 비진학미취업자, 재학생(고교, 대학, 대학원), 대졸 이상 미취업자, 영세자영자, 맞춤특기병 등이다. 이러한 취업성공패키지는 단계별로 이루어진

17) 2016년 취업성공패키지Ⅱ 유형 중 청년층 사업을 확대하였다.

다. 1단계를 통해 초기 취업상담 및 직업심리검사, 집단상담프로그램, 개인별 취업활동 계획(IAP) 수립 서비스를 제공하며, 이는 초기상담일부터 IAP 수립일까지 3~5일 간격으로 개별 대면상담 최소 3회 이상(집단상담, 단기집단, 취업특강 제외)을 실시하되 최소 21일간은 운영하도록 규정하고 있다. 1단계 과정을 수료할 경우 취업성공패키지 I 참여자는 최대 25만 원, 취업성공패키지Ⅱ 참여자는 최대 20만 원을 지급한다. 2단계는 직업훈련, 창업프로그램, 인턴 등 IAP 이행을 위한 세부 프로그램을 제공하며, 훈련과정은 1개당 최장 6개월이고, 총 수강과정이 4개(인터넷 원격훈련 1회 추가 시 5회) 이하이며 2단계 기간은 최장 8개월이다. 직업훈련과정 비용제공으로 가장 대표적인 것이 내일배움카드제(직업능력개발계좌제)를 통해 지원되는 것이며, 내일배움카드제를 통한 직업훈련에 참여하는 경우 훈련과정의 취업률 등에 따라 자비부담액이 결정된다. 취업성공패키지I 참여자는 최대 10%, 취업성공패키지Ⅱ 참여자는 5~50% 자부담이 발생한다. 3단계는 집중취업알선으로 1~2단계를 마친 참여자를 대상으로 취업알선 및 직업정보, 동행면접, 모의면접 등을 제공한다. 3단계를 청년층(만 34세 이하, Ⅰ·Ⅱ 유형 모두)이 구직활동계획 이행 관련 상호의무협약 수립 시 매월 30만 원(최대 3개월)을 지급한다. 취업수당의 경우 취업성공패키지I 참여자에 한해 1단계 IAP 수립을 완료한 후 주 30시간 이상의 일자리에 취업하여 고용보험 피보험 자격을 취득한 경우에 지급한다. 취업성공수당은 취업 후 같은 직장에서 3개월 근무한 경우 30만 원, 같은 직장에서 6개월 근무 시 40만 원, 같은 직장에서 12개월 근무 시 80만 원을 각각 나누어 지급하며, 최대 150만 원을 지급한다(고용노동부, 2016a).

취업성공패키지는 2009년 도입 된 후에 양적으로 크게 확대되었으며 미취업 상태로부터 탈출률, 취업경험률, 취업률 모두 높은 성과를 보였다. 반면, 근로빈곤층만이 아니라 근로취약계층인 청년층과 중장년층을 대상으로 취업성공패키지를 확대 실시함에 따라 고용-복지 연계 모델과 통합형 고용서비스 모델이 혼재되는 형태를 띠게 되었다(이병희, 길현종, 김혜원, 이영수, 오민홍, 2016). 이로 인해 근로빈곤층에 대한 취업지원 서비스의 필요성이 요구되고 있으며 또한, II 유형 참여자와 청년구직 참여자에게 일자리 안정성과 임금을 높이는 취업지원 서비스 역시 요구되고 있다. 그리고 우리나라의 고용장려금제도는 신규 일자리 창출보다는 기존 일자리의 유지 및 개선에 집중되어 있어 취약층에 대한 지원 강화가 필요하다(박윤수, 2016). 특히, 직업훈련의 부족으로 인한 취업의 연속적인 실패뿐만 아니라 가정환경, 건강, 육아 등으로 인해 구직활동 자체가 쉽지 않은 집단 등 노동시장에서 원천적으로 배제되는 집단이 증가하고 있는 상황에서 이들의 고용과 복지, 직업훈련의 연계 방안이 요구되고 있다(최재혁, 2016).

### 다. 자활정책과 부조

우리나라에서 1999년 국민기초생활보장제도가 도입될 때 근로능력이 있는 저소득층들의 자활을 위해 자활사업이 전국적으로 제도화되었다. 이를 통해 지역자활센터는 근로능력이 있는 수급집단을 주요 대상으로 하여 근로능력 배양, 일자리 제공 등에 필요한 다양한 프로그램을 시행해 왔다(이승호, 조성은, 백학영, 한경훈, 2016, p. 208). 자활사업 참여 대상자는 자활사업 참여를 조건으로 생계급여를 지급받는 수급자, 생계·의료급여 수급자가 자활근로, 자활기업 등 자활사업 및 취업성공패키지(고용노동부)에 참가하여 발생한 소득으로 인하여 소득인정액이 기준 중위소득의 40%를 초과한 자활급여특례자, 국민기초생활보장법의 일반수급자, 특례수급가구의 가구원, 근로능력이 있고 소득인정액이 기준 중위소득 50% 이하인 사람 중 비수급권자인 차상위자이다. 조건부수급자의 경우 의무참여이며 나머지 대상은 희망참여로 이루어진다(보건복지부, 2012).

이러한 우리나라의 자활사업은 자활근로, 희망리본프로젝트, 지역자활센터의 고용, 복지 서비스 제공, 희망키움통장Ⅰ, 희망키움통장Ⅱ 등으로 볼 수 있다. 우선 자활근로사업은 자활능력과 사업유형에 따라 근로유지형, 사회서비스형, 인턴·도우미형, 시장진입형 자활근로사업으로 구분된다. 세부적인 유형별 대상자는 다음과 같다.

〈표 4-1〉 자활근로사업 유형별 대상자 및 내용

| 유형 | 대상자 | 내용 |
| --- | --- | --- |
| 근로 유지형 | -생계·의료급여 수급자, 자활급여특례자 | 현재의 근로능력 및 자활의지를 유지하면서 향후 상위 자활사업 참여를 준비하는 형태의 사업 |
| 사회 서비스형 | -조건부수급자 및 희망참여자(일반수급자, 자활급여특례자, 차상위자 등) | 사회적으로 유용한 일자리 제공으로 참여자의 자활능력 개발과 의지를 고취하여 향후 시장진입을 준비하는 사업으로, 매출액이 총 사업비(인건비+사업비)의 10% 이상 발생하여야 함 |
| 인턴·도우미형 | -인턴형: 조건부수급자 및 희망참여자(일반수급자, 자활급여특례자, 차상위자 등)<br>-복지도우미, 자활도우미: 생계·의료급여 수급자, 자활급여특례자<br>-사회복지시설도우미: 조건부수급자 및 희망참여자(일반수급자, 자활급여특례자, 차상위자 등) | 지자체, 지역자활센터, 사회복지시설 및 일반 기업체 등에서 자활사업대상자가 자활인턴사원으로 근로를 하면서 기술·경력을 쌓은 후 취업을 통한 자활을 도모하는 취업유도형 자활근로사업 |
| 시장 진입형 | -조건부수급자 및 희망참여자(일반수급자, 자활급여특례자, 차상위자 등) | 시장진입 가능성이 높고 자활기업 창업이 용이한 사업으로, 매출액이 총투입 예산의 30% 이상 발생하는 사업 |

자료: 중앙자활센터 홈페이지(http://www.cssf.or.kr/new_home/bigsub1/sub3/sub2.asp?no=1)에서 2017. 9. 30. 인출.

다음으로 성과중심 자활사업으로 2009년 도입된 희망리본 사업은 부산과 경기 지역 2000명을 대상으로 처음 실시한 이후 2011년 시도 신청에 따라 추가 확대했다. 희망리본사업은 자활참여자에 대한 사례관리, 근로의욕 증진을 위한 서비스, 일할 여건 조성을 위한 보건복지서비스(양육·간병·사회적응 등), 자활을 위한 직업훈련 일자리 연계 등으로 볼 수 있다(보건복지부, 2012). 그 밖에 디딤돌사업(사회적응프로그램), 지역자활센터의 고용, 복지 서비스 제공 등은 희망리본사업과 유사한 형태를 지닌다. 자산형성지원을 목적으로 한 희망키움통장은 2013년에 자활근로사업단 참여자를 대상으로, 2014년에는 일하는 차상위계층 대상 희망키움통장Ⅱ로 확대 도입되고 있다.

2015년 말 기준 자활사업 참여자는 14만 880명으로 그중 자활근로 4만 724명, 자활기업 7511명, 희망리본 6143명, 희망키움통장Ⅰ 3만 4860명, 희망키움통장Ⅱ 2만 5252명, 생업자금융자 296명으로 나타났다. 희망키움통장 가입가구 수 증가 등으로 인해 전체 가입자 수는 증가하였으나 전체 자활 성공률은 감소한 것으로 나타났다(보건복지부, 한국자활연수원, 2017).

또한 2015년 7월 맞춤형 기초생활보장제도 개편 후 가구의 소득인정액 수준이 생계급여의 수급기준을 넘어서도 다른 주거, 의료, 교육 급여를 받을 수 있도록 됨에 따라 수급자는 증가하였지만, 자활사업의 참여를 조건으로 생계급여를 지급받는 조건부수급자의 소득·재산 범위가 축소됨에 따라 조건부자활근로 참여 대상은 점차 축소될 것으로 예측되고 있다(이승호 등, 2016; 보건복지부, 한국자활연수원, 2017). 이와 더불어 자활사업 중 자활근로는 취·창업을 위한 준비단계 일자리인데 대부분의 참여자들은 '저임금형 안정적 일자리'로 이해하고 있으며 이후 시장에서 일자리를 갖기 어렵거나 불안정노동일 가능성이 크다. 이는 결국 자활성공률이 저조하게 하는 요인이기도 하다. 그리고 희망리본사업의 경우 대상만 차이가 있을 뿐 부처별 유사한 형태의 사업이 존재하기 때문에 행정상의 중복이라는 비판을 피할 수 없다(김정원, 이문국, 전세나, 2013).

따라서 한국 자활정책은 사회복지와 노동시장의 충돌에 있기 때문에 자활사업의 효과성이 한계를 가질 수밖에 없는 점을 지적하며 근로연계복지의 작동원리에 대한 본질적 성찰이 요구되고 있다(김수영, 2012). 김호원, 강지성(2016)은 자활사업을 심층적으로 평가하였으며 특히 계량적으로 성과 분석도 진행하였는데 전반적으로 자활사업은 가시적 성과 중심의 일자리 정책으로 설계되어 사업의 질을 떨어뜨리고 있어 자활사업의 제도 개편이 필요하다고 보았다. 우준희(2010)는 자활지원사업의 사례연구를 통해 한국의 근로연계복지 정책의 성격 및 한계와 가능성에 대해 연구하였는데 우리나라 근로연계복지는 사회복지 인프라가 충분히 구비되지 않은 상태에서 성급하게 근로를 강제하여 근로와 복지 양 측면에서 문제점을 갖고 있다고 보았다. 그 결과 경제적 효과와 빈곤 및 사회적 배제의 해결 측면에서 모두 효과를 내지 못하고 있는 점을 지적하였다.

자활 사업은 사업 세부적으로는 조건부수급 대상자의 축소와 취업성공패키지의 확대로 인해 그 정체성에 대한 고민이 필요하다. 다시 말해, 기존의 저임금 노동시장 진출을 목표로 기획되었던 취업교육프로그램들이 과연 자발적 참여자의 욕구에 충족할 수 있는가 하는 문제와 여타 부처의 프로그램과의 차별화가 가능한가 하는 문제뿐만 아니라 근본적으로 자활사업의 필요성과 효과에 대한 문제에 당면해 있다.

### 라. 고용보험과 실업급여

근로계층을 대상으로 하는 가장 포괄적인 소득보장정책은 고용보험이라고 할 수 있다. 실업급여는 근로 의사와 능력을 가진 고용보험 가입 근로자가 실직하여 재취업을 준비하는 기간에 지급받는 급여를 의미한다(고용노동부, 2017a). 실업급여는 1997년 말 외환위기와 2008년 말 국제 금융위기 전후를 계기로 크게 발전하였다(성재민, 2016). 실업급여제도의 적용대상은 1995년 30인 이상 기업에서 1998년 10월 1인 이상 기업으로 그 범위가 확대되었으며, 2004년부터는 일용근로자를 포함하였으며 2008년 3월에는 별정직, 계약직 공무원 임의가입을 허용하였다. 소정급여일수는 1995년 30~210일이었던 것이 2000년 90~240일로 확대되었다. 1일 상한액 역시 1995년 3만 5000원이었던 것이 2016년 1월 기준 4만 3416원으로 상승했다. 1일 최저 하한액의 경우 1995년 미설정되었던 것이 2000년 4월 기준 최저임금의 90%로 설정되었다. 피보험 단위기간은 1995년 이직일 이전 18개월간 12개월 이상에서 2000년 180일 이상으로 단위기간이 줄어들었다(고용노동부, 2015).

2017년 기준 실업급여는 구직급여, 연장급여, 취업촉진수당으로 구성된다. 우선 구직급여는 이직일 이전 18개월 동안 피보험기간 180일 이상 근로하고, 비자발적으로 이직하여 재취업활동을 하는 사람을 대상으로 한다. 일용근로자의 경우 수급자격 신청일 이전 1개월 동안 근로일수가 10일 미만인 경우 실업으로 인정하고 있다. 구직급여 소정급여 일수는 90~240일이며 연령과 피보험기간에 따라 다르게 측정된다(고용노동부, 2017a). 구체적인 연령별, 피보험기간별 구직급여 소정급여일수는 다음과 같다.

〈표 4-2〉 구직급여 소정급여일수

| 연령 \ 피보험기간 | 1년 미만 | 1년 이상 3년 미만 | 3년 이상 5년 미만 | 5년 이상 10년 미만 | 10년 이상 |
|---|---|---|---|---|---|
| 30세 미만 | 90일 | 90일 | 120일 | 150일 | 180일 |
| 30세 이상~50세 미만 | 90일 | 120일 | 150일 | 180일 | 210일 |
| 50세 이상 및 장애인 | 90일 | 150일 | 180일 | 210일 | 240일 |

자료: 고용노동부. (2017a). 2017년 실업급여제도 일반현황.

연장급여제도는 훈련연장급여, 개별연장급여, 특별연장급여로 구성되어 있으며 훈련연장급여는 구직급여 지급 후에도 직업훈련 또는 교육훈련을 받는 기간 동안 최대 2년까지 구직급여를 연장 지급하는 제도이다. 개별연장급여는 취업이 특히 곤란하고 생계가 어렵다고 직업안정기관의 장이 인정하는 자에게 구직급여 지급 후에도 구직급여액의 70%를 60일 범위에서 지원하는 제도이다. 특별연장급여는 대량 실업사태 발생 등으로 대통령령이 정한 사유 발생 시 구직급여의 70%를 60일 범위에서 지급하는 제도이다(고용노동부, 2017a).

취업촉진수당은 조기재취업수당, 직업능력개발수당, 광역구직활동비, 이주비로 구성된다. 조기재취업수당은 대기 기간이 경과한 후 잔여급여일수가 2분의 1 이상이고, 재취업하여 12개월 이상 고용되거나 사업을 계속한 대상자 잔여 소정급여일수의 2분의 1을 지급하는 제도이다. 직업능력개발수당은 직업안정기관장이 지시한 훈련을 받는 경우 훈련받는 날에 대해 1일 5800원씩 교통비 및 식대 명목으로 지원하는 제도이다. 구직활동비는 직업안정기관의 소개를 받고 거주지에서 50㎞ 이상 떨어진 곳에서 구직활동을 한 경우 구직활동을 한날에 교통비 및 숙박료를 지급하는 제도이다. 이주비는 재취업 또는 직업능력개발 훈련을 받기 위하여 거주지 이전이 불가피한 경우 이주에 소요되는 비용을 지급하는 제도이다(고용노동부, 2017a).

2015년 기준 전체 실업급여 수급자는 94만 4409명으로 꾸준히 증가하고 있다. 이러한 양적 증가는 고용보험 사각지대 근로집단의 고용보험 가입 확대와 비정규직 증가, 고용조정에 따른 실업 위험 증가 등의 비자발적 실업자 증가, 실업급여 제도의 적용범위 확대로 인한 실업급여 대상자 증가 등의 요인으로 볼 수 있다(이병희, 허재준, 김혜원, 김복순, 2007; 성재민, 2016).

[그림 4-5] 연도별 실업급여 수급자 수(2006~2015년)

(단위: 명)

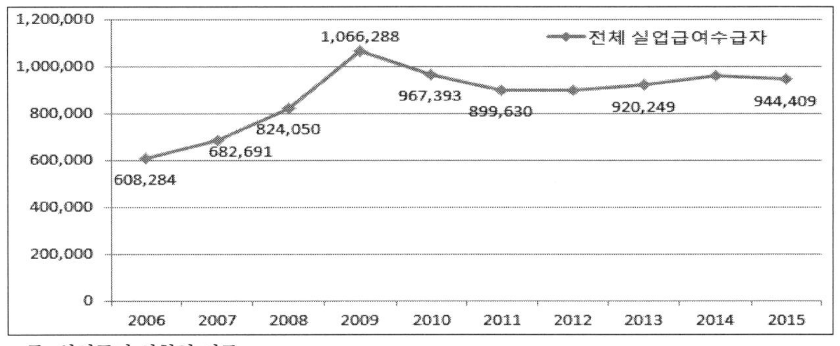


주: 실업급여 신청일 기준.
자료: 1) 박진희, 윤정혜, 최기성(2016), 실업급여 수급자 및 비수급자의 특성과 노동시장 성과(한국고용정보원), p. 17 표 재구성.
2) 한국고용정보원. 실업급여 수급자격인정 종합통계 DB.

그러나 2000년대 들어 세계화, 노동 유연화, 산업구조의 변화 등은 지속해서 고용의 불안정성을 가져오는 가운데 실업급여는 노동시장의 종사상 지위에 따라 큰 차이를 보여주는 문제를 노출하고 있다. 특히 근로취약계층을 충분히 포괄하지 못하고 있다. 예를 들어, 2004년에는 일용직 근로자를 포괄하였지만 그 수급률은 낮은 것으로 나타났다. 고용보험 DB에 따르면 2015년 전체 실업급여 수급자 중 일용근로자 비율은 8.3%에 불과했다(그림 4-6 참조).

[그림 4-6] 근로자 유형별 실업급여 수급자(2013~2015년)

(단위: 명)

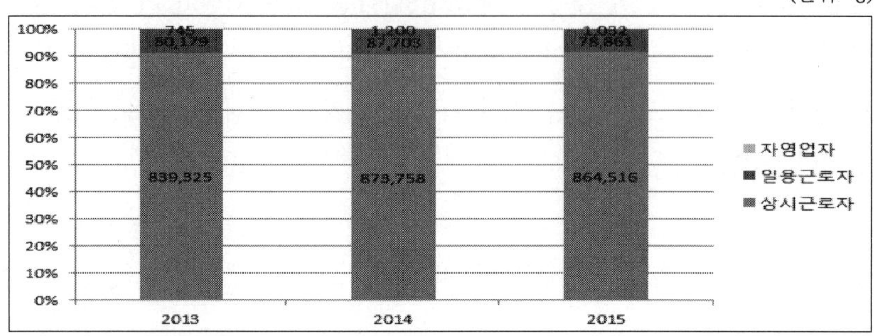


주: 실업급여 신청일 기준.
자료: 1) 박진희 등(2016), 실업급여 수급자 및 비수급자의 특성과 노동시장 성과(한국고용정보원), p. 17 표 재구성.
2) 한국고용정보원. 실업급여 수급자격인정 종합통계 DB.

이렇듯 근로형태에 따라 수급비율이 다르다는 점은 근로자가 사회보험 기여금을 내고 고용보험에 편입되어야 실업급여를 받을 수 있는 시스템에서 소득단절 위험이 높은 특수고용근로자나 프리랜서와 같은 불안정한 근로계층은 초기에 고용보험에서 배제된다는 사실을 보여준다(노호창, 2016). 따라서 앞서 설명한 다양화되고 있는 근로형태, 그리고 근로취약계층이 포함되어 있는 비전형 근로자를 고용보험에 어떻게 포괄할 것인지에 대한 문제에 당면해 있다.

## 제3절 재구조화를 위한 방향

본 절에서는 앞서 구체적으로 정리한 한국의 근로계층 대상 복지제도들의 한계에 대응하는 방안으로 유연안정성 정책의 방향을 살펴보고자 한다. 이를 위해 먼저 덴마크와 네덜란드의 사례를 소개하고 한국의 유연안정성에 대한 논의와 가능성을 모색할 것이다.

## 1. 유연안정화의 사례

### 가. 덴마크 유연안정화 정책

덴마크는 전통적인 사회 민주주의적 복지국가로 노동시장 정책에 있어서 실업자에 대해 관대한 소득보상을 하는 소극적 노동시장 정책을 중시하였다. 그러나 90년대 초 실업이 급증하면서 1994년의 노동시장 개혁을 통해 실업보험체계를 개편하는 한편, 실업자를 취업으로 유도하는 적극적 노동시장정책을 강화하고자 노력하였다. 한편으로 적극적 소득보장 대책들을 제공하면서, 다른 한편으로는 실업자가 일자리나 직업훈련 기회를 거부할 경우 실업수당 지급에 제재를 가하였다. 따라서 1994년 노동개혁을 기점으로 적극적 노동시장 정책 도입은 덴마크의 노동시장정책 패러다임을 전환시켰다(정원호, 2005, p. 50). 1994년 노동시장 개혁의 핵심 목표는 실업자의 실업급여 기간을 줄이고 유급휴가제 통합, 훈련 프로그램 및 적극적 노동시장정책에 참여함으로써, 민간소비와 노동수요를 촉진시키는 것이었다. 따라서 노동시장정책 분권화, 직장순환제 활성화를 중점으로 이루어졌다(Daemmrich & Bredgaard, 2013). 가장 큰 개혁으로 실업수당 수급시간을 단축함과 동시에, 실업수당의 이중 수급 기간제를 도입하여 수급기간을 소극적 기간과 적극화 기간으로 구분하였다. 무기한에 가까웠던 덴마크의 실업수당 수급기간은 1980년대에 9년으로 단축되었고 이후 1994년 노동시장 개혁을 통해 다시 7년으로 단축되었다. 7년의 수급기간은 소극적 기간 4년과 적극화 기간 3년으로 이루어졌는데(정원호, 2005), 이후 소극적 기간이 지속적으로 단축되어 현재는 소극적 기간 1년, 적극화 기간 3년으로 총 수급기간은 4년으로 줄어들었다. 다음으로 지역노동시장위원회(RAR)로 노동시장 정책의 분권화가 이루어졌다. 이러한 분권화는 지역 내 사용자와 노동자(노동조합)의 이해관계를 빠르게 반영하여 지역 상황에 맞는 노동시장 정책을 수행할 수 있게 하였다(정원호, 2005). 다음으로 직장 순환제는 재직자의 육아, 교육훈련, 안식 휴가로 빈 일자리를 실업자로 대체하는 제도로서 1994년부터 노동시장 개혁으로 육아휴가, 교육훈련휴가, 안식휴가의 세 가지 유급 휴가제가 도입되어 제도적 여건이 구비되면서부터 본격적으로 활성화되기 시작하였다(정원호, 2005, pp. 51-56).

앞서 본 것과 같이 덴마크의 유연안정성 모델은 1994년 노동개혁과 함께 노동시장의 위기라는 인식 속에 사회적 대화와 타협 속에 형성되었다. 덴마크 노동시장이 여타 유럽 국가들에 비해 높은 취업률과 낮은 실업률을 유지하고 있는 것은 바로 3요소가 원활하게 작동한 결과로 평가된다. 이 3요소의 결합은 황금 삼각형(golden triangle)이라 불리게 되었다.

〔그림 4-7〕 덴마크의 유연안정성 모델

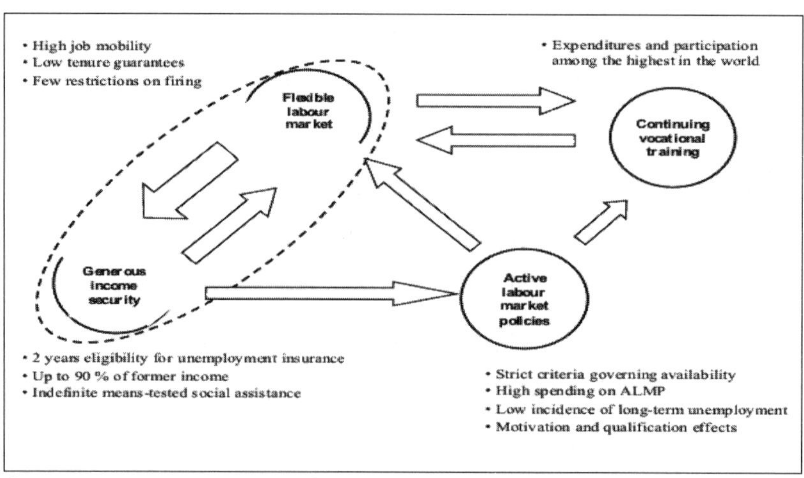


자료: Daemmrich & Bredgaard. (2013). Denmark's Flexicurity Policies. The Oxford Handbook of Offshoring and Global Employment.

구체적으로 덴마크의 황금 삼각형(golden triangle) 3요소는 고용계약 유연성, 관대한 사회보장체계, 효율적인 적극적 노동시장 정책이다. 먼저 덴마크에서는 사무직 근로자(화이트칼라)는 일반적으로 임금생활자법(Funktionærloven)에 의해 보호되며, 정리해고에 대해 3개월 수습기간을 지나면 최저 3개월 이상의 사전통고기간이 보장되며, 9년 근속의 경우 사전통고기간이 6개월로 연장된다(조돈문, 2014, p. 34). 블루칼라 임금 근로자에 대한 통지 조건에 관한 규칙은 노동조합이 체결한 단체협약에서 우선적으로 결정된다(Jensen, 2011). 덴마크는 정규직 및 비정규직과 같은 고용형태와 관계없이 산업별, 노동조합별에 따라 해고 통지가 다르다. 또한 최소 해고통보일 0일에서 최대 해고통보일이 90일인 점을 살펴볼 때 덴마크의 고용보호 수준은 높지 않다. OECD에 따르면 덴마크의 고용보호점수는 1.8점으로 영국이 1.1점, 독일 2.5점, 프랑스 2.9점으로 나타났다(Jensen, 2011). 덴마크의 고용보호 수준이 낮은 것은 중소기업 위주의 산업구조에 기인한다. 중소기업 위주의 산업구조 속에서 시장의 수요변동과 시장경쟁에 신속하게 대응하기 위해서 외적-수량적 유연성에 의존하게 되고 이를 위해 인력구조의 변동을 시도한다는 것이다. 따라서 중소기업 중심의 산업구조 채용과 해고의 빈도가 높아지기 때문에 노동력의 근속연수는 짧아지고 노동시장 이동성은 커진다(조돈문, 2014).

덴마크의 유연안정성을 구성하는 핵심은 관대한 사회보장체계이다. 특히 실업보험제도로서 피고용자의 80~85% 정도가 실업보험료를 납입하고 있어 실업수당 수급 자격을 지니고 있으며, 실업수당 수급자격이 없는 피고용자들은 정부가 지원하는 실업부조를 받는다. 실업수당의 자격요건을 근무시간에 두는 것이 아니라 소득에 둠에 따라 지난 36개월 동안 적립된 DKK 22만 3428(2017년 기준) 이상의 소득인 경우 자격이 주어진다. 실업급여율 산정은 지난 24개월 동안 가장 높은 소득이 있었던 12개월을 기준으로 하여 저임금 일자리에 속하였던 기간의 소득보다 높은 소득을 인정함으로써 이직을 하여 저임금 일자리에 가더라도 실업자는 더 많은 급여를 받을 수 있다. 일반적으로 실업급여는 인정된 근로 소득의 90% 비율로 지급되며 최장 3년 중 2년까지 받을 수 있으며 실업수당 수급기간 중 반년 동안 일할 경우 혹은 적극적 노동시장 정책 프로그램에 참여하면 1년을 더 연장할 수 있다. 일시적이거나 시간제 일자리 역시 실업급여가 가능하며 근무시간 단축, 기상을 이유로 작업이 중단된 경우, 아르바이트 등을 일시 중단한 경우에도 수급이 가능하다(덴마크 노동고용위원회, 2017). 실업급여 기금은 정부로부터 부분적으로 지원을 받지만 노동조합 관련 기구들이 지역별로 관리한다.

최대 3년이라는 긴 수급기간과 90%의 소득보장률은 덴마크의 유연안정성 중 매우 중요한 요인으로 볼 수 있다. 노동시장에서의 산업구조에 따른 고용 불안정성을 관대한 사회보장체계를 통해 이를 보완하여 실직 근로자들에게 소득 안정성을 보장한다는 점에서 그러하다. 또한 실업보험제 외에도 연금제, 유급휴가제, 상병급여제 등을 통해 연금기여금을 적립하여 노동자가 이직하더라도 해당 노동자가 자신의 연금기여금 기금에 대한 청구권을 보전할 수 있도록 함으로써 기타 사회적 위험에도 보장성을 강화하고 있다(조돈문, 2014).

덴마크의 유연안정성을 구성하는 마지막 요소로서 효율적인 적극적 노동시장 정책이다. 적극적 노동시장 정책은 실업자에게 구직 서비스와 적절한 교육훈련 기회를 제공하여 재취업을 촉진하는 것이다. 덴마크의 적극적 노동시장 정책은 기술 개선 및 지도, 교육과 임금보조금, 공공 및 민간 기업 실무 교육으로 구성되어 있다. 우선 기술 개선 및 지도, 교육은 직업훈련과 취업상담으로 볼 수 있는데, 최근에는 지역에 따른 다양한 장·단기 직업훈련 프로그램과 구직 프로그램을 제공하고 있다.

다음으로 임금보조금제도로서 최소 6개월 이상 실직한 사람을 고용할 때 고용주에게 제공되며 조합별 협상에 따라 4개월 혹은 12개월 동안 실업자를 고용했을 경우 임금보조금이 지원된다. 다음으로 공공 및 민간 기업 실무 교육은 구직자의 재교육을 의미하며, 구직자의 인턴십 기간 동안 실업보험의 혜택을 계속 받으면서 재교육을 통해 실무 능력을 개선할 수 있다(덴마크 노동고용위원회, 2017).

적극적 노동시장 정책은 거의 전적으로 중앙정부에 의해 재정 지원되고 있는데, 정책 집행에 있어서는 2007년부터 지자체 수준에서 새로 설립된 취업센터(job centers)들이 중심적 역할을 담당하고 있다. 취업센터들은 취업상담과 취업기회의 모니터링을 통해 구직 실업자와 구인 일자리 사이를 매칭하는 역할을 수행하는데, 지역 수준의 노동시장 수요에 부합하기 위해 지방 기업들과 긴밀하게 접촉하며 활동한다(조돈문, 2014, p. 39).

## 나. 네덜란드 유연안정화 정책

1979년 2차 오일쇼크로 인한 결과로 네덜란드의 실업률은 몇 년 사이 10%까지 급증하였다(김기찬, 2009). 이 시기 네덜란드는 높은 실업률과 낮은 취업률 문제를 안고 있었다. 당시 정규직 고용보호를 완화하려는 시도들은 반대에 부닥쳐 적용하지 못했다 정규직 고용보호는 완화하지 않은 채 비정규직 활용을 용이하게 함으로써 노동시장 유연성을 허용하는 대신 비정규직의 임금 등 노동조건과 고용안정성은 보호하는 방식을 제도화하게 되었다. ‘유연성과 안정성’ 각서를 통해 유연성과 사회안정성 간의 균형을 시도했던 1995년 말 노동시장 유연성과 안정성에 대한 새로운 접근법이 채택되었다(Wilthagen & Tros, 2008).

'유연성과 안정성' 각서에는 표준고용관계에서 노동자에 대한 해고 보호를 완화하고, 직업알선 행위 관련 임시근로자 파견업체의 허가 제도를 폐지하고, 원칙상 임시근로자 파견업체와의 관계가 표준고용계약으로 간주되도록, 임시파견근로자의 법적 지위를 강화하기 위한 제안과 출발점이 담겨 있다(Wilthagen & Tros, 2008). 이러한 유연성안정성법은 1999년 1월 1일 발효하게 되었다. 유연성안정성법은 기업의 임시직 노동자 사용을 통한 유연성 확보를 보장하되, 임시직 노동자들의 임금과 노동조건을 개선하고 노동계약의 갱신 횟수와 총 계약기간을 제한함으로써 임시직 노동자들에 대한 보호를 강화하는 한편, 파견노동자에 대해서도 2년 이상 사용할 경우 정규직으로 전환하도록 하는 등 비정규직 노동자들의 안정성을 강화했다(조돈문, 2014, p. 47). 또한 근로시간 차별 금지법(Wet Verbod onderscheid arbeidsduur, WVOA) 및 근로시간 조정법(Wet Aanpassing Arbeidsduur, WAA)을 제정하였다. 근로시간 차별 금지법은 1996년 1월에 발효되었으며 이를 네덜란드 민법 제7조 제648항에 추가함에 따라 법적 효력을 강화하였다. 구체적인 내용으로 직원에 대한 계약을 체결, 연장 또는 해지하는 조건에서, 근로 시간의 차이에 따른 직원 차별을 금지하고, 고용주가 해고조항을 위반하지 않았을 때 해고하는 경우 해고는 무효화된다. 또한 이와 같은 법 적용은 정부 고용주에게도 동일하게 적용된다. 근로시간 조정법은 2000년 6월에 발효되었으며 이는 근로자가 기존 고용계약 조건을 변경하도록 권한을 부여하도록 하는 법안이다(Bekker & Wilthagen, 2008). 근로시간조정법은 또한 노동자가 근로시간 조정을 요청할 경우 상충되는 업무 또는 부서 간 이해관계가 없는 한 이러한 요청을 수락하도록 하여 일과 가정을 양립할 수 있도록 하는 데 목적을 가진다(Wilthagen & Tros, 2008). 즉, 네덜란드는 비전형(atypical) 근로자에 대해 법적으로 근로자의 지위뿐만 아니라 사회보장 법규 및 수급권을 정규직 근로자와 차별이 없도록 함으로써 사회적 안정망을 보장받고, 임금과 교육훈련 기회 등 동등한 노동조건을 보장하였다. 또한 근로시간 조정법을 통해 전일제 일자리에서 시간제 일자리로의 이동이 차별 없이 이루어지는 법적 기반을 형성하였다.

더불어 네덜란드는 소극적과 적극적 노동시장 정책 예산 모두 OECD 평균을 넘는 높은 수준이다. 2012년 기준 5.3%라는 낮은 실업률에도 불구하고 GDP 대비 소극적 노동시장정책 지출 예산 비중은 1.63%로 네덜란드의 사회보장체계가 제공하는 소득안정성 수준은 상대적으로 매우 높다고 할 수 있다. 한편, 적극적 노동시장 정책 지출 비중도 GDP 대비 1.11%로 OECD 평균치 0.58%의 두 배에 달한다. 적극적 노동시장 정책은 집단별로 구성되어 있다. 실업자들을 위해서는 구직 노력과 훈련 참여를 실업수당 지급에 연계하는 활성화 프로그램을 운영하며, 특히 장기실업자들을 위해서는 고용주 혹은 직무 단위로 보조금을 지급하여 임금비용 절감을 돕고, 청년들을 위해서는 취업을 알선하고 자격증 취득을 독려하며, 노인들을 위해서는 실업수당 최대 지급기간을 3년으로 단축하고 노인실업자 구직활동 의무제를 도입하였다. 여성들의 취업률을 높이기 위해서는 자녀들을 위한 보육시설 및 육아 서비스 지원을 확충하는 등 노동시장 참여를 돕는 정책을 추진하고 있다(조돈문, 2014, p. 49).

앞서 살펴본 내용을 토대로 덴마크와 네덜란드의 고용모델을 비교하여 살펴보면 우선, 주요 노동시장 정책은 덴마크의 경우 노동시장 유연성을 통해 고용보호는 낮은 수준을 유지하면서, 실업급여 수준을 높이는 관대한 사회보장제도를 실시하고, 실업자에게 구직 서비스와 적절한 교육훈련 기회를 제공하여 재취업을 촉진하는 적극적 노동시장 정책을 혼합하여 추진하고 있다. 반면, 네덜란드의 경우 근로시간 단축에 초점을 맞추었다. 이 과정에서 특히 네덜란드는 비전형(atypical) 근로자에 대한 법적 기반을 형성하고 강화함에 따라 이들과 정규직 근로자의 사회보장 수급과 적극적 노동시장 정책에서의 차별이 없도록 추진하고 있다. 더불어 경력단절여성, 청년, 노인 등 생애주기별로 적극적 노동시장 정책을 시행하고 있다. 다음으로 주요 일자리 창출 전략으로 덴마크는 육아휴가, 교육훈련휴가, 안식휴가 등으로 재직근로자의 빈 일자리를 해당 휴가기간만큼 실업자를 일시로 채용하여 현장 훈련을 시키는 직장 순환제에 초점을 맞춘다. 한편 네덜란드의 경우, 근로시간을 중심으로 한 시간제 일자리를 장기 고용되는 정규직 일자리로서 '정규직 시간제' 경제를 형성하여 일자리를 창출하였다. 정리해 보자면 덴마크는 노동시장 유연성과 소득보장과 교육훈련의 결합을 통한 고용안정성을 제고하고 있으며, 네덜란드는 일자리 나누기를 통해 내부적 유연성을 형성하고 이를 정규직 수준으로 보호함으로써 직업안정성을 제고하였다고 요약할 수 있다.

## 2. 한국의 복지제도의 재구조화 방향-유연안정성의 모색

### 가. 한국 유연안정성 관련 정책변화와 선행연구

그렇다면 한국의 근로계층을 위한 소득보장과 고용안정은 어떠한 방식으로 달성할 수 있는가? 변화하는 노동시장에 대응하기 위해 한국에서도 유연안정성 정책의 도입방안이 논의되고, 한국 노동시장 상황을 분석하여 정책의 적용 가능성과 한계들이 제시되어 왔다.

황덕순(2015)은 현재 우리나라에서 노동시장 개혁 관련 논의가 기간제 근로 허용기간 연장 및 파견근로의 허용 범위 확대, 일반해고 및 취업규칙 불이익 변경 가이드라인 도입 등에 집중되고 있으며 우리나라의 노동시장의 핵심적 문제는 경직성이 아니라 과도한 불안정성에 있음을 밝혔다. 따라서 사회안전망의 사각지대를 줄이는 등 안정성을 높이는 노력이 필요함을 보였다. 이호근(2006)은 우리나라 비정규근로 문제의 발생 배경과 원인 및 대책방안 논의를 분석하였다. 우리나라 비정규근로 문제의 핵심은 노동시장 구조의 후진성에 있으므로 이에 대한 대책으로 시장과 사회적보호의 균형, 즉 유연안정성 모델이 필요하다. 이를 위해 근로감독체계 확충, 사회적 안전망 확충, 연대적 관점의 임금교섭체계 등 한국적 유연안정성 모델 정착을 위한 조건들을 제시하였다. 위의 두 연구는 한국적 맥락에서 유연안정성 정책의 대안 가능성을 살펴볼 수 있다는 데 의의가 있다. 박성준, 변양규, 정현용(2008)의 연구에서는 OECD 국가들의 유연안정성을 비교하고 우리나라 노동시장의 유연안정성 수준과 변화를 측정하였으며 유연안정성의 성공적 모델인 덴마크와 네덜란드 정책을 자세히 검토하고 우리나라 유연안정성 변화과정에 대한 연구를 진행하였다. 그 결과 우리나라는 노동시장 유연성을 희생하면서 안정성을 향상시키는 방향의 정책을 시도하였지만 안정성은 개선되지 않은 채 유연성만 하락한 것으로 나타났다(박성준 등, 2008).

남재욱, 계민지, 조한나(2016)의 연구에서는 OECD 주요국의 유연안정성 정책과 그 정책의 결과를 정량적으로 분석하여 OECD 주요국의 유연안정성 현황을 유형화하고 한국의 상황을 파악하였다. 그 결과 한국은 높은 수준의 외부-수량적 유연성과 지체된 기능적 유연성 및 임금유연성을 결합하고 있었다. 이를 통해 한국의 유연안정적 노동시장을 위한 과제는 노동시장 외부자에 대한 사회적 보호 강화를 통해 안정성을 확보하는 것임을 제안하였다. 위의 두 연구는 국제적 맥락에서 유연안정성 수준을 비교 분석하여 한국의 현재 유연안정성 수준을 상대적으로 평가하였다는 데 의의가 있다.

지금까지 살펴본 연구들은 한국의 노동시장에 대한 이해를 높이고, 국가 비교적 차원에서 한국의 유연안정성 정책이 어떠한 성격을 가지고 있는지 밝히는 데 기여하였지만, 국가 비교적 측면이 결여되어 있거나 한국적 유연안정성 개념을 제도변화를 고려하여 체제적으로 개념화하지 못하였다는 한계를 가지고 있다. 또한 변화하는 노동시장 상황에서 가장 크게 영향을 받는 근로빈곤계층을 중심으로 한 분석이 결여되어 있다는 한계를 갖는다.

한국에서는 IMF 외환위기 이후 노동 유연화의 논리가 확산되었다. 1998년 IMF 외환위기 극복을 위한 노사정 협의회 협의에 따라 근로기준법상 경영상 해고제도 완화와 변형노동시간제, 그리고 파견근로자 보호에 관한 법률 등 노동 유연성을 강화하는 제도를 도입했다(이성균, 2003; 이승윤, 안주영, 김유위, 2016; 남재욱 등, 2016). 근로기준법상 경영상 해고 제도는 1997년 신설 및 1998년 개정을 통해 명문화되었고 긴박한 경영상의 필요 및 경영 악화를 방지하기 위한 사업의 양도·합병·인수의 경우 등과 같은 사용자 측의 사유로 인한 해고가 허용되었으나, 일정한 규모 이상의 근로자를 해고하고자 하는 경우 노동부 장관에게 신고하도록 하는 내용과 우선재고용제도를 추가로 규정함으로써 이를 보완하고자 했다(남재욱 등, 2016, p. 90). 파견근로자보호 등에 관한 법률은 1998년 제정을 통해 근로자파견대상 업무를 선정하고 파견근로를 허용하였으며, 파견기간은 1년을 초과하지 못하도록 규정하였다. 이러한 노동시장 유연화 정책은 기업경쟁력 확보라는 목적하에 급속하게 기업과 정부가 확대해 나갔다.

유연화정책이 확대되면서 이중노동시장 및 불안정노동의 문제가 대두되기 시작했다. 특히, 2000년대 이후 비정규직 문제가 대두됨에 따라 2007년 기간제 및 단시간근로자 보호 등에 관한 법률이 제정되었다. 이를 통해 기간제 근로자에 대해서 2년 이상 초과하지 못하도록 규정하였으며 2년 이상인 경우 기간의 정함이 없는 근로자로 전환하도록 하였다. 또한 기간제 및 단기간 근로자에 대한 차별적 처우를 금지하도록 규정하였다. 그럼에도 불법파견의 문제와 비정규직 차별문제는 지속해서 대두되었다. 이에 2013년 차별적 처우에 대한 하위항목을 세분하여 기간제 및 단시간 근로자 보호 등에 관한 법률과 파견근로자 보호 등에 관한 법률에 추가하였다(이승윤 등, 2016).

더불어 비정규 근로자와 특수형태 근로자에 대한 사회안전망을 강화하려 하는 제도를 확대해 나갔다. 대표적으로 산업재해보험제도에서 특수형태근로자[18] 적용 대상 확대와 소규모 사업장 저임금근로자의 고용보험, 국민연금 보험료 부담분의 일부를 지원하는 제도를 도입하였다. 사회보험료 지원제도의 경우 10인 미만 사업장에 근로하는 월 보수 140만 원 미만의 근로자와 사업주를 대상으로 하며 근로자 및 사업자가 부담하는 고용보험, 국민연금 보험료의 신규는 60%, 기존가입자는 40%를 지원한다(고용노동부, 2016b).

하지만 이러한 제도 도입의 노력에도 불구하고 고용유연화 확대로 인한 극심한 노동시장 분열과 양극화는 가속화되고 있다. 즉, 비정규직을 대상으로 사회보험의 포괄성을 높이고 기여금 지원을 통해 소득보장 방안을 모색하였지만, 확대된 고용불안정성이 사회보험의 이차적인 소득보장의 효과를 상쇄시켰다고 볼 수 있다. 따라서 변화하는 노동시장에서 근로 불안정계층을 중심으로 이들의 불안정성 완화를 위해 고용안정성을 강화하고, 제도의 포괄성 확대를 넘어 실질적인 소득보장 방안을 강구해야 한다. 특히, 변화하는 노동시장에서 점점 불안정성이 높아져가는 계층

18) 보험모집인, 골프장캐디, 신용카드모집인, 대출모집인, 전속 대리운전기사, 근로자를 사용하지 아니한 여객자동운송사업주, 화물 자동차운송사업주, 건설기계사업주, 퀵서비스업자(비전속), 예술인, 이외 대리운전기사(비전속)(고용노동부 홈페이지, http://www.moel.go.kr/policyinfo/new/safety/view_content10.jsp).

을 중심으로 이들의 고용과 소득불안정성 완화를 위한 고민이 필요하다고 할 수 있다.

### 나. 근로계층별 고용안정성과 소득보장을 위한 정책적 과제

구체적으로 먼저, 단기적 관점에서는 사회보험 급여의 적절성 보장이 요구된다. 개별적 공평성 원칙이 사회보험을 통한 노동시장에서의 소득수준 유지 욕구를 형식적으로 보장하는 원칙이라면, 급여의 적절성 원칙은 소득수준 유지 욕구에 대한 실질적 보장 원칙이라 할 수 있다. 공적연금과 고용보험에서의 소득대체율이 급여의 적절성과 밀접하게 관련되며 급여의 적절성은 기본적인 욕구 보장과 기존 소득 유지 욕구를 종합적으로 고려하여 평가할 필요가 있다.

근로계층별로 살펴볼 경우 먼저 노인의 경우, 노동시장에 참여하는 노인들이 증가하고 있다는 부분에 주목할 필요가 있다. 즉, 공적연금제도를 통한 소득보장 추구와 동시에, 일하고 있는 노인의 고용 및 소득보장 정책에 대한 고민이 필요하다. 현재 일하고 있는 노인의 대부분이 불안정한 일자리에 종사하고 있는데, 베이비붐 세대의 은퇴가 시작되면서 앞으로 노인 인구의 증가와 일하는 노인이 함께 증가할 것이다. 불안정노동이 심각하게 나타나는 노인 노동시장의 여건을 개선해, 소득보장제도로 충분한 소득을 보장받지 못하는 노인이 노동시장에 참여할 경우 빈곤선에서 벗어날 수 있도록 해야 한다. 즉, 근로활동연령기의 개념이 달라지고 있는 상황을 분석하고, 실질적인 노인 소득보장 대책이 필요하다. 앞서 확인하였듯이 근로계층 중 노인은 불안정노동이 심각하게 나타나고 있는 가운데 특히 임금/소득 측면에서 가장 열악한 상황에 놓여 있으므로 이를 중심으로 노인 노동시장의 여건을 개선해야 한다. 일하는 노인 대부분은 현행 소득보장제도에서 충분한 소득을 보장받지 못하여 소득 보충을 위해 노동시장에 참여하고 있다. 이 때문에 빈곤한 노인이 노동시장에 참여할 경우에는 근로소득을 통해 빈곤에서 벗어날 수 있도록 해야 한다. 구체적으로 현재 고용보험 및 국민연금에서 가입 연령 수준을 재고해볼 필요가 있다.

다음으로 청년의 경우에는, 기존에 존재하지 않던 새로운 일의 형태가 증가하는 상황에서 그 변화를 최전선에서 경험하고 있다. 과거에 비해 실업 청년과 NEET 등이 증가했을 뿐만 아니라, 인지자본주의 시대로 접어들면서 노동자와 고용주가 명확히 구분되는 전통적 고용체계가 와해되고 고객, 사용자, 노동자의 구분이 모호해지면서 디지털 앱 기반으로 생겨난 새로운 일자리에 청년층이 집중된다. 하지만 이에 대한 사회적 보호와 고용 보호가 이루어지지 않아 대다수의 청년들은 불안정노동에 노출되어 있다. 노동시장의 불안정성은 가장 최우선적으로 청년들에게 영향을 미치고 그 결과 청년 노동시장의 불안정성은 청년들의 인적자본 형성의 저해와 함께 생애소득 감소로 인한 빈곤화를 가속시킬 수 있으며 청년층의 노동시장 경험은 중·장년기의 노동시장 참가 양태 및 평생 소득을 결정하는 요인으로 작용하기 때문에 결국 청년 세대의 불안정성은 노후 생활의 불안정으로까지 이어진다. 청년 노동시장의 불안정성은 빈곤의 세습과 같이 전 생애에 영향을 미친다는 점에서 적절한 청년 정책을 수립하는 것은 한국 복지국가의 지속가능성을 위해서도 매우 중요하다.

취업성공패키지와 같은 적극적 노동시장 정책이 확대되고 있지만, 직업훈련의 부족으로 인한 취업의 연속적인 실패뿐만 아니라, 가정환경, 건강, 육아 등으로 인해 구직활동 자체가 쉽지 않은 집단 등 노동시장에서 원천적으로 배제되는 집단도 고려되어야 한다. 또한 한국 청년의 소득불안정성은 사회보험의 확대로는 충분하지 않다. 사회보험에 포괄되기 이전에 공식적으로 인정되는 근로 이력이 충분하지 못한 청년들이 증가하고 있기 때문이다. 이러한 청년근로계층의 성격과 특히 청년층이 포괄되는 복지 정책이 부재한 현실을 고려했을 때, 청년층을 대상으로 한 청년수당을 확대하는 제안을 할 수 있겠다. 보편성이 강화된 청년수당의 지급을 다른 복지제도와 정합성을 고려하면서 설계해 볼 필요가 있으며, 이는 불안정한 청년 노동시장에 효과적으로 대응하는 방안이 될 것이다.

마지막으로 여성을 대상으로 한 정책적 대안의 경우, 단순히 여성 대상 일자리의 양적 증가가 아닌 여성들이 접근하는 일자리의 질을 제고하는 방안을 고려해야 한다. 여성의 노동시장 참여를 촉진하기 위한 정책은 매우 다양하게 제시되고 있지만 결과적으로 여성들이 집중되는 일자리는 주로 저숙련 서비스 일자리로, 이는 임금·고용·사회보험 각 측면에서 가장 열악한 일자리이다. 단순히 여성들의 일자리를 확대하는 일자리 창출 정책적 접근보다도 여성들이 접근할 수 있는 일자리들의 질을 제고하려는 노력이 필요하다. 또한 고용보험의 출산전후 휴가와 육아휴직, 육아기 근로시간 단축제도 급여는 고용보험에서 분리될 필요가 있다. 현재의 이들 급여는 고용보험에 속해있어 고용보험에 가입되지 않은 경우는 사용할 수 없다. 육아를 제외하고 시민 모두가 동등한 자산을 가지고 있다면, 육아를 부담해야 하는 임의의 부모는 내적으로 부여된 열등한 자산을 가지고 있기 때문에 부여된 자산이 우월한 육아의 부담이 없는 사람들로부터 보상을 받는 것이 정당하다. 이때 필요한 재원은 조세로 충당하도록 하여 고용보험에 가입하지 않은 여성과 가입했더라도 기존의 제도에서는 출산휴가나 육아휴직을 받기 위한 기준을 채우지 못한 여성들도 제도를 이용할 수 있게 해야 한다. 현재 월 100만 원으로 정해져 있는 육아휴직 급여의 상한액과 40%인 소득대체율의 상한선을 높여 급여를 확대하면서 보다 보편적인 형태의 육아휴직수당이 지급될 수 있는 방안을 모색해볼 필요가 있다.

급변하는 노동시장 상황에서 근로계층의 지속적인 안정성을 보장할 수 있도록 노동시장에서 가장 취약한 계층인 노인, 청년, 여성을 대상으로 한 구체적인 정책적 대안을 제시하였는데, 이를 종합해보면 근로계층을 위한 복지제도의 재구조화 방안은 크게 단기적 관점과 장기적 관점으로 나눠볼 수 있다. 단기적 관점에서는 위에서 살펴본 것과 같이 취약 계층별로 최적화된 구체적인 정책 설계가 필요한 가운데 전반적으로 사회보험 급여의 적절성 보장이 필요하며 장기적으로, 보다 보편적인 형태의 사회수당 도입이 필요하다.

사회보험은 공평성 원칙과 적절성 원칙을 모두 갖는데 그동안 공평성 원칙이 강조되어 왔다면 불안정성이 증가하고 있는 현 사회에서는 소득수준을 유지하기 위한 실질적 보장 원칙에 해당하는 적절성 원칙이 더 강조될 필요가 있다. 사회보험에서 적절성 원칙은 소득대체율과 밀접하게 관련되는데 기본 욕구의 보장과 기존의 소득 유지를 위해 사회보험 급여의 적절성이 평가되어야 한다. 최근에는 노동시간 단축에 대한 논의도 많이 진행되고 있지만 단축된 노동시간이 임금 축소를 야기할 수 있고 이에 대한 대응방안 등은 추가적 고민이 필요하다. 따라서 본 연구에서는 현실적인 소득재분배 원칙 실현을 고민하여 장기적으로는 보편적인 사회수당, 즉 인구집단별 기본소득 제도를 도입할 것을 제안하였다. 소득비례형 원칙을 갖는 사회보험과 보편적 원칙을 갖는 보편적 사회수당의 조합을 통해, 변화하는 노동시장에서 근로계층이 경험하는 소득 불안정성의 완화 가능성을 모색해 볼 수 있다.

## 제4절 소결

본 장에서는 근로계층을 위한 복지제도의 재구조화 방향을 한국 불안정 근로계층의 실태와 한국 고용정책의 발달과정, 현재 제도의 범위와 한계를 검토함으로써, 한국 근로계층을 위한 복지제도의 부정합성을 확인하였다. 또한 덴마크와 네덜란드 사례를 통해 유연안정성 정책과 한국의 유연안정성 정책의 방향이 얼마나 다른 방향성을 가지고 있는지 살펴보았다. 나아가 이를 토대로 변화하는 한국 노동시장 상황에서 근로계층의 지속적 안정성을 보장할 수 있도록 제도의 재구조화 방안을 제시하였다.

먼저, 인지자본주의 이론과 지식기반 경제론을 통해 현재 우리 사회에서 발견되는 생산방식의 변화와 불안정 노동 확산의 자본주의의 질적 변화 속에 나타나는 일상화되고 있는 불안정성에 대한 근본적인 요인을 설명하였다. 한국 사회 역시 경제 전체로 보면, 4차 산업혁명 관련 분야의 GDP 성장률이 급속히 성장하고 있었으며 파편화된 불안정노동의 성격을 갖는 기그경제(gig economy)가 확대되고 있음을 선행연구를 통해 확인할 수 있었다.

불안정 근로계층의 규모와 특징을 분석한 결과 노인계층의 경우 고령화가 급속하게 진행되는 가운데 서비스 경제 사회로의 전환은 저숙련·저임금 일자리가 집중된 서비스업에서의 노동 수요를 촉발시켰다. 이 과정에서 생계비가 필요한 노인들의 노동 공급이 서비스업의 노동 수요와 맞물리면서 현재와 같은 모습의 불안정한 노인 노동시장을 형성하고 있다. 청년계층의 경우 실업률은 9.2%로 1999년 이후 가장 높은 수치이며, 임금 근로자 중 29세 이하 청년들의 비정규직 비율은 통계청 기준 2010년 33.6%에서 2015년 35%로 증가 추세에 있는 반면 정규직에 종사하고 있는 청년층의 수는 감소하고 있다(이승윤 등, 2017a). 청년들은 앞서 언급한 4차 산업혁명 관련 산업 분야의 확대 속에 기그경제를 전면 경험하고 있으며 이는 고용 및 소득 불안, 사회보험의 배제를 가져오고 있다는 것을 확인하였다. 여성계층의 경우, 고용형태의 격차와 임금격차, 여성의 출산, 양육, 육아로 인한 경력단절의 집중화 현상이 심화되고 있는 가운데, 이는 여성 노동시장의 불안정성이 여성청년, 여성노인으로 결합되었을 때 더 불안정성이 극대화될 수 있다는 것을 의미한다.

반면, 한국 노동시장의 근로계층의 불안정성이 확대됨에도 불구하고 근로연계 복지제도의 지원 수준, 보장수준은 이에 미치지 못하고 있는 것으로 나타났다. 우선 근로빈곤층의 노동공급을 촉진하고 소득 지원을 통한 생활수준 제고를 목적으로 하는 근로장려세제는 이후 2013년 8월 8일 세제 개편안에 따라 적용연령 하향조정과 재산기준, 소득기준 확대, 수령금액이 늘어났음에도 불구하고 근로장려세제는 대상의 확대 속에 나타나는 청년층(40대 미만)에 놓인 근로빈곤가구에 대한 포괄성 문제가 드러났다. 실업급여 역시 2000년대 들어 세계화, 노동 유연화, 산업구조의 변화 등은 지속해서 고용의 불안정성을 가져오는 가운데 실업급여에 피보험자 자격의 완전 배제, 즉, 고용보험에 가입하지 못한 근로계층의 포괄성에 대한 문제를 안고 있다. 둘째로 취업성공패키지의 경우 직업훈련의 부족으로 인한 취업의 연속적인 실패만 있는 것이 아니라 가정환경, 건강, 육아 등으로 인해 구직활동 자체가 쉽지 않은 집단과 같은 노동시장에서 원천적으로 배제되는 집단이 증가하고 있는 상황에서 이들의 고용과 복지, 직업훈련의 연계에 한계를 가지고 있었다. 한편, 한국 자활정책은 현재 노동시장이 변화함에 따라 누구나 노동 불안정성 속에서 노출되는 상황에서 근로취약계층만을 대상으로 하는 것에 대한 한계가 제시되고 있으며, 근로연계복지의 작동원리에 대한 본질적 문제에 봉착하고 있다.

이러한 한국 근로계층의 현황과 복지제도의 한계에 대응하는 방안을 모색하기 위해, 덴마크와 네덜란드의 사례의 유연안정성 정책을 살펴보았다. 덴마크 유연안정화 정책은 덴마크 노동시장이 여타 유럽 국가들에 비해 높은 취업률과 낮은 실업률을 유지하는 결과로 평가된다. 덴마크 유연안정화 정책의 3요소는 고용계약 유연성, 관대한 사회보장체계, 효율적인 적극적 노동시장 정책으로 볼 수 있다. 고용계약 유연성과 관대한 사회보장체계의 조합은 한국에 강력한 정책적 함의를 갖는다. 덴마크는 고용보호 지수는 OECD 평균 수준이지만, 관대한 사회보장체계로 피고용자 80~85%의 가입률과 2년의 실업급여 수급기간, 높은 임금 기준 소득 인정은 고용불안정 상황에 놓이더라도 사회안정망을 통해 안정성을 보장받을 수 있도록 한다. 즉, 급변하는 노동시장 속에서 한국의 불안정 근로계층에게도 취업성공패키지와 같은 적극적 노동시장 정책과 더불어 관대한 사회안정망이 함께 이루어져야 한다.

한편, 네덜란드는 비전형(atypical) 근로자에 대해 법적으로 근로자의 지위뿐만 아니라 사회보장 법규 및 수급권을 정규직 근로자와 차별이 없도록 함으로써 사회안정망을 보장받고, 임금과 교육훈련 기회 등 동등한 노동조건을 보장하였다. 또한 근로시간 조정법을 통해 전일제 일자리에서 시간제 일자리로의 이동이 차별 없이 이루어지는 법적 기반을 형성하였다. 한국 역시 유연안정성을 위해 2007년 기간제 및 단시간근로자 보호 등에 관한 법률이 제정되었다. 이를 통해 기간제 근로자에 대해서 2년 이상 초과하지 못하도록 규정하였으며 2년 이상인 경우 기간의 정함이 없는 근로자로 전환하도록 하였다. 또한 기간제 및 단기간 근로자에 대한 차별적 처우를 금지하도록 규정하였다. 그러나 법적 효력은 네덜란드와 비교하였을 때 미비하거나 11개월 계약이나 비정규직 2년 계약 만료와 같이 비정규직의 불안정성을 더 높이는 방향으로 가고 있다. 이와 같은 상황에서 네덜란드의 사회적 합의를 통해 이끌어 낸 법제화는 정규직과 비정규직, 노동조합 간의 협력이 유기적으로 이루어져야 함을 시사한다. 정리하자면 한국 사회의 노동 불안정성을 줄이는 데 기여하도록 하기 위해서는 노동정책 영역에서 고용 및 임금 차원에서의 안정성을 보장하는 정책 패키지가 동시적으로 결합될 필요가 있다. 본 연구는 최근 한국 노동시장의 상황 속에서 불안정한 근로계층에 대한 복지정책 배열을 중심으로 분석하여, 향후 노동시장과 복지국가 정책 방향과 설계에 함의를 제공하고자 하였다.

최근 많이 논의되고 있는 임금주도 성장론이 '노동의 비중'이 축소되고 있는 후기 자본주의 사회의 기본적 토대에 적합한 대안인가에 관해서는 의문이 제기되고 있다. Storm과 Naastepad(2013, pp. 110-113)는 실질임금이 1%포인트 증가하면 노동생산성과 총생산은 각각 0.38%포인트와 0.16%포인트 정도 증가하지만 고용성장률은 오히려 0.3%포인트 정도 감소한다는 실증적 연구 결과를 발표하였다. 임금상승과 총수요의 증가는 노동생산성의 상승효과를 동반하지만,[19] 생산성의 향상이 이윤비중의 증가로 이어져 임금비중이 다소 축소되며, 총수요와 경제성장 규모의 감소를 유발하여 고용확대에 부정적 영향을 가져온다는 것이다. 따라서 임금수준을 인상하면 고용확대에 대한 기대는 다소 요원해질 수 있다. 이 문제를 해결하기 위해 공공부문이나 환경 분야에서 새로운 일자리를 창출하거나 네덜란드의 경우처럼 노동시간을 '단축'하는 대안이 제시되기도 한다. 다만 단축된 노동시간만큼 부족해진 임금을 어떤 방식으로 보충해주며, 사회보험에의 배제 및 소득비례원칙에 따른 소득보장정책의 한계가 새로운 문제로 부상할 것이다.

19) 실질임금이 증가하면 기업은 노동비용의 축소를 위해 노동생산성을 높이기 위한 투자에 힘쓰게 되므로 임금수준과 노동생산성 간에는 정적(+)인 관계가 형성될 수 있다(Kaldor-Verdoorn effect). 반대로 생각하면, 임금 억제는 노동생산성의 하락을 가져올 수 있다.

현실적인 소득재분배 원칙 실현과 근로계층의 보편적 소득보장을 위해서 장기적 관점에서 기본소득제와 같은 보편적 방식의 사회수당 도입을 고민해 볼 필요가 있다. 보다 본격적인 보편적 사회수당이 도입될 경우 사회보험은 소득비례형 원칙에 충실하고 소득재분배 기능은 이러한 보편적 사회수당을 통해 실현 가능할 것으로 보인다.

# 제 5 장 가족지원정책의 재구조화 방안

# 5 가족지원정책의 재구조화 방안

## 제1절 서론

1990년대 말 외환위기 이후 한국 사회는 부양과 돌봄이 가족책임이라는 전통적 가족주의로부터 빠른 속도로 변화해 왔다. 경제위기, 인구위기, 사회적 재생산의 위기는 각자도생의 가족주의로부터 가족의 부담을 덜어주는 정책의 필요성에 대한 사회적 공감대를 넓혔고 취약계층을 넘어 '보편주의적' 가족지원정책의 전격적 도입을 낳았다. OECD 회원국 중에서 유례를 찾을 수 없을 정도로 단시간에 국가 지원의 규모가 크게 증가했고 다양한 가족지원정책이 도입되었다. 가족지원정책은 지난 20년 동안 압축적 발전을 통해 한국 복지체제의 한 축을 형성하게 되었다.

우리나라 가족지원정책은 2000년대 초반 저출산 고령화라는 인구위기 국면에서 추동되고 본격화됨으로써 출산장려적(pro-natalist) 성격이 깊이 각인되었고 지원의 연령대 역시 0~5세, 즉 초기 양육기에 집중되어 있다. 1990년대 말까지 저출산은 본격적인 정책 의제가 아니었고 출산의 '양'보다는 출생아의 성비 불균형이 더 관심의 대상이었다.[20] 그러나 경제위기를 거치면서 출산율은 급격히 감소하여 "초저출산"시대로 접어들게 되었고 이후 초저출산을 극복하는 문제가 핵심

---

20) 1960년대와 1970년대의 산아제한 정책의 효과로 출산율은 1980년대 중반에 이미 1.5명대로 감소했다. 1990년대에도 출산율은 인구대체율 미만이었지만 저출산 문제보다는 남아선호 문제가 사회적으로 이슈화되었다. 1990년 출생아 성비(여아 100명당 남아수)는 116.5(세계평균수준 103~108)에 이르러 선택적 낙태, 성별 선택, 성비불균형의 문제가 심각했다. 출생성비는 2005년 이후 정상 수준으로 접근하였다(통계청, e-나라지표 인구동향조사 각 연도, http://ww.index.go.kr/potal/stts/idxMain/selectPoSttsIdxSearch.do?idx_cd= 2917&stts_cd=291702에서 2017. 10. 12. 인출).

적 국정 과제로 부상했다.

2차 대전 이후 서구에서는 인구의 양적 성장을 의제로 하는 명시적인 출산장려정책이 폐기되고,[21] 인적 자원에 대한 '투자'와 이중생계부양자-돌봄자(dual earner-carer) 가족체제에서 젠더평등이 가족정책의 핵심적 가치가 되었다. 우리사회에서도 남성 생계부양자 가족의 위기와 연관된 "새로운 사회적 위험"(New Social Risks), "여성인력 활용", "서비스 산업 일자리 창출" 담론이 등장했지만 가족지원정책의 확대를 주도했던 것은 저출산 고령화 위기 담론이었으며 중장기계획(저출산고령사회 기본계획 1~3차, 새싹플랜, 아이사랑플랜 등)을 통해 전방위적으로 저출산 문제를 해결하고자 했다.

가족지원정책은 남성 생계부양자 모델로부터 이중생계부양자-돌봄자 모델로의 구조적 이행을 돕는 핵심적 정책('일·가정 양립')인 동시에 자녀 양육기에 경제적 불안정성을 감소시켜 가족의 삶의 질을 높이는 정책('양육기 소득안정')으로서 위상을 갖는다. 가족지원정책도 이러한 목표에 비추어 평가되고 재구조화될 필요가 있다. 출산의 '양' 자체는 양성평등 가족생활, 아동이 있는 가족의 삶의 질 향상보다 가족지원정책의 상위의 목표가 될 수 없다. '저출산'은 이러한 목표들이 충족되지 못한 결과를 보여주는 구조적 지표이기 때문이다.

우리나라 가족지원정책은 다양한 프로그램의 도입과 확대를 통해 양적 성장을 성취한 대신 개별 프로그램의 질적 미성숙 문제와 단시간에 여러 프로그램이 우후죽순처럼 도입됨으로써 정책 우선성과 프로그램 간 정합성 문제를 갖게 되었다. 많은 급여가 도입되고 대상자가 늘어나는 양적 확대에도 불구하고 원하는 정책결과에 도달하지 못한 것은 단순히 '선택'

21) 유럽에서 출산장려주의는 권위주의적 파시즘적 역사와 연관되어 있다(Finkle & McIntosh, 1979; McIntosh, 1986). 출산장려주의 정서는 인구의 규모에서 이점을 갖는 군사력 우위에 호소하지만 현재에는 호소력이 낮다.

과 '집중'의 문제는 아니다. 일·가정 양립과 가족구성원의 삶의 질 향상이라는 가족지원정책의 목표를 위해 개별 프로그램이 적절하고 충분했는지를 검토할 필요가 있다.

본 연구는 한국형 복지국가의 한 축을 형성하게 된 가족지원정책을 중심으로 가족지원의 방향과 개별프로그램 수준에서 재구조화 방안을 모색하고자 한다.

이 연구가 분석대상으로 하는 가족지원정책은 아동이 있는 가족의 돌봄욕구를 충족하고 소득보장을 하는 프로그램이다. 현재 다양한 부처의 다양한 입법에 기초해 가족지원 프로그램이 실시되고 있지만(부표 5-1, 부표 5-2 참조) 사회보장에서 상대적 중요성과 대상아동, 재원규모에 비추어 분석대상 프로그램을 보육서비스(양육수당),[22] 출산·육아휴직, 아동수당으로 국한하여 분석하기로 한다. 이 프로그램들의 정책수단은 각각 서비스, 시간, 현금이다.

개별 프로그램 수준에서 평가기준은 이용보편성(availability)과 급여적절성(affordability), 젠더효과성(gender effectiveness)이다. 첫째, 이용보편성은 프로그램의 적용범위(coverage)의 보편성(및 사각지대)과 관련된다. 둘째, 급여적절성은 현금급여의 경우 급여기간 및 급여수준(소득대체율)의 적절성, 서비스의 경우 서비스의 품질과 관련된다. 셋째, 다른 프로그램들과 비교했을 때 가족지원은 성별 분업에 미치는 영향이 크다는 점에서 젠더효과성의 차원이 주요하게 고려되어야 한다. 개별 프로그램이 일·가정 양립과 남성의 돌봄 참여를 지원하는지 젠더와 관련된 효과를 분석할 필요가 있다.

---

22) 여기서는 어린이집과 유치원으로 이원화되어 있는 0~5세 교육과정의 통합(소위 '유보통합') 문제는 다루지 않는다. 또 취학아동을 대상으로 한 방과 후 학교, 방과 후 아카데미, 초등돌봄교실 등의 서비스가 있으나 0~5세 지원규모보다 적고 체계화되지 않아 분석에서 제외한다.

〈표 5-1〉 분석기준과 분석대상 프로그램

| 평가기준 | 하위평가기준 | 출산휴가 | 육아휴직 | 보육 서비스 | 양육수당 | 아동수당 (도입예정) |
|---|---|---|---|---|---|---|
| 이용보편성 | 대상 보편성 | 출산한 여성근로자 | 고용보험 피보험기간 180일 이상 가입자 | 0~5세 무상 | 0~5세 (정부지원 시설 미이용 조건) | 0~5세 |
| | | | | | | 초중고 제외 |
| 급여충분성 | 기간, (이용시간) | 90일(여성) | 부모 각각 1년 | 이용시간 차등(맞춤형 /종일제) | — | — |
| | 소득대체율 서비스 품질 | 60일 통상임금 100%, 30일 상한 135만 원 | 통상임금 40% (상한 100만 원, 하한 50만 원) 사후지급분 | 정부지원 외 부모 부담금있음<br>국공립시설 부족 | 10만~ 20만 원 | 10만 원 |
| 젠더효과성 | 모성고용 효과, 돌봄노동자의 권리 | 여성근로자 모성건강, 일·가정 양립 | 여성근로자 일·가정 양립, 남성의 육아 참여 | 양육부담 탈가족화, 일·가정 양립 | 전업주부 양육보상 | 양육가구 빈곤위험 감소 |

주: 2017년 8월 1일 기준, 아동수당은 2018년 도입 예정.

연구내용은 다음과 같이 구성되어 있다. 2절에서는 먼저 지난 20년 동안 가족지원정책의 발달과정을 개관하고 저출산 패러다임으로부터의 전환을 논의한다. 다음으로 일·가정 양립과 가족의 소득보장이라는 측면에서 우리나라 제도가 갖는 특징을 스웨덴, 프랑스 등 해외 제도와 비교 분석한다. 3절에서는 가족지원을 구성하는 주요 프로그램을 대상으로 이용보편성, 급여충분성, 젠더효과성을 검토하고 재구조화 방안을 논의한다. 4절에서는 앞 절의 논의를 요약, 소결을 제시한다.

# 제2절 가족지원정책의 변화와 현재

## 1. 가족지원정책의 발전과정

우리나라에서 가족의 부양과 돌봄부담을 덜어주는 '탈가족화' (Esping-Andersen, 1999) 정책으로서 가족지원정책이 본격적으로 시작된 것은 1990년대 말 외환위기 시기 진보정권이 집권하면서부터이다. 그 이전에도 저소득층 및 취약계층을 대상으로 한 모자복지법 등이 있었지만 선별주의 수준을 넘어서지 못했다.

1997년 김대중 정부가 집권하면서 2000년대 초반 모성보호3법이 제정되었고 출산휴가와 육아휴직 제도가 사회보장의 틀 속으로 들어오게 되었다. 출산휴가의 급여수준이 높아졌고 무급이었던 육아휴직은 고용보험을 재원으로 하여 유급화되었다. 여성노동자의 출산 시 모성건강과 육아휴직을 통한 양육권 보장은 가족책임이 있는 여성의 노동자성에 대한 인정과 부모권(parental right)의 정책적 개념화라는 주요한 의의를 갖는다(장지연, 정혜선, 류임량, 김수영, 장은숙, 2004). 그럼에도 불구하고 이 시기에는 육아휴직을 넘어선 전반적인 가족지원의 틀이 마련되지는 못했다. '보육사업 중장기 종합발전계획(2002~2010)'이 발표되었지만 재정적 지원이 부족했다. 즉 모성보호법 제정은 여성노동자의 건강권과 돌봄의 권리를 사회적 돌봄 속에서 사고하기 시작한 출발점이지만 사회적 돌봄을 조직화하는 전체적 청사진에 기반을 두지 못했고 여성노동자가 부담해야 하는 출산과 육아의 '비용'을 어떻게 기업과 국가가 분담할 것인가에 대한 논의에 머물렀다(전윤정, 2005).

양육 및 돌봄과 관련된 문제를 사회재생산의 문제로 격상시킨 것은 저출산 고령화의 인구위기였다. 2002년 국민연금발전위원회가 저출산으로 인해 국민연금 재정이 고갈될 것이라는 비관적 전망을 내놓았다. 여기에

2002년 합계출산율 1.17명, 2005년 1.08명이라는 역대 최저의 출산율이 '1.17쇼크' '1.08쇼크' 등으로 불리면서 저출산 문제가 사회적 의제로 부상했다. 초저출산이 장기화되면서 장래 노동력 부족, 내수시장 위축, 경제성장 둔화, 사회보장지출 증가, 병력자원 부족 등 비관적 전망이 제시되었고 저출산 해법에 정책적 관심이 집중되었다(이삼식, 최효진, 2014). 정부차원에서 3차에 걸친 저출산 고령사회 기본계획이 발표되었으며, 보육에서도 새싹플랜(제1차 중장기보육 기본계획, 2006~2010년), 아이사랑플랜(제1차 중장기보육 기본계획 보완, 2009~2012년), 제2차 중장기보육 기본계획(2013~2017년)이 제출되었다.

〔그림 5-1〕 합계출산율과 출생아 수 변화

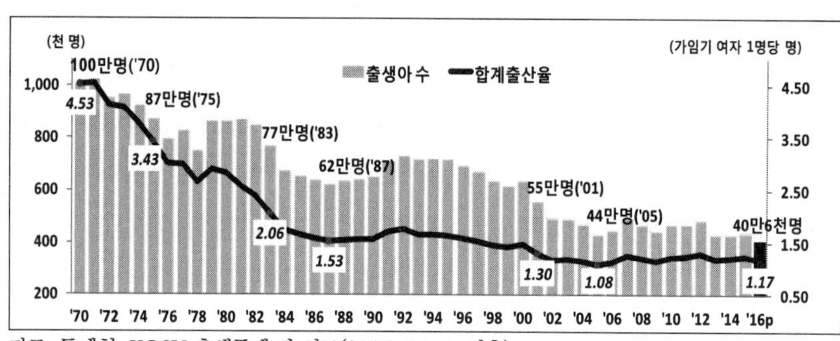


자료: 통계청. KOSIS 출생통계 각 연도(2017. 10. 1. 인출).

무엇보다도 빠른 성장이 나타났던 것은 보육서비스였다. 진보정권 2기인 노무현 정부는 취약계층에 국한된 선별주의적 보육을 넘어 모든 영유아들이 보육서비스를 이용할 수 있는 권리(a right to a place)가 있음을 천명했고 최초로 보편주의 보육의 시대를 표방하였다(백선희, 2009, 2011; 김수정, 2015).

1991년 영유아보육법에서는 "보호자가 근로, 질병, 기타의 사유로 양육이 불가능한 가구"에 국한되었던 보육대상이 2004년 영유아보육법에서 “모든” 영유아로 확대되었다. 차등보육료와 기본보조금이 도입되어 보육서비스를 이용하는 경제적 부담을 완화하였고 보육서비스는 급속히 확대되었다. 이러한 성장 추세는 보수정권에서도 이어졌다. 중산층을 포함한 보편주의 복지 패러다임이 유권자들의 정치적 지지를 이끌어내는 효과적 수단임을 학습한 보수정권은 공공성에 대한 접근은 달랐지만 기존의 프로그램을 (적어도 양적인 측면에서) 확대, 발전시켰다(김사현, 주은선, 홍경준, 2013; 백선희, 2015; 민연경, 장한나, 2015). 이명박 정부 시기 0~2세, 5세 무상보육이 도입되었고, 3~4세 무상보육은 박근혜 정부 시기에 실시되어 전 계층 영유아 무상보육의 시대가 열리게 되었다. ‘0~5세 무상보육’은 제도 설계상 영유아의 부모가 보육료를 지불하지 않고 보육서비스를 이용할 수 있음을 의미하는데, 이것은 OECD 회원국 중 우리나라가 유일한 상황이다.

2013년 무상보육 실시와 더불어 보육서비스의 이용에서 비용 장벽은 사라졌지만 ‘믿고 맡길 만한’ 수준의 보육의 질은 성취되지 못한 상황이다. 즉 보육비용의 공공성(양적 공공성)을 성취한 대신 질적 공공성을 성취하지 못했다. 서비스 질에 대한 신뢰가 높은 국공립기관에 서비스 신청이 집중되고 민간보육시설에 대한 신뢰는 상대적으로 낮다. 보육서비스는 소유권에 기반을 둔 영리추구적 민간 개인 공급자의 과대성장으로 인해 서비스 품질의 공공성을 제고해야 하는 과제를 안고 있다.

서비스 품질을 제고하기 위해 국공립시설 30%라는 기준이 2000년대 초반부터 지속적으로 목표치로 제기되었지만 실질적인 확충이 이루어지지 못했다. 오히려 2000년대 중반 민간보육시설의 숫자가 증가함으로써 보육 생태계에서 국공립시설 및 이용자 비중은 감소하였고 시설 및 이용자 비중에서 영향력도 제한적이다. 현재 문재인정부의 집권과 더불어 국공립보육 이용자 수 40% 충족을 목표로 국민연금기금을 사용하여 시설을 확충하고 보육교사 노동시장 공급구조를 바꾸는 사회서비스공단 설치 등이 계획됨으로써 전향적인 정책 노력이 시작되고 있다.

현금급여는 다른 나라에 비해 발전이 더뎠다. 2차 세계대전 이후 서구 복지국가에서는 아동을 키우는 가정의 양육에 대한 경제적 부담을 덜어 주기 위해 아동수당 제도가 도입되었지만 우리나라는 오랫동안 실시되지 못하였다(2018년 실시 예정). 김대중 정부 당시 아동수당과 보육서비스 도입 여부를 검토하였으나 두 제도를 동시에 도입하는 것은 재정적으로 부담이 있다는 정책적 판단하에 아동수당을 도입하지 못하였으며, 여성의 사회참여와 아동발달을 위한 보육서비스에 우선성이 부여되었다. 그러나 당시 아동수당은 가구의 추가소득으로서 여성의 경제활동에 부정적 효과를 미칠 것이라는 '소득효과' 논의가 지배적이어서 연기되기보다 폐기되었다고 할 수 있다. 이후 복지 전문가들과 시민단체들이 선진국에서 오랫동안 실시되고 있는 사회보장제도의 구조를 검토하여 아동빈곤을 방지하고 생애주기 소득안정이라는 목적에서 아동수당의 도입을 지지해 왔으나 성공하지 못했다(김수정, 2006; 김종해, 2006; 김진석, 2016).

2008년 보육서비스 공급을 줄이기 위한 목적으로 양육수당 도입이 논의될 당시 자녀가 있는 가구의 소득을 지원할 수 있는 현금급여의 필요성이 다시금 정책 테이블에 올려졌다. 아동수당과 양육수당의 목적이 명확히 다름에도 불구하고 현금급여라는 측면에서 양육수당이 아동수당의 성격을 띠는 것으로 간주되기도 했다. 결과적으로 보육서비스 미이용이라는 조건과 결합된 양육수당이 채택되고 아동수당 도입은 다시금 유보되었다. 2015년 전후 기본소득 논의가 본격화되면서 부분기본소득, 생애기본소득으로서 아동수당에 대한 관심도 다시 커졌고 대선을 앞둔 2016년 주요 대선후보들이 저출산 해법의 일환으로 아동수당 공약을 제시함으로써 아동수당 도입이 기정사실이 되었다.[23)]

23) 2017년 6월 기획재정부는 추가경정예산안에 0~5세 아동수당급여 2조 원을 편성함으로써 2018년부터 아동수당을 실시하기로 했다.

대표적인 일·가정양립 제도인 육아휴직은 2001년 모성보호3법 제정 시 유급화되었으며 20만 원 정액급여로 시작하여 10만 원씩 급여액이 확대되었다. 2011년부터 정률제가 도입되어 통상임금의 40%(상하한 100만 원/50만 원)를 보장하였지만 급여액의 일부(15%)를 직장복귀 후 6개월이 지난 후에 지급하는 사후지급분제도도 이때 시작되었다(2016년 25%로 확대). 2014년 남성의 참여를 독려하기 위해 두 번째 육아휴직자에 대해 최초 1개월 통상임금 100%(상한 150만 원)이 적용되고 이것이 한국형 '아빠의 달'로 자리 잡게 되었다.[24] 낮은 급여액은 고소득 대기업 여성 종사자의 이용률을 낮게 하고(김정호, 유경준, 2009; 김은지, 홍승아, 민현주, 성경, 2016) 남성노동자의 육아참여 역시 제한하고 있다.[25] 사후지급분 역시 과도하게 급여의 권리를 제한한다는 문제점을 갖고 있다.

요컨대 우리나라 가족지원은 일·가정양립정책 중에서도 보육서비스를 주축으로 하되 양육수당을 대체재로 결합하여 발전해왔고 보육비용 중심의 지원방식은 '무상보육'에서 정점에 도달했다. 반면 육아휴직에서 낮은 급여율은 이용에서 계급적, 젠더별 격차를 낳는 요인이 되고 있다(김은지 등, 2016).[26] 양육가구의 소득보장이라는 점에서 아동수당을 비롯한 보편주의 급여의 제도적 도입 및 유사급여의 정비의 과제를 안고 있다.

---

24) '아빠의 달'의 정책명칭은 육아휴직급여 특례로서 같은 자녀에 대해 부모가 순차적으로 육아휴직을 사용하는 경우 두 번째 사용한 사람의 육아휴직 급여의 소득대체율을 높여주는 제도이다. 2016년부터 두 번째 사용한 사람의 소득대체율 통상임금 100%(150만 원) 적용기간은 3개월로 확대되었으며, 아빠의 달 적용기간은 사후지급분이 적용되지 않는다. 2017년 7월 1일 이후 출생한 '둘째 이후 자녀'에 대해 아빠의 달은 상한액이 200만 원으로 인상되었다(고용보험 홈페이지 https://www.ei.go.kr/ei/eih/eg/pb/pbPersonBnef/retrievePb0302Info.do에서 2017. 10. 12. 인출).

25) 남성의 경우 육아휴직 사용 결정에서 낮은 급여에 따른 소득감소 문제(41.9%)가 가장 큰 문제라고 응답했다(이기훈, 2017). 육아휴직 이용과 관련하여서 가족 친화적 기업문화와 제도도 중요하다. 여기서는 육아휴직 프로그램 급여구조를 중심으로 논의한다.

26) 2017년 9월부터 육아휴직 급여가 증액되었다. 육아휴직 첫 3개월 동안의 육아휴직 급여가 2배로 인상되어 통상임금의 80%를 지급받게 된다(하한 70만 원, 상한 150만 원). 3개월 이후의 기간에 대한 급여는 종전과 동일하다.

## 2. 저출산 패러다임과 출산율의 관계

우리나라 가족지원정책은 1990년대 말 외환위기 이후 저출산 국면에서 '출산장려' 목적이 강조되면서 발전되어 왔다. 가족지원정책이 본격화된 2006년 이후 지난 10년간 정부는 저출산 사업으로 1차 96개 과제, 2차 95개 과제를 시행하고 저출산 예산 81조 원을 투입했다. 그럼에도 불구하고 여전히 초저출산 상황을 벗어나고 있지 못하고 있어 기존 제도의 효율성에 대한 회의가 나타나고 포괄적인 성찰의 필요성이 제기되고 있다(이주영, 2015).

가족지원의 '간판' 사업이라고 할 수 있는 보육이 추가출산 의사에 미치는 기존연구를 리뷰한 결과 서문희, 양미선, 강기숙(2016)은 그 영향이 미미하다고 주장했다. 출산결정 요인은 매우 다양하기 때문에 영유아기에 집중된 투자만으로는 저출산 문제를 해결하기 어렵다는 것이다. 이 연구는 돌봄지원의 1차적 목적은 아동발달과 보호자(특히 어머니)의 사회경제적 활동을 통한 가족의 삶의 질 증진에 있다는 점을 분명히 하면서 출산장려주의 자체를 추구하는 것에 대해 회의적이고 유보적인 입장을 취했다. 서문희, 이혜민(2014)의 보육실태 조사결과 역시 보육료와 유아교육비 지원은 추가출산 의사에 긍정적 영향을 미치지 못하는 것으로 나타났고 홍석철 등(2012), 김정호, 홍석철(2012)의 연구 역시 보육료 지원정책이 다자녀 출산 의사에 유의미한 영향을 미치지 못한다고 보고했다. 출산과 관련된 사회적 요인은 상호 연관되어 있어 역인과성(내생성) 문제와 누락변수 문제가 있을 수 있으나(이삼식 등, 2016), 그간의 출산율 성과를 분석한 많은 연구들이 보육과 출산의 관계를 비롯해 정부의 가족지원정책이 직접적이고 단기적으로 출산율을 증가시키는 효율적인 수단이 되지 못한다는 결론에 도달하고 있다.

한편, 여성주의자들은 출산장려를 강조하는 현재의 저출산 담론이 과거 가족계획사업이 발전주의와 성장주의 기치하에 여성의 몸을 도구화한 방식과 유사하며, 성평등보다는 '생산인구 규모'를 강조함으로써 성평등의 시계를 거꾸로 돌리는 측면이 있다고 비판한다(황정미, 2005; 배은경, 2010). 즉, 저출산의 원인은 가족주의적 재생산 구조와 성불평등 사회구조에 있으며, 노동시장과 돌봄에서 남녀 모두 평등하게 참여하고 분담하는 사회 제도적 장치를 정비하는 노력이 지속될 필요가 있다는 것이다.

출산력과 여성노동의 다중균형(multiple equilibrium)(Esping-Andersen & Billari, 2015), 즉 고출산 저취업, 저출산 저취업, 고출산 고취업사회로의 이행에 대해 고찰한 김영미, 계봉오(2015)는 이 장기적 이행과정에서 우리나라는 저출산·저취업 균형(low fertility-low employment equilibrium)이 장기화되는 국면에 있으며, 우리나라에서 여성의 취업, 고학력, 성평등적 가치관과 출산 사이에 부(否)의 상관관계가 지속되고 있다고 주장했다. 이들에 따르면 지난 25년 동안 성평등주의 태도와 취업이 출산율에 미치는 영향이 크게 변화하지 않은 상태이며, 노동시장과 사회문화적 규범에서 남녀 격차가 크고 일·가정양립, 젠더 평등의 미제도화가 지속되는 한 출산율이 증가하지 않을 것이라 전망하였다(계봉오, 김영미, 2016).

가족지원정책을 재구조화하는 데 있어서도 인구의 양적 관점에서 출산율 제고라는 목적을 우위에 두는 것이 아니라 양성평등과 아동발달을 지원하는 동시에 가족의 삶의 질을 높이는 것을 목표로 해야 한다는 점이 다시 한 번 강조될 필요가 있다.

## 3. 해외정책 비교: 스웨덴과 프랑스와 비교

우리나라는 가족지원 지출을 급속히 확대해 왔음에도 불구하고 OECD 기준으로 본다면 GDP 대비 공적 지출 규모가 여전히 낮은 수준이다. 또 서비스에 비해 현금 직접지출의 규모가 낮은 편이다. 가장 높은 지출규모를 보이는 영국의 경우 블레어의 신노동당 정부 이후 가족정책 지출을 증가시킨 효과가 크지만 서비스보다는 현금 의존도가 높다.[27] 덴마크, 스웨덴 등의 북구국가는 서비스 비중이 높고 소득공제나 세액공제와 같은 조세지출 지원을 하지 않고 보편적 현금지출로 통일하여 운영효율성을 기하고 있다.

가족지원정책이 발달한 스웨덴과 프랑스를 중심으로 가족지원의 구조를 살펴보자. 일·가정 양립과 양육기 소득안정의 측면에서 스웨덴과 프랑스는 두 개의 전형적 모델이다.[28] 스웨덴의 정책 우선성은 일·가정양립이며 프랑스는 1990년대 중반부터 보수정권이 장기집권하면서 현금급여가 축소되었지만 여전히 현금급여(조세 포함) 규모가 큰 국가이다.

27) 영국의 지출규모에는 근로빈곤층에 대한 지원이 포함되어 있어 지출규모가 상대적으로 크게 평가된 것으로 보인다.

28) 코르피(Korpi, 2000)는 가족지원의 유형을 이중부양자형, 전반적 가족지원형, 시장중심형으로 구분했는데 각각 전형적인 국가는 스웨덴, 프랑스, 미국이다.

〔그림 5-2〕 가족지원 유형별 공적 지출규모(2013년)

(단위: % of GDP)

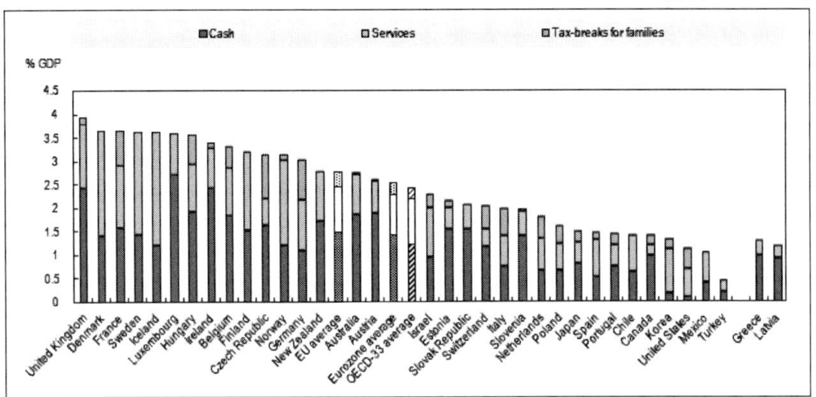


주: 폴란드와 그리스는 2012년.
자료: OECD family policy database. http://www.oecd.org/ els/soc/PF1_1_Public_spending_on_family_benefits.pdf에서 2017. 10. 12. 인출.

## 가. 스웨덴의 가족지원 구조

스웨덴은 일·가정 양립제도인 육아휴직과 보육서비스를 중심으로 가족지원을 실시하고 있다. 스웨덴은 출산휴가와 육아휴직을 통합 운영하고 부모보험을 통해 별도 관리하고 있다.[29] 육아휴직기간은 16개월(480일(공휴일 이용기간 제외))로 자녀가 12세가 될 때까지 사용할 수 있으며, 소득연계 16개월은 부모가 각각 240일(8개월씩)까지 사용할 수 있다. 이 중 3개월은 양도 불가능하며 기간할당방식의 '아빠의 달'을 실시하고 있다. 부모 각각의 휴가기간 240일은 195일(정률: 77.6%)+45일(정액: 일당 19유로)로 구성되어 있다. 따라서 여성이 정액기간의 급여에서 불리함을 피하고 이후 휴가이전 소득과 연동하는 급여산정 구조의 이점을 살리

29) 스웨덴의 출산휴가와 육아휴직제도는 Duvander, Haas & Hwang(2017)의 내용에 준해 정리했다(http://www.leavenetwork.org/fileadmin/Leavenetwork/Country_notes/2017/Sweden_2017_FINAL.pdf에서 2017. 10. 13. 인출).

고자 한다면 출산 후 초기 양육기간 약 1년(본인 195일+남편양도 150일 =345일)을 사용하는 것이 가장 유리하다.

우리나라와 달리 스웨덴 육아휴직은 사회보험에 소득기여를 하는 자영자나 근로자뿐 아니라 실업부모 역시 정액(일당 24유로 수준)으로 동일기간(480일) 지급받을 수 있다는 점에서 모든 부모에게 보편적으로 적용되는 특징이 있다. 또 육아휴직급여는 단체협상을 통해 급여가 조정되며, 일반적으로 고용주는 상한 한도 내에서 10% 정도 추가 지급하여 사실상 소득대체율이 평균 90%에 도달하는 관대성을 갖고 있다.30)

한부모가족일 때 480일(390+90일 구조 유지)을 모두 사용할 수 있다는 점에서 한부모가족의 초기 육아기 양육부담을 감소시키는 데에도 기여한다. 우리나라의 한부모가족은 본인이 사용할 수 있는 1년의 기간만 육아휴직을 사용할 수 있는데, 육아휴직 예외 규정으로 기간 연장을 검토할 필요가 있다(김은지 등, 2016).

스웨덴의 아동수당은 15세까지(학생일 경우 19세) 보편주의적 급여로 제공하고 있으며 급여액은 평균노동자임금의 3% 수준이다. 미취학아동의 경우 보육서비스와 중복 수급이 가능하고 아동의 권리로 부여되기 때문에 육아휴직급여와도 중복 가능하다.31)32)

양육수당은 도입과 폐지를 반복하고 있다(Ellingsaeter, 2012). 1994년 중도보수 정부에서 부모 '선택'을 지원하는 취지에서 도입되었으나 당해 사민당 집권에 의해 바로 폐지되었다. 2008년 다시 육아휴직기간 종

30) 근로자의 경우 소득산정의 기준이 되는 출산이나 입양 240일 이전 일당 24유로 이상의 소득활동을 하고 있어야 소득대체의 적용을 받는다(Duvander, Haas & Hwang, 2017).

31) http://www.oecd.org/els/soc/PF1_3_Family_Cash_Benefits_Jul2013.pdf에서 2017. 10. 13. 인출.

32) 2017년 1월 1일 현재 스웨덴 아동수당에 대한 자세한 내용은 Forsakringskassan(2017, Jan 1)의 내용에 준해 정리했다(https://www.forsakringskassan.se/wps/wcm/connect/07a63f80-05f7-4254-b294-71e9568f0999/4058_barnbidrag_flerbarnstillagg_eng.pdf?MOD=AJPERES에서 2017. 10. 13. 인출).

료 후 1~3세 아동에 대해 시설 미이용 조건 양육수당(vårdnadsbidrag)을 지자체 수준에서 (선택적으로) 도입하였다. 양육수당은 육아휴직급여, 실업급여나 기타 정부 사회보장제도와 중복 수급할 수 없도록 규정되어 있었다. 2016년 사민당 정부 집권에 의해 양육수당은 다시 폐지되었다.

스웨덴의 보육체계는 1~12세(0세 육아휴직기간 제외)까지의 다양한 서비스로 구성되어 있다. 영유아보육을 중심으로 살펴보면, 만 1~6세아를 위한 유치원(pre-school), 여가활동센터, 가정보육, 유아학교(6세)가 있다. 보육서비스의 중심은 유치원이며 6세 이하 아동의 70%이상이 서비스를 이용하고 있다. 또 우리나라의 아이돌보미 제도와 유사한 시장화된 가정보육 제도가 있지만 서비스 이용률은 전체 아동의 2% 수준으로 낮은 편이다(최윤경, 김윤환, 이혜민, 2015; 백선정, 2016).

보육료는 소득수준에 따라 차등화된 부모부담분이 있으며 상한이 적용된다. Maxtaxa라고 불리는 부모부담 상한제는 가구소득의 3% 이내로 부과되며 전체 보육비용의 약 10~15% 수준을 유지하고 있다(최윤경 등, 2015, p. 6).[33] 지자체는 보육비용의 80~90%를 부담하여 공급에서도 80~90%를 지자체 등의 공립시설이 맡고 있다.[34] 스웨덴의 보육서비스는 지자체의 책임하에 공립기관 중심으로, 일하는 여성의 돌봄 욕구를 우선 보장하는 방식으로 확대되어 왔다. 국공립의 비율이 낮고 저소득층에서 고소득층으로 점차 비용 중심의 지원을 확대해 온 우리나라와 보육전략에서 차이가 있다.

33) 스웨덴의 아동수당 급여액 수준도 AW(average worker)소득의 3%라는 점을 고려할 때 평균노동자 가족이라면 영유아기에 아동수당으로 보육비용을 변제할 수 있다.

34) 등록아 기준 공립기관 비율은 유치원이 80.1%이고 여가활동센터는 88.7%로 매우 높다. 사립시설의 대부분이 부모협동, 단체, 직업협동 등 비영리적 성격을 띠고 있다(최윤경 등, 2015, p. 3).

[그림 5-3] 스웨덴 양육지원정책 현황

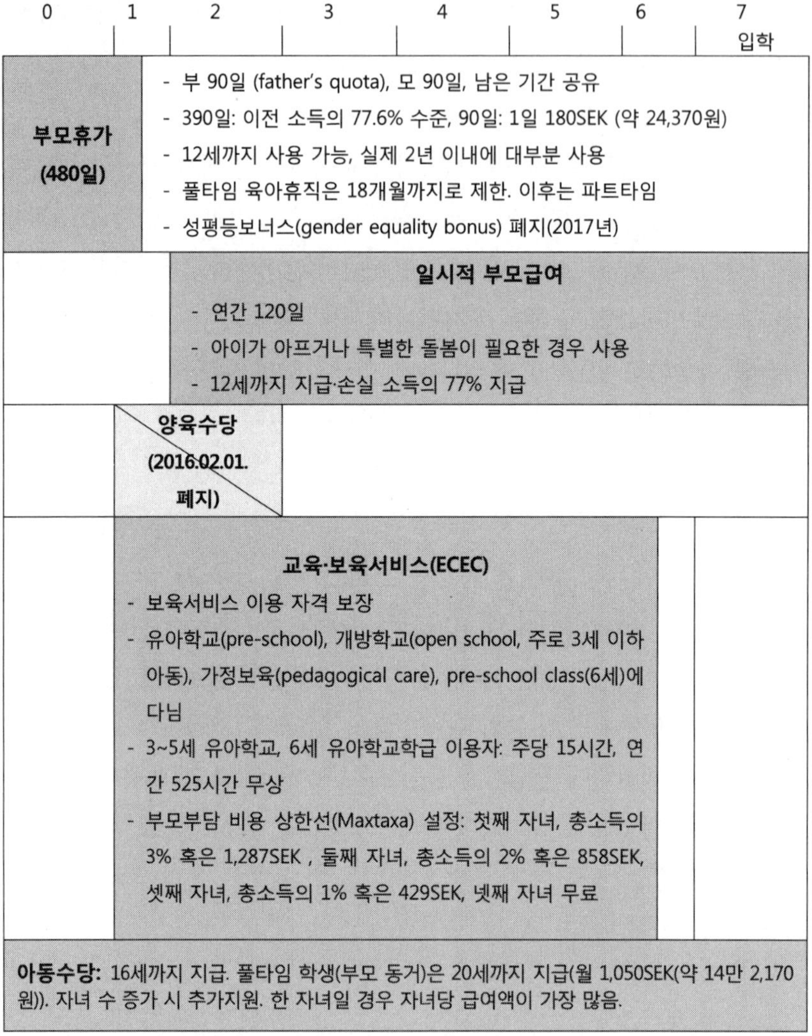

주: SEK는 스웨덴 화폐단위 크로나이며, 2017년 9월 19일 기준 1 SEK = 142.17원임. 음영부분은 각 급여가 지급되는 연령구간을 표기한 것임.

자료: 김인경, 정선아, 조부경, 김영미, 이지은(2015), p. 155 〈그림 2-27〉, 2017년 제도 및 급여액 수준은 Duvander, Haas & Hwang(2017)을 반영해 수정함.

## 나. 프랑스의 가족지원 구조

프랑스는 다양한 형태의 가족현금급여가 발전한 나라이다. 먼저, 가족수당은 둘째 자녀(19세 이하)부터 지급하고 급여액은 평균노동자(AW)임금의 2% 수준이다.[35] 자산조사의 적용을 받지 않는다는 점에서는 보편적이지만 첫째 자녀를 제외하고 둘째 자녀부터 지급하고 있다는 점에서 출산장려주의로 시작된 가족지원정책의 경로의존성이 나타난다. 프랑스가 현금급여 중심인 것은 가족수당 이외에도 자녀가 있는 가족을 지원하는 다양한 수당(그림 5-4 참조)이 있고 부양가족의 수를 고려한 세금공제 제도(familal quotient)를 통해 추가적인 지원이 제공되고 있기 때문이다.

프랑스의 보육제도는 연령에 따라 이원화되어 있는데 2~3세에서 6세 아동이 다니는 유치원(école maternelle)과 3세 미만 아동이 다니는 어린이집(creché)이 대표적이다. 유치원은 대부분의 아동들이 다니고 있으며 무상교육으로 실시되고 있다. 3세 미만의 아동은 공식화된(formal) 보육시설(creché)을 다니는 비율이 48.7%이며 가정보육사 및 부모보육 등 비공식 보육비율이 높은 편이다. 시설보육을 할 경우 부모부담은 약 27%이며 이는 평균가구소득의 약 10%이다(Naumann, McLean, Kolowski, Tisdall & Lloyd, 2013).

35) http://www.oecd.org/els/soc/PF1_3_Family_Cash_Benefits_Jul2013.pdf에서 2017. 10. 13. 인출.

〔그림 5-4〕 프랑스 양육지원정책 현황

| 구분 | 내용 (연령 0~7세) |
| --- | --- |
| 0 1 2 3 4 5 6 7 | |
| 출산휴가 | - 출산휴가 16주(소득 100%, 상한선 월 €3,129(약 392만 4,140원))<br>- 부성휴가 11 노동일(2주)<br>입학 |
| 육아휴직<br>(급여수준 낮음) | - 자녀 1명은 부모 각각 6개월(출산 전 2년 근속조건), 2명부터 부모 각각 24개월 3세가 될 때까지(출산 전 1년 이상 근속조건) 월 €392.48(약 49만 2,220원), 파트타임 근무와 감액 수당 결합 가능<br>- 3명 이상 대가족은 위와 같이 받거나 1년 동안 €641.53(약 80만 4,560원) 수급 선택 가능 |
| 가정대리양육<br>(양육수당) | - 3세 미만 아동을 돌보는 사람에게 지급하는 비용 지원, 가구소득에 따라 차등 지원(등록아이돌보미) |
| 보육교육서비스 | - **어린이집(creché)**<br>- (소득수준에 따른 차등 지원) 약 48.7% 보육률 |
| 보육교육서비스 | - 3세부터 6세까지 보편적 교육권리 부여(자리가 있다면 2세도 가능) **유아학교(école maternelle)**가 주된 형태이고, 주당 24시간에 대해 무상지원 |
| 아동수당(child benefit) | - 자녀의 월소득이 €893.25(약 112만 240원) 초과하지 않는 한, 20세가 될 때까지 지급하며, 2명 이상의 자녀가 있는 가정에 지급함<br>- 월별 지원금액은 2명 €129.99(약 16만 3,020원), 3명 €296.53(약 37만 1,880원), 1명 추가마다 €166.55(약 20만 8,870원) 추가. 3~21세 자녀가 3명 이상인 경우 자산조사를 통해 추가급여(€169.19(약 21만 2,180원)) 제공 |
| 기타 다양한 가족수당들 | - 가족주택수당(family housing allowance), 이주수당(moving allowance)<br>- 장애아동교육수당(education allowance for a disabled child), 질병이나 장애가 있는 아동을 돌보기 위한 수당(daily parental attendance allowance) |

주: 프랑스 화폐 단위는 €(유로)이며, 2017년 9월 19일 기준 1Euro = 1,355.58원임. 음영 부분은 각 급여가 지급되는 연령구간을 표기한 것임.

자료: 김인경 등(2015), 〈그림 2-29〉, 2017년 제도 및 급여액 수준은 Boyer & Fagnani(2017)를 반영해 수정함(http://www.leavenetwork.org/fileadmin/Leavenetwork/Country_notes/2017/France.FINAL.10may2017.pdf에서 2017. 9. 30. 인출).

프랑스의 육아휴직제도는 우리나라와 비교했을 때 기간은 짧고 급여액도 높지 않다. 2014년 8월 제정된 남녀평등법의 결과 도입된 PreParE (Prestation partagee d'education de l'enfant: 2016년부터 실시)는 여성의 노동시장 퇴장과 결부되었던 과거의 육아휴직제도(complement de livre choix d'activite와 complemen optionnel de libre choix d'activite)를 대체해 젠더 평등성을 강화했다. 첫째 자녀의 경우 부모 각각 6개월씩 12개월을 사용할 수 있으며 양도 불가능하고. 둘째 자녀의 경우 최장 3년으로 부모가 24+12개월로 나누어 사용할 수 있고 역시 양도 불가능하다.

3세부터 보편적 유아학교가 시작되기 때문에 육아휴직 사용기간은 3세 이전으로 한정되어 있으며 육아휴직은 해당기간 동안 원칙적으로 보육서비스와 중복 불가능하다. 육아휴직의 대부분은 여성들이 사용하고 있다(2016년 12월 현재 남성사용 비율은 4.4%).[36]

육아휴직의 급여액 수준은 높지 않고(최대급여 세 자녀 월 638.69유로) 근로 여부, 파트타임 여부, 소득수준, 자녀 수에 따라 차등화되어 있다. 저소득층이 일을 완전히 중단하고 자녀 수가 많을 때 가장 높은 급여를 받으며, 고소득층이면서 전일제 기준 50~80% 시간제 노동을 할 경우 가장 적은 급여를 받는다.

프랑스는 1990년대 중반 이후 우파정권이 장기 집권하면서 "자유선택"(libre choix)의 논리하에 양육수당을 지급해 가정보육사(보모)의 고용을 장려하였다(신윤정, 2009). 이 제도는 보육시장을 창출하고 2세 이하 영유아를 둔 가족이 개별화된 보육을 구매하여 사용할 수 있도록 하는 제도로 우리나라의 양육수당과는 차이가 있다. 프랑스의 경우 3~5세에

36) 2017년 4월 현재 프랑스의 육아휴직제도에 대한 정보 및 관련 수치는 Boyer & Fagnani(2017)의 내용에 준해 정리했다.

는 유치원 교육이 보편적으로 실시되고 0~2세 보육도 공립보육시설이 공급의 절반 정도를 차지하고 있기 때문에 양육수당이 여성고용을 감소시켜 남성생계부양 모델로 회귀하게 하는 영향은 적다.

### 다. 한국의 가족지원구조

우리나라의 가족지원은 현금급여가 미발달해 있고 보육서비스 중심이라는 점에서 프랑스보다는 스웨덴 모델을 지향하고 있다. 그러나 육아휴직을 별도의 부모보험 방식으로 추진하는 스웨덴과 제도적 구조가 다르다. 따라서 이용자는 고용보험 가입자로 제한되어 있다. 기간할당 방식의 스웨덴식 아빠의 달도 개인권리를 바탕으로 하는 우리나라 육아휴직제도에 직접 적용하기 어렵다. 우리나라 육아휴직은 급여액 산정 기준이 별도로 존재하지 않고 실업급여의 소득대체율보다 낮다. 급여액 수준에서는 육아휴직급여의 소득대체율이 높고 실업급여와 동일한 수준에서 보상하는 스웨덴 육아휴직제도를 참조할 필요가 있다.

가족지원에서 가장 큰 차이는 보육서비스의 지배적 공급자가 민간이라는 점이다. 스웨덴과 프랑스는 민간의존률이 낮고 공보육률이 높다. 보육서비스의 공공성을 높이기 위해 민간시설에 대한 평가인증을 강화하고 국공립시설을 확충해 나갈 필요가 있다.

프랑스와 영국 모두 양육수당은 영아로 제한되어 있는 것과 비교할 때 우리나라 0~5세 양육수당은 기간의 측면에서 과도하다. 또 양국 모두 양육수당은 모성고용이 높은 수준에서 시장화 전략을 결합한 것인 데 반해 우리나라는 초기 양육기 여성의 노동시장 참여가 낮다는 점에서 양육수당의 젠더 효과에 대한 우려가 있으며(송다영, 2009; 최은영, 2010; 홍승아, 2011) 폐지, 전환이 모색되고 있다.

[그림 5-5] 한국 양육지원정책 현황(2017년 9월 현재)

0세 1 2 3 4 5 6 7세

<table>
<tr><td>출산휴가</td><td colspan="2">- 90일의 출산전후 휴가 지원(산후 45일), 급여수준: 통상임금(상한 월 135만 원, 하한 최저임금), 배우자 출산휴가는 3일(유급휴가) 이상 5일 이내</td><td>입학</td></tr>
<tr><td>육아휴직</td><td>육아휴직<br>(두번째 사용자)</td><td colspan="2">- 만 8세 이하 또는 초등학교 2학년 이하 자녀양육 휴직<br>- 고용보험 가입 부모 개인당 1년의 급여권리, 급여수준: 통상임금의 40%(상하한 월100만/50만 원) 첫 3개월은 80%(150만/70만 원) 소득대체, 사후지급분(25%), 두번째 육아휴직자 최초 3개월('아빠의 달') 급여를 통상임금 100%(월 200만 원 상한) 2017년 7월 실시.</td></tr>
<tr><td colspan="3">가정양육수당</td><td>어린이집 미이용 시 전 계층, 0세: 20만 원, 1세: 15만 원, 2~5세: 10만 원, 농어촌, 장애아동 양육수당</td></tr>
<tr><td colspan="3">'무상보육'(어린이집, 유치원)</td><td>전 계층 0~2세 보육료 지원 만0~2세는 종일반(12시간 이용비용 지원)/맞춤반(6시간 이용비용+월 15시간 긴급보육 바우처 비용지원) 구분(2016년 7월부터 시행)<br>만 3~5세 누리공통과정 지원금액: 월~금 1일 4~5시간 기준 국공립은 6만 원, 사립은 22만 원 지원</td></tr>
<tr><td colspan="3">아동수당(child benefit)</td><td>0~5세 전 계층 10만 원, 2018년 도입 예정</td></tr>
<tr><td colspan="4">아이돌보미지원(이용인원 적음): 종일제(3~24개월 영아),<br>시간제(3개월~12세 아동)</td></tr>
</table>

## 제3절 재구조화를 위한 쟁점 및 방안

### 1. 출산휴가

#### 가. 이용보편성

산후 45일, 총 휴가기간 90일, 통상임금 100% 대체(상한 150만 원)의 우리나라 출산전후 휴가는 기간 및 급여 관대성에서 OECD 평균수준이다. 1990년대까지 근로기준법에 의해 기업주가 재원을 부담했으나(60일) 2001년 모성보호3법(근로기준법, 남녀고용평등법, 고용보험법) 제정 시 휴가기간을 90일로 늘리면서 추가된 30일에 대해서는 고용보험을 통해 재원을 충당하고 있다. 휴가기간을 30일 추가하는 과정에서 고용보험 재원 충당이 확정되었고 이후 고용주 비용부담이 여의치 않은 우선 지원 대상 기업에 대해 고용보험에서 90일 전액을 지원하는 정책이 도입되어 있어 사각지대 보완책도 일정 정도 마련된 상황이다.

고용보험 지원을 받기 위해서는 고용보험 180일 이상 가입기간을 충족해야 하기 때문에 건강보험을 통해 지원되는 국가들에 비해서는 이용률이 낮다. 〔그림 5-6〕은 2002년 이후 출산한 근로자 수, 출산휴가 및 육아휴직 이용자 수의 변화를 보여준다. 출산휴가자 수는 꾸준히 증가해 출산한 여성근로자(직장가입 건보 분만급여자) 수와 격차가 좁혀지고 있지만 10%의 구조적인 사각지대(출산퇴직 또는 휴가 미사용 노동자)가 상존하고 있다. 이 때문에 고용보험 가입상태나 근로 이력에 얽매이지 않고 현재 근로자와 미래 근로자의 일·가정양립을 지원하기 위해 제도를 적용하는 보편성을 확대해야 한다는 주장도 제기되고 있다(김영미, 2013; 윤자영, 2016a).

하지만 건강보험은 질병기간 동안 소득을 보장하는 상병급여(sickness benefit)가 없기 때문에 현재의 보험구조에서 건강보험을 적용해 접근성을 확대하기는 어렵다. 노동시장에서 비정규직의 정규직화를 통한 고용보험 접근성을 높이는 것과 더불어 고용보험 사각지대에 적용을 확대해가는 점진적 제도 개선이 필요하다.

［그림 5-6］ 출산휴가, 육아휴직 사용자 추이(2002~2014년)

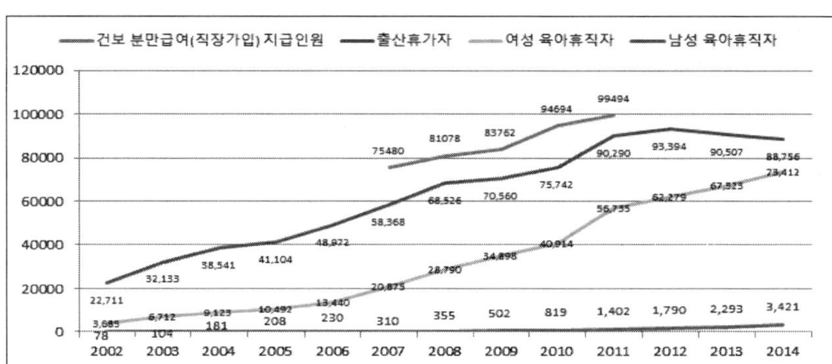


자료: 1) 김영미. (2016). 한국 일·가정양립지원정책의 방향과 정책개선과제, 사회보장제도 장기정책방향 연구모임 발표자료.
2) 한국고용정보원. 고용보험통계.
3) 건강보험(직장가입) 지급 현황은 은수미 의원 국감보도자료[37] 참고.

## 나. 급여적절성

2016년 현재 출산휴가의 급여액 수준은 통상임금 100%이지만 상하한(고용보험 지급 상한 135만 원, 하한 최저임금)이 적용됨으로써 실제 평균급여대체율은 80% 수준이다. 다른 나라와 비교했을 때 소득대체율 67%인 일본보다 높지만 100%를 보장하는 독일, 네덜란드, 오스트리아

37) 은수미. (2012. 10. 10.). 여성노동자 모성권 보호에 대규모 사각지대 존재. 은수미 의원실 보도자료.

보다 낮다(그림 5-7 참조).[38] 평균임금을 적용하고 상하한액을 높이는 등 급여적절성을 제고하는 방법을 모색할 필요가 있다.

〔그림 5-7〕 출산휴가 실소득대체율(payment rate)(2014년)

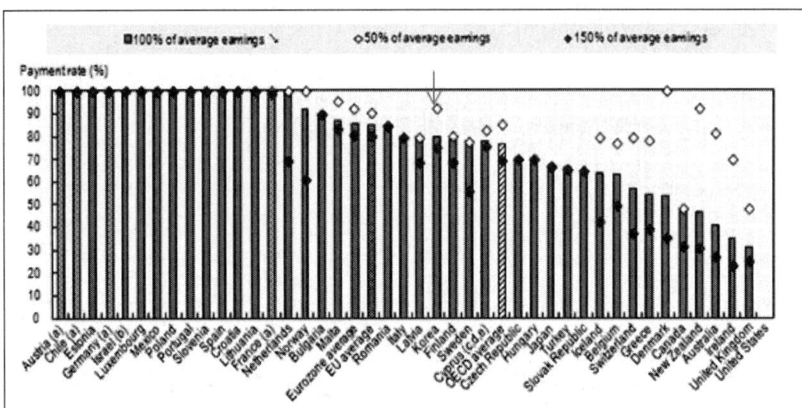


자료: OECD family policy database, Chart PF2.4.A. Maternity Leave Payment Rate, 2014 에서 2017. 9. 30. 인출.

## 2. 육아휴직

### 가. 이용보편성

육아휴직 급여자는 고용보험 180일 이상 가입자에 한정되어 있고 기업문화의 가족친화성이 낮고 소득대체율이 낮음으로써 민간부문 노동자의 육아휴직 이용률이 낮다. 박종서(2016, p. 27)에 따르면 2011~2015년 첫째아 출산을 전후해 6개월간 취업했던 기혼여성의 육아휴직 이용률은 41%이며, 공공부문 종사자가 높은 이용률을 보인 반면(공무원, 국공

38) 소득대체율 100%를 적용하더라도 정액/정률제 여부, 정률제의 경우 지급 상하한액이 있을 경우 실지급률(payment rate)이 달라진다.

립교사 75.0%, 정부투자출연기관 66.7%), 민간부문은 저조한 이용률(34.5%)을 보였다. 특히, 중소기업의 경우 인력 대체가 어렵고 여성노동자의 고용안정성이 낮은 등 사용률이 저조한 구조적 문제도 상존하고 있다(고용노동부 보도자료, 2016. 6. 24.).

또, 육아휴직 이용자의 90%[39]가 여성에게 집중되어 있어 성별 이용자의 쏠림 현상도 심각해 남성의 참여와 관련된 제도적 보완책이 필수적이다. 우리나라에서 소위 '아빠의 달'(언론 표현)은 2014년 10월 도입(1개월)되어 2016년 1월 이후 3개월로 확대 실시되고 있다. 부모가 차례로 육아휴직을 사용할 경우 두 번째 사용자(대부분 아빠)의 첫 3개월은 통상임금 100%(상한 150만 원)를 지급한다.

육아휴직급여가 개인이 아니라 가족 단위로 부여되는 나라의 경우 '기간방식'(할당 혹은 인센티브)을 통해 '아빠의 달'을 별도로 설정하지만 우리나라는 육아휴직이 개인 단위로 1년씩 부여되기 때문에 기간방식은 인센티브로 작동하기 어렵다. 우리나라는 인센티브를 통해 남성의 육아휴직 사용을 유도하고 있는데 급여액 인상은 아버지의 양육 참여를 촉진하는 약한 유인이며 '이용 여부'에 영향을 미치는 데 한계가 있다. 아빠의 달은 여전히 예외적 개인의 선택으로 남아 있기 때문에 조직문화 개선 및 기업수준에서 참여를 독려하고 보상하는 것이 필요하다.

## 나. 급여적절성

육아휴직은 개인 단위(individual entitlement)로 휴가의 권리가 부

39) 2016년 현재 고용보험 DB에 따르면 육아휴직 이용자의 91.5%가 여성인 것으로 나타난다. 남성 사용자가 증가하고 있지만 여성 이용자가 압도적인 다수를 차지한다(e-나라지표, 출산 및 육아휴직 현황, http://www.index.go.kr/potal/main/ EachDtlPageDetail .do?idx_cd=1504에서 2016. 10. 12. 인출).

여되며 휴가기간은 1년이다. 공무원 및 교원의 경우 국가공무원법, 지방공무원법, 교육공무원법, 사립학교교원법 등에 의해 3년 기간을 보장하고 있으며[40] 1년 이용 후 연장 이용자 수가 많다. 2016년 현재 지방공무원 중 육아휴직자는 전체 1만 1,767명으로 최초이용은 7,631명, 연장이용은 4,136명으로 연장이용자가 30% 수준이며, 연장이용자의 대부분이 여성이다(4,029명)(행정안전부, 2016, p. 178).

공무원의 육아휴직 보장 기간이 길기 때문에 민간에서도 공무원과 동일하게 사용기간을 3년으로 확대해야 한다는 의견이 있다.[41] 직업안정성이 보장된 공무원의 경우라 할지라도 기술변동이 빠른 시기에 3년의 휴직은 경력 형성에 차질을 낳고 숙련 마모를 낳을 수 있다. 또 장기육아휴직자는 여성의 비율이 압도적으로 높기 때문에 인사고과 및 승진에서 불리해짐으로써 노동시장에서 성별 수직적 분리, 즉 유리천장(glass ceiling)을 지속시킬 우려도 있다. 육아휴직기간을 확대하기보다는 육아휴직 이외의 가족휴가 등의 방식을 보완해 사회적으로 정착시켜가는 것이 더 바람직한 것으로 보인다.

적절한 육아휴직기간은 사회의 자녀양육규범과 보육과 관련된 사회적 인프라의 함수이다. 일각에서는 부모와의 애착성을 위해 2세(24개월)가 될 때까지 부모 혹은 집에서 돌보는 것이 애착 형성에 바람직하다는 주장도 있다(유해미, 김아름, 김진미, 2015). 그러나 초기 양육기의 부모 역할을 강조하는 것은 현재 노동시장 구조와 가족 내 성별 분업을 고려했을 때 여성의 장기휴직으로 이어지고, 남성의 육아참여에 대한 전향적인 조

40) 2015년부터 남녀 공무원 모두 자녀 1인당 3년의 육아휴직을 사용할 수 있도록 되었다. 여성교사에게만 3년 육아휴직이 보장되었으나 2008년 여성공무원으로 확대했고 2014년 남성공무원으로 확대되었다.

41) 이 안은 19대 대선과정 유승민 후보 캠프에서 주로 제기되었다(윤형중, 2017). 자유한국당 정갑윤 의원도 민간기업 여성근로자 육아휴직 기간을 3년으로 확대하는 법안을 상정하였다(이상문, 2017).

치가 없는 한 부정적인 젠더 효과를 낳을 것이다. 보육선진국의 경우에도 1년 혹은 18개월이면 아동의 사회성 형성 및 인지발달을 위해 보육서비스가 필요하다고 판단하는 경우가 다수이다. 육아휴직기간은 스웨덴 18개월, 독일은 3년에서 최근 1년으로 축소되었으며 프랑스의 경우도 첫째 자녀는 6개월, 둘째 자녀부터 3년이 적용되고 있다는 점에서 육아휴직 기간과 관련된 국제적 동향과 기준을 고려할 필요도 있다.

육아휴직급여는 2011년 정액제에서 정률제로 전환되면서 관대성(generosity)이 일정 정도 증가했다. 그러나 〔그림 5-8〕에서 보이듯이 현행 소득대체율 40%와 급여상하한선(50만~100만 원)은 국제적인 기준에 비추어 보아 낮은 수준이므로 육아휴직제도를 실효성 있는 제도로 정착시키기 위해서는 급여수준을 높이는 개혁이 필수적이다.

〔그림 5-8〕 육아휴직 실소득대체율(payment rate)(2016년)

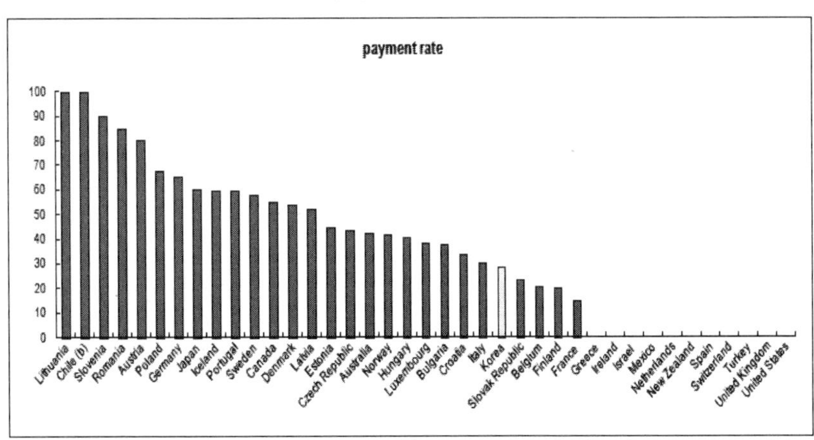


자료: OECD family policy database. https://www.oecd.org/els/soc/PF2_1_Parental_leave_systems.pdf에서 2017. 10. 12. 인출.

영유아 자녀가 있는 노동자들이 자녀를 직접 양육할 수 있도록 시간을 제공하고 이 시기 소득보전을 목적으로 하는 것이 육아휴직의 목표이므로 그에 합당한 소득대체가 필요하다. 현행 실업급여의 소득대체율은 평균임금의 50%인데 육아휴직의 소득대체율은 통상임금의 40%로 낮게 책정되어 있다. 고용보험에서 육아휴직과 실업급여를 지출하는 일본의 경우 동일한 소득대체율을 적용하는데, 형평성에 맞도록 실업급여 소득대체율 수준으로 급여대체율을 조정하는 데서 시작해 급여율을 단계적으로 확대해갈 필요가 있다.

육아휴직기간 급여적절성을 제약하는 주요 제도적 요인은 사후지급분이다. 사후지급은 육아휴직기간 급여의 일부를 지급 감액하고(고용보험 시행령 제98조) 휴직종료 직장복귀 6개월이 지난 후에 일괄 지급하도록 하는 제도이다. 휴가기간 동안 근로자의 급여는 실제 급여의 75%에 불과하고 복귀 후 6개월이 지나 (휴가급여의 25%*휴가기간) 금액을 사후지급 받는다.

정한나, 윤정혜, 최숙희(2016)에 따르면 육아휴직 복귀율은 2008년 이후 증가하는 추이를 보이고 있는데, 사후지급분 제도가 도입된 2011년 이후 2012년과 2013년 모두 복귀율 증가폭이 커졌다고 보고했다(2016년부터 육아휴직 사후지급분이 15%→25%로 증가함). 그러나 이 자료는 육아휴직 종료 후 1주일 이내 동일 직장에 복귀한 비중을 기준으로 한 것으로, 사후지급분이 복귀 6개월 이후 지급된다는 점에서 이 시점을 기준으로 다시 측정할 필요가 있으며 사후지급분과 정률제가 동시에 실시되었다는 점에서 교란 효과에도 유의할 필요가 있다. 윤자영(2016a)에 의하면 2011년 제도변경 이후 육아휴직 사용자가 약간 증가했지만 다시 답보상태에 있는 것으로 보고했다. 육아휴직 이용률과 더불어 복귀율 역시 사업체 규모가 클수록 높은 경향이 있다. 1000인 이상 사업체의 경우 육아휴직 사용자의 81.9%가 복귀한 것으로 나타난 반면, 10인 미만 업체의 경우 69.3%가 복귀했다. 이 수치는 복귀율이 노동자의 '선호'보다 직업안정성 등 노동시장에서의 위치에 의해 결정되는 경향이 있음을 보여준다.

사후지급분 제도는 2011년 도입 당시 일본의 제도를 벤치마킹한 것으로 나타나고 있지만 현재 일본은 이 제도를 폐지한 상태이다. 또, 일본의 사후지급분은 육아휴직 급여를 증가시키면서 증가분을 사후지급하는 인센티브 형태를 띠었지만 우리나라는 기존 급여에서 일정부분을 지급유예하는 페널티 방식으로 실시되었다. 사후지급분 제도는 다른 나라에서는 실시하지 않고 있고 현실적으로는 휴가기간 생활수준의 하락을 낳으며 급여수령을 조건화함으로써 사회권을 제약하기 때문에 폐지를 검토할 필요가 있으며 고용복귀와 관련된 인센티브 제도를 새로이 모색할 필요가 있다.

### 다. 재원

육아휴직의 이용범위와 급여수준을 높이는 것은 재원부담을 증가시킨다. 육아휴직 재원은 고용보험과 일반조세에서 충당되고, 고용보험법상 실업급여의 모성보호계정에서 지급되고 있다. 구직급여 중 모성보호 급여의 비중은 2002년 3.3%, 2010년 10.6%, 2017년 19.2%로 꾸준히 증가하고 있고 앞으로도 증가 추세가 이어질 전망이다(그림 5-9 참조).

육아휴직 급여가 실업급여계좌에서 지급된 이유는 저출산 문제를 일·가정 양립을 통해 완화할 수 있고 따라서 고용연관적 성격이 강한 고용보험에서 지급하는 것이 바람직하다는 판단에서였다. 그러나 고용보험 편입의 가장 큰 이유는 2001년 당시 실업급여계정이 지속적 흑자여서 건강보험보다 상대적으로 재원이 풍부했기 때문이다(김성은, 이진우, 2010, pp. 59-60; 김성권, 2017, p. 17; 김은지 등, 2016).

최근 모성보호급여가 큰 폭으로 증가하면서 고용보험기금의 실업급여계정 적립금이 줄어 법정적립배율(1.5~2배)을 충족하지 못하면서 모성보호계정을 고용보험 내에서 실업급여를 인상, 일반조세 충당비율의 인상, 건강보험 혹은 별도의 보험(부모보험)으로 분리하자는 제안이 고려되고 있다.

〔그림 5-9〕 모성보호급여 지출비율과 일반회계 충당비율 추이

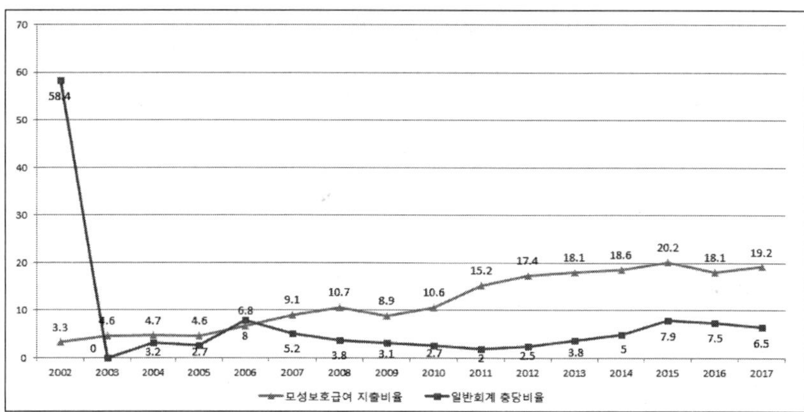


자료: 고용노동부. (2016c). 고용노동부 내부 자료.

출산휴가와 육아휴직급여의 재원은 우리나라, 캐나다, 일본은 고용보험에서 지출하고 프랑스, 스웨덴은 독립된 사회보험 기금으로 운영, 덴마크 노르웨이는 조세에서 충당하는 등 차이가 있다(표 5-2 참조).

별도의 사회보험으로 분리하는 것과 관련하여 모성보호는 사회보험이 커버하고 있는 다른 위험군과 다르다는 점을 고려할 필요가 있다. 자녀의 출산 및 양육은 '개인이 선택할 수 있는' 위험이기 때문에 원칙적으로 위험 자체를 개인이 선택할 수 없도록 하는 사회보험의 원칙에 위배된다는 주장도 제기되고 있다(김성권, 2017). 또 별도의 사회보험이 자녀가 없거나 독신가구에 대해서는 사실상의 싱글세로 작동할 위험도 있어 분리에 신중할 필요가 있다.

스웨덴의 부모보험은 별도의 목적세나 사회보험료 형태로 징수되지 않

고 고용주가 사회보장 목적으로 납부하는 총 보험료에서 일부를 할당하는 방식을 채택하고 있다. 또, 재원에 따라서 커버하고 있는 대상도 다르다는 점에서 정책목적, 포괄범위, 재정안정성을 고려한 대안적 방식에 대한 논의가 필요하다.

〈표 5-2〉 주요국가 모성보호급여 비용 부담 현황

| 구분 | 출산휴가 | | 육아휴직 | |
|---|---|---|---|---|
| | 대상 | 재원 | 대상 | 재원 |
| 스웨덴 | 모든 여성 | 부모보험 | 모든 부모 | 부모보험 |
| 영국 | 임금노동자 | 사회보험+조세 | 임금노동자 | 무급 |
| 덴마크 | 모든 여성 | 조세 | 모든 부모 | 조세 |
| 벨기에 | 임금노동자 | 건강보험+조세 | 임금노동자 | 건강보험+조세 |
| 캐나다 | 임금노동자 | 고용보험 | 임금노동자 | 고용보험 |
| 핀란드 | 임금노동자 | 건강보험+조세 | 임금노동자 | 건강보험 |
| 프랑스 | 모든 부모 | 건강보험 | 모든 부모 | 가족수당기금 (고용주 기여) |
| 독일 | 임금노동자 | 고용주+건강보험 | 임금노동자 | 조세 |
| 일본 | 임금노동자 | 건강보험 | 임금노동자 | 고용보험 |
| 노르웨이 | 임금노동자 | 조세/단체협약 | 임금노동자 | 조세 |
| 한국 | 임금노동자 | 고용주+고용보험 | 임금노동자 | 고용보험 |

자료: 김혜원(2014), 이데올로기적 다양성에 따른 기본소득의 정책 특성에 관한 연구, 〈표 5〉를 www.leavenetwork.org의 2016년 내용에 기반을 두고 수정.

## 3. 보육서비스와 양육수당

### 가. 이용보편성

2004년 보편주의 보육서비스가 실시된 이래 보육서비스 이용자는 크게 늘어났다. 이용자 확대에는 세 가지 계기가 주효했다. 첫째, 2000년대 중반 노무현 정부 시기 차등보육료, 기관보조금 형태로 보육서비스에 대한 국가 지원이 대폭 증가함으로써 이용자가 증가했다. 둘째, 이명박 정부 시기 0~2세를 대상으로 소득수준에 상관없이 보육서비스를 이용할 수 있도록 하는 무상보육이 실시되면서 보육아동이 증가했다. 셋째, 2013년 박근혜 정부 집권과 더불어 3~5세에게도 무상보육이 적용됨으로써 다시금 이용자가 증가하였다(그림 5-10 참조). 세 번의 확충 계기가 있어 보육 이용자가 크게 증가하였고 이용률 수준에서는 국제수준을 상회한다. 최근 들어 저출산으로 인해 영유아 아동 수가 감소하고 양육수당이 보육서비스의 대체재 역할을 함으로써 증가세가 둔화되었다.

〔그림 5-10〕 보육(어린이집, 유치원) 이용 아동 수

(단위: 천 명)

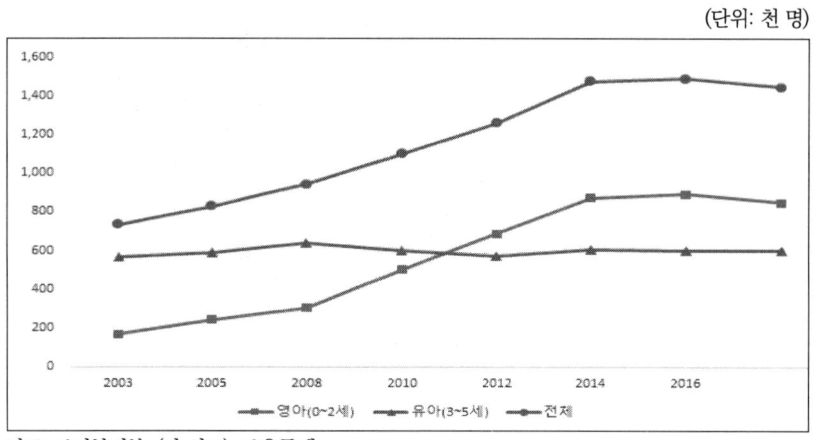


자료: 보건복지부. (각 연도). 보육통계.

우리나라 연령별 보육률은 보육서비스가 발전한 북구국가에 비추어도 뒤떨어지지 않는다. 0세 보육률은 가장 높고, 1세 보육률도 핀란드, 스웨덴보다 높아 영아 보육률이 높은 편이다.

〈표 5-3〉 연령별 보육률

(단위: %)

| 구분 | 덴마크 | 핀란드 | 아이슬란드 | 노르웨이 | 스웨덴 | 한국 |
|---|---|---|---|---|---|---|
| 0세 | 19 | 1 | 6 | 4 | 0 | 32 |
| 1세 | 89 | 29 | 74 | 69 | 51 | 70 |
| 2세 | 92 | 52 | 95 | 70 | 92 | 95 |
| 3세 | 97 | 68 | 96 | 97 | 96 | 87 |
| 4세 | 96 | 74 | 97 | 99 | 98 | 90 |
| 5세 | 98 | 78 | 94 | 98 | 98 | 86 |

자료: 1) 북구국가-Norden. (2014). The Nordic Countries in Figures 2014. Nordic Council of Ministers.
2) 한국 - 보건복지부. (2015). 보육통계.

이용보편성과 관련하여 최근 도입된 맞춤반에 주목할 필요가 있다. 무상보육은 12시간 종일제 보육을 원칙으로 하였는데, 전업주부 자녀의 경우 종일제가 과도하다는 점에서 2016년 7월 '맞춤형' 보육(하루 6시간)이 실시되었다.

'맞춤형' 보육의 도입근거는 0~2세 애착관계 형성을 위해서는 부모양육이 바람직하다는 것이다. 보육 욕구가 큰 맞벌이가구의 경우 종일제가 필요하고 그렇지 않은 경우 욕구가 낮기 때문에 차등화의 필요성이 있다. 그러나 '종일제' 보육을 축소하는 과정에서 이용자를 맞벌이/전업주부로 나누고 전업주부의 양육형태를 정상화하는 방식은 젠더 평등성의 측면에서 역행하는 측면이 있다.

이것은 저출산 국면에서 보육서비스의 발전이 맞벌이 부부(혹은 취업모)의 욕구를 중심에 두기보다는 출산을 장려하기 위한 '비용'절감에 주력한 결과이기도 했다. 비용절감 전략에서는 저소득층으로부터 점차 고소득층으로 비용 지원을 확대해가는 것이 중심이다. 보편주의를 앞서 실시한 서구 복지국가에서는 일하는 여성노동자의 양육부담을 줄이는 것이 서비스 제공의 중심이 되었고 어린이집 입소 우선순위도 맞벌이 부부에게 부여되었다. 우리나라에서 맞벌이 부부가 1순위에 포함된 것은 2010

년 이후이며, 맞벌이 이외에도 1순위 요건이 다수 있어 일하는 여성의 욕구가 우선 고려되지 못하고 있다.

'맞춤형' 보육은 실사용시간을 중심으로 보육시간에서 합리화를 꾀하고 재정안정성을 향상시키는 효과가 있지만 젠더적 측면에서 본다면 전업주부의 양육형태를 '정상적'인 것으로 간주하고 있다는 점에서 일·가정 양립을 통한 '이중생계부양자-돌봄자' 모델에서 후퇴한 것으로 판단된다.

젠더 평등과 관련하여 부정적인 측면은 양육수당에서 더 뚜렷하게 나타난다. 우리나라 보육서비스는 0~5세 보편주의 보육을 제공하고 있으나, 동일 연령의 영유아에 대해 어린이집을 이용하지 않는 것을 조건으로 월 10만~20만 원의 양육수당을 지급하고 있다. 서구에서 양육수당은 여성노동자의 가정복귀(retreat)를 통해 실업률을 줄이고 보육재정 부담을 줄이기 위해 도입되었다. 여성의 경제활동과 건전한 아동발달이라는 보육서비스의 이념에서 후퇴한 프로그램으로 평가된다(Sipilä & Korpinen, 1998; Ellingsaeter, 2012). 또, 양육수당을 도입한 국가들은 0~2세 영아에 국한하는 데 비해 우리나라는 3~5세도 포함하여 어린이집을 이용하지 않는 개인의 선호('자유선택')를 형평성의 논리하에서 '보상'하고 있다. 보편주의 복지의 근간이 되는 '욕구'(need)를 다양한 '선호'(preference)와 '선택'의 문제로 환치하는 것은 서비스 보편성을 위축시키며 젠더 평등에도 역행하는 것이다.

### 나. 급여적절성(서비스 품질)

보육서비스는 1995년 보육서비스 확충 3개년 계획 이래 민간서비스에 의존해 서비스 공급을 늘리는 경로를 걸어왔다. 국가재정을 투여하지 않고도 빠른 속도로 시장 확대를 할 수 있는 방법은 민간부문의 진입장벽을 낮추는 것이었다. 민간보육시설을 확충하기 위해 허가제를 신고제로 바꾸었고 영리적 성격의 개인사업자가 보육시장에 대거 진입했다. 이미 2002년 정부계획에서부터 국공립 어린이집 30% 확충의 목표[42]가 제시되었지만 민간부문의 시장지배는 계속되고 있다.

영유아 '무상보육'이 실시되고 GDP 대비 1%가 넘는 예산이 보육에 투여되고 있는 현재에도 서비스 품질에 대한 불만과 국공립 시설 쏠림 현상이 나타나고 있다. 2016년 현재 국공립 어린이집의 비율은 시설 대비 7%, 아동 대비 12% 수준에 머물러 있다(그림 5-11, 5-12 참조).

[그림 5-11] 어린이집 유형별 시설 확대 추이(1991~2016년)

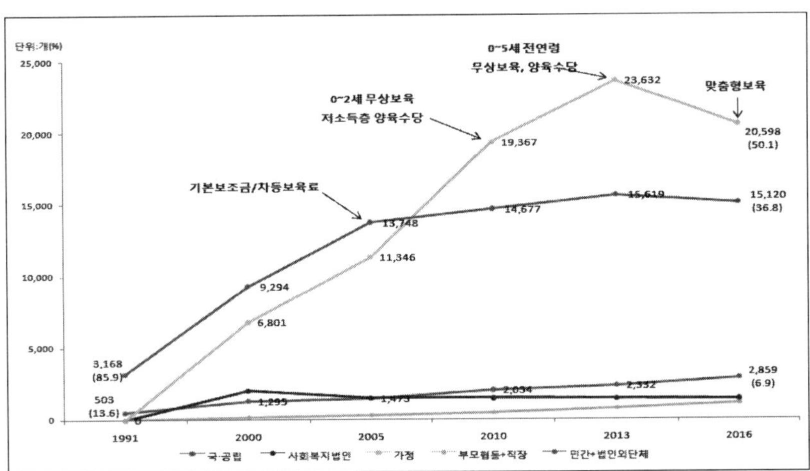


자료: 보건복지부. (각 연도). 보육통계.

42) 국공립시설 30%의 근거는 관련시장에서 시장점유율을 통해 시장지배력을 측정하는 러너지수(Lerner index)에 기반을 둔다(정갑영, 2009; 김현수, 2011). 국공립비율 30%는 민간보육시설의 지배력을 견제하기 위한 최소 기준선으로 제시되었다(안현미, 2012, p. 15).

〔그림 5-12〕 어린이집 유형별 이용 아동 수의 변화(1991~2016년)

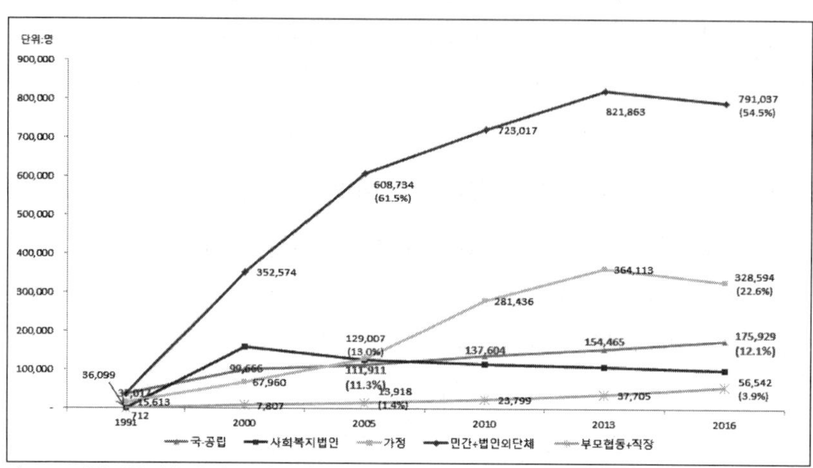


자료: 보건복지부. (각 연도). 보육통계.

국공립 보육시설 확충을 통해 보육서비스의 질을 개선할 뿐 아니라 보육교사의 처우를 개선해 갈 필요도 있다. 특히, 민간(가정)어린이집에서 보육교사는 개별 고용계약을 통해 채용, 인사, 관리 등이 어린이집 원장에게 맡겨져 있어 저임금, 불안정 노동 위험이 높은 것으로 보고되고 있다(윤자영, 2012; 안현미, 2014; 김진석, 2017). 보육서비스가 대인서비스라는 특성을 고려했을 때 보육의 질은 보육교사의 돌봄의 질에 좌우된다. 따라서 보육의 질을 높이기 위해서는 보육교직원의 역량강화가 관건이며 처우개선과 신분강화 등 안정적인 노동환경 조성이 필수적이다(김진석, 2017).

## 4. 아동수당

아동수당 도입과 관련된 논의는 1990년대 말부터 일부 시민단체를 중심으로 진행되어 왔지만 본격화된 것은 19대 대선을 앞두고 주요 정당의 대선주자들이 모두 아동수당 도입을 공약하면서부터이다. 의원입법과 19대 대선과정에서 제기된 공약내용은 〈표 5-4〉와 같다.

〈표 5-4〉 아동수당 주요 제안 내용

| 구분 | 아동수당 | | |
|---|---|---|---|
| | 연령(대상) | 급여액 | 예산(원) |
| 문재인<br>(더불어민주당) | 0~5세 | 월 10만 원<br>(단계적 인상) | 2조 6천 |
| 홍준표<br>(자유한국당) | 초·중학생<br>(소득하위 50%) | 월 15만 원 | 4~5조 |
| 안철수<br>(국민의당) | 0~11세<br>(소득하위 80%) | 월 10만 원 | 6조 9천억 |
| 유승민<br>(바른정당) | 초·중·고생 | 월 10만 원 | 6조 9천억 |
| 심상정<br>(정의당) | 0~11세 | 월 10만 원 | 6조 |
| 박광온 의원안<br>(2016. 10.) | 0~12세(상위 6.8% 제외) | 0~2세 10만 원<br>3~5세 20만 원<br>6~12세 30만 원<br>*모두 바우처 | 15조<br>(양육수당 통합) |
| 이봉주<br>(국회저출산고령화특위, 2016. 9. 23.) | 0~15세(중학생) | 현금: 월 30만 원<br>바우처: 소득하위 50% 월 15만 원<br>바우처 추가지급 | 27조 7천<br>(무상보육, 유아교육 통합) |
| 곽정숙 의원안<br>(2010. 4.) | 0~12세(6세 미만부터 적용 단계적 확대) | 월 10만 원 | |
| 김우남 의원안<br>(2009. 12.) | 0~12세(중위소득 150% 이하 가구 둘째 자녀부터) | 기본수당 10만 원<br>다자녀 추가수당 지급 | 비용추계 없음 |
| 이낙연 의원안<br>(2008. 11.) | 0~6세(둘째 자녀부터) | 둘째 월 5만 원<br>셋째 이후 월 10만 원 | 고용주, 국가, 지자체 분담 |
| 양승조 의원안<br>(2008. 9.) | 0~5세(소득하위 80%) | 월 10만 원 | |

자료: 후보별 대선 후보 공약집. 의안정보시스템 http://likms.assembly.go.kr/bill/main.do에서 2017. 10. 13. 인출.

## 가. 이용보편성

이미 아동수당을 도입해 실시하고 있는 국가들에서 상한연령은 16~20세로 미성년 전체를 포괄하고 있다. 현행 아동복지법은 아동의 범위를 18세 미만으로 규정하고 있는데, 재정부담을 고려한다면 단계적으로 확대 적용하는 등의 방법을 모색할 수 있다. 이 경우 어느 연령부터 적용할 것인가가 문제가 된다.

저출산 문제와 관련하여 초기 양육기인 0~5세에 집중하는 것이 현 정부안이다. 이 시기 영유아에 대해서는 보육료 지원, 특히 양육수당 등의 현금급여가 이미 지급되고 있어 중복지원 문제가 있다. 오히려 보육제도 등의 민간의존에서 발생하고 있는 구조적 문제로서 특별활동비나 3~5세 차액보육료 등 추가경비 문제를 해결하는 것이 바람직할 것으로 보인다. 그럼에도 불구하고 학령기 아동에 대한 아동수당 지급은 사교육 경비를 지원하는 효과를 낳을 것이라는 우려도 적지 않기 때문에 선뜻 학령기 아동에 대한 수당지원을 결정하지 못하는 어려움도 있다.

서구 국가도 처음 아동수당을 도입할 당시 출생순위에 따른 차등적용 역시 고려사항이었다. 19대 대선후보안은 모두 첫째 자녀부터 적용하도록 되어 있다. 둘째부터 적용하는 경우 프랑스처럼 제도 도입 시 출산장려적(pronatalist) 목적이 반영된 설계이거나 초기 영국의 제도처럼 둘이상의 자녀를 키우는 가구의 자녀양육부담을 덜어 주는 등의 제도설계에 정책의도가 반영되어 있다. 우리나라는 저출산으로 인해 둘째 자녀를 출산하는 경우가 감소하고 있다는 점을 고려하여 첫째 자녀의 양육비용부터 줄여 가는 것이 바람직하다. 2018년부터 아동수당은 0~5세 아동, 첫째 자녀부터 적용되는 것으로 결정되었다.

## 나. 급여적절성

아동수당이 사회보장제도의 하나로 공식적으로 도입이 권고된 최초의 협약인 1952년 국제노동기구(ILO) 사회보장최소기준협약에서는 아동수당의 최소급여액은 성인남성표준노동자 임금의 3%로 규정되어 있다(최영, 2017). [그림 5-13]에서 나타나듯이 10만 원의 아동수당은 AW(average worker) 소득기준 3%로 OECD 중위권 수준이다. 영국, 스웨덴, 핀란드, 일본 등이 유사 수준의 급여를 제공하고 있다.

[그림 5-13] OECD 아동 1인당 아동수당 급여수준

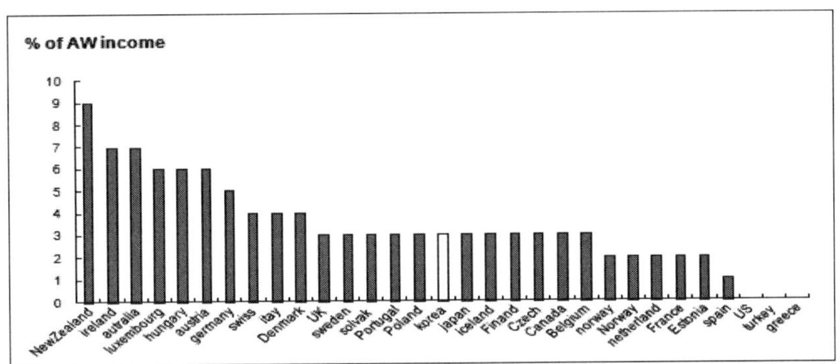


주: 세액공제방식을 적용하는 국가 중 정기적(매달) 급여가 제공되는 경우 아동수당으로 분류됨.
자료: OECD family policy database www.oecd.org/els/family/database.htm에서 2017. 10. 12. 인출.

아동수당의 급여적절성을 고려할 때는 유사급여와의 관계가 중요하다. 현재 현금급여로 양육수당이 보육서비스를 이용하지 않는 조건으로 0~5세 영유아에 대해 10만~20만 원이 지급되고 있다. 아동수당이 도입된다면 해당 아동가구는 20만~30만 원의 정기적 급여를 받게 된다. 자녀세액공제는 현재 기본공제(소득금액 100만 원 이하 만 20세 이하 자녀 1인당 150만 원 소득공제)에 더해서 자녀세액공제가 실시되고 있다.[43]

스웨덴은 자녀세액공제가 없이 아동수당만으로 급여를 제공하고 영국은 자녀세액공제와 아동수당을 병행하고 있다. 또 뉴질랜드, 호주, 캐나다 등은 세액공제를 통해 아동현금급여(child benefit)을 지급하고 있다. 우리나라는 스웨덴 방식을 채택하여 '자녀세액공제'를 점진적으로 폐지할 예정이다.[44] 재정과 조세지원의 중복성을 막고 운영효율성을 높인다는 측면에서는 바람직한 선택이지만 급여적절성을 보완할 필요도 있다.

## 제4절 소결

1990년대 말 이래 가족지원의 확대는 아동양육부담의 사회화라는 목표하에 보육서비스가 주도해 왔다. 보육료를 중심으로 비용부담의 사회화('무상보육')는 일정 정도 달성하였지만 아동이 있는 가족의 사회적 위험을 포괄적으로 적절하게, 그리고 성평등을 진작시키는 방향으로 보장하는 데는 한계가 있었다. 특히 일·가정 양립이라는 목표는 육아휴직에서만 명시적으로 주장될 뿐 보육서비스에서는 양육수당이 병존함으로써 정책목표가 불분명해졌고 보육서비스의 경우 영리추구형 민간부문의 지배하에 양질의 서비스를 제공하는 데 한계가 있었다. 전통적 남성생계부양자 모델로부터 이중생계부양-돌봄모델로의 이행을 위해 아동수당 중심의 양육기 소득보장, 양질의 서비스 제공 중심의 보육서비스 정책, 이중생계부양자(맞벌이) 가구 중심의 육아휴직-보육서비스 연계성을 발전시켜갈 필요가 있다.

43) 우리나라는 2014년 1월 1일 소득세법 개정을 통해 기존의 자녀 관련 소득공제(6세 이하 자녀양육비 공제, 출생입양 공제, 다자녀 추가공제)를 삭제하고 자녀세액공제로 통합하였다.

44) 정부 발표에 따르면 자녀 1인당 15만 원씩의 자녀세액공제를 2020년까지 유지한 뒤 2021년부터 중복구간인 6세 미만은 세액공제에서 제외하기로 했다(노현웅, 2017).

앞 절의 논의를 요약하고 개별 프로그램의 이용보편성과 급여적절성, 젠더효과성 등에서 남은 과제들을 제시하면 다음과 같다.

〈표 5-5〉 프로그램별 이용보편성, 급여적절성, 젠더효과성 평가

| 평가기준 | 하위평가기준 | 출산휴가 | 육아휴직 | 보육서비스 | 양육수당 | 아동수당 (2018년) |
|---|---|---|---|---|---|---|
| 이용보편성 | 대상보편성 | △ | △ | ○ | (보육서비스 미이용 조건) | ○ |
| 급여적절성 | 기간 | ○ | ○ | ○ | ○ | ▼ |
| | 급여액 | △ | ▼ | △ | ○ | △ |
| | 서비스품질 | — | — | ▼ | — | — |
| 젠더효과성 | 모성고용 | ○ | △ | △ | ▼ | △ |
| | 남성돌봄참여 | — | ▼ | — | ▼ | — |

주: ○: 높음 △: 중간 ▼: 낮음 —: 해당 없음.

- 육아휴직 급여액을 현실화하고 사후지급분을 폐지함으로써 급여기간 소득안정을 보장할 필요가 있음. 남성의 육아휴직 참여를 높일 수 있도록 기업 차원의 실효성 있는 제도적 장치가 필요함.
- 출산 및 육아휴직 적용 범위는 비정규직 등 제도 사각 지대 노동자에 대한 고용보험 적용 확대의 과제와 더불어 고려하되, 자영업근로자나 비취업모 등에 대한 적용 확대는 현재의 재원구조를 근본적으로 변형시키는 개혁이 필요하다는 점에서 신중한 접근이 필요함. 또, 적용 확대 시 단순한 형평성 차원을 넘어 일·가정 양립이라는 목적과 부합하는지에 대해서도 논의가 필요함.
- 보육서비스는 영리추구형 민간의존적 공급구조에 의해 서비스 품질이 낮은 문제를 해결하는 것이 필요함. 국공립 서비스 확충, 민간부문에 대한 평가인증 등 관리 및 규제를 강화할 필요가 있음.
- 양육수당은 보육서비스의 대체재로서 돌봄노동을 '재가족화'하고 남성생계부양자 모델을 강화하는 효과가 있음. 젠더효과성이라는 측면

에서 폐지를 검토할 필요가 있음.

- 아동수당은 영유아를 대상으로 하는데 자녀양육부담을 고려하여 적용 대상 연령을 확대해 갈 필요 있음. 유사급여인 양육수당과 자녀세액공제와 통합하여 급여의 적절성과 운영 효율성을 높일 필요가 있음.

마지막으로, 현재의 시점에서 가족지원의 재구조화를 위해서는 무엇보다도 돌봄의 가치를 재정립하는 것이 중요하다. 그간 "탈가족화" 정책의 중심은 비용보조에 있었고 상대적으로 돌볼 권리, 돌봄노동에 대한 '인정'이 낮았다. 남성의 돌봄 참여가 예외적인 것이 아니라 정상적, 일상적인 것이 될 수 있도록 문화적, 제도적 지원책을 마련해 갈 과제가 남아 있다. 또, '나쁜' 돌봄은 돌봄이 아니라는 점에서 돌봄의 질을 개선할 필요가 있다. 이를 위해서는 저임금 장시간 불안정노동을 하는 보육교사의 처우 개선이 결정적이다. 현재 국공립 보육시설 확충 및 사회서비스 공단을 통해 보육교사 지위 및 처우를 개선하는 방안이 모색되고 있다(김진석, 2017; 백선희, 2017). 이용자 중심의 비용보조를 넘어 돌봄노동의 가치를 인정한 위에서 지속가능한 가족지원체계를 구축해 갈 필요가 있다.

〈부표 5-1〉 일·가정 양립정책의 종류와 내용(2017년)

| 구분 | 정책 종류 | 내용 | 근거법령 | 관계부처 |
|---|---|---|---|---|
| 휴가 정책 | 태아검진 휴가 | • 임신 여성근로자 태아검진휴가 및 시간 허용(5인 이상 상시근로자 사업장 적용) | 근로기준법 | 고용노동부 |
| | 출산전후 휴가 | • 90일의 출산전후휴가 지원(다태아는 각 60일)<br>• 급여수준: 통상임금 40%(상하한 월 150만 원/70만 원), 첫 3달 80%<br>• 유산·사산휴가 | 근로기준법, 남녀고용 평등과 일·가정양립 지원법, 고용보험법 | 고용노동부 |
| | 배우자 출산휴가 | • 3일 이상 5일 이내<br>• 최초 3일은 유급휴가 | 남녀고용 평등과 일·가정양립 지원법 | 고용노동부 |
| | 육아휴직 | • 만 8세 이하 또는 초등학교 2학년 이하 자녀 양육 위한 휴직(고용보호)<br>• 1년 이내(개인 권리)<br>• 급여수준: 통상임금의 40%(상한 월 100만 원, 하한 월 50만 원) 첫 3달은 통상임금 100%(150만 원/70만 원)<br>• 급여의 25%는 복직 후 6개월 이상 근무 시 일시불 지급<br>• 분할사용(1회) 가능 | 남녀고용 평등과 일·가정양립 지원법, 고용보험법 | 고용노동부 |
| | 아빠의 달 | • 두 번째 육아휴직자 최초 3개월 급여를 통상임금 100% 지급(월 200만 원 상한) | 고용보험법 시행령 | 고용노동부 |
| | 가족돌봄 휴가 | • 근로자가 질병, 사고, 고령으로 가족 돌봄이 필요할 경우 신청할 경우 허용(별도 지원 없음)<br>• 업무시간 조정, 연장근로 제한, 근로시간 단축 및 탄력 운영 등 연간 최장 90일. 분할 사용.<br>• 상시 300명 이상 사업장 | 남녀고용 평등과 일·가정양립 지원법 | 고용노동부 |

〈부표 5-1〉 일·가정양립정책의 종류와 내용(2017년)(계속)

<table>
<tr><th>구분</th><th>정책 종류</th><th>내용</th><th>근거법령</th><th>관계부처</th></tr>
<tr><td rowspan="10">보육·교육 서비스 정책</td><td>어린이집 보육료 지원</td><td>• 전 소득계층 어린이집 이용 만 0~2세 보육료 지원<br>• 만 0~2세는 종일반(12시간 이용비용 지원)/맞춤반(6시간 이용비용 + 월 15시간 긴급보육바우처 비용지원) 구분. (2016년 7월부터 시행)<br>• 종일반 이용가능 대상: 취업, 구직, 장애, 다자녀, 임신, 한부모, 입원·간병 등<br>• 만 3~5세 어린이집 이용보육료(누리공통과정) 지원</td><td>영유아 보육법</td><td>보건복지부</td></tr>
<tr><td>유아학비 지원</td><td>• 만 3~5세 유치원 이용 보육료(누리공통과정) 지원<br>• 지원금액: 월~금 1일 4~5시간 기준 국공립은 6만 원, 사립은 22만 원 지원. 1일 8시간 이상 이용 유아는 각 5만 원, 7만 원 지원</td><td>유아교육법</td><td>교육부</td></tr>
<tr><td>직장어린이집 설치 및 보육료 지원</td><td>• 상시 여성근로자 300명 이상 또는 상시 근로자 500명 이상을 고용하고 있는 사업장 설치 의무(설치비용 보조)<br>• 2016년부터 미이용 사업장 이행강제금 부과(1년에 2회, 매회 1억 원 범위 내)<br>• 비용 지원은 어린이집과 동일</td><td>남녀고용 평등과 일·가정 양립지원법, 영유아 보육법</td><td>고용노동부 보건복지부</td></tr>
<tr><td>아이돌보미 지원</td><td>• 종일제: 만 3-24개월 이하 영아(월 120~200시간 이용비용 지원. 취업부모 이용. 소득수준별 차등)<br>• 시간제: 만 3개월~12세 이하 아동(연 480시간 지원)<br>• 기관파견 돌봄서비스, 질병감염아동 특별지원서비스</td><td>아이돌봄 지원법</td><td>여성가족부</td></tr>
<tr><td rowspan="6">방과후 보육·교육 지원</td><td>• 어린이집 방과후 지원<br>• 0~12세, 차상위 또는 장애아동 방과후 어린이집 이용. 일반아동 월 10만 원, 장애아동 25만 9천 원</td><td>영유아 보육법</td><td>보건복지부</td></tr>
<tr><td>• 유치원 방과후 지원</td><td>유아교육법</td><td>교육부</td></tr>
<tr><td>• 엄마품 온종일 돌봄교실 지원</td><td>교육부 고시</td><td>교육부</td></tr>
<tr><td>• 초등돌봄교실 지원</td><td>교육부 고시</td><td>교육부</td></tr>
<tr><td>• 지역아동센터 방과후 돌봄 지원<br>• 중위소득 100% 이하 18세 미만 아동, 본인부담 없음</td><td>아동복지법</td><td>보건복지부</td></tr>
<tr><td>• 방과후 아카데미 지원</td><td>청소년 기본법</td><td>여성가족부</td></tr>
</table>

〈부표 5-1〉 일·가정 양립정책의 종류와 내용(2017년)(계속)

<table>
<tr><th>구분</th><th colspan="2">정책 종류</th><th>내용</th><th>근거법령</th><th>관계부처</th></tr>
<tr><td rowspan="7">노동 시간 정책</td><td colspan="2">임신기 근로시간 단축제</td><td>• 임신 12주 이내 또는 36주 이후 모든 여성근로자 1일 2시간 근로시간 단축<br>• 2014년 9월, 300인 이상 사업장 도입. 2016년 3월 1인 이상 사업장 확대. 위반 시 과태로 500만 원</td><td>근로기준법</td><td>고용노동부</td></tr>
<tr><td colspan="2">육아기 근로시간 단축제</td><td>• 육아휴직 사용 대신 주 15~30시간 근로시간 단축<br>• 급여수준: 통상임금 60% × (단축 전 근로시간 - 단축 후 근로시간)/단축 전 소정근로시간</td><td>근로기준법, 남녀고용 평등과 일·가정 양립지원법, 고용보험법</td><td>고용노동부</td></tr>
<tr><td rowspan="5">유연 근무 제</td><td>시차 출퇴근 제</td><td>• 총 근로시간 내에서 출퇴근시간을 근로자가 자유롭게 선택(1개월 이내. 노사합의 기반)</td><td>근로기준법, 가족친화 사회환경 조성촉진법</td><td>고용노동부</td></tr>
<tr><td>재량 근무 시간제</td><td>• 업무수행방법을 근로자 재량에 맡길 필요가 있는 경우 노사합의로 정한 시간을 근로로 인정</td><td>-</td><td>고용노동부</td></tr>
<tr><td>단시간 근로제</td><td>• 통상근로자의 1주 소정 근로시간보다 짧게 근무</td><td>근로기준법, 단시간근로자보호법</td><td>고용노동부</td></tr>
<tr><td>탄력적 근로 시간제</td><td>• 법정근로시간 내에서 일별 근로시간을 탄력적으로 조정</td><td>근로기준법, 가족친화 사회환경 조성촉진법</td><td>고용노동부</td></tr>
<tr><td>재택· 원격 근무제</td><td>• 재택: 1주일에 1일 이상을 사무실 아닌 집에서 업무 수행<br>• 원격: 대부분의 업무를 사무실 아닌 장소에서 컴퓨터 등을 이용해 수행</td><td>가족친화 사회환경 조성촉진법, 전자정부법, 국가공무원법</td><td>고용노동부</td></tr>
<tr><td rowspan="3">조세 공제 정책</td><td colspan="2">소득공제</td><td>• 만 20세 이하 자녀 1인당 연간 150만 원 기본공제</td><td>소득세법</td><td>국세청</td></tr>
<tr><td colspan="2">세액공제</td><td>• 만 6세 이하 자녀 1인당 연 15만 원, 셋째부터는 1인당 연 30만 원 추가</td><td>소득세법</td><td>국세청</td></tr>
<tr><td colspan="2">교육비 특별세액공제</td><td>• 수업료 · 입학금 · 보육료 · 학원 수강료 및 그 밖의 공납금과 유치원 · 어린이집의 급식비, 수업료, 특별활동비를 모두 합산한 금액의 15/100에 해당하는 금액</td><td>소득세법</td><td>국세청</td></tr>
</table>

자료: 김영미(2016), 한국 일·가정양립지원정책의 방향과 정책개선과제, 사회보장제도 장기정책방향 연구모임 발표자료, 〈표 4〉를 기초로 최근 동향을 수정 보완함.

〈부표 5-2〉 아동양육 관련 수당(2016년)

| 구분 | 정책 종류 | 내용 | 근거법령 | 관계부처 |
|---|---|---|---|---|
| 양육수당(보육서비스 미이용시) | 가정양육수당 | • 소득수준 무관<br>• 보육료, 유아학비, 종일제 아이돌봄서비스 지원을 받지 않는 영유아(초등학교 취학 전 만 84개월 미만)<br>• 0세 월 20만 원, 만 1세 월 15만 원 만 2세 월 10만 원 | 영유아보육법 | 보건복지부 |
| | 장애아동 양육수당 | • 정부미지원 장애영유아(초등학교 취학 전 만 84개월 미만)<br>• 0~3세 미만 월 20만 원. 3세 이상 10만 원 | 영유아보육법 | 보건복지부 |
| | 농어촌 양육수당 | • 소득수준 무관, 정부미지원 농어촌거주 영유아(초등학교 취학 전 만 84개월 미만)<br>• 만 0세 20만 원, 만 1세 월 17만7천 원, 만 2세 월15만 6천 원, 만 3세 월 12만 9천 원, 만 4세 이상 월 10만 원 | 영유아보육법 | 보건복지부 |
| 아동양육부조(공공부조성) | 장애아동수당 | • 만 18세 미만 등록장애인, 생계의료 주거교육급여 수급자 및 차상위계층(소득인정액 기준중위소득 50% 이하)<br>• 생계의료수급자: 매월 20만 원<br>• 주거교육급여수급자,차상위계층: 매월 15만 원<br>• 보장시설 생활생계의료급여수급자: 매월 7만 원<br>• 경증장애인: 매월 2만~10만 원 | 장애인복지법 | 보건복지부 |
| | 한부모가족 아동양육비 지원 | • 중위소득 52% 이하 한부모가족 및 조손가족<br>• 아동양육비: 한부모가족 만 12세 미만 자녀 1인당 월 10만 원<br>• 추가아동양육비: 조손가족, 만 25세 이상 미혼 한부모 만 5세 이하 자녀 1인당 월 5만 원<br>• 학용품비: 한부모가족의 중고등학생 자녀 1인당 연 5만 원<br>• 생활보조금: 한부모가족복지시설 입소 저소득한부모가족 가구당 월 5만 원 | 한부모가족 지원법 | 여성가족부<br>교육부<br>(교육비 관련지원) |

〈부표 5-2〉 아동양육 관련 수당(2016년)(계속)

| 구분 | 정책 종류 | 내용 | 근거법령 | 관계부처 |
|---|---|---|---|---|
| 입양수당 | 입양아동 양육수당지원 | • 만 16세 이하 입양아동 월 15만 원 | 입양특례법 | 보건복지부 |
| | 장애아동입양 양육보조금 | • 만 18세 이하 장애아동<br>• 중증장애 입양아동 월 62만 7천 원, 경증장애 입양아동 월 55만 1천 원 | 입양특례법 | 보건복지부 |

자료: 백선희(2016), 저출산 극복대책으로서의 아동수당 도입의 쟁점과 방향, 2017년 이후의 대한민국 대선핵심아젠더 연속토론회, 〈표 7〉을 분류체계조정, 법제처, 정책 내용을 참조하여 재구성.

제 6 장

# 노후소득보장제도 재구조화 방안

# 6 노후소득보장제도 재구조화 방안

## 제1절 서론

이 장에서는 현재와 미래의 노인빈곤 문제 해결 및 안정적인 노후보장을 목표로 하는 한국 노후소득보장제도의 재구조화 방안을 논하고자 한다. 1988년 국민연금 도입 이후 최근까지 한국의 노후소득보장제도는 역동적인 변화 과정을 거쳤다. 국민연금 급여 삭감 및 수급연령 지연, 개인연금 활성화, 퇴직연금 도입, 기초연금 도입 및 급여인상, 국민연금 보험료 지원제도 도입 등 큰 폭의 개혁이 이어졌다. 일련의 제도개혁에도 불구하고 노인빈곤 문제가 심각한 것은 우리사회에서 노후소득보장제도가 여전히 제 기능을 하고 있지 못함을 드러내고 있다. 2016년 기준 한국 노인의 상대빈곤율은 47.7%에 달하여(통계청, 2017b), 발전된 산업국가 중 가장 높은 수준이며, 불안정 고용의 확산과 고령화가 진행되는 가운데, 은퇴를 앞둔 베이비붐세대는 물론 현재 청년 세대들의 노후소득보장 역시 불안의 대상이 되고 있다. 본고에서는 이러한 사회변화에 대응하여 현재와 미래의 안정적 노후보장기능 강화를 목표로 노후소득보장제도 재구조화 방안을 모색하고자 한다.

한국에서 노후소득을 보장하는 제도는 매우 다양하다. 그 핵심에는 기초연금과 국민연금제도로 구성된 공적연금제도가 있지만 이에 더해 기초생활보장제도를 노후소득보장제도의 일부로 포함시키기도 한다. 또한 정부는 퇴직연금, 개인연금과 같은 사적연금 확대를 오랫동안 추진한 바 있으며, 최근 들어 주택연금 등 변형된 사적연금 역시 노후보장의 한 방편으로 주목받고 있다. 노인일자리사업 등 근로소득을 통해 노후소득을 보조하는 제도 역시 노후소득보장 기능을 하는 연관 제도이다.

근로소득, 가족부양, 퇴직연금, 퇴직금, 개인연금, 주택연금, 기초연금, 국민연금, 국민기초생활보장제도 등 노후소득원과 노후소득보장 기능을 수행하는 제도들이 이렇게 다양하게 존재함에도 불구하고 왜 한국의 노인빈곤은 극심하며, 청장년 세대는 심각한 노후 불안을 갖고 있는가? 이는 노후소득보장제도의 핵심인 공적연금제도가 제 기능을 하지 못함에 따라 일자리 사업, 주택연금, 개인연금 등 부가적인 노후보장 수단들을 동원한 결과로 본다면 설명이 가능할 것이다.

여러 복지국가의 역사는 공적연금제도가 노인빈곤 문제에 대한 가장 효과적인 대응책이었다는 것을 보여준다. 더욱이 최근 불평등 심화를 수반하는 자본주의의 전개 속에서 시장소득 재분배, 구체적으로 공적연금제도의 소득보장기능 강화는 지금 한국사회 노후불안 문제 해결에도 필수적이다. 한국사회의 노인빈곤 상황은 가족부양, 사적연금, 노년기 노동으로는 노후보장의 공백을 메우기 어렵다는 것을 여실히 보여주고 있다. 이에 한국 노후소득보장제도의 재구조화 방안 역시 연금제도를 그 핵심에 놓을 수밖에 없다.

따라서 본 연구의 연금제도 재구조화 논의는 공적연금과 사적연금을 포함하지만, 특히 기초연금과 국민연금으로 구성된 공적연금제도 재구조화 방안이 그 핵심이다. 최근 십여 년 동안 한국 노후소득보장제도 재구조화 논쟁 역시 기초연금의 도입과 확충, 국민연금 축소 등 주로 공적연금제도 개혁에 관한 것이었으며, 공적연금 개혁방향에 대한 논쟁은 최근 두 차례의 대선에서 핵심 어젠다로 다루어졌으나 아직 진행 중이다. 이에 공적연금 개혁방향을 중심으로 하되, 이와 연관된 사적연금 조정방안을 함께 다룰 것이다.

이 장의 내용은 다음과 같이 구성되어 있다. 2절에서는 소위 다층체계로 묘사되는 한국 노후소득보장제도의 현재 구성을 간략히 살펴본다. 3절에서는 한국 노후소득보장제도의 장기적 방향 설정 및 재구축에 고려해야 할 요소들로서, 한국 노인들의 경제상태 및 소득확보 경향, 노동시장 상황과 공사 연금제도의 조응, 고령화를 핵심으로 하는 인구구조 변화, 그리고 이에 대한 해석을 살펴본다. 노후소득보장제도라는 것이 한 사회에서 창출되는 부의 일정한 몫이 노인에게 체계적으로 할당되는 시스템이라면 이 시스템의 구성을 위해서는 생산, 소비, 노동, 인구 전망, 그리고 이에 대한 해석이 중요하다. 4절에서는 한국 노후소득보장제도의 개혁 과제를 점검한다. 현재 한국 공적연금과 사적연금이 노후보장 수행에 갖는 문제점을 살펴봄으로써 개혁 어젠다를 정확히 파악한다. 5절에서는 앞의 논의에 기초하여 노후소득보장제도 재구조화 방안을 제시하고자 한다. 소득분배의 조건이 변화하는 가운데 노후소득보장제도가 본연의 보장 기능을 수행하고, 지속가능성을 확보하기 위한 재구조화 방향을 제안하고자 하는 것이다. 이는 재구조화 원칙과 방향, 그리고 몇 가지 구체적인 제도 수정 제안들을 포함한다. 이를 통해 한국의 노후소득보장제도 개혁 논의가 현재와 미래, 양자의 소득보장 문제 해결에 초점을 맞추어 진행되도록 하는 데 기여하고자 한다.

## 제2절 한국 노후소득보장체계 구성

한국의 노후소득보장체계를 구성하는 주요 사회보장제도와 사적연금 제도의 개요를 살펴보면 아래 〔그림 6-1〕과 같다.

〔그림 6-1〕 한국 노후소득보장체계 구성

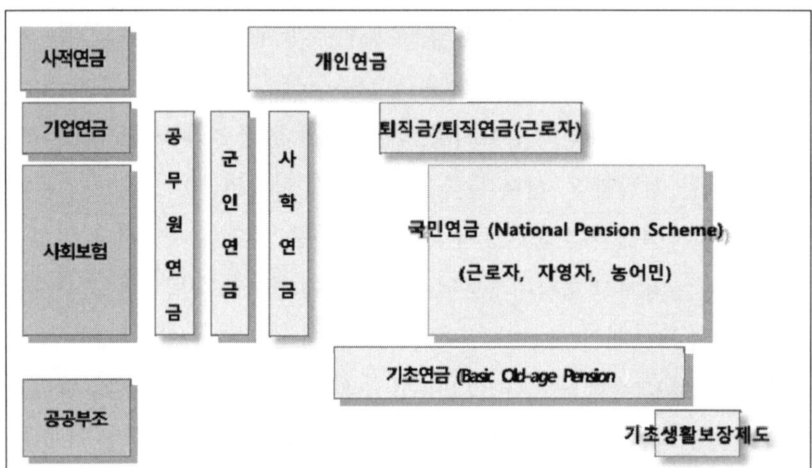


노후소득보장제도의 핵심인 공적연금제도는 한국에서는 기초연금과 사회보험인 국민연금, 그리고 세 개의 특수직역연금들로 구성되어 있다. 사적연금제도로는 퇴직연금(퇴직금)과 다양한 형태의 개인연금이 있다. 최종적인 노후소득 안전망으로 존재하는 것은 노인을 포함해 전 연령대 빈곤층을 대상으로 하는 기초생활보장제도이다.

먼저 현 세대 노인을 대상으로 광범위한 기초노후보장을 하고 있는 기초연금제도를 살펴보자. 기초연금제도는 2008년에 도입된 기초노령연금 제도를 대체하여 2014년 7월에 도입된 제도로 소득 및 자산조사를 통해 노인 중 소득 하위 70%를 대상으로 기초노후보장을 하는 제도이다.

2008년 기초노령연금 도입은 국민연금 수급자는 여전히 소수인 데에다, 빈곤 고령자 일부에게만 국민기초생활보장급여가 제공되는 공적소득보장의 공백을 메우기 위해 도입된 것이다. 이는 또한 2007년 국민연금 급여 인하를 보완하는 의미도 가졌다. 기초노령연금 급여액은 2008년 도입 당시 단독가구 기준 8만 9000원이었으나, 2017년 기초연금 기준급여액은 단독가구 20만 6050원, 부부가구는 32만 9680원으로 단독기준 A값의 약 10%에 준한다. 기초연금제도는 국민연금 수급자에 대해서는 국민연금 급여 구성(A급여액)을 고려하여 급여를 차등지급한다.[45] 기초연금은 공공부조보다 대상범위가 넓고 급여액이 소득액과 무관하지만, 보편적 수당과는 달리 국민연금과 연계된 형태로 존재하고 있다.

1988년에 도입된 국민연금제도는 보험료를 재원으로 소득비례 급여를 제공하되 재분배적 요소가 포함된 사회보험으로서 가입대상 범위나 급여수준 면에서 핵심 노후보장제도라 할 수 있다. [그림 6-1]에서 국민연금은 유일하게 노령연금뿐만 아니라 장애연금, 유족연금까지 제공하는 포괄적인 보장제도이다. 서구 복지국가에서 핵심을 이루는 노후소득보장제도 다수가 국민연금과 같은 사회보험 형태로 운영되고 있다. 스웨덴, 핀란드, 독일, 프랑스, 네덜란드, 영국 등에서 65세 이상 인구의 사회보험방식 공적연금 수급률은 90%에 육박하며, 관련 지출 역시 GDP의 10% 내외로 사회보장제도 중 가장 비중이 크다(OECD, 2015b). 국민연금 보험

45) 기초연금의 급여대상은 65세 이상 노인 중 소득과 자산을 고려한 소득인정액이 65세 이상 노인인구의 하위 70%에 해당하는 이들이다. 실제로는 70% 선의 선정기준액을 설정하고 소득인정액이 그 이하인 경우 기초연금 수급이 가능하다. 기초연금액은 국민연금 급여와 연계되어 있는데, 급여산식은 '(기준연금액 - 2/3 × A급여액) + 부가연금액'이다. 기준연금액이란 기초연금액 산정의 기준이 되는 금액으로서, 결국 수급권자에게 지급되는 최대 금액이 되며, 2014년 제도 도입 시 전체 국민연금 가입자 A값의 10% 수준에 맞춰져 있었다. 개인의 최종 기초연금 급여액은 결국 A급여액에 달려 있는데, 'A급여액'이 기준연금액의 150% 이하이면 기준연금액 전액을 지급하며, 만일 'A급여액'이 기준연금액의 150%를 초과하면 'A급여액' 수준에 따라 부가연금액(=기준연금액의 1/2)에서 기준연금액 사이의 금액을 위 식에 따라 지급한다(보건복지부, 2015).

료율 9%는 다른 나라에 비해 낮은 편이고, 공적연금수급률과 급여수준 역시 매우 낮다.

퇴직연금은 2005년에 시작되었으나 비교적 오래된 기업 단위 퇴직금 제도를 기원으로 하여 광범위한 대상포괄 가능성을 가진다. 퇴직금/퇴직연금제도는 전 사업장 노동자들에게 가입이 의무화되어 있어 공적연금에 준하는 강제성을 가진다. 퇴직금과 퇴직연금제도는 선택제였으나 정부는 다양한 유인을 통해 퇴직연금제 선택을 촉진하였다. 한국 퇴직연금제도는 기업 단위로 운영되며, 기여율은 8.3%로서 국민연금에 필적한다.

개인연금은 1990년대 말부터 최근까지 정부가 상당한 세제혜택을 제공함으로써 활성화되었다. 그 결과 개인연금 가입률은 10%대로 증가하였으나(주은선 등, 2017) 노후소득보장에서 개인연금의 기능과 성과는 아직 의문시되는 상황이다.

〔그림 6-1〕과 같이 한국 노후소득보장체계는 소위 노후소득원을 공공과 민간으로 다양하게 분산시키는 다층체계로 구성되어 있다. 이러한 구성은 1998, 2007년 두 차례에 걸쳐 국민연금 소득대체율을 낮추고, 개인연금의 세제혜택을 늘리고, 2005년 퇴직연금제도 도입 및 활성화 조치를 실시한 결과이다. 이는 세계은행(1994) 등이 한국 정부에 꾸준히 바람직한 연금개혁 방향으로 권고해 온 공사 연금을 혼합하는 다층체계구성이란 방향에 부합한다.

이에 한국의 노후소득보장체계는 한편으로 공사 연금의 균형적 역할분담으로 긍정적으로 묘사되기도 하지만(국민연금사편찬위원회, 2015), 다른 한편으로 공적연금과 사적연금 모두 아직 제 역할을 하지 못하는 것으로 평가되기도 한다(정인영, 민기채, 한신실, 2015). 기둥은 여러 개이지만 모두 튼튼하지 않아 전체 노후보장체계는 부실하다는 것이다. 특히 가장 광범위하고 핵심적인 역할을 할 것으로 기대되는 공적연금 발전은 아직 미흡하다. 소위 다주(층)체계 구축 과정에서 공적연금의 충분한 발전이 오히려 지체된 것으로 평가할 수도 있다(주은선, 2009). 사적연금인 퇴직연금과 개인연금의 대상 포괄성, 급여적절성 문제는 더욱 심각하다. 공적연금과 사적연금의 급여적절성, 포괄성, 그리고 이와 관련된 보장의 계층 편향성 등 현 제도의 구체적인 이슈에 대해서는 4절에서 다루어 보자.

## 제3절 한국 노후소득보장제도 재구조화 고려 요소

노후소득보장제도와 같은 대규모로 장기간에 걸쳐 작동하는 재분배 체계에는 노동시장과 생산부문 전망, 소비, 인구 전망 등 다양한 요소들이 영향을 미친다. 이 중 노후소득보장제도 작동에 직접 영향을 미치는 요소이자, 제도 재구조화 목표 설정에도 고려해야 할 것으로서 한국 노인들의 경제수준 및 소득확보 경향, 노동시장 상황과 노후보장제도의 조응, 인구구조 변화 등을 살펴본다.

### 1. 한국 노인들의 경제상태

노후소득보장제도, 특히 "연금제도는 빈곤을 완화(alleviating)하는 것이 아니라, 빈곤을 예방(prevent)하는 것을 목적으로 설계되어야 한다(European Commission, 2003, p. 23)". 이러한 목적을 실현하기 위해서는 연금의 적절성이 중요한데, 유럽연합집행위원회(European Commission)는 노령세대 빈곤방지, 퇴직 후 적절한 생활수준 유지로 '연금의 적절성' 개념을 제시하였다(European Commissions, 2006; 주은선 등, 2017에서 재인용). 한국 노인들의 경제상태, 그리고 현재 노후소득보장제도의 기능 수준 역시 빈곤율과 빈곤위험도를 통해 살펴볼 수 있다. 더불어 노인인구의 절대적인 소득수준, 소득 구성 역시 한국 노인의 경제상태를 가늠하는 데 중요하다. 소득 구성을 통해 노후소득보장제도의 역할과 가족, 노동 등의 기타 소득원으로서 역할을 가늠해 볼 수 있다.

먼저 빈곤율이다. 널리 알려진 것처럼 한국 노인들은 OECD 회원국 중 가장 높은 상대빈곤율을 기록하고 있다. 〈표 6-1〉에서 보여주듯이 한국 노인빈곤율은 2013년 49.6%로 정점을 찍은 이후 기초연금 확충에 힘입어 2014년 48.8%, 2015년 45.7%로 약간 감소하였으나, 2016년에 다시 높아졌다. 기초연금 확충 이후 노인빈곤 완화 폭은 적다. 빈곤이 심화되고 있으나 이를 타개하기 위한 제도의 확충이 이에 못 미친 것이다. 또한 타 연령층 대비 한국 노인의 빈곤위험도는 지난 10년 사이에 오히려 높아졌다. 사회 전체의 경제성장과 소득 변화에 노인들은 따라가고 있지 못하며 그 격차는 더 커졌다.

〈표 6-1〉 한국 노인의 빈곤율(66세 이상)과 노인빈곤 위험도

(단위: %, 천 원)

| 구분 | | 2006 | 2007 | 2008 | 2009 | 2010 | 2011 | 2012 | 2013 | 2014 | 2015 | 2016 |
|---|---|---|---|---|---|---|---|---|---|---|---|---|
| 상대빈곤율 | 노인 66세 이상 | 43.9 | 44.6 | 45.5 | 47.0 | 47.2 | 48.6 | 48.5 | 49.6 | 48.8 | 45.7 | 47.7 |
| | 근로연령인구 18~65세 | 11.1 | 11.1 | 11.5 | 11.5 | 11.3 | 10.8 | 10.0 | 9.6 | 9.3 | 8.5 | 9.0 |
| 노인빈곤 위험도 | | 3.95 | 4.02 | 3.96 | 4.08 | 4.18 | 4.5 | 4.85 | 5.17 | 5.25 | 5.38 | 5.3 |

자료: 주은선 등(2017) 중 정해식 작성 〈표 I-19〉 재구성. 빈곤위험도는 필자 추가.
원자료: 통계청. 가계동향조사 소득분배지표 각 연도.

〈표 6-2〉에 따르면 2015년 기준 66세 이상 노인집단 평균 가처분소득은 131만 2000원으로 근로연령인구 가처분소득 229만 6000원의 57.2%에 그쳐 노인과 비노인 집단의 소득 격차가 상당하다. 또한 노인집단의 이

전소득은 58만 7000원으로서 이전소득이 가처분소득에서 차지하는 비율은 44.7%에 불과하다. 한국은 노후소득원으로 근로소득이 이전소득보다 더 큰 역할을 하는 거의 유일한 OECD 국가이다. 노인의 가처분소득 대비 이전소득 비중은 오스트리아, 벨기에, 덴마크, 핀란드, 스웨덴, 노르웨이, 이탈리아 등은 그 비중이 90%를 넘으며, 노인빈곤율이 낮은 국가에서 특히 은퇴연령대 집단의 가처분소득 중 이전소득의 비중이 높은 것을 볼 수 있다(주은선 등, 2017에서 재인용).[46] 이는 한국노인의 가처분소득에서 공적이전소득의 역할이 확대되어야 한다는 주장을 뒷받침한다.

〈표 6-2〉 노인의 소득원천별 월평균 소득(2015)

(단위: 천 원)

| 대상구분 | 가구주 평균 연령 | 평균 가구원 수 | 경상 소득 | 근로 소득 | 사업 소득 | 재산 소득 | 이전 소득 | >= | >= | | 이전 지출 | 가처분 소득 |
|---|---|---|---|---|---|---|---|---|---|---|---|---|
| | | | | | | | | 공적 이전 소득 | 공적 연금 | 기초 연금 | | |
| 18~65 | 48.6 | 3.2 | 2,535 | 1,808 | 514 | 9 | 203 | 109 | 53 | 9 | 239 | 2,296 |
| 66+ | 69.4 | 2.1 | 1,389 | 500 | 277 | 25 | 587 | 423 | 223 | 126 | 76 | 1,312 |

주: 1) 노인가구는 가구 내에 66세 이상 인구만 있는 경우를 말하며, OECD 기준과 동일함.
2) OECD의 통계는 통계청, 가계동향조사의 농어가 조사 자료를 포함하여 분석한 결과임.
3) 모든 소득은 균등화한 값임.
자료: 주은선 등(2017)에서 〈표 1-18〉 재구성.
원자료: 통계청. 가계동향조사 원자료(농어가 제외).

노후소득보장제도의 목적이 빈곤예방 및 생애소득 평탄화라고 할 때 한국의 제도는 빈곤예방 목적은 물론이고 노인빈곤에 대한 사후 대응에도 실패하고 있다. 노인소득 구성에서 보았듯이 이미 근로소득과 사업소득이 노후소득 제공에 공적이전소득을 훨씬 넘어서는 역할을 하고 있으며, 노후소득보장 강화의 핵심이 고령노동 활성화나 사적연금 활성화가 되기는 어렵다. 이는 공적연금 강화가 한국 노후소득보장 강화의 핵심이

46) 주은선 등(2017)의 계산에서 사용한 원자료는 OECD(2016a), 'Income distribution', OECD Social and Welfare Statistics(database)이다.

될 필요가 있음을 보여준다. 노인빈곤의 광범위함과 낮은 이전소득 비중은 현 세대 노인 대상의 기초연금제도 개혁과 소득비례연금제도의 적절성 실현, 양자 없이는 노인빈곤 양상을 바꿔놓기 어렵다는 것을 보여준다.

물론 미래 노인세대의 구성 변화, 즉 현재 노인세대에 비해 베이비붐세대가 자산, 학력, 소득이 높다는 점은 노인의 절대빈곤 완화에 기여할 것이다. 연금제도의 성숙 역시 마찬가지이다. 그러나 노동시장 상황을 볼 때 미래 노인세대의 경제상태를 낙관할 수 없다.47) 특히 노인세대에게 사회 평균적인 생활수준을 고려한 상대빈곤의 급격한 감소를 예상하기는 어렵다. 상대빈곤 완화는 기여방식 연금이 충분한 급여를 제공할 때 해소될 수 있으며, 기여방식 연금의 특성상 효과를 발휘하는 속도는 느리다. 게다가 국민연금, 퇴직연금, 개인연금 등의 한계는 분명히 그 효과를 제약할 것이다. 이는 다음에 설명할 노동시장과 노후소득보장제도 상황과 깊이 연관된다.

## 2. 노동시장과 노후보장제도

한국 노동시장 상황은 현재와 미래의 노후소득보장제도 작동, 즉 대상포괄과 보장기능 수행, 자원 할당(재원) 등에 영향을 미친다. 특히 기초연금과 국민연금의 역할구성이 한국 노후보장제도 전망의 주요 쟁점 중 하나인데, 국민연금 역할 축소 주장의 주요 논거 중 하나가 불안정 고용 증가라는 점에서(오건호, 2016) 한국 노동시장 상황 변화와 노후소득보장제도의 대응은 주목할 만하다.

1998년 이후 한국 노동시장의 고용불안정 심화 및 저임금노동의 확대

47) 베이비붐 세대 역시 주된 일자리에서의 이른 은퇴, 불안정한 고용 확대 등으로 은퇴 이후 소득불안정 위험이 높다. 청년세대 고용불안정 문제도 마찬가지인데 미래 노인의 경제상태와 관련해서는 빈곤 규모뿐만 아니라 불평등 심화를 고려해야 한다.

추세는 최근까지도 유지되고 있으며, 그 변화의 복잡성은 가중되고 있다. 문제는 한국 노후소득보장제도는 제도발전 과정에서 이에 대한 대응을 적극적으로 하지 못했다는 것이다. 그 결과 노후소득보장제도와, 제도의 기반이 되는 노동시장의 괴리는 계속 커졌다.

2015년 기준 한국의 비정규직은 약 627만~897만 명으로 추산되는데 이는 전체 임금노동자의 32.5~42.5%에 달한다(배규식, 2017).[48] 이 중 전형적인 불안정노동으로서 시간제 노동자 수 증가 경향은 뚜렷하였는데 주 60시간 이상 시간제 노동자를 국민연금이 포괄하기 시작한 것은 2010년부터였다(표 6-3 참조). 이는 고용불안정 심화에 대한 노후소득보장제도의 느린 대응을 보여준다. 2004~2013년 사이 시간제 노동자 수는 약 107만 명에서 약 188만 명으로, 전체 취업자 중 비중이 4.8%에서 7.4%로 증가하였고(오호영, 이은혜, 2014), 전체 노동자 중 비중은 10%를 넘어섰다. '괜찮은 일자리(decent job)'로 시간제 일자리를 확대하겠다는 지난 박근혜 정부의 정책 표명에도 불구하고 여러 형태 불안정고용 중에서도 임금과 노후보장 면에서 가장 열악한 일자리로 자리 잡았다. 성혜영(2013)에 따르면 시간제 노동자의 월평균 임금수준은 2013년 1~3월 평균 65만 1,000원으로 정규직노동자 평균임금 253만 3,000원의 25.7% 수준에 불과하였으며, 국민연금 가입 비율은 13.9%였다.

서구 비정규직 노동자가 주로 시간제 노동자인 데 비해 한국 비정규직 노동자의 내부 구성은 한층 복잡하여 노후보장제도의 대응은 더욱 어렵다. 파견노동자, 사내하청노동자, 용역노동자 등은 사용자 책임의 불명확성으로 인해, 일용직 노동자, 호출노동자 등은 고용과 소득의 극단적인 불안정성으로 인해, 그리고 특수고용직 노동자 다수는 아예 명확한 사용

---

48) 한국 비정규직 노동자 추산 규모 차이는 주로 사내하청노동자와 특수고용직 노동자 등의 범주 규정 차이에 따른 것으로 보인다.

자 책임은 물론 노동자성을 인정받지 못하는 문제 등으로 인해 사회보장제도 가입 및 노후보장에 어려움을 가지고 있다(주은선 등, 2017).

더욱이 한국 대기업은 더 이상 좋은 일자리의 원천이 되고 있지 않다. 즉, 기업규모를 중심으로 하는 사회보험 적용확대 전략의 유효성은 희미해지고 있다. 1990년대까지 한국 노동시장은 기업규모를 축으로 하는 분절된 노동시장으로 간주되곤 하였으나, 이미 유통, 서비스는 물론 제조업 분야에서도 대기업의 간접고용, 기간제 활용 비율은 높다. 이에 300인 이상 대기업의 정규직 고용 비중은 59.7%에 불과하다(고용노동부, 2017b; 김유선, 박관성, 2017에서 재인용). 특히 대기업들은 간접고용을 적극적으로 활용하고 있는데, 대기업의 간접고용 비정규직 비중은 19.0%로 직접고용 비정규직 비중 21.3%에 필적한다(고용노동부, 2017b; 김유선, 박관성, 2017에서 재인용). 더욱 주목할 만한 것은 300인 이상 규모 기업에서는 기업규모가 클수록 비정규직 비율이 높다는 것이다. 300인 이상 500인 미만 기업은 비정규직 비율이 29.2%인데, 1만인 이상 거대기업은 42.5%에 달한다. 간접고용 비정규직 비율 격차는 더욱 큰데, 300인 이상 500인 미만 기업은 3.8%인데 1만인 이상 거대기업은 31.5%다(고용노동부, 2017b; 김유선, 박관성, 2017에서 재인용). 즉 상대적으로 사용자 책임을 실행할 여력이 있는 대기업들이 직접고용 책임을 회피하는 전략을 구사하고 있는 것이다. 이에 기업규모에 따른 격차와 고용형태에 따른 격차는 서로 중첩되어 더욱 복잡한 양상을 보이고 있다.

이렇게 통상적인 비정규직은 물론 파견노동, 특수고용직 등 변칙적 고용형태 노동자들이 늘어나는 가운데, 국민연금과 퇴직연금제도의 사업장 규모 및 고용형태에 따른 가입제한은 오랫동안 유지되어 불안정노동자에게 노후소득안전망을 제공하는 노력은 지체되었다. 〈표 6-3〉의 국민연금 사업장가입자 요건 변화 과정은 피용자 규모 제한 폐지, 시간제 노동자

가입, 고용기간 요건 완화 등이 제도 도입 이후 상당한 시간이 흐른 이후에 이루어졌음을 보여준다.49)

〈표 6-3〉 국민연금 사업장 가입자 요건의 변화 과정

<table>
<tr><th colspan="2">구분</th><th>1988</th><th>1992</th><th>2003.7</th><th>2010.9</th><th>2011</th><th>2015</th></tr>
<tr><td colspan="2">사업장 요건</td><td>10인 이상</td><td>5인 이상</td><td>1인 이상</td><td></td><td></td><td></td></tr>
<tr><td rowspan="5">고용 요건</td><td>일용직</td><td rowspan="2">3개월 이상 근로</td><td></td><td rowspan="4">1개월 이상 근로</td><td></td><td></td><td></td></tr>
<tr><td>기간제</td><td></td><td></td><td></td><td></td></tr>
<tr><td>계절직</td><td rowspan="2">3개월 이상 근로</td><td></td><td></td><td></td><td></td></tr>
<tr><td>임시직</td><td></td><td></td><td></td><td></td></tr>
<tr><td>시간제</td><td></td><td></td><td>(신설) 월 80시간 이상 근로</td><td>월 60시간 이상 (단, 60시간 미만도 3개월 이상 근속 시간강사, 사업주 동의 있는 경우 당연적용)</td><td></td><td>둘 이상 사업장 합산 60시간 이상 적용 (단, 희망하는 경우)</td></tr>
<tr><td colspan="2">연령요건</td><td></td><td>1995: 사용자 동의하에 18세 미만 가입 가능</td><td></td><td></td><td></td><td>18세 미만 의무적용 확대 (희망하는 경우 제외)</td></tr>
<tr><td colspan="2">소득요건</td><td></td><td></td><td>2000.12: 기초생보자 적용 제외</td><td></td><td>기초생보자 적용 (희망하는 경우 제외)</td><td></td></tr>
</table>

자료: 이용하. (2015). 국민연금 사업장가입자 확대정책의 성과. p. 2 〈표 1〉.

49) "불확실한 당시 경제상황에서 20~30년 뒤의 노후소득보장을 위해 연금에 가입한다는 것은 개인과 기업 모두에게 쉽지 않은 결정이었다. 이러한 상황은 실직, 휴직, 사업중단 등 상황에서는 연금보험료를 면제해 주는 '납부예외'라는 한국의 공적연금제도에만 존재하는 독특한 제도를 탄생시킨다"(주은선 등, 2017).

국민연금은 가입요건을 완화한 이후에도 실제 가입은 여전히 정규직노동자가 중심이 되고 있다. 1998년 외환위기 이후 파견노동 허용, 대규모 구조조정, 조기은퇴 확대 등의 변화 속에서 국민연금제도는 사업장 규모 제한을 없애는 등의 노력을 하였지만 현실 노동시장 변화에 대응하기에는 역부족이었다. 국민연금 가입의 정규직노동자 중심성은 가입률 격차를 통해 명확히 드러난다. 2013년 기준 임금근로자 전체의 국민연금 가입자 비율은 67.9%였는데, 정규직 가입률은 81.3%, 비정규직의 가입률은 평균 40.0%였다(성혜영, 2013).

한편 퇴직연금의 경우 노동시장 변화와 노후소득보장제도의 괴리는 더욱 명확하다. 과거 퇴직금 제도는 사업장 규모 제한과 고용기간 제한 규정을 갖는, 일정 규모 이상 사업장의 전형적인 '근로자'에게 적용되는 제도였기 때문에 퇴직금제도에서 파생된 퇴직연금제도는 다양한 비전형적인 노동자, 특히 자영자로 위장된 노동자들에게는 적용이 어렵다. 이는 국민연금이 불안정노동자 일부를 지역가입자로 포괄할 수 있는 것과도 다르다. 또한 퇴직연금제 도입 당시 퇴직금에서 퇴직연금제로 전환이 선택제가 되고, 중간정산이 가능해지면 퇴직연금의 대상포괄 및 노후보장 기능 수행수준은 더욱 낮아졌다. 정인영 등(2015)에 따르면 2009년 기준 우리나라의 사적연금 가입률은 퇴직연금의 경우 18.8%, 개인연금의 경우 12.2%에 불과하다.

1998년 이후 한국 노동시장의 변화는 빨랐으나, 노후소득보장제도의 대응은 느렸다. 국민연금의 가입대상 요건 규정이 완화되고 퇴직연금제도 적용을 점진적으로 의무화했으나 이미 배제된 노동자들을 제도 안으로 포괄하는 속도는 그리 빠르지 않다. 또한 여태까지의, 그리고 미래 진행될 노후보장제도 변화가 불안정고용의 복잡화 및 간접고용 확대와 같은 자본의 비용절감 전략에 제대로 대응할 수 있을지 불분명하다. 한국 노후소득보장제도와 노동시장의 괴리가 가져오는 노후보장의 문제는 뒤의 쟁점 부분에서 자세히 살펴보자.

## 3. 인구구조 변화와 노후보장제도

한국의 인구구조 변화, 특히 고령화는 2000년대 초부터 예견되었고 연금제도의 재정 기반을 위협하고, 세대 간 불공평을 가져오는 근본적인 요인으로 언급되었다. 그러나 인구구조 변화는 공적연금뿐만 아니라 사적연금을 포함하는 노후소득보장제도 전체에 영향을 미치는 요인으로 조명될 필요가 있다. 또한 이 문제는 재정 기반과 세대 간 공평성뿐만 아니라, 노후소득보장에 대한 필요를 변화시키는 문제이기도 하다. 더욱이 이는 몇 세대에 걸친 장기적 변화이니만큼 바람직한 방향의 해법을 지속적으로 추구할 문제이기도 하다.

한국의 급속한 고령화는 잘 알려진 것처럼 무엇보다도 출산률 저하와 관련된다. 한국의 합계출산율은 2000년대 급감한 이후 회복되지 못하여, 2016년 기준 1.172에 불과하다(통계청, 2017c). 그 결과 빠른 속도의 생산가능인구(15~64세) 감소와 고령인구 증가가 이루어지고 있는데 통계청(2016c) '장래인구추계: 2015~2065'에 따르면 전체 인구 중 생산가능인구 비중은 2016년 73.4%(3,763만 명)를 정점으로 계속 감소하여 2065년에는 전체 인구의 47.9%인 2,062만 명이 될 것으로 전망되었다. 전체 인구 중 65세 이상 고령자 비중은 2015년 12.8%(654만 명)에서 2035년 28.7%, 2065년에는 42.5%로 상승할 것으로 예측되었다. 노후보장제도의 작동에서 세대 간 부담 격차를 직접 보여주는 것은 노년부양비이다. 노년부양비[50]도 2015년 17.5명에서 2036년 50명, 2065년에

50) 이는 생산가능인구(15~64세 인구) 100명당 65세 이상 고령인구를 의미한다.

는 88.6명까지 증가할 것으로 예상된다(통계청, 2016c).

통상적으로 이러한 생산가능인구 감소와 고령자 증가가 연금보험료 수입 감소와 지출 증가로 이어져 미래세대의 노후보장 재정부담이 심각하게 커진다고 전망되었다. 특히 공적연금에 미치는 재정적 영향이 강조되었다. 국민연금 기금고갈론이 대표적인데 2013년 제3차 국민연금 재정계산에 따르면 국민연금기금은 2040년대 중반까지 계속 증가하여 정점에 이른 후 지출 증가와 수입 감소로 2060년까지 빠른 속도로 감소하여 소진될 것으로 예상되었다(국민연금재정추계위원회, 보건복지부, 2013).

따라서 2040년대 이후의 경제활동인구 감소폭을 줄이는 것, 현재의 출산율 증가가 미래 전망을 바꾸는 데 필수적이라 할 수 있다. 그러나 출산율 증가를 통해 고령화 경향을 완화시킬 수는 있겠으나 이를 역전시키기는 쉽지 않다. 이에 노후소득보장이 인구문제를 포함하는 사회의 지속가능성과 성장의 문제라는 인식하에서 다른 각도의 노력을 기울일 필요가 있다. 기술혁신, 인적자본 투자, 여성 경제활동참여율 증가, 경제활동연령대의 조정 등이 그것이다.

우선 부양비는 실제 각 세대별 생산성, 경제활동참여율 등을 고려하여 조명할 필요가 있다. 우선 노후보장제도의 재원 측면에서, 생산가능인구의 크기는 생산, 즉 부의 크기에 영향을 미치지만, 부는 인구 크기뿐만 아니라 노동력의 질, 그리고 그와 결합된 기술진보와도 관련된다. 높은 건강수준과 교육수준, 기술 변화에 대한 적응력 등에서 비롯되는 높은 생산성은 근로인구 수 감소를 어느 정도 보완한다. 이는 인구변화 시기에 기술혁신과 인적자본에 대한 적극적인 투자가 더욱 요구됨을 의미한다.

또한 유럽 여러 나라의 경험은 인구변화 시기에 여성 노동시장참여율을 적극적으로 끌어올림으로써 노동력 활용 규모를 어느 정도 유지하였음을 보여준다. 한국은 2016년 기준 여성고용률이 50.2%로(통계청, 2017b),

여성노동력 활용수준이 높아질 여지가 많다. 교육, 돌봄 등에 대한 우리 사회의 자원투여량이 훨씬 커질 때 인적자본 향상, 여성 경제활동 증가가 이루어질 수 있으며, 경제적 성과와 함께 연금제도의 안정성 역시 높아질 수 있다. 국민연금기금 일부를 돌봄, 건강, 교육 관련 공공서비스인프라 확충에 투자하자는 제안이 제기된 바 있는데, 이는 고용, 출산에 대한 긍정적인 영향을 통해 연금제도 스스로의 재정 기반을 확충하는 의미도 지니기 때문이다.

또한 연금급여 지출과 수입의 균형은 개별 노동자들의 근로시기 및 은퇴시기 조정과도 관련된다. 경제구조 변화와 고용불안정 증가 국면에서 고령화가 급속하게 진행되는 가운데 주된 일자리(primary job)에서의 은퇴시기가 당겨지는 역설적인 상황에서 생애과정 중 경제활동기간을 일정기간 이상 확보하도록 지원할 필요가 있다. 이는 입직시기 조정과 주된 일자리에서의 은퇴시기 조정 양자의 문제이기도 하다.[51)]

결국 부양에 관한 세대 간 계약의 핵심은 노인들의 소득보장 비용을 GDP의 어느 정도까지 할당할 것인지에 관한 사회적 합의이다(주은선 등, 2017). 공적연금 재정 기반을 연기금 규모 추이가 아니라 사회 전체의 자원 할당 문제로 보는 관점에서, GDP 대비 국민연금 지출 규모를 보면, 국회예산정책처 추계에 따르면 2016년 기준 국민연금 지출은 1.15%로서 OECD 평균 9.5%에 비해 매우 낮은 수준이지만, 고령화가 진행될 2060년이 되면 4.89% 수준으로 증가할 것으로 예측되었다. 또한 2060년 기초연금 지출은 GDP의 1.77%일 것으로 예측되었다(국회예산정책처, 2016). 그런데 GDP 대비 지출추계를 보면 고령화가 국민

51) 최근 고령화에 따른 연금수급연령 연기가 정책 어젠다로 수차례 언급되었지만, 지금과 같이 공적연금 수급연령과 은퇴 사이에 약 10년의 격차가 있는 상황에서는 노동시장 입직시기 및 은퇴시기 조정 없이 공적연금 수급연령 조정은 어렵다. 연금수급연령 연기는 노동시장 변화를 전제로 하는 장기적인 정책과제라 할 수 있다.

연금 지출에 미치는 영향은 앞서 노년부양비나 연기금 추이를 가지고 언급한 것처럼 파괴적이지는 않다. 기초연금까지 함께 고려해도 2060년경 공적연금지출 규모는 다른 OECD 국가들의 현재 연금지출 규모와 유사하다. 인구의 급격한 변동 가운데 연금재정 할당에 대한 사회적 합의 역시 달라질 수 있지만 다른 국가들의 경험이나, 고령인구 비중이 40%를 넘어서는 시기의 노후소득보장에 대한 필요로 볼 때, 2060년경 공적연금 비용으로 GDP 대비 10~15% 규모의 자원 할당에 합의하는 것은 불가능해 보이지 않는다. 오히려 고령인구 규모로 볼 때 필요한 최소 재정지출 수준으로 보인다.

한편 고령화 국면에서 이를 돌파하는 대안으로 사적연금 활용이 제시된 바 있다. 퇴직연금과 개인연금 등의 사적연금은 개인저축과 같이 작동하여 세대 간 부양과 무관한 것으로 고령화 부담에서 자유로운 것으로 취급되는 경향이 있다. 그러나 이들 사적연금제도 역시 매 시기 연금자산 현금화를 필요로 한다는 점에서 생산자산 일부를 노인세대 부양에 할당한다는 점은 공적연금과 마찬가지이다. 연금자산을 계속 구매할 경제력을 갖춘 인구가 필요하다는 것이다. 이런 면에서 사적연금비용 부담 역시 공적연금과 형태는 다르지만 인구구조 변화에 영향을 받는다고 할 수 있다.

고령화의 부담에서 자유로운 노후소득보장제도는 존재하지 않는다는 점에서, 장기적인 인구구조 경향을 변화시키기 위한 직접적인 노력에 더해, 고령화의 부정적인 영향 자체를 줄이기 위한 사회적 노력들이 필요하다. 우리 사회에 고령화 흐름은 시작되었지만 이는 장기적인 것인 만큼, 그것이 사회에 미치는 영향은 고정된 것이기보다는, 현재의 정책 실천에 의해 변화 가능한 미래로 바라보는 것이 더 적절할 것이다.

## 제4절 한국 노후소득보장제도의 개혁 과제

한국 노후소득보장제도는 앞서 언급한 바와 같이 여러 개의 공사 연금제도가 중층적으로 노후보장을 하도록 설계되어 있으나, 해당 연금제도들이 모두 대상포괄 문제와 급여수준 문제를 공통적으로 안고 있다. 그 결과 아직 노인 중 다수가 노후소득보장제도를 통해 제대로 된 소득을 보장받고 있지 못하다는 것이 기본적인 문제 양상이다. 그 구체적인 문제 양상을 각 층위별로 살펴보자.

### 1. 기초연금

기초연금은 가장 광범위한 소득보장을 제공하는 제도이지만 역시 보장수준과 대상포괄 문제를 함께 가지고 있다. 먼저 보장수준 문제를 살펴보자. 기초연금 기준연금액은 2017년 4월, 기준급여액은 단독가구는 20만 6050원, 부부가구는 32만 9680원이다. 애초 기초연금 급여는 국민연금 A값의 10% 수준으로 설정되었는데, 실제로는 이에 못 미친다. 기초연금 급여는 2014년 제도개편과 함께 한 차례 대폭 인상된 바 있으나 국민기초생활보장급여 1인 가구 수급기준 소득인정액의 절반에도 미치지 못한다. 국민연금과 각종 특수직역연금 등을 받지 못하는 노인이 약 58%로 (통계청, 2016b), 이들 중 국민기초생활보장 수급자를 제외한 상당수는 기초연금에 의존한다. 물론 국민연금 급여액이 매우 낮아 국민연금과 기초연금을 모두 받아도 빈곤상태에 머무르는 경우 역시 드물지 않다. 또한 2014년 기초연금 인상 이후에도 노인빈곤율이 크게 낮아지지 않은 상황이다. 기초연금에만 의존하는 노인 수가 상당하며, 국민기초생활보장급여 1인 가구 수급기준 소득인정액과의 격차가 지나치게 크다면, 기초연금 급여액 수준의 조정을 고려할 필요가 있다. 다만 기초연금의 제도 목적이 한국 노인에게 기본적인 노후보장 권리를 제공하는 것이라면 급여액 인상에 제약이 있을 수밖에 없다. 따라서 이 경우에도 기초연금이 주 수입원인 빈곤노인들에 대한 국민기초생활보장급여제도의 수급권 부여나 별도의 소득보장 장치 도입을 고려해 보아야 한다.

또한 기초연금 급여 설계에서 장기적으로 중요한 영향을 미치는 것은 2014년 기초연금 급여액 인상과 함께 도입된 감액제도이다. 기초연금급여는 앞서 설명한 바와 같이 국민연금 가입기간과 연계되어, 국민연금 중 세대 간 이전부분을 고려하여 국민연금 가입기간이 길어질수록 감액되도록 되어 있다. 감액제가 적용되기 시작한 즈음인 2014년 8월 기초연금수급노인 중 388만 명에게는 20만 원이, 32만 명에게는 10만~20만 원이 차등 지급되어(탁현우, 2016), 감액 적용자 비율은 낮았으나 그 비율은 국민연금 성숙에 따라 증가할 예정이다. 국민연금 장기수급자 노인에 대한 기초연금 감액 비중은 계속 늘어날 전망이므로 앞으로 기초연금의 역할 및 지출, 그리고 전체 연금제도 작동에 중요한 영향을 미칠 것으로 보인다.

이는 국민연금 급여수준이 매우 낮은 상태에서 연계제도가 도입됨으로써 전체 공적연금 보장수준을 낮추는 효과를 가져 보장성을 떨어뜨릴 수 있다. 이에 기초연금의 감액제도에 예외조치가 만들어졌다. 이는 다시 기초연금 지급 및 급여수준 적용에 비일관성을 발생시키고 있다.[52] 즉, 복잡성과 함께 제도의 일관성이 떨어지는 문제점이 있다. 더욱이 국민연금에서 균등부분, 소위 세대 간 이전을 이런 방식으로 억제하는 것이 국민

52) 기초연금과 국민연금 연계에 예외가 있다. 2014년 기준 국민연금 수령액이 30만 원 이하인 노인은 가입기간에 따른 기초연금 감액 없이 급여 20만 원을 모두 받았다. 이로 인한 소득역전현상을 보완하기 위해, 국민연금과 기초연금 합이 50만 원에 못 미치는 경우 기초연금을 더 지급하여 50만 원을 채우는 방안이 입법과정에서 뒤늦게 도입되었다. 국민연금 급여수준이 매우 낮은 상황에서 두 연금제도 연계에서 발생하는 문제를 보완하기 위한 것이다.

연금 장기가입자에게 새로운 불공평성을 야기하는 것은 아닌지 검토할 필요가 있다. 또한 앞서 언급한 바와 같이 노동자성과 사용자 책임이 불분명한 불안정한 노동자들이 차선책으로 '자발적'으로 국민연금에 가입해야 하는 상태에서 장기가입자에 대한 기초연금 감액은 국민연금 가입 유인을 떨어뜨릴 수 있다는 점이 우려된다. 특히 국민연금 급여수준이 매우 낮은 상태에서 기초연금 급여수준이 올라갈 경우 더욱 그러하다.

기초연금 급여수준과 관련하여 한 가지 더 문제되는 것은 물가 연동에 따른 기초연금 실질가치 하락 문제이다. 기초연금액산정 기준(기준연금액, 부가연금액 등)은 A값(국민연금 가입자 평균소득) 변동률이 아니라 물가변동률에 따라 조정하게 되었으며, 이 금액은 5년에 한 번 검토하여 대통령령으로 결정하도록 되어 있다. 물가연동방식 유지 시 기초연금의 상대 수준은 계속 떨어져 보장성은 더욱 낮아질 것으로 예상된다. 연금개혁 사례들에서 급여연동 기준은 장기적인 연금급여액 절감 효과를 위해 흔히 조정되는 것 중 하나이지만, 현재 기초연금 급여수준과 노인들의 경제상태, 특히 지난 10여 년 동안 노인가구와 일반가구의 소득격차 증가 추이를 볼 때 물가연동방식을 계속 유지하는 것이 적절할지는 의문이다.

마지막으로 기초생활수급자 노인에 대한 기초연금 지급 문제이다. 이는 기초연금의 불분명한 성격과도 관련된다. 기초연금을 일종의 준공공부조로 본다면 이를 소득인정액에 포함시키는 것이 당연하지만, 이를 시민권에 기반을 둔 준보편적 급여로 본다면 기초생활보장수급자에게 그 수급권을 제한하는 결과를 가져온다. 이 문제는 실질적으로는 빈곤노인에 대한 소득보장의 불충분함으로 인해 부각된다.[53] 제도 정체성의 불분명함으로 인해 빈곤노인에 대한 불충분한 소득보장이 이루어진다면 이를

53) 2015년 기준 노인가구 소득 3분위 이하 평균 기초연금 수급액이 다른 소득분위에 비해 낮은 것으로 나타났으며, 기초수급자 노인의 7%는 아예 기초연금을 신청하지 않았다(탁현우, 2016).

해소할 방안은 분명 필요할 것이다.

이제 기초연금의 대상포괄 문제를 살펴보자. 대상포괄 문제는 노인의 필요를 충족시키고 있는가의 문제이지만, 이는 또한 한국 노후소득보장제도가 어떠한 형태의 기초보장제도를 필요로 할 것인가에 대한 판단과 선택에 관한 문제이다. 기초연금은 가장 광범위한 보장을 제공함에도 불구하고, 명칭과 달리 보편적 수당 원칙에서 벗어나 있으며 대상포괄 문제를 안고 있다. 기초연금 급여는 노인 소득하위 70%에게 지급되도록 되어 있어 준보편적 수당, 혹은 느슨한 공공부조로 해석될 여지가 있는데 2014년 7월 기준 노인 639만 명 중 약 410만 명에게 연금이 지급되었고 229만 명이 제외되었다. 2014년 수급률(2015년 수급률 집계 중)은 66.8%로 1826억 원의 미집행액과 3.2%의 미수급자가 존재한다(탁현우, 2016).

현재 대상기준으로 노인들의 필요를 모두 충족시키고 있는지는 논란의 여지가 있다. 특히 재산환산소득 등 수급기준을 둘러싼 불공평성 논란 및 욕구 미충족 문제는 남아 있다. 또한 약간의 소득이 있는 수급자는 선별성으로 인한 탈락 가능성으로 급여의 불안정성이 존재한다. 기초연금은 명칭과 달리 보편적 수당의 원칙을 따르지 않으면서 노인을 다양한 방식으로 분할하면서 보장을 제공한다. 기초연금 전액 수급자노인/비수급 노인/기초생활보장급여 수급자-비수급 노인/국민연금장기가입자-기초연금 감액 혹은 비수급자 등의 분할이 그것이다. 이러한 방식이 갖는 재정적 이점과 단점을 비교해 볼 필요가 있다.

## 2. 국민연금

국민연금제도는 기초연금과 달리 이미 도입된 지 약 30년에 이르고 있는 소득비례연금으로서, 가입자들의 가입 이력이 길어지고 있는 만큼, 이제는 기초연금과는 차별화된 기본 보장 이상의 소득보장 기능을 수행할 필요가 있다. 그러나 실제로 국민연금은 소득비례방식의 공적연금에 기대되는 기능을 하고 있지 못하다. 국민연금 급여수준은 낮고, 국민연금 수급자는 아직 소수이며 여전히 대상포괄 문제가 있다. 첫 번째 쟁점으로 대상포괄 문제를 살펴보자.

먼저 수급자를 보면, 국민연금을 받지 못하는 급여 사각지대는 여전히 광범위하다. 2015년 현재 국민연금 수급연령인 65세 이상 노인 중 국민연금을 받는 노인은 전체 노인 678만 명 중 245만 명으로 36.4%에 불과하다(신경혜, 2016).[54] 2005년 16%에 불과했던 65세 이상 인구의 공적연금 수급률은 매년 꾸준히 증가하고 있는 추세이지만(정인영 등, 2015), 여전히 63.6%의 고령자는 공적연금 수혜대상에서 제외되어 수급에 광범위한 사각지대가 존재하고 있다.

〈표 6-4〉 국민연금 수급률과 평균소득대체율 추이 예측

(단위: %)

| 구분 | 평균 소득대체율 | 노령연금수급자 /65+인구 | 장애연금_65+수급자/65+인구 | 유족연금_65+수급자/65+인구 |
|---|---|---|---|---|
| 2013 | 19.9 | 29.0 | 0.2 | 3.6 |
| 2015 | 24.2 | 31.0 | 0.3 | 4.4 |
| 2020 | 24.8 | 34.2 | 0.3 | 6.4 |
| 2030 | 23.3 | 40.9 | 0.4 | 8.8 |
| 2040 | 21.8 | 54.4 | 0.4 | 10.4 |
| 2050 | 20.4 | 68.4 | 0.3 | 11.8 |
| 2060 | 22.3 | 78.6 | 0.3 | 12.4 |
| 2070 | 21.9 | 82.5 | 0.2 | 11.9 |

주: 1) 2013년 재정계산 장기추계모형 사용, 국민연금연구원 추계(2013. 4.).
2) 소득대체율은 해당연도의 특례, 재직자노령연금 수급자를 제외한 노령연금 수급자들의 최초 연금월액과 생애평균소득월액(B값)의 비율로 계산한 것임.
자료: 국민연금연구원, 국민연금제도발전위원회. (2013). 2013 국민연금재정계산-국민연금 제도 개선방향.

54) 유족연금, 장애연금까지 포함한 수치로 노령연금만의 수급률은 31.5%이다(신경혜, 2016).

위 〈표 6-4〉의 예측치를 보면 이 사각지대의 획기적 개선 가능성은 낮다. 2040년 65세 이상 노인 중 국민연금 수급률은 65.2%에 도달하며, 2060년 이후에야 65세 이상 국민연금 수급률이 독일, 영국, 미국, 캐나다, 호주, 스웨덴, 일본 등과 같이 90%를 넘을 것으로 예측된다. 미래 국민연금 수급률 증가 속도는 가입률 제고를 위한 다양한 제도적, 행정적 변화에 따라 빨라질 수 있다. 이에 국민연금 가입률 문제를 들여다볼 필요가 있다. 인구 대비 공적연금제도 적용률을 보면, 공적연금의 역사가 오래된 독일, 영국, 미국, 캐나다, 호주, 스웨덴, 일본 등은 대부분 80%를 상회하지만(World Bank, 2012; 정인영 등, 2015에서 재인용), 한국의 경우 2014년 6월 기준 18~59세 경제활동인구 중 공적연금 보험료를 납부하는 공적연금 가입자(특수직역연금 포함)는 65.4%이다(정인영 등, 2015). 이는 개별 가입자당 가입 연수의 차이와 밀접하다. EU의 2010년 기준 공적연금 평균기여기간은 38.6년에 이르지만(European Commission, 2012, p. 133), 한국의 경우 이는 2020년 기준 약 24.8년을 정점으로 오히려 계속 줄어들 것으로 예측된다(표 6-4 참조).

국민연금 도입 초기 가입 및 적용문제가 제도 정착에 관한 것이었다면 앞서 2장에서 언급한 바와 같이 이제 이 문제는 고용형태 변화에 대한 대응에 관한 것이 되었다. 대상포괄 문제의 핵심 쟁점은 노동시장 유연화 가운데 경제활동인구가 사회보험방식 공적연금에 어떻게 꾸준히 가입하도록 할 것인가 하는 문제이다.

다양한 불안정노동자들의 국민연금 가입 추이를 볼 때 사회적 대응은 아직 미흡하다. 2000년대에 비정규직 형태가 복잡하고 다양해지는 추세인데, 아래 〈표 6-5〉에 따르면 비정규직 전체의 국민연금 가입률은 2008년 49.7%에서 2016년 48.8%로 정체 상태이다.

〈표 6-5〉 비정규직 고용형태별 국민연금 가입비율

(단위: %)

| 연도 | 비정규직 전체 | | | 한시 | | | 시간 | | | 파견 | | |
|---|---|---|---|---|---|---|---|---|---|---|---|---|
| | 사업장 | 지역 | 계 | 사업장 | 지역 | 계 | 사업장 | 지역 | 계 | 사업장 | 지역 | 계 |
| 2008 | 39.0 | 10.8 | 49.7 | 56.4 | 6.8 | 63.1 | 6.4 | 9.7 | 16.1 | 70.5 | 6.6 | 77.2 |
| 2009 | 38.2 | 10.9 | 49.1 | 56.5 | 6.3 | 62.7 | 7.4 | 8.7 | 16.1 | 73.2 | 3.4 | 76.6 |
| 2010 | 38.1 | 11.5 | 49.5 | 58.6 | 6.1 | 64.7 | 9.3 | 9.1 | 18.4 | 67.1 | 6.0 | 73.0 |
| 2011 | 38.2 | 10.4 | 48.6 | 58.2 | 5.3 | 63.5 | 11.0 | 7.9 | 18.9 | 67.1 | 4.2 | 71.3 |
| 2012 | 39.0 | 11.0 | 50.0 | 58.6 | 5.3 | 63.9 | 12.2 | 8.5 | 20.7 | 64.0 | 5.8 | 69.8 |
| 2013 | 39.2 | 11.6 | 50.8 | 57.7 | 5.2 | 63.0 | 13.5 | 9.5 | 23.0 | 63.8 | 5.9 | 69.7 |
| 2014 | 38.4 | 12.3 | 50.7 | 56.0 | 6.0 | 62.0 | 14.6 | 9.0 | 23.6 | 69.1 | 3.8 | 72.9 |
| 2015 | 36.9 | 12.4 | 49.3 | 54.4 | 6.9 | 61.3 | 13.3 | 10.7 | 23.9 | 63.0 | 5.1 | 68.1 |
| 2016 | 36.3 | 12.5 | 48.8 | 53.1 | 6.9 | 60.0 | 15.3 | 11.3 | 26.6 | 64.9 | 5.8 | 70.6 |
| 연도 | 용역 | | | 특고 | | | 가내 | | | 일일·호출 | | |
| | 사업장 | 지역 | 계 | 사업장 | 지역 | 계 | 사업장 | 지역 | 계 | 사업장 | 지역 | 계 |
| 2008 | 56.3 | 5.4 | 61.7 | 6.9 | 29.7 | 36.6 | 1.6 | 14.9 | 16.5 | 0.9 | 19.4 | 20.3 |
| 2009 | 58.1 | 4.3 | 62.4 | 0.5 | 28.6 | 29.1 | 8.3 | 10.8 | 19.1 | 0.2 | 21.8 | 22.0 |
| 2010 | 59.0 | 4.3 | 63.3 | 0.4 | 34.9 | 35.3 | 7.7 | 6.6 | 14.3 | 0.3 | 23.6 | 23.9 |
| 2011 | 52.5 | 2.8 | 55.3 | 3.4 | 32.4 | 35.8 | 7.5 | 5.3 | 12.9 | 0.2 | 21.6 | 21.8 |
| 2012 | 53.4 | 2.9 | 56.3 | 3.8 | 37.6 | 41.3 | 5.8 | 13.7 | 19.5 | 0.2 | 24.8 | 24.9 |
| 2013 | 53.6 | 4.0 | 57.6 | 4.5 | 38.8 | 43.2 | 17.5 | 9.7 | 27.2 | 0.6 | 26.3 | 26.9 |
| 2014 | 50.7 | 3.9 | 54.7 | 2.8 | 45.0 | 47.8 | 9.1 | 8.2 | 17.3 | 0.1 | 27.7 | 27.8 |
| 2015 | 47.5 | 5.3 | 52.8 | 1.9 | 42.4 | 44.3 | 14.2 | 10.8 | 25.0 | 0.2 | 24.8 | 25.1 |
| 2016 | 42.1 | 5.4 | 47.5 | 2.3 | 43.5 | 45.7 | 9.3 | 21.8 | 31.1 | 0.3 | 25.1 | 25.3 |

자료: 주은선 등(2017) 중 권혁진 작성 〈표 4-10〉.
원자료: 통계청. (2008~2016). 경제활동인구조사 8월 부가조사.

범주별로 보면 2008년에서 2016년 사이 한시적 계약, 파견, 용역 노동자들의 국민연금 가입률은 감소하였고, 대신 시간제, 특고, 가내, 일일·호출 노동자들의 국민연금 가입률은 증가하였다. 국민연금 가입률 전체로 보면 비정규직 중 비정규직보호법의 대상이 되는 한시적 계약 노동자, 파견노동자의 가입률은 상대적으로 높으나, 가내노동자와 시간제노동자는 국민연금가입률이 매우 낮다. 특고노동자, 용역노동자의 국민연금 가입률도 50% 미만이다. 이들 국민연금 가입률이 낮은 노동자들은 사회보험제도에 편입되기 어려운 특성-단기적 일자리, 복수의 고용주, 고정된 사업장 부재, 소득의 변동성 등–을 갖고 있다(주은선 등, 2017).

또한 가입형태 추이를 볼 때 〈표 6-5〉에 따르면 비정규직 노동자들의 사업장 가입률은 2008년 39%에서 2016년 36.3%로 오히려 하락하였다. 대신 지역가입자로서 가입률이 같은 기간 10.8%에서 12.5%로 증가하였다. 비정규직 노동자 중에서도 지역 가입률이 가장 높은 것은 법적으로 노동자 지위를 제대로 인정받지 못하고 있는 특고노동자이며, 그다음으로 지역 가입률이 높은 것은 일일호출 노동자, 가내노동자 등이다(주은선 등, 2017). 이렇게 비정규직 노동자들의 국민연금 가입에 지역 가입률이 높아지는 것은 비정규직 고용에 대한 사용자 책임의 약화를 의미한다. 이는 향후 이들의 국민연금 가입인 제고에 큰 부담이 될 것으로 보인다. 비정규직 노동자들의 상당수는 지역가입자로서 보험료 전액을 부담해야 하므로 가입 회피 유인이 커질 수 있다.

생산-고용부문의 변화에 국민연금제도는 가입규정 완화뿐만 아니라 보험료지원 사업[55] 등을 통해 대응하고자 하였으나 그 성과는 아직 한정적이다. 여전히 국민연금 가입은 노동시장 지위를 그대로 반영한다. 저임금·비정규직일수록, 소규모 사업체에서 일할수록, 여성일수록 가입률이 낮다. 기여를 전제로 한 보험방식 소득보장의 한계를 극복하기 위해 국가

---

55) 국민연금 보험료 지원은 2012년 7월 영세사업장의 저임금 노동자와 사용자에게 고용보험과 국민연금의 보험료 일부를 지원해주는 '두루누리 사회보험 지원 사업'이라는 이름으로 시작됐다. 사업내용은 10인 미만 사업장의 125만 원 미만 저임금 노동자와 이를 고용한 사용주를 대상으로, 월평균 보수수준에 따라 보험료를 차등 지원하는 것이었다. 2013년 1월부터 월평균 보수 지원기준이 125만 원에서 130만 원으로 확대되었고, 4월부터는 차등지원이 아닌 보험료 절반 지원으로 지원수준이 균일해졌다. 이후 2014년과 2015년 각각 5만 원씩 보수기준이 높아져 140만 원 미만이 되었다. 2016년부터는 기존 가입자와 신규 가입자 간 차등지원을 시행하여 신규가입을 유도하고자 하였다. 노동자 1인당 지원액은 월 최대 3만 7530원, 연간 최대 약 45만 원(고용보험 포함 연간 약 51만 5000원)이다. 2015년 기준 91만 5000명이 두루누리 사업의 지원을 받았다. 두루누리 사업 이후 10인 미만 사업장의 사회보험 가입률은 높아졌다. 2011년 제도 도입 이전 해당 사업장의 고용보험 가입률은 44.1%, 국민연금 가입률은 50.5%였으나, 2016년 8월 기준 각각 54.3%, 59.5%로 증가했다(주은선 등, 2017).

의 재정지원을 수단으로 취약한 대상에게 보험료 지원이나 크레딧 등을 제공하고 있으나 사각지대 문제가 근본적으로 개선되지는 못하였다. 그렇다면 쟁점은 이를 완화하기 위한 노력을 어디까지 어떤 방식으로 수행할 수 있을 것인가 하는 것이다. 한편의 견해는 현재의 노동시장 유연화 경향 속에서 보험방식 소득보장의 한계는 피할 수 없다는 것으로, 국민연금의 역할을 축소하고 비기여 방식의 소득보장제도의 역할을 강화해야 한다는 것이다. 다른 하나의 견해는 보험료지원, 크레딧, 비정규직 고용에 대한 사용자 책임 강화 등을 통한 대응을 강조하는 것이다.

이제 국민연금의 보장수준 문제를 살펴보자. 2016년 6월 기준 평균 노령연금은 월 약 36만 원, 유족연금 급여액은 약 26만 원에 불과하다(권미혁 의원실, 2016). 국민연금 역사가 짧다는 것이 원인으로 지적되지만, 미래 수급자의 국민연금 소득대체율은 2060년까지의 기여기간 증가 전망에도 불구하고 2007년 개혁으로 인해 오히려 더 낮아질 것으로 예측되고 있다. 2013년 재정추계위원회에 따르면 2060년 노령연금수급자의 평균소득대체율은 22.3%로 추계되었다(표 6-4 참조).

1998년, 2007년 급여 인하의 영향을 자세히 살펴보면 〈표 6-6〉과 같다. 이는 40년 가입자의 생애소득(B값) 수준에 따른 소득대체율 및 연금월액의 변화를 보여주고 있다.

1998년 개혁은 연금의 재분배요소 약화와 동시에, 급여계수 인하를 통해 소득대체율을 낮추는 개혁이었다. 이로 인해 40년 가입 기준 저소득층 소득대체율은 20%포인트 감소하였으며, 연금월액은 18.2% 감소하였다. 개혁으로 인한 연금월액 감액 폭은 모든 계층에게 같지만 고소득층의 소득대체율 감소폭은 11.8%로서 해당 개혁은 저소득층에게 불리하였다.

〈표 6-6〉 소득계층에 따른 소득대체율 인하 효과: 40년 가입

| 구분 | 소득 대체율 상수 | 재분배 상수 | A | B | 연금 월액 | 소득 대체율 (%) | 소득 대체율 변화 (%P) | 연금 월액 증감액 (만 원) | 연금 월액 증감률 (%) |
|---|---|---|---|---|---|---|---|---|---|
| 제도 도입 당시 | 2.4 | 0.75 | 200 | 100 | 110 | 110.0 | | | |
| | 2.4 | 0.75 | 200 | 200 | 140 | 70.0 | | | |
| | 2.4 | 0.75 | 200 | 300 | 170 | 56.7 | | | |
| 1998년 제도 개혁 내용 | 1.8 | 1 | 200 | 100 | 90 | 90.0 | -20.0 | -20.0 | -18.2 |
| | 1.8 | 1 | 200 | 200 | 120 | 60.0 | -10.0 | -20.0 | -14.3 |
| | 1.8 | 1 | 200 | 300 | 150 | 50.0 | -6.7 | -20.0 | -11.8 |
| 2008년 당시 제도 | 1.5 | 1 | 200 | 100 | 75 | 75.0 | -35.0 | -35.0 | -31.8 |
| | 1.5 | 1 | 200 | 200 | 100 | 50.0 | -20.0 | -40.0 | -28.6 |
| | 1.5 | 1 | 200 | 300 | 125 | 41.7 | -15.0 | -45.0 | -26.5 |
| 2028년 부터 적용 내용 | 1.2 | 1 | 200 | 100 | 60 | 60.0 | -50.0 | -50.0 | -45.5 |
| | 1.2 | 1 | 200 | 200 | 80 | 40.0 | -30.0 | -60.0 | -42.9 |
| | 1.2 | 1 | 200 | 300 | 100 | 33.3 | -23.3 | -70.0 | -41.2 |

자료: 주은선 등(2017), 국민연금의 발전적 재구성, 공적연금강화국민행동의 권혁진 작성 표 〈1-24〉 재구성.

2007년에는 더 큰 폭의 소득대체율 인하를 단행하였다. 2028년 개혁 완료시 40년 가입자 기준 평균소득자 소득대체율은 60%에서 40%로, 저소득층 소득대체율은 90%에서 60%로, 고소득층 소득대체율은 50%에서 33%로 감소된다. 연금의 절대액 감액 폭은 고소득층일수록 크지만, 소득대체율 하락 폭은 저소득층일수록 크다. 큰 폭의 개혁인 만큼 2007년 개혁 이후 모든 계층 가입자들의 국민연금 예상월액은 크게 낮아졌으며, 실제 가입기간을 고려할 때 국민연금 수급자도 절대빈곤에 처할 가능성이 있다. 특히 저소득층일수록 가입기간이 더 짧기에 이들의 기대급여는 더욱 낮고, 국민연금 가입유인은 더 감소할 수 있다. 지나치게 낮은 급여액은 소득비례연금으로서 국민연금제도 존립의 정당성을 위협한다.

국민연금은 형식적으로라도 '적절한 보장'을 목표로 추구하고 있다고 보기 어렵다. 국민연금 급여산식 변경과 노동시장에 광범위하게 존재하는 사각지대와 가입회피 문제가 함께 작용하면서, 미래 한국 노인들의 생

활수준에 대한 전망 역시 밝지 않다. 그러나 수차례 반복된 연금개혁 논의의 중심은 노인빈곤에 대한 노후소득보장제도의 대응성보다는 급여인하-보험료 인상 등을 통한 연기금 규모 확대를 통한 제도의 장기 지속성을 확보하는 것이었다. 급여 인하 때마다 고령화 국면에서의 국민연금 지출 확대에 대한 우려, 연기금 고갈 가능성이 강조되었다. 즉, 쟁점은 급여적절성 확보와 장기 지속가능성 사이의 상충관계를 둘러싸고 형성된다.

그러나 국민연금이 기본 목표를 달성하지 못할 때 존립 근거를 상실한다는 점에서, 또한 부과방식 공적연금이 거대 연기금을 갖는 경우는 예외적이며 이런 연기금이 고령화에 대한 대응 기회와 새로운 위험을 동시에 제공한다는 점에서, 또한 제도의 지속가능성은 재정적 안정성뿐만 아니라 제도의 노후보장 목표 달성 및 정치적 지지와도 관련된다는 점에서 국민연금의 지속가능성과 급여적절성은 상충관계라는 통념을 벗어나 다른 방식으로 논의될 필요가 있다. 이에 국민연금제도의 대안 역시 달리 구성될 필요가 있다.

### 3. 퇴직연금

퇴직연금제도의 쟁점 역시 주로 노동시장의 유연화 가운데 노후보장기능을 제대로 할 수 있을 것인지를 중심으로 형성된다. 퇴직연금제도는 도입 의도에 맞게 기존 퇴직금제도에 비해 강화된 노후보장 기능을 하고 있을까?

한국에서 퇴직연금제도가 도입된 명분은 기업 단위의 고용계약 해지 시 일시금을 지급하는 기존 퇴직금제도가 노후소득보장 기능을 하기에는 제한적이므로 노동자들에게 은퇴 시 연금제공 기능을 갖춘 제도를 도입할 필요가 있었다는 것이다.[56] 그러나 실제 도입된 퇴직연금은 노후소득보장제도로 제 기능을 하고 있지 못하며, 전망 역시 밝지 않다. 류건식, 강성호, 김동겸(2016)에 따르면 2015년 3월 기준 퇴직연금 가입자는 약 556만 명으로 상용직 임금노동자의 45%, 전체 임금노동자의 29.6%에 불과하다. 임시, 일용직 노동자 등의 퇴직연금 가입률은 더욱 낮다. 전체 사업장 대비 퇴직연금 도입 비율도 2015년까지 17.4%이며 10인 미만 사업장의 도입 비율은 12.5%에 불과하다.57) 이는 앞서 살펴본 국민연금 가입률보다 한층 낮은 수준이다.

〈표 6-7〉 임금근로자의 퇴직연금 가입률

(단위: 천 명, %)

| 경활인구(A) | | 임금근로자(B) | | | 비임금근로자 | | 퇴직연금 가입자 수 (D) | D/A | D/B | D/C |
|---|---|---|---|---|---|---|---|---|---|---|
| 취업자 | 실업자 | 상용 (C) | 임시 | 일용 | 자영자 | 무급 가족 종사자 | | | | |
| 25,501 | 1,076 | 12,364 | 4,968 | 1,466 | 5,593 | 1,202 | 5,561 | 20.9 | 29.6 | 45.0 |

주: 통계청 및 금융감독원 퇴직연금 자료(2015. 3.) 등에 기초.
자료: 류건식 등(2016), 퇴직연금시장 환경변화와 보험회사 대응방안, p. 21에서 재인용.

퇴직연금과 함께 퇴직금까지 포함하는 퇴직급여 수급률을 보아도 주은선 등(2017)에 따르면 비정규직 노동자의 2016년 기준 퇴직금 수급비율은 40.9%에 불과하며, 특히 비정규직 중에서도 빠르게 증가하는 시간제 노동자의 수급률은 16.6%에 불과하고, 특수고용직의 경우는 1.6%로 더욱 미미하다.58) 게다가 퇴직연금은 중도해지하는 경우가 빈번하며, 일시

56) 이에 더해 퇴직연금 도입의 중요한 이유로서 정부와 금융기업들이 사적연금시장 발전을 추구했다는 것을 들 수 있다. 금융기업들은 퇴직연금 도입이 대규모 사적연금시장을 형성하여 금융시장의 팽창을 가능하게 할 것으로 전망하였고, 정부 역시 서비스산업으로서 금융업 발전을 지원하고자 하였다(주은선, 2009).

57) 원자료: 금융감독원. (2015). 퇴직연금 통계.

58) “원자료인 ‘경제활동인구조사 부가조사’(통계청)에서는 2015년 이전은 퇴직금, 이후부터는 퇴직급여(퇴직금 또는 퇴직연금) 수혜 여부에 대해 조사발표한다. 하지만 시계열 추이가 안정적이라는 점에서 2015년 이전에도 응답자들은 퇴직금과 퇴직연금을 구분하지 않고 응답했을 가능성이 높다”(주은선 등, 2017).

금 선호 역시 높다. "기획재정부, 고용노동부, 금융위원회(2014)에 따르면, 퇴직연금 IRP 만기유지율은 14%, 개인연금 10년 차 가입유지율은 52%에 지나지 않으며, 퇴직연금 수급 형태는 금액 기준 일시금이 92%를 차지할 정도로 압도적이다"(주은선 등, 2017).

이에 노후소득보장제도의 한 층위로서 퇴직연금제도가 제 역할을 하기 위해 가입대상 범위를 늘리고 보장기능을 안정화하기 위한 제도개선 방안을 모색할 필요가 있다. 문제는 사용자-노동자 관계의 불안정성 및 불명확성이 높아지는 가운데 이에 대응할 수 있는 대안이 무엇인가 하는 것이다.

## 4. 개인연금

개인연금이 본격적으로 노후소득보장제도의 한 축으로 취급되기 시작한 것은 2000년대부터로 비교적 최근의 일이다.[59] 한국에서도 이 시기부터 공적연금 축소와 함께 개인연금 활성화가 추진되었다. 이러한 활성화가 추진된 결과 개인연금의 성장은 이루어졌지만, 많은 문제를 안고 있는 것이 사실이다. 쟁점은 개인연금을 노후소득보장을 위해 가능한 한 광범위하고 안정적으로 작동해야 하는 체계의 일부로 볼 것인가, 아니면 부가적이고 한정적인 노후보장 기능을 하는 것으로 볼 것인가 하는 것이다. 개인연금 위상을 보는 관점에 따라 정책 방향은 달라진다.

2001년, 2005년, 2013년 개인연금제도 개혁의 핵심은 세제혜택 확대를 통해 개인연금 가입을 유도하는 것이었다. 2001년 개혁에서는 개인연

59) 개인연금 상품은 소득공제혜택의 유무에 따라 세제적격과 세제비적격으로 구분할 수 있는데, 여기서는 세제적격 개인연금만을 다룬다. 1994년 도입된 '개인연금저축'도 세제적격 개인연금이지만, 노후소득보장을 목적으로 좀 더 체계화된 형태는 2001년 도입된 '연금저축'부터라고 할 수 있다(주은선 등, 2017).

금 기여금에 대한 소득공제 한도를 72만 원에서 240만 원으로 늘리고 과세시점도 납부시점에서 연금 수급시점으로 전환하였다. 퇴직급여보장법이 도입된 2005년에는 퇴직연금과 연금저축 기여금 합산액 기준 소득공제한도가 300만 원으로 늘어났고, 2011년에는 400만 원이 되었다. 2013년에는 '연금저축계좌'라는 명칭으로 기존 제도를 개편하였다. 소득공제한도는 기존 400만 원을 유지했지만, 연금소득에 대한 분리과세 한도를 기존 공사 연금 합산 600만 원에서 사적연금에 대해서만 1,200만 원으로 그 한도를 높이고 70세 이후 연금소득세율도 낮추었다. 또한 정부는 연금저축 의무납입기간은 10년에서 5년으로 단축시키고, 의무수급기간은 55세 이후 5년에서 10년으로 늘려 노후소득보장에서 개인연금의 역할을 늘리고자 하였다(주은선 등, 2017).

그럼에도 우리나라의 사적연금 가입률은 낮은 편이다. 영국의 경우 기업연금과 개인연금 가입률은 각각 49.1%와 18.1%이고, 미국은 각각 32.8%와 24.7%이며, 독일은 각각 32.2%와 29.9%이다(정인영 등, 2015). 특히 개인연금 가입에 대한 공식통계가 존재하지 않아 정확한 산출은 어려우나 주은선 등(2017)의 추정에 따르면 경제활동인구 대비 개인연금 가입률은 2015년 10.9%에 불과하며, 특히 2009년부터 2012년까지 가입률과 인원이 조금씩 증가했지만, 2013년부터 다시 모두 감소하였다. 개인연금 세제혜택 확대는 그 효과가 일시적이었고, 2013년 개혁은 뚜렷한 효과를 보이지 못한 것이다(주은선 등, 2017).

이는 우리사회 전반의 고용과 소득의 불안정성에서 비롯된 것으로 보인다. 개인연금은 개인이 자발적으로, 그리고 장기간 가입해야 한다는 점에서 소득의 안정성을 기반으로 한다. 불안정고용상태의 노동자, 영세자영자는 물론 구조조정, 조기퇴직, 실업 위험에 처해 있는 정규직 노동자들도 소득기반이 불안정한 상태에서는 세제 혜택이 있다고 해도 개인연금에 가입하기는 쉽지 않다. 즉, 소득기반의 불안정성이 높아지는 상태에서 세제혜택 중심의 유인책은 한계에 부딪치고 있다.

이는 소득계층별 개인연금 가입률의 뚜렷한 격차를 통해 분명하게 드러난다. 주은선 등(2017)에 따르면 연소득 2000만 원 이하 근로소득자 중 개인연금 가입률은 3% 이하이지만, 6000만 원 이상 근로소득자들의 가입률은 60~70%에 이른다. 종합소득자들의 경우에도 소득수준이 높을수록 가입률이 확연히 높아진다. 2013년 개인연금 세제혜택 확대 이후에는 연간소득 4000만 원 이상 근로소득자 중 가입자 수는 2013년에 비해 10만여 명이 늘었다. 반면 2000만 원 이하 근로소득자와 4천만 원 이하 근로소득자 중 가입자 수와 가입률은 크게 낮아졌다. 사적연금 보험료에 대한 소득공제는 특히 고소득자에게 유리하며, 세제혜택은 고령기 빈곤 위험이 큰 저소득층의 개인연금 가입에는 별다른 유인 효과가 없었다.

그 결과 사적연금은 공적연금에 비해 고용형태, 소득수준, 성별에 따른 가입률 격차가 더욱 확연하다. 저소득층 개인연금 가입 지속이 어렵다는 것을 고려하면 가입률 격차보다 노후에 개인연금 수급률 격차, 그리고 개인연금 연금액 격차는 더욱 클 가능성이 높다. 지난 10여 년 동안 노후소득보장의 다층체계 및 사적연금의 역할이 강조되면서 세제혜택이 확대되었고, 그때마다 마치 다수에게 상당한 혜택이 있을 것처럼 보였지만 이는 실제와 다르다. 따라서 개인연금이 누구에게 어느 정도의 노후소득보장 역할을 할 것인지를 명확히 할 필요가 있다. 보장의 안정성을 높이기 위한 개인연금제도 자체의 개혁도 필요하지만, 공적연금과의 관계 재설정 역시 필요하다.

# 제5절 한국 노후소득보장제도 재구조화 방안

## 1. 다층체계 재구조화 방향: 공적연금과 사적연금의 역할 조정

이미 한국의 노후소득보장체계는 다양한 공사연금제도들이 역할 분담을 하도록 구성되어 있으나, 전체 체계 안에서 각 제도의 역할을 재검토할 필요가 있다. 공사 연금제도 각각이 누구를 대상으로, 어느 정도의 보장을 제공함으로써 어떤 목표를 달성해야 할지 모호하다. 특히 전체 노후보장에서 공적연금의 역할에 대한 기대치가 불명확하다. 기초연금제도의 성격은 물론 국민연금의 역할 및 목표 급여수준 등이 명확하지 않다. 공적연금에 대한 역할 기대가 불명확함에 따라, 계속 활성화 정책의 대상이었던 퇴직연금과 개인연금 역시 우리 사회에서 누구에게 어느 정도의 노후보장을 제공해야 하는가에 대한 기대 역시 모호하다.

한국 노후소득보장체계 재편에서는 공적연금의 역할에 대한 상을 설정하고, 기초연금과 국민연금 사이의 역할을 조정하는 것이 우선이다. 한국 노인의 빈곤문제와 고용불안정 심화는 공적연금이 가지는 대상포괄의 광범위함과 급여 지급의 안정성이 노후보장체계의 기반이 되어야 함을 말해준다. 따라서 공적연금제도는 노인들에게 경제적 안정성을 제공하는 기본제도로 한국 노후소득보장체계에서 핵심 역할을 수행해야 한다. 이를 위해서는 공적연금이 대상포괄의 보편성과 급여수준의 적절성을 실현해야 하는데, 국민연금이 사실상 보편성을 실현하기는 어렵고, 기초연금이 적절성을 실현하기는 어렵다. 따라서 두 공적연금제도가 보완적으로 작동하도록 설계하고, 이를 위한 재정방안 등 그 실현방법을 모색하는 것이 필요하다. 이어서 사적연금제도의 역할을 설정하는 것이 순서일 것이다.

기초연금은 다양한 생애 위험에 대해 어느 경우에도 노후 기본급여를 보장해주는 역할을 수행할 수 있는 제도이다. 따라서 이제 기초연금 보장 기능 확충은 보편성을 핵심으로 할 필요가 있다. 고용불안정 등으로 국민연금 사업장 가입 및 수급률 증가가 지체되고 있는 상황에서는 더욱 그러하다.

또한 공적연금의 단기적인 적절성 목표는 한국노인의 경제상태를 볼 때 노후소득보장제도의 빈곤방지 및 기본적인 소득보장 기능 회복을 목표로 하는 것이 현실적이다. 장기적으로 '적절성'은 생애소득 평탄화 기능과 관련되는데, 공적연금 급여를 통해 생애소득 대비 일정한 수준의 보장을 제공하는 것, 즉 일정 소득대체율 달성을 적절성 확보의 기준으로 할 수 있다.

급여 '적절성'은 어느 수준에서 추구하든 여러 공적연금제도들이 함께 추구할 수밖에 없는 목표이다. 기초연금만으로 중간층 이상에 대한 적절한 보장이 불가능한 것은 자명하며, 저소득층 노후보장에 대해서도 국민기초생활보장제도의 급여대상이 매우 제한적인 상황에서는 보장의 공백을 메우기는 어려워 보인다. 즉, 기초연금만으로 빈곤방지 기능을 수행하기 어렵다. 상대빈곤이 아닌 절대빈곤 해소에 초점을 맞추더라도 마찬가지이다. 이에 공적노후소득보장제도의 빈곤예방 기능 강화를 위한 전격적인 제도 개편이 필요하다. 또한 국민연금이 기초연금과 차별화된 소득보장을 하도록 설계될 때, 생애소득 평탄화 기능의 일부 회복이 가능하다.

한편 사적연금의 역할과 관련하여 사적연금 본래의 급여지급 불확실성과 계층 편향 역시 중요하게 고려할 수밖에 없다. 또한 앞서 살펴본 사적연금의 현재 상태로 볼 때 향후 가능한 사적연금의 역할은 노인의 4분의 1 이하에 대해 공적연금 급여를 일부 보완하는 것이 될 것으로 보인다. 국민연금의 급여수준 인하 및 역할 감소를 가입자가 제한적인 사적연금으로 보완하는 것은 불가능해 보인다. 따라서 사적연금의 역할은 일부 계층에 대해 노후의 생애소득 평탄화 기능 일부를 떠맡는 것으로 한정될 수 있다. 다만 국민연금 소득대체율, 보험료율, 보험료 부과소득 범위 조정, 그리고 국민연금의 균등부분과 소득비례부분 조정[60] 등에 따라 사적연금의 역할 확대 범위는 영향 받을 수 있을 것이다. 결국 한국 노후소득보장체계에서 사적연금은 한정된 계층에게 부가적인 보장을 하는 것으로 기능이 설정되는 것이 적절해 보인다. 이제 공적연금과 사적연금의 역할 조정과 관련된 구체적인 방안을 모색해 보자.

## 2. 한국 노후소득보장제도 재구조화를 위한 제안

### 가. 기초연금

본 연구는 기초연금 인상과 기초연금을 보편적인 수당제도로 재구성할 것을 제안한다. 즉, 기초연금을 모든 노인에게 동일하게 A값의 15% 수준의 급여를 지급하는 제도로 재편하는 것이다. 보편적 수당제도로의 전환은 소득, 자산, 연금액, 피부양자 등과 무관하게 안정된 급여에 대한 권리를 제공한다. 한국에서 노후빈곤 위험은 저소득층만의 문제가 아니며, 보편적 수당을 통해 노후보장에 대한 자원투여의 총량을 높여 빈곤문제를 해결하는 전략이 필요하다고 보기 때문이다. Korpi와 Palme(1998)이 재분배의 역설(the paradox of redistribution)로 언급한 것처럼 표적화된 급여보다 보편적 보장을 통해 더 큰 규모의 재분배를 의도하는 전략이다.

기초연금의 보편적 수당 제도로의 변화를 위해서는 대상범위 확대와

60) 기초연금 도입과 급여인상이 계속되면서 국민연금 균등부분 축소 및 소득비례부분 확대가 제안된 바 있다. 이는 중간층 이하의 국민연금 인하와 중간층 이상의 국민연금 인상 효과를 가지므로 각 계층별 사적연금의 보장 역할에 대한 필요는 변화한다.

함께 급여지급에서 국민연금 가입기간에 따른 차등지급 방식을 폐지할 필요가 있다. 한편 기초연금 급여액을 A값 15%로 인상시키고 대상범위를 보편화하는 경우 지출 예상치는 2020년경 GDP의 1.8%, 2040년 4.65%, 2060년경 6% 수준이 된다. 노인 수가 증가할수록 보편적 급여제도가 가지는 재정적 약점이 커지는데 이를 보완하기 위해 기초연금액 과세액을 다시 기초연금재정으로 산입하는 방식의 과세-재정산입방식을 제안한다. 기초연금 과세 대상 범위를 어떻게 하느냐, 어느 수준의 과세를 하느냐에 따라 기초연금 보편화로 인한 재정 효과가 달라지는 만큼 이후 과세기준에 대한 세부 논의가 중요할 것이다. 다만 우리나라 노인들의 소득분포로 볼 때 약 15~20%의 노인들이 기초연금 급여 과세 대상이 되도록 설계하는 것이 적절해 보인다. 이와 함께 기초연금 재정부담은 기초연금제도 운영에 대한 책임과 결정권이 전적으로 중앙정부에 있는 만큼 전액 중앙정부 부담으로 전환될 필요가 있다.

한편 기초연금 급여액을 국민연금 A값의 15%로 조정하고, 급여액 조정방식을 물가연동에서 A값 연동으로 전환함으로써 평균소득의 변화를 반영할 것을 제안한다. 이는 2017년 새 정부의 국정기획자문위원회에서 제안한 기초연금 급여수준과 유사하다. 이는 절대빈곤을 방지할 수 있는 수준에 미치지 못하지만, 재정적으로 지속가능하면서 현 단계에서 보편적 공적기초연금이 소득비례연금과 공존하면서 제공할 수 있는 수준으로 판단된다. 또한 이는 국민연금 급여와의 관계를 고려할 때 가능한 기초연금 급여수준의 최대치로 보인다. 기여에 기초한 국민연금 평균소득대체율이 상당기간 20%대 초반에 머무르는 것을 고려하고 국민연금 가입 유인 등을 고려한다면 무기여 연금인 기초연금 급여수준이 이를 넘기 어렵다.

앞서 살펴본 것처럼 2050~2060년경까지도 국민연금을 포함한 공적소득비례연금을 받지 못하는 노인 수가 상당하므로 기초연금이 유일한 공적연금 소득원으로서 중요하지만, 기초연금만으로 절대빈곤 해소가 가능한 수준으로, 예를 들면 국민기초생활보장제도의 생계급여에 준하는 수준으로 급여액을 높이기는 어렵다. 따라서 기초연금이 유일한 소득원인 노인들에 대해서는 현재의 국민기초생활보장제도나 별도 공공부조제도가 역할을 하는 것이 필요하다.

## 나. 국민연금

노후소득보장체계가 제 기능을 하기 위한 국민연금의 핵심 과제는 앞서 살펴본 바와 같이 급여적절성 확보와 대상포괄의 확대이다. 우선 2007년 법 개정 이후 계속되고 있는 국민연금 소득대체율 인하를 중지한 상태에서 국민연금 소득대체율 인상-장기재정조달 방안, 사업장가입자 확대, 보험료 지원 및 크레딧 재검토 등을 검토할 필요가 있다.

국민연금의 급여적절성을 제고하는 가장 직접적인 방안은 소득대체율 인상이다. 국민연금 급여적절성을 제고하기 위한 방안은 다양하다. 현재 낮은 국민연금 급여가 짧은 가입기간과 연관되어 있는 만큼 사각지대 해소, 크레딧 제공이나 보험료 지원 등을 통해 가입기간을 늘리는 것, 그리고 상한액 조정을 통한 A값 증가 등도 급여적절성을 높이는 데 기여할 수 있다. 그러나 여러 급여적절성 제고 방안 중에서도 소득대체율 인상은 급여수준을 직접적으로 높이는 해법이며, 가입기간 증가나 A값 증가 등의 급여인상 효과를 증폭시키는 핵심 요소이다.

본고에서 검토하는 안은 40년 가입 평균소득자 기준 소득대체율을 현행 40%에서 50%로 올리는 것이다. 국민연금의 기준소득대체율이 50%로 변화하였을 때 국민연금 급여수준이 어떻게 변화하는지 살펴보자. 아래 〈표 6-8〉은 국민연금 소득대체율을 2018년부터 바로 목표수준으로 인상할 경우의 추정 급여액이다. 2017년 국민연금제도 신규가입자에 대해 각각 가입기간을 20년과 40년으로 적용하여 급여액이 어떻게 변화하는지 살펴본 것이다.

〈표 6-8〉 소득대체율 인상과 국민연금 급여수준의 변화

(단위: 만 원, 2017년 현재가 기준)

| 구분 | | 하한 | 100만 원 | 150만 원 | 200만 원 | 가입자 평균소득 | 300만 원 | 상한 |
|---|---|---|---|---|---|---|---|---|
| 20년 가입 | 현행 유지 | 26 | 33 | 38 | 43 | 45 | 54 | 69 |
| | 2018년 이후 소득대체율 45% 유지 | 28 | 36 | 41 | 47 | 49 | 58 | 75 |
| | 2018년부터 소득대체율 50% 상향 | 29 | 40 | 46 | 52 | 54 | 64 | 83 |
| 40년 가입 | 현행 유지 | 29 | 65 | 75 | 85 | 89 | 106 | 136 |
| | 2018년 이후 소득대체율 45% 유지 | 29 | 71 | 83 | 94 | 98 | 117 | 150 |
| | 2018년부터 소득대체율 50% 상향 | 29 | 79 | 92 | 104 | 109 | 129 | 166 |

자료: 주은선 등(2017), 국민연금의 발전적 재구성, 표 〈6-1〉, 〈6-2〉 재구성.

위 〈표 6-8〉은 국민연금 소득대체율 인상 시 공적연금이 다수 가입자에게 주된 노후보장 수단이 될 수 있음을 보여준다. 2017년 신규 20년 가입 수급자의 급여액 변화를 살펴보면 현 제도에서 평균소득가입자의 급여액은 45만 원이며, 소득대체율을 50%로 인상하는 경우 54만 원이 된다. 앞서 제안한 기초연금 인상까지 고려하면, 20년 가입 평균소득자(200만 원으로 가정)에 대한 총 공적연금 급여액은 현재가치로 약 84만 원으로 인상된다. 즉, 기초연금과 합산 시 최저생계비 기준을 넘어서는 공적연금 급여가 확보된다. 물론 소득대체율 인상에도 불구하고 가입기간이 짧은 경우에는 생애소득 평탄화를 의미하는 급여적절성 확보는 불가능하다. 현재 고용불안정 상황에서 40년 가입은 비현실적인 가정이지만 2017년 신규가입자가 40년 가입하는 경우 소득대체율 인상의 급여

효과를 보면, 평균소득 가입자의 예상급여액은 109만 원으로 급여적절성이 크게 강화된다. 기초연금 급여액 합산 시 공적연금액은 139만 원으로 상당히 높아져 사적연금의 역할은 부수적이 된다.

한편 기초연금과 국민연금급여 소득대체율을 동시에 인상하는 경우 급여산식에서 균등부분과 소득비례부분의 비중 조정, 즉 소득비례부분의 비중을 약간 높이는 것을 고려할 수 있다. 이는 다만 균등부분을 통해 최저보장을 실현할 때, 그리고 노인 내부의 불평등도를 고려하여 논의할 수 있을 것이다.

본고에서는 급여적절성을 높이는 방안으로 직접적인 소득대체율 인상과 함께 보험료 부과대상 소득 상한의 인상을 제안한다. 이는 고소득층이 소득에 걸맞은 보험료를 부담하게 만들며, A값 전체를 사회변화에 맞춰 인상시키는 효과도 있다. 이러한 A값 인상은 소득재분배 효과도 높일 수 있다.

한편 국민연금 급여수준 인상을 위해서는 장기전략하에서 다양한 재정안정 노력들이 결합될 필요가 있다. 노인인구가 증가할 때 노후보장을 위한 사회지출 규모는 일정 수준 이상이 될 수밖에 없다. 따라서 다양한 재정수단 모색은 불가피하다. 일례로 보험료 인상이 재정안정방안으로 흔히 언급되지만, 국민연금 보험료 부과대상 소득의 비중이 전체 GDP의 30~40%로 유지되는 한, 연금 보험료 인상의 재정안정 효과는 제한적이다. 이에 장기적인 보험료 인상과 함께 보험료 부과 소득범위를 자산소득 등으로 넓히는 것을 고려할 필요가 있다. 또한 더 광범위한 관점에서는 2060~2070년대 이후 국민연금 수지차를 일정 수준에서 유지하고 장기 재정 안정성을 확보하기 위해서는 출산율, 고용률, 경제성장률 제고 등 연금제도 기반의 확충이 함께 이루어져야 한다(주은선 등, 2017).[61] 보

61) 제도의 지속가능성은 재정적 안정성뿐만 아니라 제도에 대한 정치적 지지와 적정급여

험료 인상과 출산율 증가가 함께 이루어질 때 연금재정의 수입 확대 효과는 커지기 때문이다. 출산율 상승은 보험료를 납부하는 생산가능 인구 규모를 증가시키며, 증가된 생산인구가 납부하는 보험료 총액도 더 커지기 때문이다. 또한 출산율 상승으로 인한 생산가능인구 증가는 GDP를 늘려 기금 소진 이후 GDP 대비 급여지출 비중, 즉 부과방식 비용률을 낮춘다. 이는 국민연금기금 일부를 출산율 제고에 투자하는 것이 궁극적으로 국민연금 재정안정에 기여하는 것일 수 있음을 의미한다. 즉, 공공성 및 사회적 책임성을 고려한 국민연금기금의 보육, 의료 등에 대한 투자는 한국사회 전반에 긍정적인 영향을 미치는 것은 물론, 고용률 제고 및 저출산 완화에 기여하므로 국민연금제도 존립 기반을 강화하는 효과를 갖는다. 이와 함께 공적연금 재정에 국가가 책임져야 할 몫이 있다는 점에서 2050년대부터는 일반재정지원 역시 고려할 수 있다.

한편 고용불안정 심화에 대한 제도의 대응성을 높이기 위한 조치로 대상포괄범위 확대와 함께 다양한 불안정노동자에 대한 사용자 책임 강화를 추구할 필요가 있다. 앞서 살펴본 대상포괄 문제는 노후보장에서 문제가 되는 것이 적용대상 확대뿐만 아니라 노후보장에 대한 사용자 책임을 실행하는 것임을 보여준다. 특히 국민연금의 경우 불안정노동자 다수는 사업장가입자가 아닌 지역가입자이거나 납부예외 상태로 이들 노동자에 대해서는 노후보장에 대한 전통적인 법적 사용자 책임이 실행되지 않는 경우가 다수이다. 이는 불가피한 것이라기보다는 법적조치의 미비함에서 우선 비롯된다. 우선 특수고용노동자의 국민연금 직장가입자로의 전환을

---

제공을 통해 제도 목표 달성에도 관련된다는 점에서 국민연금제도의 대안은 달리 구성될 필요가 있다. 국민연금 보험료율 인상은 장기적으로 필요하지만 보험료 인상 시기와 인상 폭은 국민연금 재정상황뿐만 아니라 경제성장, 소득분배, 정치적 합의 등 다양한 요소에 의해 결정된다. 일례로 보험료율 인상 폭이 4%포인트를 넘는다면 인상 기간을 10년 이상으로 길게 잡는 것도 경제적 충격을 완화하고 합의를 좀 더 용이하게 이룰 수 있는 방법이다.

모색할 필요가 있다. 약 40개 직종 100만~200만 명에 이르는 특수고용노동자는 일부 국민연금 지역가입자이거나 납부예외 등 미가입 상태이다. 이에 특수고용노동자를 사업장가입자로 포괄하는 법 개정이 필요하다. 노동법 개정 이전에 국민연금법 개정을 통해 이들을 국민연금의 사업장 가입자로 인정하는 것이 가능하다. 이와 함께 파견, 사내하청 등 다양한 간접고용상태에 있는 노동자에 대한 사용자 책임 및 원청업체 보험료 납부 책임을 강화하는 조치가 필요하다.

이에 더해 임시 일용직, 시간제 노동자의 신규가입에 대한 보험료 지원 등 다양한 유인책 활용이 필요하다. 보편적인 기초연금이 있다고 하더라도 불안정노동자들의 국민연금 가입 확대가 절실하다. 따라서 지역가입 상태 노동자의 사업장 가입자로의 가입자격 전환을 지원하고, 지역가입자의 보험료 납부를 지원하는 보험료 지원의 대폭 확대, 즉 「두루누리 사회보험 2」 신설을 제안한다. 기존의 보험료 지원사업과 같은 기준을 적용하되, 사실상 임노동자인 지역가입자의 사업장 가입자로의 전환을 유도할 수 있는 장치를 갖춘 사회보험료 지원 사업을 도입하는 것이다.

### 다. 노인 특별부조제도 도입

본 연구는 특별부조제도를 도입하여 한국의 공적노후소득보장을 보편적 기초연금, 사회보험방식의 국민연금, 보충적인 부조제도로서 특별부조제도로 구성할 것을 제안한다. 현재 역할 수준이 낮은 국민연금을 한편으로는 기초연금이라는 보편적 수당제도를 통해, 다른 한편으로는 노인 대상의 보충적인 공공부조를 통해 보완하고자 하는 것이다.

기초연금을 A값 15%(현재가치로 약 30만 원)으로 인상시키더라도 다른 소득이 없거나 낮은 노인에 대한 노후소득보장으로는 불충분하다. 또한 현재의 기초생활보장제도에서는 빈곤노인의 수급권이 크게 제한되어 있다. 이에 '소득조사'만을 요건으로 하는 빈곤노인에 대한 특별부조제도의 도입을 검토할 필요가 있다. 이는 공공부조제도인 만큼 소득수준에 따라 차등화된 보충급여 방식으로 운영될 수 있으며, 최저생계 기준 충족을 목표로 급여수준을 설정하여 운영할 수 있다. 이 경우 노인특별부조제도는 국민기초생활보장제도를 보완하는 역할을 하게 되며, 국민연금 수급자 수의 대폭 증가 이전까지는 노인빈곤문제 대응을 위한 대응장치로 역할을 할 수 있다. 노인특별부조제도는 다른 공사 연금제도가 제대로 자리를 잡고, 국민기초생활보장제도가 수급자격 요건 등을 한층 완화하여 빈곤노인에게 최저생계비 지급을 보장한다면 그 역할이 축소될 수 있다.

## 라. 퇴직연금

정부는 퇴직연금이 노동자들에게 약 15~20%의 소득대체율을 제공하는 기능을 할 것으로 기대하고 있으나 앞서 살펴본 바와 같이 낮은 적용률과 높은 일시금 지급률, 게다가 금융시장 운용성과에 따른 급여지급으로 인한 불안정성 등으로 인해 그 역할은 매우 제한적이 될 것으로 보인다. 퇴직연금은 그동안 사적연금 활성화 방안 등에서 정부가 제시한 것보다는 실제 수행하는 노후소득보장 기능은 적을 것으로 보인다.

이에 정부는 2014년 8월 퇴직연금 활성화 방안을 발표하여[62] 2022년까지 전 사업장의 퇴직연금 가입 의무화, 영세사업장 가입 유도를 위한 중소기업 퇴직연금기금제도 도입, 기금형 퇴직연금제도 도입, 적립금 운

62) "기획재정부·고용노동부·금융위원회의 '안정적이고 여유로운 노후생활 보장을 위한 사적연금 활성화 대책'(2014. 8. 27. 보도자료)은 기재부·고용부·금융위·복지부·금감원·KDI·노동연·자본연·금융연·보사연·국민연금연구원 등 관련 부처와 연구기관이 참여한 「사적연금 활성화 TF」 결과를 반영한 것이다"(주은선 등, 2017).

용규제 대폭 완화 등을 추진하고자 하였다. 특히 퇴직연금을 단계적으로 의무화해서 2022년까지 모든 노동자를 포괄하는 '의무적 2층 노후보장' 제도로 확대하고자 하였다.

그러나 앞서 고용형태 유연화 등에서 살펴본 바와 같이 대기업의 다양한 간접고용 활용전략이 확산되고, 노동자성이 인정되지 않는 고용형태가 확산되는 상황에서 상시근로자 수를 기준으로 하는 사업장 단위의 퇴직연금 확대전략만으로는 충분하지 않다. 오히려 퇴직금과 퇴직연금의 선택을 유지하게 하면서 퇴직급여제도 전체의 전사업장 확대 조치, 그리고 국민연금과 동시에 이루어지는 사용자의 보험료 납부 책임을 강화하는 조치가 필요하다.

고용기반으로 사업장이 갖는 의미가 약화된 상황에서, 한국 퇴직연금의 소기업, 불안정한 노동자들의 낮은 가입률 문제를 해소하기 위해 본고에서는 산업별, 지역별, 직종별 퇴직연금조합 구성을 제안한다. 2014년 사적연금 활성화 방안에서 소기업들의 퇴직연금 적용률을 높이기 위해 중소기업퇴직연금기금 구성이 제안된 바 있다. 본 연구는 네덜란드, 스웨덴 등 여러 나라 퇴직연금이 산별 단위로 운영되고 있는 것에서 착안하여 산업별로, 또 한국 영세소기업들의 지역별 직종별 집산이라는 특성을 반영하여 기업 단위를 넘어서는 다양한 형태의 퇴직연금조합 구성을 제안한다.

퇴직연금조합 구성은 중소기업으로 제한될 필요가 없으며, 산업별 조합의 경우 당연히 대기업이 주도적인 역할을 할 수 있다. 특히 산별퇴직연금조합은 산별노조가 구성되어 있는 경우에는 퇴직연금제도 형태 선택 및 운영이 개별 사용자나 위탁금융기관에 의해 좌우되기보다 협상을 통해 좀 더 민주적으로 결정될 여지가 있다. 즉, 금융기관이 중심이 되는 퇴직연금 운영에 퇴직연금조합이 개입함으로써 보험료를 내고 보장을 받는 사용자와 노동자의 목소리가 반영될 여지가 생긴다. 나아가 더욱 안정적인 퇴직연금기금을 조성하여 이를 스웨덴의 AMF-Pension 등과 같이 노사의 참여하에 노동, 환경 등 사회적 고려하에 운용하는 시도를 할 수 있다. 산별, 지역별 노동조합이 제대로 정착되지 않은 상황에서 한국의 경우 퇴직연금조합의 민주주의와 공공성 제고 효과에 대한 기대는 클 수 없으나, 사업장 단위를 넘어서는 노동조합이 퇴직연금제도 운영에 참여하고 사용자들이 함께 참여하도록 하는 것은 의미 있는 시도가 될 것이다.

그러나 무엇보다도 이렇게 기업을 넘어서는 단위의 퇴직연금조합 구성은 다양한 형태의 불안정한 고용상태의 노동자들을 포괄하는 데 유리하다. 산별, 지역별 퇴직연금조합은 이동성이 높고 실업과 취업을 반복하는 노동자들이 가입자 지위를 계속 유지하도록 하는 역할을 할 수 있다. 즉, 퇴직연금조합 구성은 불안정한 노동자들에게 기존 기업 단위 연금상품 선택과는 다른 가능성을 열어 준다.

한편 보장성 확충이란 면에서 한국 퇴직연금제도는 유족연금, 장애연금에 준하는 급여를 도입할 필요가 있다. 소위 다층체계의 일부로 중층적인 보장을 한다고 하지만 한국 퇴직연금제도로는, 상품에 따라 차이가 있지만 사망, 장애 등의 위험에 대해서는 국민연금에 더해 중층적인 안정화된 보장을 기대하기 어렵다.

또한 한국의 퇴직연금제도는 개인 단위의 금융상품으로 존재하고 있는데, 이러한 퇴직연금 상품의 투명성을 높일 필요가 있다. 퇴직연금 상품 수수료 체계 및 상품운영에 대한 공시를 강화하고 이에 대한 규제를 강화해야 한다는 것이다. 특히 수수료 체계에 대한 규제는 가능하다. 퇴직연금에 대한 각종 세제혜택을 볼 때 이러한 규제는 충분히 근거가 있다. 또한 노동자 개인 입장에서 정보 불평등이 존재하는 대표적인 상품이 바로 퇴직연금이기 때문에 그 필요성이 높다. 이러한 퇴직연금 상품에 대한 규제는 궁극적으로 퇴직연금 보장의 안정성을 높여준다.

또한 국민연금 소득대체율 인상으로 인해 좀 더 큰 폭의 국민연금 보험료 인상이 요구되며, 퇴직연금의 불안정성과 대상 포괄성이 여전히 해결되지 않는 상태에서 퇴직연금 보험료가 공적연금 보험료 인상의 걸림돌이 된다면, 장기적으로 퇴직연금 보험료 중 일부를 국민연금 보험료로 전환하는 것을 모색할 수 있다(양재진, 2016). 이는 한국 노후소득보장체계에서 사적연금의 역할 비중을 보조적인 것으로, 그리고 사적연금 가입대상을 중간층 이상으로 구성하고자 하는 것이다.

## 마. 개인연금

한국 노후소득보장체계에서 가장 계층 간 격차가 명확하되, 보장의 불명확성이 가장 큰 층위는 바로 개인연금이다. 개인연금 가입, 수익률 등에 대한 공적인 개입은 제한적일 수밖에 없다. 거의 유일한 정책 개입 수단이었던 세제혜택은 앞서 살펴본 바와 같이 중간층 이하에게는 별다른 유인효과가 없다. 독일은 리스터 연금을 통해 저소득층 개인연금 가입을 지원하며, 스웨덴은 프리미엄 연금을 통해 개인연금 가입을 의무화하였지만, 한국은 이와 같은 경로를 따르기는 어렵다. 소득파악의 어려움은 여전하고, 개인연금에 앞서 국민연금과 퇴직급여제도와 같이 의무화된 노후소득보장제도 가입률을 높이는 것이 우선적인 과제이기 때문이다. 게다가 국민연금과 기초연금에 대한 재정지원이 핵심 이슈인 상태에서, 보험료 지원과 같은 개인연금 상품 가입에 대한 직접적인 재정지원은 우선순위가 낮다. 특히 기초연금과 같은 공적노후소득보장을 위한 일반재정 확충 요구가 더욱 커진다면 오히려 개인연금 상품 가입에 대한 현재의 세제혜택 축소도 고려할 만하다. 개인연금 가입자의 계층 구성을 볼 때 이는 더욱 정당화된다. 요컨대 개인연금 적용 범위와 보험료 투입 규모를 정책지원을 통해 무리하게 늘리기는 어렵다. 이런 이유에서 한국에서 개인연금은 명확하게 중간층 이상의 부가적인 노후소득보장을 위한 제도로 자리매김하는 것이 적절하다.

다만 국가는 개인연금 지급의 불확실성을 줄이기 위해 이를 관리하는 역할에 집중할 필요가 있다. 국가가 개인연금 가입자와 운용기관에 상당히 큰 규모의 세제혜택을 주고 있는 만큼, 개인연금 상품의 운용과 수익률, 운용수수료, 중도해지 수수료 등에 대한 개입이 가능하다. 특히 수수료 기준의 설정과 규제는 이미 스웨덴 프리미엄 연금 등에서 수행하고 있는 것을 참고할 수 있으며, 장수 위험에 대비하기 위해 개인연금의 실질가치가 적정수준에서 유지되도록 하는 조치 등을 고려할 수 있다. 정부가 개인연금 상품 운용과 지급에 대한 명확한 기준을 설정하고 관리하는 것은 개인연금 지급과 연금 급여액 가치의 불확실성을 감소시킴으로써 개인연금이 노후소득보장체계의 한 구성 요소로서 기능하도록 하기 위해 필요하다.

## 제6절 소결

본고에서는 기초연금 급여인상(A값 15%) 및 보편적 수당으로의 전환, 국민연금 급여인상(기준소득대체율 50%안),[63] 노인특별부조제도 도입 등을 통해 한국 노후소득보장제도를 명확히 공적연금 중심으로 재편할 것을 제안하였다. 사회보험 방식의 공적소득비례연금의 역할 수준을 높이되, 국민연금의 불가피한 역할 공백을 보편적 수당과 강화된 공공부조

63) 국민연금 급여수준 조정에 대해 본 연구에서는 기준소득대체율 50%로의 인상안을 제시하였으나 급여산식의 근본적 변화를 포함하는 복수의 방안을 다양한 각도에서 검토하는 작업이 필요하다.

가 메우는 방식이다.

이는 노인의 절대빈곤 해소와 함께 이를 넘어서는 '적절한' 수준의 노후소득보장을 실현하면서, 동시에 미성숙한 사회보험제도의 공백을 메우기 위한 것이다. 즉, 보편적인 보장과 최소보장을 넘어서는, 적절한 보장이라는 공적연금의 적극적인 역할을 추구한 결과이다. 공적연금이 '기본보장'에 머무를 때 적절한 수준의 노후보장이 사적연금에 맡겨지게 되고, 이 경우 노후보장의 불안정성과 계층 간 격차가 커지기 때문이다. 이는 1990년대 말 이후 여러 나라의 연금개혁에서 관찰된 바이다. 또한 공적연금 확충을 실현하기 위해 필요한 재정안정조치는 장기적인 보험료 인상뿐만 아니라 사회보험 재정기반의 다변화, 일반재정의 연금재정 지원, 국민연금기금의 사회서비스 투자 등을 통한 출산율, 고용률 증가 등을 포함하는 포괄적인 것이어야 함을 언급하였다.

사적연금 부문에서는 산별, 직종별, 지역별 퇴직연금조합의 도입 및 규제 강화, 선택적 부가연금으로서 개인연금에 대한 관리 강화 등을 제안하였다. 퇴직연금 적용은 확대하되, 개인연금에 대해서는 가입자의 무리한 확대보다는 급여보장의 안정성을 높이는 정책 개입을 제안한 것이다.

한편 한국 노동시장에서는 지난 10여 년 동안 높은 노후불안 가능성을 가진 노동자들이 꾸준히 증가하였다. 근본적인 경향으로서 고용불안정이 심화되는 가운데 이에 대응하기 위해 본 연구는 다음 방안들을 제안하였다. 첫째, 보편적 수당제도의 도입과 강화, 즉 기초연금의 인상 및 보편화이다. 둘째, 특수고용노동자 등 다양한 준자영자 형태, 간접고용 형태 노동자들에게 국민연금 사업장 가입자 지위를 부여하기 위한 법적 조치이다. 셋째, 불안정노동자들이 지역가입자나 납부 예외자가 아닌 사업장 가입자로 국민연금에 진입하도록 지원하는, 기존 두루누리 사업보다 광범위한 보험료 지원 사업 실시이다. 넷째, 산별, 직종별, 지역별 퇴직연금조합을 통해 사업장 이외의 퇴직연금 가입과 운영의 틀을 제공하는 것이다. 퇴직연금이 갖는 이동성을 활용하여 가입과 관리의 틀을 획기적으로 변화시켜 대상 포괄성을 높이고자 한 것이다. 이를 통해 계속 사업장을 이동하는 불안정노동자들의 퇴직연금 가입의 지속성을 높이는 동시에 퇴직연금의 공공성을 제고할 가능성이 열린다.

정리하면 본고에서는 노동자가 노동자로서 사회보험에 가입하고 노동력을 사용하는 사용자가 재정 책임을 지도록 하는, 전통적인 사회보험제도 작동을 지원하는 것을 중심으로 하되, 보편적 수당과 표적화된 공공부조가 그 기능을 보완하도록 하는 방향으로 제도개선 방안을 제시하였다. 불안정고용 형태의 복잡화 및 간접고용확대와 같은 자본의 비용절감 전략에 사용자 책임의 법적 강제를 우선시한 것이다.

그러나 위 방안들은 충분할 것인가? 기술, 산업, 노동의 변화 속에서 장기고용에 기반을 둔 노후소득보장전략이 갖는 유효성이 감소하고 있는 가운데, 더 오래 일하고 더 오래 보험료를 내게 하는 전략이 더 이상 작동하지 않는다면 보편적이며 적절한 노후소득보장을 실현할 수 있는 대안은 무엇일까? 보편적인 약간의 노후보장, 연금가입과 재정조달방식 변형으로는 충분한 대응이 되지 않는다면 무엇을 해야 할 것인가? 기술 변화와 노동 변화의 주요 수혜자인 자본이 노후보장에 대한 사회적 책임을 다할 수 있도록 하는 대안은 무엇일까? 노후소득보장제도의 현안에 대응하면서, 동시에 장기적인 사회 변화를 준비하는 과정에서, 한국의 노후소득보장체계는 더 큰 폭의 제도 개선을 모색할 수 있을 것이다.

# 제 3 부 대안적 복지제도의 적용 가능성

제 7 장

# 자산기반복지, 다주제(多柱制)의 새로운 가능성

# 7 자산기반복지, 다주제(多柱制)의 새로운 가능성

## 제1절 서론

물질적 안녕(well-being)은 궁극적으로 소비 행위에 의해 실현되며, 소비는 소득뿐만 아니라 재산의 함수이기도 하다. 소득뿐만 아니라 재산도 개인의 안녕에 핵심적 요소라는 주장(OECD, 2013b, p. 27)은 최근 들어 더욱 강조되는 경향을 보이는데, 이는 최근 복지국가의 변화와 밀접한 관계가 있다(여유진 등, 2015a, pp. 103-104). 복지국가는 기본적으로 생애주기에 발생할 수 있는 다양한 사회적 위험—노령, 실업, 질병, 재해 등—에 대해 안정적인 소득을 확보해 주는 것을 일차적 목표로 하고 있다. 하지만 복지국가의 재정위기로 인해 특히 노후소득보장체계의 최저보장 기능이 약화되면서, 재산의 유동화를 통해 개인의 안녕을 향상시키는 방안에 대한 관심이 새롭게 제기되었다. 다른 한편, 출발선상에서의 불평등을 만회하는 하나의 방편으로 재산의 형성에 대한 관심도 제기되었는데, 이는 주로 아동기 혹은 청년기의 마중물로서 일정 자본금을 제공하는 방안으로 제안되고 있다. 하지만 저소득층의 소득의 안정을 보장하기 위해 재산을 활용하는 데는 일정한 한계가 있을 뿐만 아니라, 그것이 과연 소득보장이나 교육·보육서비스를 통한 안정과 기회의 확보보다 더 나은 대안일 수 있는지에 대한 회의와 비판도 적지 않다.

본 연구에서는 최근 주목받고 있는 자산기반복지의 등장 배경과 제도적 범주를 논의하고, 우리나라의 자산기반복지제도 실태를 개괄적으로 살펴보고자 한다. 이를 통해, 자산기반복지제도의 확대 필요성과 한계 등을 비판적으로 재고함으로써 향후 사회복지의 대안재 혹은 보완재로서 자산기반복지의 가능성을 검토해 보는 데 그 목적이 있다.

## 제2절 자산기반복지의 등장 배경과 주요 쟁점

### 1. 자산기반복지제도의 등장 배경

자산기반복지체제는 "국가의 정책적 지원을 바탕으로 시간이 지남에 따라 가치가 증가하는 금융상품이나 부동산에 개인이 투자하여 자산을 형성함으로써 자신의 복지소요에 더 큰 책임을 지라"는 것이며, "이러한 자산은 은퇴처럼 소득이 감소하거나 불안정한 시기에 축적자산을 기반으로 소득을 창출하여 스스로 소비와 복지수요를 충당하는 데에 이용할 수 있게" 하는 것이다(김용창, 2013, pp. 7-8; Watson, 2009; Doling & Ronald, 2010에서 재인용). 즉, 소득기반복지가 직접적으로 개인과 가족의 소득을 보장함으로써 빈곤과 안정의 위험에 대응하는 전략이라면, 자산기반복지는 저축과 자산의 축적을 지원하고 개인과 가족은 이를 활용하여 소득을 창출함으로써 복지 증진을 도모하도록 하는 전략이라 할 수 있다.

최근 자산기반복지가 기존 복지제도의 대안재 혹은 보완재로서 주목받고 있는 것은 다음과 같은 몇 가지 이유에 기인한다.

첫째, 복지국가의 재정위기와 기존 복지국가의 한계에 대한 인식이다. 서구 복지국가들은 1970년대 중반 두 차례의 오일쇼크를 겪으면서 장기간의 스태그플레이션을 경험하게 된다. 경기침체로 인한 고실업과 함께, 인구 고령화가 재정위기감을 고조시킴으로써 복지국가의 지속가능성과 효율성에 대한 비판이 제기되었다. 복지국가의 황금기에는 복지국가에 대한 암묵적 혹은 명시적인 좌우파의 컨센서스가 존재했다면, 복지국가 위기기에는 이러한 컨센서스가 깨졌을 뿐만 아니라 좌우파의 비판과 공격이 동시에 이어지게 된다. 영국의 대처, 미국의 레이건, 일본의 나카소네 등 주로 자유주의 복지국가들이 복지축소(welfare state retrenchment)를 주도한 데 이어, 독일의 게르하르트 슈뢰더, 영국의 토니 블레어와 같은 진보정당도 '제3의 길, 새로운 중도'라는 기치하에 복지국가의 구조조정에 동참하였다. 두 지도자는 '제3의 길' 선언문에서 다음과 같이 천명하고 있다.

> "국민소득 대비 공공지출은 어느 정도의 허용 한계치에 도달했다. 이러한 세금 및 지출의 한계라는 제약 속에서 정부는 효율성을 제고하기 위하여 공공부문을 현대화하고 공공서비스를 혁신해야만 한다...(중략)...빈곤, 특히 아동이 있는 가족의 빈곤은 여전히 주요한 관심의 대상이다. 우리는 주변화 및 사회적 배제로 인해 가장 위협받고 있는 사람들을 위해 특별한 정책을 실행할 필요가 있다...(중략)...정부는 노를 젓기보다는 방향을 잡아야 한다. 도전하되 통제해서는 안 된다. 문제 해결책이 함께 제시되어야 한다."(Blair & Shoroeder, 1998, p. 4)

자산기반복지 논의가 본격적으로 논의된 시점도 이러한 복지국가 위기와 재편 논의가 진행되던 시점, 1990년대를 전후해서이다.

둘째, 첫 번째 요인과 관련되어 있지만 독립적인 효과가 크다는 점에서 노인인구 규모와 비중 증가를 언급할 필요가 있다. 그림에서 보는 바와 같이 선진 복지국가들은 대부분 1990년을 전후해서 고령사회(인구의 14% 이상이 노인)로 진입하게 된다. 1970년대 후반 이래 지속적인 경기침체를 겪고 있던 서구 선진국들에 연금과 노인의료비 등 노인에게 지출되는 공적 사회지출은 복지국가 재정위기의 가장 중요한 요인으로 작용했다. 더구나 이들 대부분의 국가는 부과방식(Pay-as-you-go, PAYG), 즉 현재 경제활동을 하고 있는 인구가 현재 노인 인구를 부양하는 재정방식의 연금을 운용하고 있었다. 경기 침체로 세수는 늘지 않는 상황에서 노후 소득보장과 의료비용을 감당하는 것은 대부분의 복지국가에서 큰 부담이 아닐 수 없었다.

〔그림 7-1〕 복지레짐별 노인인구비의 증가 추이

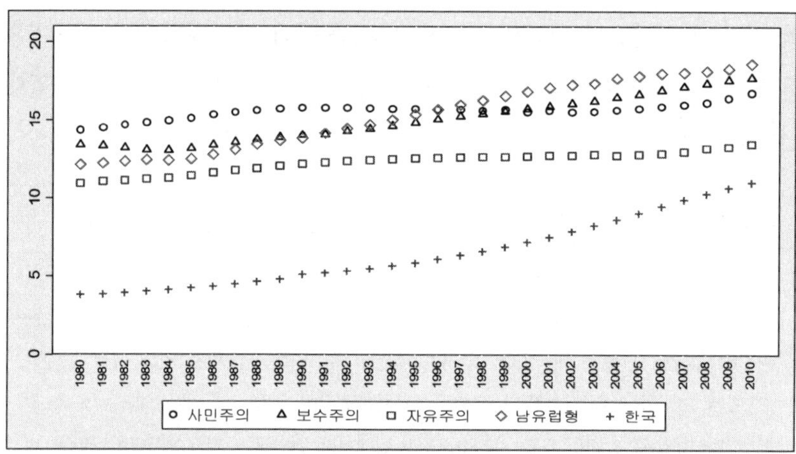


자료: 여유진 등. (2016). 한국형 복지모형 구축: 복지레짐 비교를 통한 한국복지국가의 현 좌표. p. 335.

〈표 7-1〉에서 보는 바와 같이, 1990년에 이미 사민주의 복지국가와 보수주의 복지국가는 평균적으로 GDP의 20% 이상을 복지지출로 사용하고 있었다. 이 중 노인 관련 지출이 차지하는 비중은 평균적으로 사민주의 복지국가의 경우 30.1%, 보수주의 복지국가의 경우 33.5%에 이르렀다. 남유럽 복지국가의 경우 공적 사회지출이 GDP에서 차지하는 비중은 17.49%로 20%에 못 미쳤지만, 노인 관련 지출은 이 중 43.1%에 달했다(여유진 등, 2016, p. 324). 노인 의료비까지 감안한다면 공적 사회지출의 절반 이상이 노인인구에게 사용되는 것으로 추정되었다. 이러한 지출 부담으로 인해 많은 나라에서 노후소득보장체계의 재구조화가 불가피했는데, 그 방식은 연금 수급연령을 늘리거나, 급여액을 삭감하거나, 사

회보험 기여금을 인상하는 방식이었다. 이와 더불어 공적 노후소득보장, 특히 공적연금을 보완해 줄 다양한 방식이 모색되는데 그중 하나가 자가보유율을 높임으로써 노후 생활비를 줄이거나, 주택의 유동화를 통해 노후 소득을 늘리는 방안이었다.

〈표 7-1〉 복지국가 유형별·복지지출 부문별 지출 수준(GDP 대비 %)

(단위: %)

| 구분 | 공적사회 지출 | 노인 | 유족 | 장애인 | 보건 의료 | 가족 | ALMP | 실업 | 주거 | 기타 |
|---|---|---|---|---|---|---|---|---|---|---|
| 1990년 | | | | | | | | | | |
| 사민주의 | 24.79 | 7.47 | 0.50 | 4.42 | 5.05 | 3.38 | 1.02 | 1.80 | 0.40 | 0.71 |
| 보수주의 | 20.38 | 6.83 | 1.59 | 2.61 | 5.26 | 1.75 | 0.62 | 1.21 | 0.23 | 0.31 |
| 자유주의 | 16.42 | 4.68 | 0.57 | 1.76 | 4.90 | 1.49 | 0.55 | 1.34 | 0.53 | 0.62 |
| 남유럽형 | 17.49 | 7.54 | 1.15 | 1.96 | 4.47 | 0.65 | 0.42 | 1.12 | 0.14 | 0.06 |
| 한국 | 2.77 | 0.61 | 0.20 | 0.29 | 1.48 | 0.03 | 0.03 | . | . | 0.17 |
| 평균 | 18.85 | 6.23 | 1.00 | 2.49 | 4.83 | 1.70 | 0.61 | 1.34 | 0.33 | 0.41 |
| 2011년 | | | | | | | | | | |
| 사민주의 | 26.85 | 8.89 | 0.40 | 4.20 | 6.16 | 3.50 | 1.26 | 1.19 | 0.46 | 0.80 |
| 보수주의 | 25.30 | 8.80 | 1.41 | 2.30 | 7.40 | 2.33 | 0.73 | 1.35 | 0.34 | 0.61 |
| 자유주의 | 19.98 | 5.09 | 0.42 | 2.00 | 7.12 | 2.65 | 0.37 | 0.91 | 0.64 | 0.78 |
| 남유럽형 | 26.21 | 11.49 | 2.25 | 1.85 | 6.66 | 1.37 | 0.54 | 1.64 | 0.15 | 0.24 |
| 한국 | 8.99 | 2.10 | 0.30 | 0.49 | 4.03 | 0.94 | 0.28 | 0.29 | . | 0.60 |
| 평균 | 23.63 | 8.03 | 1.07 | 2.40 | 6.84 | 2.39 | 0.68 | 1.21 | 0.41 | 0.62 |

자료: 여유진 등. (2016). 한국형 복지모형 구축: 복지레짐 비교를 통한 한국복지국가의 현 좌표. p. 324.

실제로 자가보유 주택의 역할은 상당히 명시적으로 연금의 미래에 대한 제안에서 시작되었다(Doling & Elsinga, 2013). 즉, 부채 없는 주택보유로부터 '숨겨진' 소득 원천을 제공함으로써 생애 후반기에 빈곤을 경감할 수 있다는 주장이 여러 학자들로부터 제기된다(Ritakallio, 2003; Fahey, Nolan, & Maitre, 2004; De Decker & Dewilde, 2010에서 재인용). 노인의 경우 상대적으로 자가주택 소유자의 비율이 높다는 점도 이러한 주장에 힘을 실어 주었다. 데커와 데빌드(De Decker & Dewilde, 2010)는 전후 주택소유가 규범이 된 영국, 벨기에 같은 나라에서, 정부는 재정 압박에 시달리는 (공적)연금으로부터 소득을 보충하기 위해 주택 자산의 일부를 추출하기 위해 노인 주택 소유자 쪽으로 눈을 돌렸다고 주장한다. 특히 다주제(multi-pillar)의 노후소득보장제도를 선도적으로 주장해 왔던 세계은행(World Bank)은 2005년 보고서를 통해 5개의 노후소득보장 수단을 언급했는데, 이 중 건강과 주택 관련 소비의 가족 간, 세대 간 완충의 형태로서 역모기지 제도 등을 포함하고 있다(Holzmann & Hinz, 2005). 유럽연합(EU)의 주택 관련 장관회의에서도 주택자산이 노인의 욕구에 대응하는 수단을 제공할 수 있다는 일반적 이해가 존재함을 언급하고 있다.

> "대부분의 EU 회원국에서, 노인은 자가소유 주택에 거주한다. 이는 많은 노인들이 주택을 소유할 자본을 소유함을 의미한다. 장관들은 노인들이 안전하게 그들 자본을 활용할 수 있도록 새로운 방안을 구상할 필요가 있다는 것을 알고 있다"(EU Housing Ministers, 1999, para 9; Doling & Elsinga 2013, p. 9에서 재인용). '내부 시장은 역모기지와 같이, 연금을 넘어선 퇴직 소득의 추가적 자원에 대한 접근을 확대하는 데 도움이 될 수 있다'(European Commission, 2010, p. 11; Doling & Elsinga, 2013, p. 10에서 재인용).

셋째, 경기침체, 인구 고령화와 같은 복지국가 재정위기를 야기하는 일련의 경제적·인구학적 환경 속에서 정치적으로는 신자유주의·신보수주의 정당이 집권하면서 복지개혁이 가속화되었으며, 자산기반복지 정책과 제도들도 이러한 맥락 속에서 제기되고 도입되는 경향이 있었다. 2장에서 언급한 바와 같이, 제솝(Jessop, 1993)은 이러한 변화를 '케인지언 복지국가'에서 '슘페테리언 근로국가'로의 전환으로 묘사하고 있다. 워크페어(workfare) 또는 일을 통한 복지(welfare-to(for)-work), 활성화(activation)와 같은 소위 근로연계복지 담론과 프로그램들이 본격적으로 등장한 것도 1980년대 이후였다.[64] 이 중 워크페어의 개념은 모호하지만 그 기본적인 구상은 "정부 또는 정부 관련 단체가 정한 근로 관련 의무사항에 동의할 때에만이 국가로부터 이전을 받을 수 있게 한다"는 것이다(Standing, 1990). 이러한 프로그램의 대표적인 예로 미국의 TANF, EITC(Earned Income Tax Credit), 영국의 뉴딜, 독일의 하르츠 개혁에 이르기까지 다양하다. 자산기반복지와 신자유주의적 복지개혁, 특히 워크페어는 철학적·규범적 기반의 상당 부분을 공유한다. 워크페어의 규범적 근거를 사민주의, 노동주의(labourist), 사회적 보수주의, 신자유주의로 분류하고 있는 도스탈(Dostal, 2008)에 의하면, 이 중 사회적 보수주의의 경우 워크페어를 사회의 도덕적 (반)개혁의 일부로 인식한다고 주장한다. 워크페어에 대한 보수주의적 해석에서는 자조, 클라이언트의 행태 통제, 가족 형성을 포함한 다양한 도덕적, 사회적 가치를 강조한다는 것이다. 그리고 워크페어 프로그램을 규범 및 가치와 연계함으로써, 워크페어를 그 자체의 목적보다는 사회문화적 도구로 활용하는 경향이 있다. 이념적 관점에서 볼 때, 미국의 공화당과 민주당 일부 뿐 아니라 유럽 보수당과 기민당 정부의 일파에서도 이러한 보수주의적 접근이 확인된다. 이에 비해, 신자유주의적 접근에서는 워크페어를 노동시장에서 국가의 규제적 역할을 최소화하기 위한 전략의 일부로 간주하는 경향이 있다. 노동시장정책과 사회정책이 국가보다는 시장과 같은 민간 공급자에 의해 조직되어야 한다는 것이 이들의 생각이다. 그들의 목표는 급여 조건을 강화하고, 권리를 줄이며, 전반적인 지출 수준을 삭감하는 방식으로 급여체계를 재조직함으로써 급여로부터 탈피를 증가시키는 것이다. 또 다른 신

64) 엄밀히 말해서 '워크페어'라는 용어가 공공담론으로 등장한 것은 1960년대 후반 닉슨 재임 동안이었다. 이후 1980년대 초반부터 이 용어는 영국에서 사용하기 시작했다. 영국에서 청년에 대한 공공고용 조치들의 규칙 변화를 통칭해서 워크페어로 명명했다(Dostal, 2008).

자유주의적 워크페어 접근의 핵심적 특징은 프로그램 전달체계 자체에 시장 메커니즘을 도입하려는 것이다. 1980년대 영국의 민영화 정책은 이러한 접근의 전형이었다(Dostal, 2008). 뒤에서 좀 더 구체적으로 살펴보겠지만, 워크페어의 보수주의적 접근은 자산기반복지 프로그램 중 자산형성 프로그램의 '자산효과'에 대한 접근과 상당히 유사한 이념적 기반을 가지고 있다. 또한 신자유주의의 민영화 논의는 자산기반복지 프로그램 중 주택의 유동화를 통한 복지, 즉 역모기지제도와 논리적 기반을 공유한다.

마지막으로, 자산 불평등의 증가에 대한 비판적인 목소리와 관련이 있다. 서브프라임 모기지를 계기로 촉발된 세계적 금융위기 시기에 '월스트리트 점령' 선언문에 제기된 "나는 99%이다"라는 구호, 즉 세계의 부(wealth)가 상위 1%에 집중되는 현상에 대한 비판이나, 토마 피케티(Thomas Piketty)가 「21세기 자본론」에서 제기한 자산의 불평등에 대한 비판적 고찰은 자산의 불평등과 재분배 필요성에 대한 논의를 고조시키는 중요한 계기가 되었다(여유진 등, 2015a, p. 103). 김낙연(2016)의 최근 연구에 의하면 우리나라에서도 부의 불평등 악화 현상이 확인되고 있다. 한국의 경우 경향성을 확인하기에는 분석 기간이 짧기는 하지만 2000년대에서 2010년대로 오면서 자산 불평등이 악화되었다. 〔그림 7-2〕에서 보는 바와 같이, 미국, 영국, 프랑스 등 선진 자본주의 국가들의 경우 1980~1990년대를 거치면서 상위 10% 부유층의 자산 비중이 점차 증가하고 있으며, 그 경향은 미국에서 가장 두드러지게 나타나고 있다.

〔그림 7-2〕 상위 10% 자산 비중의 국제 비교

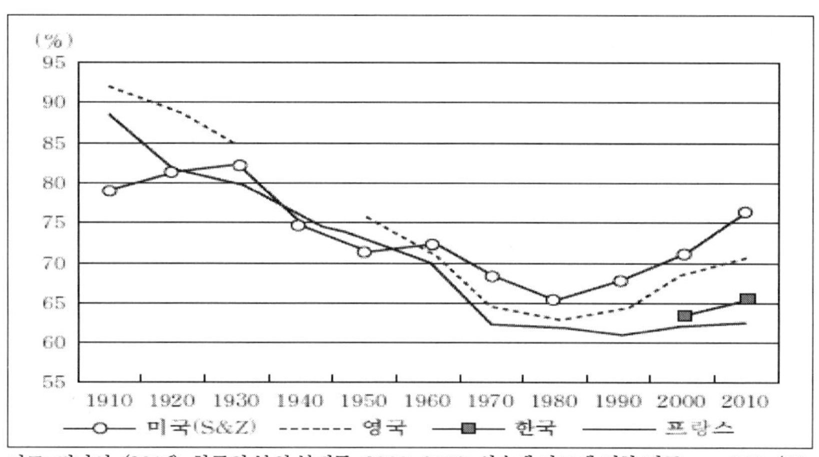


자료: 김낙연. (2016). 한국의 부의 불평등, 2000~2013: 상속세 자료에 의한 접근. pp. 393-429.

이러한 경향이 자산기반복지와 직접적인 연관성을 갖는다고 보기 어려운 측면도 있지만, 자산기반복지 논의의 흐름 중에서 '진보적'(progressive) 그룹은 자산기반복지의 범주에 지분공유제도나 기초자산제도(자산배당)의 구상까지 포함시키고 있는 만큼 자산 불평등 논쟁과 무관하다고 보기 어렵다. 실제로 빈곤을 감소시키는 도구로서 자산의 역할을 고찰하고, 자산기반복지를 비판적으로 고찰하고 있는 갬블과 프라바카르(Gamble & Prabhakar, 2005)는 자산 평등주의(Asset egalitarianism)가 새로운 어젠다는 아니지만, 최근 자산 분배의 불평등에 맞설 목적으로 영국과 미국에서 많은 제안이 부상해 왔다고 주장하고 있다.

요컨대, 최근 몇 십 년간 서구 복지국가에서 자산기반복지가 복지국가 재구조화 논쟁의 중요한 축이 되어 가고 있는 것은 서구 복지국가의 장기적인 경기침체, 인구 고령화로 인한 연금과 공공복지자원에 대한 압력, 신자유주의적 공공복지급여의 축소, 자산불평등 악화에 대한 비판적 대안 논의 등에서 그 원인을 찾을 수 있다. 이 외에도 돌링과 로널드(Doling &

Ronald, 2010)는 자가보유율 증가와 주택자산 가치의 상승도 최근 자산기반복지 논의에 영향을 주었다고 주장한다.

## 2. 자산기반복지의 이론적 기반

### 가. 생애주기이론과 자산기반복지

이론적으로 자산은 퇴직으로 소득이 감소하거나, 졸업장과 같은 다른 투자 형태를 위해 필요할 때, 소비와 복지욕구를 보충하는 데 사용될 수 있다. 이러한 논의에서 이론적 논거로 종종 인용되는 생애주기이론(Life Cycle Model)은 소득의 시점 재분배 전략이라 할 수 있으며, 그 기본전제는 한 시점에서 개인이 현재의 기대 부의 수준과 그들의 기대 미래 소득을 연계해서 현재의 소비수준을 설정한다는 것이다(Doling & Elsinga, 2013, p. 8). 즉, 분석의 범위를 일생으로 확장하면, 소득, 자산 소비 간에는 다음과 같은 등식이 성립한다(Pendakur, 1998; 여유진 등 2015a, p. 39에서 재인용). 개인 $i$의 생애 부를 $W_i$라고 규정하면 디스카운트된 총 생애 소득 혹은 총 생애소비와 동일하다는 것이다.[65]

$$W_i \equiv A_i + \sum_{1}^{T} \frac{1}{(1+r)^t} y_{i\ t} \equiv \sum_{1}^{T} \frac{1}{(1+r)^t} c_{i\ t} + \frac{1}{(1+r)^T} B_i$$

(여기에서 $A_i$는 초기 재산(initial assets), $B_i$는 $T$ 시점에서의 유산, $r$은 이자율, $y_{i\ t}$는 기간 $t$에서의 소득, 그리고 $c_{i\ t}$는 기간 $t$에서의 소비).

65) 한국형 복지모형 구축의 2년 차 보고서에서 여유진 등(2015a)은 생애주기별 소득·자산·소비의 통합적 분석을 시도하고 그 결과가 가지는 정책적 함의를 제시한 바 있다.

경험적으로도 사람들은 대체로 경제활동의 전성기—30~50대—에 가장 많은 소득을 벌어들이지만, 이러한 소득을 모두 소비를 위해 지출하는 대신 은퇴기 이후를 대비해서 저축하거나, 주택을 마련하는 데 투자함으로써 생애 소비의 평탄화(smoothing)를 추구하고자 한다. 따라서 대체로 소득은 30~50대에 가장 높고 60대 이후는 급락하지만—물론 많은 복지국가에서는 공적 노후소득보장을 통해 전성기 소득의 상당 부분을 대체해주고 있지만—재산은 50~60대 전후 가장 높은 수준에 이른다.

〔그림 7-3〕에서 보는 바와 같이, 대부분의 OECD 회원국에서 재산 수준은 55~64세 시점에 가장 높은 수준을 기록하고 있음을 알 수 있다. 공적 노후소득보장체계가 취약한 우리나라의 경우는 특히 65세 이상 노인이 되면 소득이 크게 하락하지만, 노인 부부가구 시기까지는 재산 수준이 상대적으로 높게 나타난다.

〔그림 7-3〕 주요 OECD 회원국의 연령별 평균 순재산 분포

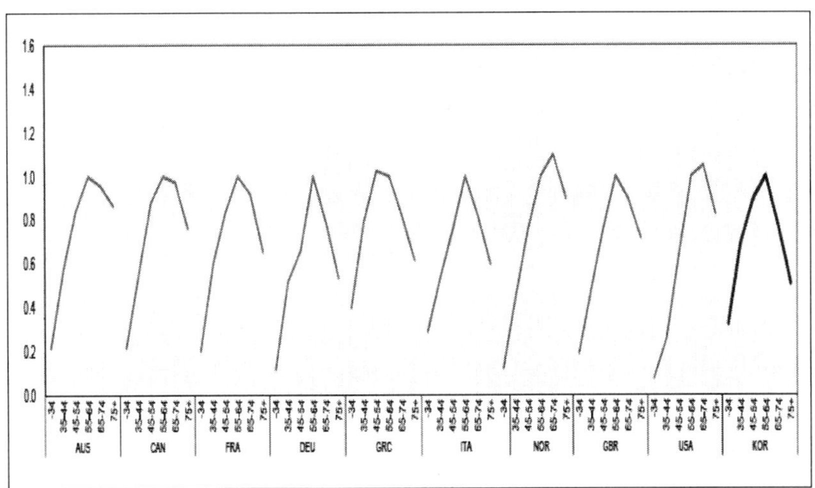


자료: 여유진 등. (2015a). 한국형 복지모형 구축: 생애주기별 소득·재산·소비 연계형 복지모형 구축. p. 112.

〔그림 7-4〕 생애주기별 소득·재산·소비의 수준(전체가구 평균=100.0)

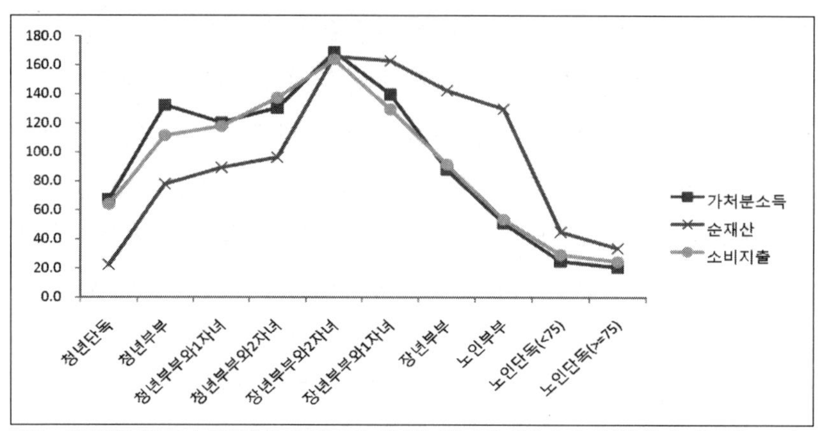


자료: 여유진 등. (2015a). 한국형 복지모형 구축: 생애주기별 소득·재산·소비 연계형 복지모형 구축. p. 149.

자산기반복지에 주목하는 입장에서는 이와 같이, 생애주기별 소비의 평탄화에 기여하는 요소로서 재산의 중요성을 강조한다. 소득과 재산이 모두 적은 아동·청년기에는 사회생활을 시작하는 데 있어 마중물로서 재산 형성을 강조하고, 소득은 적지만 재산은 상당한(income-poor, (house) asset rich) 노년기에 재산을 활용하여 개인과 가족의 복지를 향상시킬 수 있는 가능성에 주목하는 것이다.

## 나. 사회정책적 접근과 시민권적 접근

그레고리(Gregory, 2014)는 "'진보적' 자산기반복지 레짐이 현대 경제의 불안정성에 대응하여 많은 빈곤한 가구들에 재정적 완충제를 구축해 줄 수 있을 뿐 아니라, 부를 더 평등하고 공평하게 분배하는 데 기여할 수 있다"고 주장한다. 하지만 이러한 주장에 못지않게 자산기반복지는 기존의 소득기반복지에 비해 더 큰 효과를 기대하기 어려울 뿐만 아니라, 오히려 소득기반 복지국가를 침식하는 데 일조할 수 있다는 곱지 않은 시

선도 존재하는 것이 사실이다. 앞서 서술한 바와 같이, 자산기반복지의 등장 배경이 복지국가의 위기와 재편기였고, 신보수주의와 신자유주의를 기반으로 하는 워크페어와 이념적 궤를 같이한다는 점도 자산기반복지에 대한 부정적 시각에 일조하였다. 여기에서는 자산기반복지의 좀 더 직접적인 이론적 기반을 정리해 보고자 한다.66)

자산기반복지의 이론적 기반에 대해 체계적으로 정리한 바 있는 프라바카르(Prabhakar)는, 자산기반복지의 사회정책적 기반으로서 자산효과 접근과 유인효과 접근을, 시민권적 기반으로써 자유주의적 접근과 공화주의적 접근을 제시하고 있다. 전자의 입장은 자산을 경제·사회 개발을 조장하는 도구로 간주하는 데 비해 후자는 자산의 보유를 중요한 시민권의 한 측면, 즉 선택된 인구집단이 자산을 보유하기보다는 모든 시민이 자산을 보유해야 한다는 입장이다(Prabhakar, 2008, p. 55).

먼저, 사회정책적 기반으로서 '자산효과 접근'에 의하면, 자산을 보유하는 것이 사람들로 하여금 태도 변화를 야기해서 진취성과 적극적 투자 가능성을 높일 수 있다고 주장한다. 자산은 '독립적인 자산효과'를 가지기 때문에 소득 같은 플로(flow)를 제공하기보다는 자산 같은 스톡(stock) 형태로 자원을 제공하는 것이 더 낫다는 입장이다. 특히, 소비성향이 높은 저소득층일수록 소득을 제공하면 당장의 소비 욕구를 충당하는 데 사용할 가능성이 높다. 이에 비해 자산은 세상을 바라보는 시각을 변화시킴으로써 미래에 대한 계획을 세우게끔 하는 잠재력을 지녔다는 것이다. 이러한 접근은 자산형성 프로그램을 선도적으로 주창하고 시험한 미국의 셰러던(Michael Sherraden) 교수의 입장이기도 하다. 그는 자산에 대한 강조 없이 잠재력을 실현하고 빈곤에서 벗어날 최대한의 기

66) 자산기반복지에 대한 체계적인 이론적 분석 문헌은 매우 드물다. 본 보고서에서 이론적 접근은 프라바카르(Prabhakar)의 2008년 논문에 주로 의존했음을 밝힌다.

여가 부여될 수 없다고 주장할 정도로 사회정책에서 자산을 역할을 강조했다(Gamble & Prabhakar, 2005, p. 5). 이미 발생하고 나서 문제의 효과를 경감시키고자 하기보다, 예방적이고 선제적으로 문제가 나타나는 것을 방지하는 데 목표를 둔 사회정책이 더 효과적이며, 자산기반복지는 이러한 예방적 복지전략이라는 것이다(Prabhakar, 2008, pp. 56-57).

한편, 사회정책적 이론 기반으로서 '유인효과(incentive) 접근'은 자산효과 접근에 비해 좀 더 진보적인 관점을 취한다. 이 접근에 의하면, 소유지분(자산)이 피용자로 하여금 더 열심히 일하도록 물질적 유인을 제공한다는 것이다. 이러한 접근의 대표적인 학자로 볼스와 긴티스(Bowles & Gintis, 1998)를 들 수 있다. 그들의 관심사는 어떻게 평등 이 효율을 향상시킬 수 있는가에 관한 것이며, 이를 증명하기 위해 주인-대리인(principal-agent) 분석을 인용한다. 예컨대, 고용주 입장에서는 그들의 피용자가 좀 더 열심히 일하기를 바라지만, 피용자 입장에서는 좀 더 많은 여가를 즐기기를 원한다. 즉 고용주들(주인)과 피용자들(대리인)은 일에 투입하는 노력에 있어 상이한 바람을 가지는 것이 인지상정이다. 볼스와 긴티스는 생산적 자산을 피용자들 손에 쥐어 준다면, 고용주와 피용자 이해가 일치하는 방식으로 유인이 변화할 것이라고 주장한다. 소유 지분(ownership stakes)은 피용자에게 열심히 일하도록 물질적 유인을 제공한다는 것이 그들의 주장이다(Prabhakar, 2008, pp. 58-59).

이와 같이, 자산효과 접근과 유인효과 접근은 자산이 협력적 생산뿐 아니라 경제적, 사회적 발전을 조장할 수 있음을 강조한다는 점에서 유사하지만, 지분의 공유와 같은 좀 더 광범위한 자산의 평등을 추구한다는 점에서 유인효과 접근은 자산기반복지의 진보적 버전이라 할 수 있다. 또한 자산효과 접근이 자산형성지원제도(IDA)와 같은 저소득층에 대한 복지제도를 옹호하기 위한 접근이라면, 유인효과 접근은 지분 공유제도와 같이 자본주의의 생산·소유구조에 변화를 꾀한다는 점에서 좀 더 근본적인 광의의 자산기반복지를 옹호하는 입장이라 할 수 있다.

다음으로, 시민권적 기반으로서 자유주의적 시민권론과 시민 공화주의적 접근이 제시된다. 이 중 '자유주의적 접근'은 시민권을 정치공동체의 모든 구성원에게 일련의 권리로 부여된 지위로 보는 견해이다. 이러한 견해에 의하면, 사람들은 그들 노동의 생산물을 수확할 권리가 있다고 인정한다. 다만, 이 경우에도 개인은 다른 사람들로부터 자연의 유산을 독점할 수는 없다는 기본 전제가 깔려 있다. 그러나 근대 세계에서 발생한 토지 소유체계는 다른 사람들로부터 이러한 권리를 박탈함으로써, 아무도 문명화된 사회 하에서 더 나빠져서는 안 된다는 원칙을 위배했다는 것이 자유주의적 시민권론의 주장이다. 따라서 이를 바로잡기 위해서는 개인의 잠재적인 손실에 대해 보상하는 제도가 있어야 하며, 그 수단 중 하나가 자산기반복지라는 것이다(Prabhakar, 2008, pp. 60-61). 이러한 자유주의적 시민권론의 기원은 18세기 시민혁명의 논거로 인권을 강조했던 토마스 페인(Thomas Paine)과 토지사유제의 부정의성을 주장한 헨리 조지(Henry George)까지로 거슬러 올라간다.

'공화주의적 접근'은 사람들이 건강과 같은 개인적 안녕에 영향을 주는 재화뿐 아니라 자신들의 목표와 꿈을 실현할 수 있게 해주는 재화에도 접근할 수 있어야 한다고 주장한다. 공화주의적 시민권론을 주장하는 사람들에게 정의란 야만적 운명의 영향, 즉 개인이 통제할 수 없는 불리한 조건의 영향을 제거하는 것을 의미한다. 이와 함께, 개인의 참여의 중요성을 강조하는 호혜성 원칙을 옹호한다. 즉, 사회적 생산물을 공유하고자 하는 사람은 이에 비례해서 생산적 기여 형태로 보상해야 한다는 것이다(Prabhakar, 2008, pp. 61-62).

지금까지 살펴본 바와 같이, 자산기반복지의 이론적 근거로 프라바카르가 제시하고 있는 네 가지 접근은 상당히 넓은 스펙트럼을 가지고 있다. 자산을 보유함으로써 가질 수 있는 태도의 변화를 강조하는 입장(자산효과 접근), 지분의 공유를 통해 좀 더 근본적인 자산의 평등을 옹호하는 입장(유인효과 접근), 유인효과 접근과 유사하게 공정한 자원의 분배를 강조하는 자유주의 접근, 그리고 기본재의 평등과 호혜성 원칙을 강조하며 기본소득과 유사한 기초자본(basic capital)까지 나아가는 시민공화주의 입장에 이르기까지 그 이념적 편차가 상당히 크다. 따라서 이들이 제안하거나 강조하는 정책 또한 이념적 스펙트럼에 따라 다양하다. 예컨대, 자산효과를 강조하는 입장은 저소득층에 표적화된 자산형성 프로그램을 옹호하는 데 비해 유인효과 입장은 임노동자기금과 같은 좀 더 급진적인 지분공유제도를 지지한다. 이와 같이, 이론적 기반에 따라 자산기반복지 프로그램의 성격과 범위로 상이하다. 이에 대해서는 뒤에서 다시 논의하고자 한다.

## 3. 자산기반복지제도를 둘러싼 쟁점들

### 가. 자산기반복지제도의 범위와 정체성

생애주기별로 자산기반복지제도는 이념적 스펙트럼에 따라 그 범위가 다양할 뿐만 아니라 경계가 모호하기도 하다. 자산기반복지를 주제로 다루고 있는 문헌이나 논문에서 주로 언급되고 있는 제도로 아동발달계좌(Child Development Account, CDA), 개인발달계좌(Individual Devlopment Account, IDA) 등의 자산형성 프로그램과 주택연금, 농지연금 등 자산의 유동화 프로그램(Reverse mortgage) 등을 들 수 있다. 하지만 앞서 살펴본 바와 같이, 자산기반복지 이념 중 진보적 그룹에 속하는 유인효과 접근, 자유주의적 접근, 시민 공화주의적 접근 등에서는 이러한 협소한 제도에서 더 나아가 임노동자기금을 포함하는 지분공유제도, 공동체 자산형성 프로그램, 기초자본(자본 그랜트) 등과 같은 좀 더 보편적이고도 평등주의적인 자산 관련 프로그램도 자산기반복지의 범주 안에 포함시키고 있다. 다른 한편, 중산층 이하 많은 가구에서 자산 중 가장 큰 비중을 차지하고 있는 주택과 관련된 제도들, 예컨대 내집 마련을 위한 모기지 지원제도 등을 자산기반복지제도에 포함시키는 것도 일반적 흐름이다.

〈표 7-2〉 생애주기별 자산기반복지제도의 분류

| 구분 | 아동기 | 청년기 | 중장년기 | 노년기 |
|---|---|---|---|---|
| 자산형성 | 아동발달계좌<br>(CDA) | 개인발달계좌<br>(IDA)<br>모기지지원제도 | 개인발달계좌<br>(IDA)<br>모기지지원제도 | |
| 자산활용 | | | 리스터연금<br>(독일) | 역모기지 |
| 확장된 개념 | 임노동자기금<br>지분공유제도<br>공동체 자산형성<br>자본 그란트(기초자본) | | | |
| 숨겨진 개념 | 연금저축 면세·감세<br>모기지 보조금<br>사회주택의 할인매각 | | | |

〈표 7-2〉에서 보는 바와 같이, 생애주기별로 볼 때 자산기반복지제도로서 아동기에서 중장년기까지는 자산형성 프로그램이 도입되었거나 논의되고 있으며, 노년기에는 축적된 자산의 활용, 즉 지출의 감소와 직접적인 유동화를 통한 소득의 증가를 통한 복지 증진 프로그램이 주로 거론된다.

먼저, 실제 시행되고 있거나 시행되었던 자산형성 프로그램의 대표적인 사례로 미국의 개인발달계좌(Individual Development Accounts),[67] 영국의 아동신용기금(Child Trust Fund, CTF)[68]와 저축마중물제도(Saving Gateway scheme).[69] 스웨덴의 자발적 교육저축계좌(voluntary educational savings accounts) 등을 들 수 있다(Doling & Elsinga, 2013, pp. 8-9). 이 중 미국과 영국의 프로그램은 주로 저소득층을 주 대상으로 하는 매칭저축 프로그램인 반면, 스웨덴의 프로그램은 고용주와 근로자가 참여하여 교육과 훈련을 위해 기금을 적립하는 자발적이지만 좀 더 보편적인 프로그램이다.

현실에서 채택되지 못하고 실험에 그치기는 했지만 자산기반복지의 가장 두드러진 진보적 정책 아이디어는 모든 청년에게 자본보조금(capital grant)을 제공하자는 제안이다(Ackerman & Alstott, 1999; Le Grand & Nissan, 2000; Prabhakar, 2008에서 재인용). 아크만과 알스토트(1999)는 모든 미국 시민에게 그들이 21세에 도달할 때 8만 달러의 보조금을 지급할 것을 제안했다. 이 밖에도 진보적인 자산기반복지 프로그램의 한 형태로 제기되는 것이 지분공유제이다. 지분공유제는 “기존의 소유(전부) 아니면 비소유(전무) 방식이 아닌, 가구소득이 충분하지 않아서 공

67) Michael Sherraden과 Center for Social Development at Washington University St.Louis에 의해 선도된 개인발달계좌(IDAs)는 출생 시 개설될 수 있고 평생 열어둘 수 있다. 인출된 기금은 주택 구매, 고등교육, 사업 시작을 위해 사용될 수 있다(Gamble & Prabhakar, 2005, p. 7).

68) 영국에서 자산은 노동당과 보수당 모두의 관심사였다. 노동당은 2001년 총선에서 개인의 자산 소유를 구축하는 새로운 복지정책의 기둥을 세우겠다고 공약했다. 노동당 정부의 아동신용기금(Child Trust Fund)은 정책수준에서 이러한 어젠다를 실현한 예이다. 2002년 9월, 모든 신생아는 정부로부터 250 혹은 500파운드의 기본 재산(endowment)을 받는다. 부모들은 이러한 기본재산을 특정 계좌(아동의 이름으로)에 넣어야 하며, 18세 생일이 될 때까지 잠가두어야 한다. 이 기간 동안 가족과 친구들은 연간 1200파운드까지 CTF에 기여할 수 있다(Gamble & Prabhakar, 2005, p. 5).

69) Saving Gateway는 2001년 처음 제의된 이래, 2002년과 2007년 두 차례의 시범사업을 거쳐 2010년 전국적인 제도로 도입되었다. 이 제도는 자격 있는 저소득가구가 1파운드를 저축하면 정부가 50펜스를 매칭해주는 방식의 저축제도이다. 계좌는 2년 이상 지속가능하며, 매달 25파운드까지 저축할 수 있다(HM Treasury, http://www.webarchive.nationalarchives.gov.uk에서 2017. 12. 31. 인출).

공의 보조 없이는 시장에서 적절한 주거에 접근할 수 없는 가구의 주거접근과 소유를 가능하게 하기 위해, 소유와 비소유 사이 중간적 소유 형태를 말하며, 주택의 협동조합모델이 이에 해당"한다(김용창, 2013, pp. 26-27). 이와 유사하게 공동체자산 제도는 지역공동체를 단위로 하여 개발사업 등을 통해 물리적, 장소적, 문화적 자산을 형성하고 공유하는 제도로, 지역발전을 도모하기 위한 핵심전략으로 활용될 가능성이 타진되기도 한다(김종수, 전은호, 홍성효, 2012).

자산형성 프로그램과 더불어 자산기반복지국가 논의에서 빼놓을 수 없는 부분이 '일종의' 연금으로서의 주택이다. 실제로 연금의 미래에 대한 제안에서 자가보유의 역할은 상당히 명시적으로 제기된다. 앞서 살펴본 바와 같이, 최근 EU Green Paper에서도 주택자산이 유럽정책 발달의 최중심은 아닐지라도, 정책 어젠다에 올라 있는, 적절한 금융제도일 수는 있다고 명시하고 있다(Doling & Elsinga. 2013, pp. 9-10).

하지만 그레고리(Gregory, 2014, pp. 447-448)는 주로 중산층 이상을 대상으로 하는 '숨겨진' 자산기반복지국가(a hidden asset based welfare state)도 존재한다고 주장한다. 그 예로 영국의 소득비례 연금부분에 대한 외주화(contracting-out), 면세저축 프로그램인 개인저축계좌(Individual Savings Accounts, ISAs), 1980년 집 살 권리(Right to Buy)법에 의한 보조금 등을 들고 있다. 소득비례 연금 부분을 외주화하는 기업에는 면세혜택이 부여되고 피용자나 고용주가 국가보험(National Insurance)에 기여하지 않아도 된다는 점에서 간접적인 정부의 연금저축 지원이라 할 수 있다. 개인저축계좌에 대한 면세 혜택은 광범위한 인구집단을 포괄하고 있지만 불가피하게 가장 부유한 계층이 가장 큰 세금감면을 받고 더 많이 투자하는 사람에게 유리한 제도로 설계되어 있다. 자가소유에 대한 거대한 보조금은 대처 정부 이래 지속적으로 단행되었는데, 특히 주택 구매권 법률하에서는 시영주택을 임차인에게 매각하는 과정에서 주택보유율을 늘리기 위해 직접적인 보조금 혜택도 주었다. 1980년에서 2009년까지 주택의 경우 시장가격의 60%, 아파트의 경우 70%로 할인해서 매각했다(Gregory, 2014, p. 448).

이와 같이, 그레고리가 주장하는 '숨겨진' 자산기반복지제도들을 모두 포함할 경우 자산기반복지의 정의와 범위가 더 모호해질 뿐만 아니라, 논의의 영역이 지나치게 확장된다. 예컨대, 우리나라에서 시행되는 각종 개인연금과 연금저축에 대한 감(면)세 혜택, 저소득층과 중산층을 대상으로 하는 전세자금 혹은 내집마련 대출 이자감면, 주변 시세의 70~80%로 제공되는 행복주택도 자산기반복지제도에 포함될 수 있다. 본 연구에서는 자산기반복지의 특성과 정의를 좀 더 엄밀하게 규정하기 위하여 이러한 제도들은 구체적 논의의 범주에서 제외하고, 결론에서만 대안으로 언급하고자 한다.

## 나. 자산기반복지의 효과를 둘러싼 논쟁

복지국가는 생애주기에서 닥칠 수 있는 사회적 위험—대표적으로 실업, 재해, 질병, 고령—에 대응하여 소득의 안정적인 확보를 보장해 줌으로써 빈곤을 예방하고, 소비의 평탄화를 도모하고자 하는 전략이다. 앞서 지적한 바와 같이, 복지국가의 재정위기와 인구 고령화, 그리고 자산불평등의 증대와 같은 요인으로 인해 자산기반복지에 대한 관심이 증가하고 있다. 동시에 자산기반복지에 대한 비판과 우려의 목소리도 함께 제기되고 있는 것이 사실이다.

그레고리(Gregory, 2014)는 자산기반복지 관련 논의에서 핵심적인 쟁점은 자산 소유에 의해 실제로 어떠한 종류의 행태 변화가 발생하는지,

그리고 그러한 행태의 변화가 얼마나 바람직한지에 관한 것이라고 주장한다. 이는 자산기반복지가 특히 빈민의 복지향상과 탈빈곤에 효과 있는 대안인가에 대한 경험적·규범적 질문이다. 프라바카르(Prabhakar, 2008, pp. 55-56)는 또 다른 차원에서 자산기반복지에 기반을 둔 사회정책에 일련의 의문을 제기한다. 그의 의문은 첫째 자산정책에 집중해야 하는가에 관한 것이다. 이는 자산기반복지가 소득기반복지에 버금가는 혹은 그것을 넘어서는 더 나은 대안이 될 수 있는가에 대한 질문이다. 둘째, 자산의 중요성을 인정한다손 치더라도 자산의 특정 형태에 대해 의문을 제기한다. 예를 들면, 자산이 어떻게 사용될지에 대한 제한이나 조건이 부과되어야 하는가? 이 중 전자의 질문은 자산기반복지가 소득기반복지보다 더 나은 대안인지, 그리고 자산기반복지가 소득기반복지의 대체재로 기능할 수 있는지를 질문하고 있다. 후자의 질문은 그레고리와 마찬가지로 자산기반복지가 사회정책으로서 효과가 있는지, 선별적인 정책과 보편적인 정책 중 어떠한 자산기반복지에 집중해야 하는지에 대한 질문이라 할 수 있다.

### 1) 자산기반복지는 효과가 있는가?

주지한 바와 같이, 자산기반복지는 크게 개인발달계좌, 아동발달계좌와 같은 자산형성제도와 주택과 같은 자산을 노후의 복지증진을 위해 활용하는 자산 유동화제도로 구분할 수 있다. 전자는 매칭 저축방식과 같은 저축을 통해 자산형성을 도모하는 제도이면서 주로 저소득층—때로는 전체 아동을 대상으로 하기도 하지만—아동과 청장년을 대상으로 하는 제도인 반면, 후자는 주로 소득은 적지만 (부채 없는) 자가주택을 보유하고 있는 노인을 대상으로 하는 제도이다. 여기에서는 이와 같은 자산형성제도와 주택자산의 활용제도를 구분하여 그 효과를 논의하고자 한다.

먼저, 자산형성제도와 관련하여 자산의 보유가 저소득층의 저축을 독려하는지에 대한 경험적 증거를 둘러싸고 논쟁이 진행되고 있다. 선도적 연구로 워싱턴대학의 사회개발연구센터(Researchers at the Centre for Social Development at the University of Washington)는 미국의 ADD(IDAs in its American Dream Demonstration programme, 이하 ADD)에 참여한 2,364명을 대상으로 1997년에서 2001년까지 진행된 효과성 평가연구를 들 수 있다. 분석 결과, 등록자의 56%는 2001년 연말 기준으로 100달러 이상의 순저축을 기록하였으며, 나머지 44%는 100달러 미만 저축을 한 것으로 나타났다. 평균 참여자는 연간 700달러를 저축했으며, 인출금은 주로 주택자금(28%), 사업자금(23%), 고등교육(21%), 집수리(18%) 등에 활용한 것으로 나타났다(Schreiner, Clancy, & Sherraden, 2002, p. vii; Gamble & Prabhakar, 2005, p. 9에서 재인용).

2004년 진행된 밀스 등의 연구(Mills, Patterson, Orr & DeMarco, 2004)에서는 그 효과가 더욱 공고하게 나타났다. 오클라호마 툴사 지역에서 진행된 ADD(American Dream Demonstration, Tulsa, Oklahoma) 참여자 537명과 통제집단 655명을 대상으로 한 이 연구에서 IDA 프로그램은 저소득층의 자산형성에 유의한 효과를 가진다는 것을 발견했다. 즉, IDA에 의해 제공되는 인센티브를 이해하고 반영하였으며, 이러한 인센티브가 주어진다면 다년간에 걸친 재정 목표를 수립하고 수행하며 주택 구입과 관련된 복잡한 문제를 탐색할 수 있음을 보여주었다. IDA는 또한 자가보유에 긍정적 효과를 미쳤을 뿐 아니라 퇴직저축과 교육향상을 증진시키는 데 도움을 주는 것으로 나타났다(Mills, Patterson, Orr & DeMarco, 2004; Gamble & Prabhakar, 2005, p. 9에서 재인용).

영국 브리스톨대학의 민간금융연구센터(the Personal Finance Research Centre at the University of Bristol)의 저축마중물제도(Savings Gateway) 시범사업에 대한 중간보고서(Interim findings from research into pilots on the Saving Gateway undertaken, Kempson, McKay, & Coilard, 2003)도 자산정책이 빈민의 저축을 증진하는 데 도움을 줄 수 있다는 증거를 제공했다. 이 시범사업은 영국 5개 지역에서 피부양아동이 있는 1만 1,000~1만 5,000파운드 미만 소득을 가진 가구를 대상으로 진행되었으며, 월 25파운드까지 저축할 수 있고 최대 375파운드를 입금할 수 있으며, 18개월이 지나면 정부는 매 1파운드에 1파운드의 매칭 기여금을 넣어 주도록 설계되었다. 시범사업에 대한 평가 결과에 의하면, 전반적으로 이 제도가 저소득층을 새로운 저축을 하도록 독려하는 데 효과적이었으며, 저축액을 늘리거나 정기적으로 저축하는 사람을 증가시켰다. 또한 최대 25파운드는 참여자 대다수에게 목표가 되었다는 것이 분명하게 나타났다. 연구자들에 의하면 영국 전역에 동일한 조건으로 실시된다면 25%의 가구가 이 계좌를 개설할 것으로 추정되었다(Kempson et al., 2003, p. viii; Gamble & Prabhakar, 2005, p. 10에서 재인용).

하지만 이러한 경험적 증거에 대한 문제 제기도 만만치 않다. 예컨대, 마틴 반즈(Barnes, 2002)는 자산기반복지가 주로 개인주의 문화를 가진 자유주의 복지국가, 대표적으로 미국과 영국 등에서 지배적이라는 점을 지적하면서, 자산기반복지가 이러한 나라들에 존재하는 사민주의적 요소의 부식을 의미하는 것일 수 있다는 데 우려를 표명한다. 마치 전통적인 소득 대체 급여는 의존성을 강화할 수 있는 반면, 자산을 형성하게끔 하는 프로그램은 희망을 줄 수 있다는 '신화'를 조장한다는 것이다. 실제로 자산기반복지의 대표적인 프로그램인 IDA와 CDA는 미국, 영국과 같은 자유주의 복지국가에서 주로 실험되거나 제도화되었으며, 주요한 근거로 빈민들에게 저축 습관을 길러주고, 미래를 설계하는 '좋은' 태도를 갖게 할 수 있다는 것이었다. 비록 그것이 부분적으로 혹은 전반적으로 사실로 드러난다고 할지라도, 이러한 프로그램에는 빈곤이 '개인의 탓'이거나 빈곤문화에서 기인하는 것이라는 자유주의 철학이 저변에 깔려 있음을 부정하기 어렵다. 빈곤을 비롯한 사회적 위험을 사회구조의 관점에서 바라보는 사민주의 복지 철학의 관점에서 이러한 선별적 자산기반복지 프로그램에 내재되어 있는 접근은 복지국가를 부식시킬 위험 인자로 인식될 수 있음은 자명하다. 자산기반복지가 '양날의 칼'로 인식되는 이유도 여기에 있다.

다음으로 연금으로서의 주택의 역할에 주목하는 또 다른 자산기반복지의 효과에 대해서는 좀 더 논쟁적이다. 특히, 주택과 복지 시스템 간의 관계는 나라마다 상당히 다르다는 결과도 제시된다(Doling & Ronald, 2010).

콘리와 기퍼드(Conley & Gifford, 2003)는 많은 나라에서 주택 보유가 재분배 프로그램이 없을 경우 시장의 힘이 사회에 미치는 재난적 영향을 완화하는 데 중요한 정책적 메커니즘임을 확인하고 있다. 그럼에도 불구하고, 주택 보유가 공공 복지지출의 기능적 대안을 구성한다거나 사회불평등을 줄이는 수단으로 구조화될 수 있다는 증거는 제한적이라고 주장한다(Fahey et al., 2004). 드윌드와 래이매커(Dewilde & Raeymaeckers, 2008)는 높은 주택 보유율이 연금 수급자들의 빈곤감소 잠재력을 가지는 것 같지만, 각 사회에서 사회적 이전과 주택정책 간의 특정 상호작용에 의해 그 맥락은 더 복잡해진다고 주장한다. 특히, 그들은 주택 보유율이 높은 나라에서 자가주택을 사지 않거나 살 수 없는 사람들은 이중적 불이익을 경험한다고 주장한다. 오히려 일부 국가에서 사회주택 부문에서의 낮은 임대료가 노인들의 낮은 소득을 상쇄할 수 있다고 단언한다. 예이츠와 브래드버리(Yates & Bradbury, 2010)는 많은 다른 선진국과 달리 80% 이상의 호주 퇴직자들은 자가주택을 보유하고 있고 대부분은 부채 없는 주택보유자라는 점에 주목하고, 호주에서 주택보유가 잠재적으로 퇴직 시 빈곤으로부터 얼마나 가구를 보호할 수 있는가를 검토하였다. 그 결과 호주 노인의 소득은 비교적 낮지만, 주거비용이 고려된다면 주거비 후 노인의 빈곤율은 그렇게 높지 않았다. 그러나 주택을 소유하지 못한 노인가구의 주거비용 후 빈곤율은 매우 높았다.

대체적으로 볼 때, 복지국가 옹호자들은 자산기반복지, 특히 연금으로서의 주택의 역할에 대해 회의적일 뿐만 아니라 부정적인 입장을 취한다. 신진욱과 이은지(2012, pp. 225-226)는 주택체제의 사유화는 "단지 조세저항과 같은 부정적 기제를 통해서뿐 아니라, 복지국가의 축소를 가능케 하는 대안적 부의 원천을 제공함으로써 공적복지와 사적복지 간의 역관계를 변화"시키고 있다고 주장한다. 주택의 사유화와 자가보유 확대가 자칫 축소된 복지국가를 정당화하는 초석으로 작동할 위험성을 경고하고 있는 것이다.

이와 같이, 주택의 역할을 둘러싼 논쟁이 매우 양면적인 성격을 띠는 것은 대부분 나라에서 임대이건 구매이건 간에 주거비는 가구예산에서 가장 큰 단일 항목을 구성하며, 따라서 개별 생애주기 전략에서 중요한 역할을 하기 때문이다. 주거는 주택 그 자체를 통해 직접적으로, 그리고 비주거 재화를 소비하는 데 있어 남겨진 예산의 양에 미치는 영향을 통해 간접적으로 가구 생활수준을 결정한다. 또, 주택은 소득에 비해 비싸기 때문에 소비와 저축 간의 수지균형에도 영향을 미친다(Doling & Elsinga, 2013, pp. 10-11). 이뿐만 아니라 주택을 보유한 채 은퇴한 경우 이를 유동화함으로써 추가적인 소득을 획득해 노후 복지의 수준을 높일 수 있다.

하지만, 주택을 보유하지 못한 채 은퇴하는 경우 공적 연금이나 기타 소득을 통해 임차료를 부담해야 하기 때문에 노후 복지의 수준은 더욱 낮아지게 된다. 이는 작금의 노후 빈곤과 소득자산의 양극화를 더욱 가속화하는 데 일조할 수 있다는 것이 복지국가 옹호자들의 공통된 우려이다.

요컨대, 연금으로서의 주택은 복지가 저발달된 국가에서 낮은 공적연금을 메우고 노인빈곤을 경감할 수 있는 수단으로 일정 정도 기능하는 것으로 나타났다. 하지만 이러한 기능이 공적연금의 '기능적 등가물'이라고 보기는 어렵다는 주장이 제기된다. 자산기반복지에 대한 관심은 인구 고령화와 노동시장 유연화와 같은 복지국가의 재정위기를 초래하는 탈산업사회에서, 생애주기상 빈곤에 대응하고 안정(security)을 보장하는 장치로서 소득기반 복지의 한계를 만회하고자 하는 수단이라는 점에서 비판받고 있기도 하다. 소득보장 장치가 취약한 동아시아와 자유주의 국가들에서 자산기반복지에 대한 논의가 활발하게 진행되는 것도 이러한 비판에 설득력을 실어 주고 있다. 즉, 이때의 자산기반복지는 '저복지'와 '복지 축소'를 정당화하기 위한 수단일 뿐만 아니라 주택을 갖지 못한 노인들로 하여금 낮은 연금이나 공적급여를 감내할 수밖에 없는 상황을 방치한다는 점에서 특히 저소득 노인의 안녕(well-being)에 부정적 영향을 미친다는 점이 공통적으로 지적된다.

### 2) 자산기반복지는 소득기반복지에 비해 더 나은 대안이 될 수 있는가? (자산기반복지는 소득기반복지의 대체재인가 보완재인가?)

자산기반복지 프로그램이 그 자체로 효과가 있다는 것과, 그것이 소득기반복지에 비해 나은 대안이라는 것은 다른 차원의 논의이다. 후자는 궁극적으로 자산기반복지가 소득기반복지의 대체재가 될 수 있는가에 관한 질문이며, 반대로 자산기반복지가 소득기반복지를 침식하는 위해한 복지제도가 될 가능성에 대한 우려를 포함한다. 나아가 자산기반복지가 소득기반복지의 대체물은 될 수 없을지언정 일정 정도 소득기반복지가 담당하기 어려운 틈새(niche)를 메워줄 수 있는 보완재로서의 가능성도 열어둘 수 있다.

자산기반복지에 주목하는 이들 중 이것 소득기반복지, 즉 기존 복지국가체제를 대체할 수 있다고 주장하는 사람은 거의 없다. 하지만 대체로 두 가지 이유로 자산기반복지는 소득기반 복지의 보완재로 역할을 담당할 수 있다고 주장한다. 첫째, 유량의 소득 중심 복지체계로서 해결할 수 없는 영역, 예컨대 주택, 창업과 같은 영역이 중요해지면서 자산형성을 지원하는 방안이 모색되고 있다. 다른 한편, 생애주기상 소득은 낮지만 자산은 제법 축적되어 있는 시기(income poor, asset rich), 즉 노년기 자산활용을 통해 부족한 소득을 메워 줌으로써 개인과 가구의 복지를 높일 수 있는 가능성에 주목한다.

먼저, 갬블과 프라바카르(Gamble & Prabhakar)는 자산이 그 자체로 빈곤을 경감하기 위한 충분조건이라고 주장하지는 않는다. 하지만, 전통적인 소득대체 전략과 함께 사용될 때, 자산은 빈곤을 경감하는 데 유용한 역할을 할 수 있다고 주장한다. 자산은 현재 복지급여에 대한 대안으로서가 아니라 소득대체 전략에 대한 보완으로 간주되어야 한다는 것이다. 자산기반복지에 관심을 가지는 많은 사람들은 빈곤한 사람들의 소득을 보충하도록 설계된 정책들이 빈곤에 대응하는 데 필요하다는 것을 부정하지는 않는다. 하지만 소득정책에만 의존하는 것을 넘어서야 하는 경우가 있다고 주장한다. 이러한 측면에서 자산 어젠다는 예방적 복지를 진작시키는 한 방식으로 간주된다. 자산을 소유하는 것은 개인이 그들의 미래를 위해 저축하고, 집을 구매하거나 교육, 훈련에 투자하는 것을 진작시키는 데 도움이 된다는 것이다(Gamble & Prabhakar, 2005, pp. 6-7). 하지만 자산기반복지의 역할에 대해 회의적인 에머슨과 워크필드(Emmerson & Wakefield, 2001)는 저축 습관을 심어 주는 데 아동신용기금과 같은 정책보다 직접적인 교육 투자와 같은 대안이 더 낫지 않은지 의문을 제기하기도 한다(Prabhakar, 2008, p. 55에서 재인용).

아크만과 알스토트는 모든 21세 청년들에게 8만 달러를 분배하는 것보다 빈곤에 대응하는 더 좋은 방법은 없다고 주장한다. 하지만 그들의 주장이 비록 사실일지라도 그것은 하나의 대안이고 시민 권리의 일부로서 자산을 정당화하는 방식이라고 스스로 주장하기도 한다. 그들은 'Stakeholding은 빈곤 프로그램이 아니라 시민권 프로그램'이라고 주장한다(Ackermand & Alstott, 1999, p. 197; Prabhakar, 2008에서 재인용).

이 외에도 주택의 복지 역할에 대해 회의적인 이들은 주택금융체제의 변동성에 주목한다(신진욱, 이은지, 2012, p. 220). 즉, 연금으로서의 주택의 역할은 주택가격의 안정적이고 지속적인 상승을 암묵적인 전제로 하는데, 주택가격의 변동성으로 인해 이러한 가능성은 점점 축소되고 있다는 것이다. 일본의 주택 버블 붕괴에 뒤이은 지속적 경기침체와, 2008년 서브프라임 모기지 붕괴로 촉발된 금융위기가 이러한 주택금융의 불안정성을 잘 보여주는 사례이다. 특히, 후자의 금융위기로 이전에 팽배했던 주택소유기반 복지에 대한 심각한 의문이 제기되고 있다.

## 제3절 자산기반복지제도의 국내 현황 및 평가

현재 우리나라에서 시행되고 있는 제도들 중 자산기반복지제도로 포괄될 수 있는 제도들은 〈표 7-3〉과 같다. 자산기반복지제도로는 자산형성지원제도에 포함되는 디딤씨앗통장과 희망·내일키움통장, 자산 유동화를 통한 역모기지제도인 주택연금, 농지연금 정도이다. 오히려 최근에는 지자체 수준에서 자산형성지원제도에 대한 실험들이 이루어지고 있다. 꿈나래통장(서울), 희망플러스통장(서울), 희망두배청년통장(서울), 일하는 청년통장(경기도), 청년구직지원금(경기도) 등이 그 예들이다. 지방자치단체 차원의 실험은 중앙정부보다 적은 대상을 통해 효과를 검증해 볼 수 있는 일종의 시범사업으로 눈여겨볼 만하지만, 아직은 초기 단계이기 때문에 좀 더 지켜보아야 할 시점이다.

〈표 7-3〉 우리나라의 생애주기별 자산기반복지제도

| 구분 | 아동기 | 청년기 | 중장년기 | 노년기 |
|---|---|---|---|---|
| 자산형성 | 디딤씨앗통장(중)<br>꿈나래통장(서) | 탈시설아동<br>자립정착금(지자체)<br>청년내일채움공제(중)<br>희망두배 청년통장(서)<br>일하는 청년통장(경) | 희망·내일키움통장(중)<br>희망플러스통장(서) | |
| 자산활용 | | | | 주택연금<br>농지연금 |
| 서민<br>금융지원 | 교육비지원대출 | 대학생·청년 햇살론<br>학자금대출<br>(취업후·일반상환) | 미소금융<br>햇살론<br>새희망홀씨II<br>바꿔드림론 | |
| 주거지원 | | 행복주택·보금자리주택·공공임대주택 등 사회주택 | | |

주: 1) (중) 중앙정부 제도, (서) 서울시(지자체) 제도, (경) 경기도(지자체) 제도.
2) 청년기 자산형성제도와 관련하여서는 서울·경기 외에도 부산, 대구, 전남, 대전 등 여러 지자체에서 시행 및 신설 중이다.

광의의 자산기반복지제도에는 미소금융, 학자금대출, 햇살론과 같은 서민금융지원제도와 시중보다 저렴한 가격으로 주택을 공급하거나 장기임대주택을 제공하는 공공주택사업도 자산기반복지의 일환으로 포함될 수 있다. 하지만 서민금융지원의 경우 원금은 부채로 남고, 신용이 높은 고소득층은 보다 저리의 이자로 대출이 가능할 수 있다는 점에서 엄격한 의미의 자산기반복지로 보기 어렵다. 공공주택사업 중 공공임대사업의 경우 임대료 할인을 통한 간접적 소득지원에 더 가깝다고 볼 수 있다. 다만 행복주택과 같은 공공주택 공급사업은 '숨겨진 자산기반복지제도'로 분류될 수 있다. 여기에서는 우리나라에서 시행되고 있는 핵심적인 자산기반복지제도라 할 수 있는 자산형성지원제도와 역모기지제도의 현황에 대해 간략하게 살펴보고자 한다.

## 1. 자산형성지원제도

우리나라에서 자산형성지원제도에 대한 논의가 본격화된 것은 2000년대 초반이라 할 수 있다. 외환위기 이후 2000년 국민기초생활보장제도가 본격적으로 실시되고, 근로능력이 있는 수급자에 대한 탈수급 방안의 일환으로 자활사업이 실시되었으나, 자활사업의 탈수급 효과는 만족스러운 수준이라 할 수 없었다. 또한 외환위기 이후 근로빈곤의 문제가 우리나라의 '신빈곤논쟁'을 촉발시키면서 고용불안정과 저임금 덫에 빠진 근로빈곤층에 대한 다차원적 지원정책의 필요성이 대두되었다. 근로장려세제(EITC), 미소금융 등과 함께 자산형성지원에 대한 논의도 이러한 배경에서 진행되었다고 볼 수 있다. 실제로 1998년 「독립을 위한 자산법」(Asset for Independence Act) 제정과 개인발달계좌(Individual Development Accounts, IDA) 프로그램을 도입하는 데 결정적인 기여를 한 마이클 셰

러던(Michael Sherraden) 교수가 2006년 11월에 한국을 방문하여 미국의 빈곤층 자산형성지원정책을 소개하기도 했다.[70] 이 시기를 전후하여 2006년 국민기초생활보장법 제4차 개정을 통해, 제15조 제1항 제5의 3조에 "자활에 필요한 자산형성지원"을 법률로 명시함으로써 자산형성제도 도입의 법적 근거가 마련되었다.

하지만 우리나라에서 실제 자산형성지원제도가 본격적으로 시행된 것은 자활사업 내의 자산형성 지원이 아니라, 요보호아동의 자립지원을 위해 2007년 4월에 도입된 디딤씨앗통장을 통해서이다. 이는 개인발달계좌의 부분집합이라 할 수 있는 아동발달계좌(Child Development Account, CDA)이다. 아동발달계좌는 주로 저소득아동을 대상으로 생애 초기부터 저축 습관을 길러 줌과 더불어, 사회초년생으로서 학업, 창업, 독립을 위한 주거 마련 등의 자금을 매칭저축을 통해 형성함으로써 성인기의 준비자금을 마련해 준다는 의의가 있다. 특히, 부모가 부재하거나 부모가 자녀의 성장 기반을 제공해 주기 어려운 요보호아동의 경우 아동발달계좌는 중요한 기초자본으로 활용될 수 있었다. 이러한 점을 감안하여 초기에는 시설보호아동, 가정위탁보호아동, 소년소녀가정아동, 공동생활가정(그룹홈)아동, 장애인시설보호아동, 가정복귀아동 등을 대상으로 제도가 도입되었으며, 2011년 이후에는 기초보장수급가구 아동에게까지 확대되었다(보건복지부, 2017). 서울시의 꿈나래통장은 디딤씨앗통장의 대상에서 제외된 서울시 거주 기초생활수급자와 차상위, 차차상위 아동을 대상으로 2009년 도입되었으나, 매칭지원금은 보건복지부 지원액(2016년까지 3만 원, 2017년 이후 4만 원)보다 더 높은 5만~10만 원이다.

70) 그는 한겨레신문사와의 인터뷰를 통해 "20세기의 복지 정책은 현금을 지급해 소비를 지원하는 것이다. 예를 들면, 주거비, 의료비, 교육비 지원이다. 물론 이런 지원이 필요하지만, 이것만으로는 빈곤에서 벗어나지 못하고, 때론 빈곤 탈출 의지를 떨어뜨리는 요인이 돼, 여러 나라에서 개혁 압력을 받고 있다. 자산형성 지원 등 사회투자적 복지정책은 이런 현금지급 위주의 정책을 보완할 수 있다"고 주장했다(김양중, 2006).

〈표 7-4〉 아동기 자산형성제도 개요

| 구분 | 디딤씨앗통장 | 꿈나래 통장 |
|---|---|---|
| 공급주체 | 중앙정부 | 서울시 |
| 보조금 재원 | 국비(70%) + 지방비(30%) | 시비(60%) + 민간후원(40%) |
| 도입시기 | 2007년 4월 | 2009년 |
| 지원대상 | 요보호아동 및 기초생활수급가구아동 일부(중위소득 40% 이하) | 서울시 거주 기초생활수급자 및 차상위계층, 차차상위계층(중위소득 80% 이하) 중 만 14세 이하 아동의 부모 |
| 지원방식 | - 아동의 적립금액에 국가(지자체)가 1:1 매칭지원(최대 4만 원). 월 46만 원 내에서 매칭지원 없이 추가적립 가능<br>- 0세부터 만 18세까지 지원하며, 지원 없이 만 24세까지 적립 가능 | - 생계·의료급여수급자에게는 본인의 저축액(5만/7만/10만 원)과 동일한 금액을 지원<br>- 주거·교육급여수급자와 비수급자에게는 본인 저축액(5만/7만/10만/12만 원)의 2분의 1의 금액을 지원(※단 12만 원의 경우 3자녀 이상 가능)<br>- 3년/5년간 지원 |
| 사용용도 | 학자금/창업지원금/기술자격 및 취업훈련비/의료비/주거비/결혼자금 등 자립 용도 | 참가 아동의 교육비 용도(아직까지 정해진 기준은 없음) |
| 누적 가입자 | 70,417명(2016. 12. 기준) | 17,748명(2016. 12. 기준) |

주: 디딤씨앗통장의 경우 기초생활수급가구 아동의 연령을 제한하여 매년 일부 아동만을 가입대상으로 한다. 2017년에는 2004년생(만 12세), 2005년생(만 13세)만 신청 가능하며, 1999년생~2003년생에 대한 추가 지원은 받지 않는다.

자료: 1) 한국사회복지협의회. (2017). 디딤씨앗통장. www.adongdca.or.kr에서 2017. 11. 9. 인출.
2) 서울시복지재단. (2017). 꿈나래통장. www.welfare.seoul.kr/business/hope/about/dream에서 2017. 11. 9. 인출.
3) 서울시복지재단. (2016). 2016. 12월 저소득층 자산형성지원사업 참가자 현황 보고.

자활기반 조성과 탈빈곤 지원을 위해 자활사업의 일환으로 중앙정부 차원에서 자산형성지원제도가 도입된 것은 디딤씨앗통장 도입 3년 후인 2010년 희망키움통장I을 통해서였다.[71]

71) 본 제도의 내용은 희망내일키움통장 홈페이지(www.hopegrwing.com에서 2017. 11. 12. 인출)를 주로 참조하였다.

〈표 7-5〉 중장년기(저소득층 대상) 자산형성지원제도 개요

| 구분 | 희망내일키움통장 | | | 희망플러스 통장 |
|---|---|---|---|---|
| | 희망키움통장 I | 희망키움통장 II | 내일키움통장 | |
| 공급 주체 | 중앙정부 | | | 서울시 |
| 보조금 재원 | 정부 및 지방자치단체 | | | 시비 + 민간후원 |
| 도입 시기 | 2010년 4월 | 2014년 7월 | 2013년 3월 | 2009년 |
| 지원 대상 | - 소득인정액이 중위소득 40% 이하인 생계·의료급여수급가구 중 근로·사업소득이 중위소득 40%의 60% 이상인 가구이고,<br>- 현재 근로 중인 가구 | - 소득인정액이 중위소득 50% 이하인 주거·교육급여수급가구 및 차상위계층가구이고,<br>- 현재 근로 중인 가구 | - 최근 1개월 이상 자활근로사업단 참여자 | - 서울시 거주의 만 18세 이상인 자,<br>- 소득인정액이 중위소득 45% 이상 60% 이하에 해당하는 자(단, 기초생활수급자는 제외),<br>- 최근 1년간 6개월 이상 근로소득이 있고 현재 재직 중인 자에 모두 해당하는 경우 지원 |
| 지원 방식 | - 3년 이내 탈수급을 조건으로 함<br>- 저축금액 10만 원에 근로소득장려금 지원(평균 36만 원, 최대 50만 원)<br>- 3년 지원(저축기간) | - 저축금액 10만 원에 근로소득장려금으로 1:1 매칭 지원<br>- 3년 지원(저축기간) | - 3년 이내 일반노동시장으로 취·창업 및 소정의 교육 이수<br>- 저축금액 5만/10만 원에 내일근로장려금으로 1:1 매칭 지원, 추가지원으로 내일키움장려금 및 내일키움수익금 지원(지원금액은 참여 사업단에 따라 상이) | - 저축금액(10만/20만 원)의 2분의 1 지원<br>- 3년 지원(저축기간) |
| 사용 용도 | 주거자금, 본인 및 자녀의 교육비, 직업훈련비, 소규모 창업자금 등 자립 용도 | | | |
| 누적 가입자 | 약 38,000가구 (2017. 3 기준) | 약 44,000가구 (2017. 3 기준) | 약 15,000명 (2017. 3 기준) | 17,746명 (2016.12. 기준) |
| 예상 저축액 | 평균 1,562만 원+이자(최대 2,600만 원) | 평균 720만 원+이자 | (10만 원 저축시)평균 1,224만 원+이자(최대 1,620만 원) | - (10만 원 저축시) 540만 원 + 이자<br>- (20만 원 저축시) 1,080만 원 + 이자 |

주: 내일키움장려금율은 시장진입형(1:1), 사회서비스A형(1:0.5), 사회서비스B형(1:0.3), 사회서비스 C형, 인턴·도우미형별(1:0)로 상이하며, 내일키움수익금도 자활근로사업단 수익금에 따라 차등 지원(월 15만 원 이내)된다.

자료: 1) 희망내일키움통장. (2017). 희망내일키움통장. www.hopegrwing.com에서 2017. 11. 12. 인출.
2) 서울시복지재단. (2017). 희망플러스통장. www.welfare.seoul.kr/business/hope/about/hope에서 2017. 11. 13. 인출.
3) 보건복지부. (2017. 4. 28.). 희망키움통장 I · II, 내일키움통장 5월 신규 모집.
4) 서울시복지재단. (2016). 2016. 12월 저소득층 자산형성지원사업 참가자 현황 보고.

희망키움통장I은 생계·의료급여 수급가구 중 가구 전체의 총 근로·사업소득이 기준 중위소득 40%의 60% 이상이면서, 현재 근로 중인 가구를 대상으로 한다. 지원방식은 월 10만 원 저축할 경우 근로소득장려금이 월 평균 36만 원(최대 50만 원, 3인 가구 기준) 지원된다. 가입기간은 3년이며, 3년 만기 시 탈수급을 조건으로 한다. 이후 희망키움통장II를 통해 주거·교육급여 수급가구 및 차상위 계층 가구에까지 대상이 확대되었다. 이는 가입기간 3년 동안 월 10만 원 저축할 경우 근로소득장려금이 1:1 매칭 지원되는 방식이다. 2013년 도입된 내일키움통장은 자활근로사업단에 1개월 이상 참여 중인 기초생활수급자 또는 차상위계층을 대상으로 한다. 가입기간 3년 동안 본인의 저축액(5만 원 또는 10만 원)에 내일근로장려금이 1:1 매칭 지원되고, 내일키움장려금과 내일키움수익금이 참여 사업단에 따라 차등 지급된다. 시장진입형의 경우 본인저축액의 1:1, 사회서비스 A형의 경우 본인저축액의 1:0.5, 사회서비스 B형의 경우 본인저축액의 1:0.3이 매칭 지원되며, 사회서비스 C형, 인턴·도우미형의 경우 내일키움장려금은 별도로 지원되지 않는다. 내일키움수익금은 월 15만 원 내에서 사업단별로 차등 지급된다. 한편 내일키움통장은 참가자가 소정의 교육을 이수하고, 가입기간 3년 이내에 일반노동시장에 취·창업할 것을 지원 조건으로 한다. 지자체 차원의 자산형성지원제도인 희망플러스통장은 중앙정부 IDA보다 한발 앞서 도입되었지만, 중복을 피하기 위하여 기준 중위소득 45~60% 사이의 차상위계층을 대상으로 하고 있다.

최근에는 학자금, 구직, 주택, 결혼과 출산 등의 다중적 문제로 사회의 주요 현안이 되고 있는 청년에 대한 자산형성지원제도 필요성이 활발하게 제기되고 있으며, 이러한 논의는 재정자립도가 높고 청년인구가 집중되어 있는 서울에서 '희망두배 청년통장'(2015년)으로 최초로 실현되었다. 중앙정부(고용노동부) 차원의 '청년내일채움공제'와 '일하는 청년통장'(2016년)도 청년을 대상으로 한 자산형성지원사업으로 뒤이어 제도화되었다.

서울시의 희망두배 청년통장이 주로 저소득층 청년의 자산형성에 초점을 맞추고 있다면, 경기도의 일하는 청년통장은 3D업종에 종사하거나, 제조·생산직 근로자, 사회적경제 소속 근로자 등의 경우 가산점을 부여함으로써 청년 구직난과 중소기업 구인난 간의 '일자리 미스매칭'(job-mis-matching) 완화와 청년의 자산형성지원을 결합시키고 있다. 중앙정부 차원의 청년내일채움공제는 애초에 소득과 자산 기준을 두지 않고, 다만 중소·중견기업 정규직 취업을 자격조건으로 하고 있다는 점에서, 일자리 미스매칭 문제 해소를 위한 자산형성제도라 해도 과언이 아니다. 또한, 청년내일채움공제는 청년이 2년간 300만 원을 적립하면, 정부가 900만 원, 기업이 400만 원[72]을 기여하여 총 1,600만 원을 지급하는 방식으로, 지자체 사업에 비해 본인 부담금은 낮고, 정부지원금이 커서 가입유인이 높은 제도라 할 수 있다.

72) 중소·중견기업이 청년내일채움공제에 가입할 경우 2년간 채용유지지원금 700만 원을 지원하고, 이 중 400만 원을 청년에게 기여하는 것이므로 사실상 기업의 직접 부담금은 전무하다(고용노동부 청년내일채움공제 홈페이지, www.work.go.kr/youngtomorrow에서 2017. 12. 31. 인출).

〈표 7-6〉 청년기 자산형성제도 개요

| 구분 | 청년내일채움공제 | 희망두배 청년통장 | 일하는 청년통장 |
|---|---|---|---|
| 공급주체 | 고용노동부, 중소벤처기업부 | 서울시 | 경기도 |
| 보조금 재원 | 중앙정부예산 | 시비(60%) + 민간후원(40%) | 도비(66.7%) + 민간후원(33.3%) |
| 도입시기 | 2016년 7월 | 2015년 08월 | 2016년 |
| 지원대상 | - 만 15세 이상 34세 이하로 중소·중견 기업에 정규직으로 취업한 자 | - 서울시 거주의 만 18세 이상 만 34세 이하인 자,<br>- 본인의 소득금액이 세전 200만 원 이하이며 부양의무자의 소득인정액이 중위소득 80% 이하인 자 (단, 기초생활수급자는 제외),<br>- 최근 1년 동안 6개월 이상 근로 또는 재직 중인 자에 모두 해당하는 경우 지원 가능 | - 경기도 거주의 만 18세 이상 만 34세 이하인 자,<br>- 본인 또는 가구 전체의 소득인정액이 중위소득 100% 이하인 가구(기초생활수급자 및 차상위계층가구는 제외),<br>- 현재 근로 중인 자에 모두 해당하는 경우 지원 가능. 단, 자영자는 신청 불가(3D업종, 제조·생산직 근로자, 사회적경제 조직 근로자 등에 가산점 부여) |
| 지원방식 | - 근로자 적립액은 월 12만 5000원, 2년 300만 원(정부지원금 900만 원, 기업기여금 400만 원) | - 저축금액(5만/10만/15만 원)과 1:1 매칭지원<br>- 2년/3년 지원(저축기간) | - 저축금액(10만 원)과 1:1 매칭지원(경기도) 및 민간단체의 추가 5만 원 지원(경기도 사회복지공동모금회)<br>- 3년 지원(저축기간) |
| 사용용도 | 주거비, 결혼자금, 교육비, 창업·운영자금 등 | | |
| 예상저축액 | 1,600만 원 + 이자 (월 12만 5000원 24개월 납입) | 1,080만 원 + 이자 (*15만 원씩 3년을 적립하였을 경우) | 1,000만 원 [본인저축(360만 원), 지원금(360만 원), 민간후원금(180만 원), 이자(100만 원)] |

주: 1) 희망두배 청년통장의 경우 자영자자 및 사업소득자도 신청 가능하나, 일하는 청년통장은 자영업자는 신청이 불가하다.
2) 기초생활수급자(가구) 및 차상위계층가구는 중앙정부(보건복지부)의 자산형성지원사업(희망키움통장 Ⅰ·Ⅱ, 내일키움통장)의 대상이 되기 때문에 제외한다.

자료: 1) 고용노동부 청년내일채움공제 홈페이지,www.work.go.kr/youngtomorrow에서 2017. 12. 31. 인출.
2) 서울시복지재단. (2017). 희망두배 청년통장. www.welfare.seoul.kr/youth/section/introduction/action에서 2017. 11. 9. 인출.
3) 경기도. (2017). 2017년 경기도 일하는 청년통장 참가자 모집 공고.

자산형성지원제도는 대부분 비교적 최근에 도입되었기 때문에 전반적인 평가를 하기에는 때 이른 감이 있다. 비교적 장기간 동안 자산형성이 가능한 디딤씨앗통장의 경우 대상 아동이 7만여 명에 불과하다는 점과 매칭 금액이 3만~4만 원으로 소액이라는 한계가 있다. 분명 요보호아동이나 저소득아동의 자립준비금으로 이렇게 형성된 자산이 요긴하게 활용될 수 있지만, 현재의 학자금, 주거마련(보증금 등) 비용 등을 감안할 때 매칭 금액이 과소하다는 점이 문제점으로 지적될 수 있다. 주지한 바와 같이, 이러한 아동발달계좌는 빈곤아동에 대한 복지의 대체재라기보다는 보완재 성격이 강하고, 아동의 자립준비금으로서 다른 복지제도와 대체될 수 없는 부분이 있기 때문에 지속적으로 대상을 확대해 나갈 필요가 있다.

하지만 희망키움통장I과 내일키움통장은 기초보장수급자를 대상으로 하고 있으며, 정부 매칭의 조건으로 3년 이내 탈수급이나 일반노동시장으로의 진입을 전제로 하고 있기 때문에 기존 복지제도의 대체재 성격이 존재한다. 2010년 실시된 이래 2013년 만기가 도래한 희망키움통장I의 효과를 분석한 최현수(2014)에 의하면, 수급가구 중 약 60%(6,400여 가구)가 기초보장 탈수급에 성공한 것으로 나타났으며, 이는 여타의 자활사업 프로그램에 비해 효과가 높은 것으로 평가하고 있다. 또한, 적립금은 주로 주택구입 및 임대차(85.5%)에 사용되었으며, 기타 본인이나 자녀의 교육비(6.8%), 창업 및 운영자금(7.7%) 등으로 활용된 것으로 나타났다. 하지만 애초에 탈수급을 전제로 한 사업운영의 결과이기 때문에, 가입자 편의(bias)가 존재한다는 점은 감안될 필요가 있다. 즉, 자산형성을 통해 탈수급이 가능할 것으로 스스로 "예상"되는 가구만이 사업에 참여한 결과이기 때문에 탈수급 효과가 높게 나타나는 것은 당연한 결과일 수 있다는 것이다. 또 탈수급 이후 '회전문 효과'가 얼마나 존재하는지에 대해서는 검증된 바 없다는 점이 평가의 허점으로 지적될 수 있다.

하지만 전반적으로 볼 때, 자산형성지원제도는 수급자에서 차상위계층으로, 아동과 중장년 근로빈곤층 위주에서 최근 청년층으로까지 확대되는 추세에 있다. 이는 자산이 가지는 소득과는 다른 효과에 대해 정책적인 인식이 제고되고 있음을 보여주는 결과라 할 수 있다.

## 2. 자산유동화(역모기지)제도

가계금융복지조사(2015년) 원자료 분석 결과에 의하면, 66~75세 노인가구주 가구의 71.6%, 76세 이상 노인가구주 가구의 61.6%가 자가주택에 거주하고 있었다(최현수 등, 2016, p. 102).

[그림 7-5] 생애주기별 주거점유형태

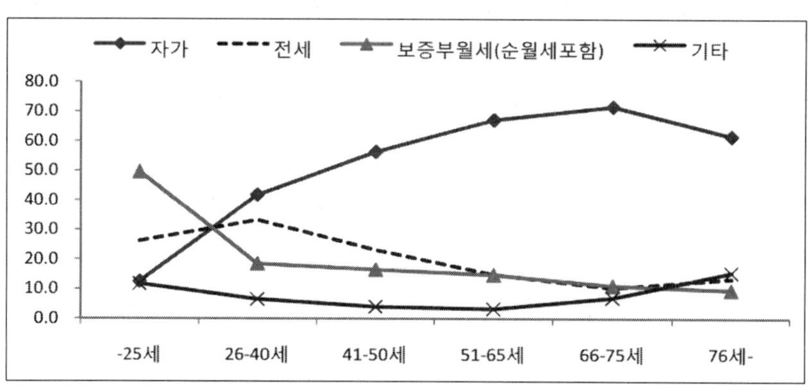


자료: 최현수 등. (2016). 한국의 노인빈곤실태 심층 분석 및 정책적 시사점. p. 102 [그림 5-3].

하지만 중위소득 50% 기준으로 66~75세 노인가구주 가구의 49.5%, 76세 이상 노인가구주 가구의 76.8%가 빈곤한 것으로 나타났다(최현수 등, 2016, p. 106). 즉, 노인기는 '소득은 빈곤하지만 자산, 특히 주택자산은 어느 정도 있는' 노인의 비율이 상대적으로 높은 시기인데, 이는 노후소득보장체계가 상대적으로 빈약한 우리나라의 현 세대 노인에게 더욱 두드러지게 나타나는 현상이다.

공적 노령연금이 성숙할수록 노인빈곤율이 낮아지기는 하겠지만, 우리나라의 국민연금은 급여대체율이 낮고 사각지대가 넓기 때문에 추후에도 빈곤감소가 급격히 높아지지는 않을 것으로 추정된다. 또한 노인빈곤율이 다소 줄어들더라도 급격한 인구고령화로 인해 빈곤한 노인인구는 오히려 더 증가할 가능성도 존재한다. 이 같은 이유로 우리나라에서 다층 노후소득보장체계의 필요성은 더욱 강조되고 있다. 공적연금, 기초연금, 기초생활보장제도 등의 공적 소득보장제도뿐만 아니라 기업(개인)연금, 노인일자리 등의 기업이나 개인 차원의 노후소득보장도 다층 노후소득보장의 일환으로 검토되고 있다.

동일 맥락에서 2000년대 들어 주택연금, 농지연금 등의 역모기지제도에 대한 관심이 꾸준히 증가해 왔고, 그 결과 2007년에는 한국주택금융공사에서 주택연금을, 2011년에는 농림축산식품부에서 농지연금을 도입하였다. 기존에 민간 은행에서 운영해 오던 역모기지제도를 정부 차원의 제도로 끌어들임으로써 노후소득보장의 한 축으로 제도화하고자 한 시도라 할 수 있다.

역모기지(reverse mortgage)는 재산양도(Equity Release Schemes, ERS)의 한 형태로, 자가소유 주택이라는 고정자산을 사적연금 형태의 유동자산으로 전환(liquidation or mobiliztion)하는 것이다(여유진 등, 2015b, p. 48). 공적 노후소득보장체계가 잘 발달되어 있는 유럽대륙 복지국가에서 이 제도는 활성화되어 있지 않은 반면, 영어권 국가(미국, 영국, 캐나다, 호주, 아일랜드 등)에서 역모기지제도가 상대적으로 발달하였다. 특히 미국의 경우 1980년대부터 역모기지 시장이 발달하기 시작하여, 현재 자격 있는 노인의 약 2~3%가 역모기지를 활용하고 있는 것으로 나타났다(여유진 등, 2015b, p. 47).

〈표 7-7〉 노년기 자산활용제도 개요

| 구분 | 주택연금 | 농지연금 |
|---|---|---|
| 공급주체 | 중앙정부 | |
| 도입시기 | 2007년 7월 | 2011년 |
| 가입대상 (신청자) | - 만 60세 이상의 주택소유자 또는 배우자,<br>- 1주택자이거나 보유주택 합산가격이 9억 원 이하인 다주택자(부부 기준) | - 만 65세 이상의 농지소유자,<br>- 농지법에 따른 농업인인 자,<br>- 전체 영농경력이 5년 이상인 자에 모두 해당하는 경우 지원 가능 |
| (주택 또는 토지) | - 시가 9억 원 이하의 주택 및 지방자치단체에 신고된 노인복지주택 (우대방식의 경우 1억 5000만 원 이하의 주택만 가능함)<br>- 신청자 또는 배우자가 실제 거주 중인 주택 | - 전, 답, 과수원으로 신청자가 소유하고 있으며 실제 영농에 이용 중인 농지<br>- 저당권 등 제한물권이 설정되어 있지 않고, 압류·가압류·가처분 등의 목적물이 아닌 농지 |
| 지급방식 | - 종신지급방식/종신혼합방식<br>- 확정기간방식/확정기간혼합방식<br>- 대출상환방식<br>- 우대지급방식/우대혼합방식 | - 종신형<br>- 기간형(5/10/15년)<br>- 전후후박형<br>- 일시인출형(출시 예정)<br>- 경영이양형(출시 예정) |
| 가입자 수 | 47,503명<br>(2017. 9. 기준) | 8,355건<br>(2017.10. 기준) |

자료: 1) 한국주택금융공사. www.hf.go.kr/hf에서 2017. 11. 13. 인출.
2) 한국농어촌공사. 농지연금. www.fplove.or.kr에서 2017. 11. 13. 인출.
3) 농림축산식품부. (2017. 11. 8.). 농지연금, 신상품 출시 및 제도개선으로 고령농 생활안정 지원 강화 -일시인출·경영이양 상품, 담보농지(농지가격 15% 이하) 가입 허용 등-. 보도자료.

하지만 영미권 국가에서도 역모기지제도는 주로 민간에서 운용되고 있으며, 중앙정부나 지자체 차원에서 이를 제도화한 나라는 우리나라, 일본, 싱가포르 등 주로 아시아 국가들이다. 일본의 경우 무사시노시의 역모기지대출 등 주로 지자체 차원에서 역모기지제도를 운영하였으나, 2015년 3월로 사업이 종료될 정도로 그 실적은 저조하였다. 현재는 후생노동성의 「장기생활지원자금대출제도」가 운용되고 있으나, 2007년부터 2011년까지 누계 대출 건수는 1,212건에 불과했다(여유진 등, 2015b, pp. 79-81).

[그림 7-6] 지급방식별 주택연금 공급 현황

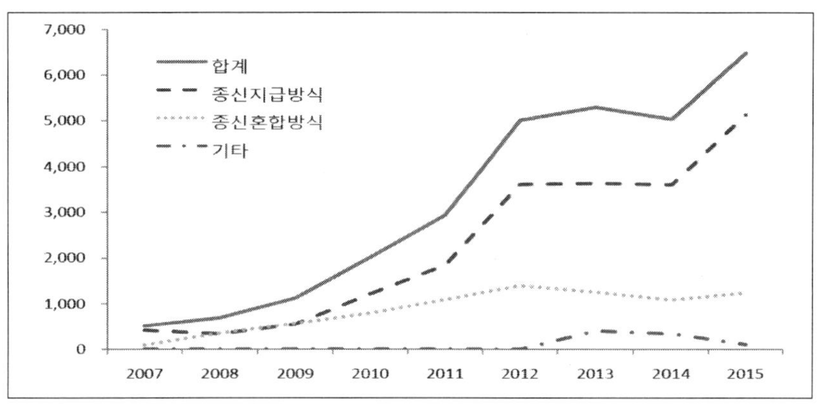


자료: 여유진 등. (2015b). 국민기초생활보장제도와 역모기지제도 연계방안 연구. p. 105 [그림 4-1](원자료: 주택금융공사. (2016. 1). 주택금융월보.).

이에 비해 우리나라는 주택연금이 시행된 이래 누적 가입자가 급격히 증가하고 있는 추세이다. 2014년 6월 2만 명을 돌파한 이래, 2015년 12월 2만 9,120명을 기록했으며, 2017년 9월 말 현재 가입자 수는 47,503명에 달한다.73) 우리나라에서 최근 들어 주택연금이 각광받고 있는 것은 무엇보다도 공적 노후보장의 미비로 노후에 적정 소득 확보가 어려운 노인이 많다는 데 기인하는 것으로 보인다.

또 다른 차원에서, 기존에 평균 자녀 수가 많아서 사적 부양에 대한 의존도가 높았으나, 현재는 부양의식 쇠퇴와 평균 자녀 수 감소로 사적 부양을 기대하기 어려운 노인이 점점 늘고 있다는 것도 주택연금 가입자 급등의 원인일 수 있다. 즉, 부모와 자녀 간에 부양과 상속의 상호 '암묵적 계약' 관계가 존재했다면 길어진 노후와 개인주의 생활양식·사고방식의 일반화로 이러한 계약관계가 급격하게 약화되는 것으로 보는 것이 타당하다.

73) 주택금융공사 홈페이지 참조(www.hf.go.kr 에서 2017. 11. 13. 인출)

〈표 7-8〉 주택연금제도 주요 변화

| 구분 | 항목 | 변경내용 | 시행시기 |
|---|---|---|---|
| 지원 대상 확대 | 가입대상 주택의 최대 기준 가격 확대 | 6억 원에서 9억 원으로 확대 | 2008년 10월 |
| | 가입가능연령 완화 | 만 65세에서 만 60세로 확대 | 2009년 4월 |
| | 가입대상 주택 확대 | 노인복지주택 허용 | 2010년 7월 |
| | 가입가능연령 완화 | 주택소유자 만 60세 이상 | 2013년 8월 |
| | 2주택자 주택연금 가입 허용 | 2주택 가격 9억 원 이하 | 2014년 3월 |
| | 다주택자 주택연금 가입 허용 | 보유주택 합산 가격 9억 원 이하 | 2014년 11월 |
| | 가입가능연령 완화 | 주택소유자 또는 배우자 만 60세 이상 | 2016년 3월 |
| 가입 방식 및 금액 변경 | 월지급금 증가형, 감소형 도입 | - | 2008년 5, 10월 |
| | 대출한도 상향조정 | 3억 원에서 5억 원으로 상향 | 2009년 3월 |
| | 목돈의 최대인출한도 비율 상향조정 | 30%에서 50%로 상향 | 2012년 7월 |
| | 월지급금 전후후박형 도입 | 일정기간(11년) 이후 | 2012년 8월 |
| | 확정기간형 출시 | 기간 내 월지급금 지급 | 2013년 11월 |
| | 초기보증요율 인하<br>연보증요율 인상 | 2.0% → 1.5%<br>0.5% → 0.75% | 2015년 2월 |
| | 우대형 주택연금제도 신설 | 생활이 어려운 고령층을 위한 제도 신설 | 2016년 4월 |
| | 보금자리론 연계 주택연금 | 주택을 구입하여 생활하다가 60세가 되면 담보대출을 상환하고 남은 주택가격으로 연금 수령 - 40, 50대를 위한 상품 | 2016년 4월 |
| | 주택담보대출을 주택연금으로 전환 | 주택담보대출 금액이 너무 많아서 주택연금을 신청할 수 없었던 사람도 신청 가능 | 2016년 4월 |

자료: 1) 이종아. (2015). 주택연금 제도 변화와 가입자 분석.
2) 미래에셋은퇴연구소. (2016). 2016년 주목해야 할 연금제도 변화 8가지.

여기에 더해, 국민연금, 기초연금과 같은 공적 노후소득보장만으로 노인의 높은 빈곤율을 해소하기 어렵다는 정책적 판단으로, 주택연금의 가입을 장려하기 위한 각종 유인책을 시행한 것도 주효했다고 볼 수 있다. 특히, 2016년 4월에 '내집연금 3종세트'라는 이름으로 연령별·자산수준별 맞춤형 주택연금 상품을 출시하였는데, 이 중 우대형 주택연금은 부부 기준으로 1억 5,000만 원 이하 1주택 소유자에게 최대 17% 더 많은 연금을 지급하는 공공형 역모기지제도라 할 수 있다. 이와 같이, 우리나라에서 역모기지제도는 단순히 금융상품이 아니라 부분적으로 공공성을 가미함으로써 노후소득보장체계로서의 유인을 강화한 형태를 띠고 있다. 실제로 2016년에서 2017년 9월 사이에 주택연금 가입자 1만 8,000명이 대거 증가하였다는 점에서 3종세트의 홍보가 유효했음을 보여준다.

최근 주택금융공사의 조사 결과에 의하면, 만 55~59세의 예비노년가구 중 44.7%는 자녀에게 주택을 상속하지 않겠다는 생각을 가지고 있으며, 31.0%는 주택연금을 이용할 의향이 있다고 응답했다. 특히, 주택연금 이용 의향은 2016년도(22.3%)에 비해 크게 상승한 것으로 나타나, 주택이 노년기 소득보장의 한 축으로 자리 잡을 가능성이 점점 더 커지고 있는 것으로 보인다(주택금융연구원, 2017). 실제로 여유진 등(2015b, p. 150)의 연구에 의하면, 다소 비현실적이기는 하지만 노인의 주택자산을 모두 유동화한다고 가정할 때, 노인빈곤을 7.4% 정도 줄일 수 있는 것으로 나타났다.

하지만 앞서 언급한 바와 같이, 이러한 역모기지제도나 개인연금 같은 사적인 노후보장책의 활성화가 자칫 공적 노후소득보장의 부실을 방치한 채, 개인 책임성을 강조하는 방향으로 이어질 우려를 견제할 필요가 있다. 가족 간 유대가 강한 우리나라에서 주택연금이 오히려 활성화되고 있다는 것은 그만큼 노후 준비가 부실하고, 공적 노후보장체계가 탄탄하지 못하다는 것을 방증하는 결과라 할 수 있다. 노인가구의 경우도 소득이 빈곤한 가구가 대체로 자산 또한 빈곤할 가능성이 높다는 점에서, 자산의 유동화나 민간연금이 공적 노후소득보장을 대체하는 것은 바람직하지 못한 결과를 초래할 수 있다.

또 다른 차원에서 기초연금, 기초생활보장제도 등 조세를 재원으로 하는 대부분의 공적 노후소득보장에서 재산을 소득으로 환산하는 '소득인정액' 방식을 사용하고 있다. 이 경우, 주택을 가진 노인의 경우 사회보장 측면에서 이중의 불이익—자산으로 인한 수급탈락과 주택의 유동화를 통한 자산의 실질적 감소—에 처해질 수도 있다. 다주제(multi-pillar) 노후소득보장체계 구축에 있어, 자산의 유동화를 통한 자구적 노후소득보장과 공적인 노후소득보장 간의 형평성도 고려될 필요가 있음을 시사한다.

## 제4절 소결

많은 연구자들이 자산을 고루 분배하는 것이 시민들에게 더 큰 기회의 평등, 선택, 다양성과 자기 만족을 줄 수 있다고 주장한다(Gamble & Prabhakar, 2005). 하지만 부의 불평등과 세습은 오히려 더 강화되고 있는 것이 현실이다. 이러한 현실에서 자산기반복지는 한편으로는 복지국가의 재정위기와 급격한 인구 고령화에 대한 반응으로써, 다른 한편으로는 자산 불평등 확대에 대한 대응으로 제기되기 시작하였다. 그만큼 개인발달계좌와 역모기지제도에서 공유지분제와 기본자산제도(사회적 배당)에 이르기까지 자산기반복지제도의 이론적·실천적 기반의 스펙트럼은 매우 넓다.

자산기반복지체제에 대한 본격적인 논의는 주로 1990년대 이후 이루어져 왔으며, 우리나라에서도 2000년대 초반부터 논의가 시작되었다. 이후 한편으로 2007년 디딤씨앗통장을 시작으로 2010년 희망키움통장, 2013년 내일키움통장 등의 자산형성제도가 제도화되었으며, 다른 한편으로 2007년 주택연금과 2011년 농지연금이 민간에서 운영하던 역모기지제도를 공적 제도로 정착시킴으로써 어느 나라보다 자산기반복지제도들이 빠르게 확산되어 왔다. 자산기반복지제도들의 확산은 복지국가의 전체 체계와의 정합성이나, 엄밀한 철학적·실증적 바탕 위에서 도입되었다기보다는 제도적 필요성에 대한 정책적 판단에 의해 도입된 측면이 강했다. 디딤씨앗통장은 요보호아동의 자립기반을 마련하기 위한 사전 준비적 성격이 강하고, 개인발달계좌는 수급자의 자립의지를 높이고, 자활사업의 효과성을 제고하기 위한 목적이 강했다. 주택연금과 농지연금은 현 세대 노인의 높은 빈곤율이라는 현실에 의해 추동되었다. 굳이 말하자면, 우리나라의 자산형성지원제도가 '자산효과' 접근을 이론적 배경으로 깔고 있다면, 자산유동화제도(역모기지)는 생애주기 접근과 노후소득보장의 다주제(muliti-pillar)화 필요성에 대한 논의들을 이론적·정책적 기반으로 하고 있다고 볼 수 있다. 전반적으로 볼 때, 우리나라의 자산기반복지제도들이 발 딛고 서 있는 이론적 기반은 보수주의적이거나 신자유주의적인 입장에 가깝다.

하지만 현존하는 자산형성지원제도들이 보수적·신자유주의적 이론이나 정책적 필요성에서 도입되었다고 하더라도, 제도의 필요성이나 확장 가능성이 평가절하되어서는 안 된다. 무엇보다도 가장 먼저 도입된 디딤씨앗통장의 경우 요보호아동에게 없어서는 안 될 마중물로서 기초자산을 제공해주는 기능을 하며, 기초보장수급자 등을 대상으로 하는 희망키움통장도 주거 마련이나 창업을 위한 '소득과는 다른' 고유한 자산의 기능과 효과를 발휘하고 있기 때문이다. 특히, 최근 우리나라에서도 자산 불평등이 증가하고 있을 뿐만 아니라, 2000년대 초반 이래 주택가격이 급상승함으로써 빈곤층과 서민의 주택마련은 점점 더 현실에서 멀어지고 있는 실정이다. 이뿐만 아니라 전세가격도 덩달아 상승하고 전세의 월세화가 진행됨으로써 중산층 이하 계층과 특히 청년세대의 주거비 압박이 점점 더 심화되고 있다. 최근 지자체를 중심으로 요보호아동이나 저소득층 뿐만 아니라 청년에게까지 자산형성지원제도를 확대하고 있는 추세는 자산빈곤, 특히 주거자산의 빈곤이라는 현실적 어려움을 반영한 것이라 할 수 있다.

또 다른 한편, 주택연금, 농지연금의 경우 최근 우리나라에서 '예외적'이라 할 만큼 가입자가 상승하고 있는 점도 눈여겨볼 만한 결과이다. 이는 무엇보다도 공적 노후소득보장제도가 노후의 빈곤이나 생활의 안정을 보장해 줄 만큼 충실하지 못한 상태에서 기존의 사적 네트워크, 즉 확대가족 내에서의 사적 부양이 급격하게 약화되고 있는 현실을 반영한다. 여기에 더해 우리나라의 역모기지제도는 공공기관이 관리운영의 주체로서 일정 정도 공공성이 가미됨으로써 저가주택에 대해 우대혜택을 부여하는 등 공공형 역모기지의 성격을 띠고 있다는 점도 가입자 급증의 한 원인으로 지목될 수 있다. 자가주택은 특히 노년기의 경제적 안녕에 두 가지 의미에서 중요하다. 하나는 주거의 안정성과 주거비 절감 효과이며, 다른 하나는 주택자산의 유동화를 통한 소득의 보전 효과이다. 특히, 우리나라와 같이 초저출산과 평균수명 연장으로 인해 인구 고령화가 세계에서 가장 빠른 속도로 진행되고 있는 나라에서, 세대 간 이전이나 공적보장에만 의존할 경우 재정적·정치적 지속가능성을 위협받는 상황에 직면할 수 있다. 이러한 상황에서 역모기지제도는 공적 노후소득보장제도를 보완하는 노후소득보장의 한 축을 담당하는 것은 현실적으로 불가피한 선택지라 판단된다. 다만, 이에 대한 비판적 시각에서도 볼 수 있듯이, 이러한 노년기 자구적 복지의 확대가 자칫 낮은 공적 노후소득보장제도를 정당화하는 수단이 되거나, 소득과 자산 모두 낮은 빈곤노인들의 복지 향상을 소홀히 할 가능성을 배제할 수 없다.

마지막으로, 자산기반복지의 좀 더 미래지향적·진보적 버전에 주목할 필요가 있다. 우리나라를 포함한 많은 자본주의 국가들에서 자산의 불평등이 증가하고 있으며, 이는 다시 소득불평등으로 환원되면서 '상속 자본주의'를 강화하고 고착화하는 악순환이 형성되고 있다. 자산기반복지는 이와 같이 부의 불평등이 강화되고 있는 현실에서 두 가지 차원에서 주목할 만한 추가적인 대안을 검토할 필요가 있다. 하나는 지분공유제도나 공동체 자산형성과 같이 좀 더 근본적으로 자산에 대한 접근 방식 변화를 꾀하는 제도에 대해 관심을 가질 필요가 있다. 마지막으로, 이러한 자산기반복지제도들은 재산에 대한 조세 강화와 같이 부의 세습과 불평등을 완화하기 위한 정책적 노력과 동반될 필요가 있다.

# 제 8 장 사회적경제, '복지의 민영화'와 '복지의 혁신' 사이에서

# 사회적경제, '복지의 민영화'와 '복지의 혁신' 사이에서

## 제1절 서론

좋은 일자리 창출, 양질의 사회서비스 제공, 영세 소상공인의 사업 경쟁력 확보, 지역사회의 재생 등과 같은 경제적·사회적 필요를 영리기업이나 정부가 효과적으로 해결하지 못하면서 사회적경제가 새롭게 주목받고 있다. 사회적경제는 정부와 영리기업의 활동만으로는 충족되지 못하는 사회적·경제적 필요를 새로운 기업가정신에 근거한 경제활동을 통해 해결하려는 혁신적 방식으로, 사업 활동을 구체적으로 수행하는 사회적 조직을 기준으로는 비영리조직·협동조합·사회적기업·자활기업·마을기업 등으로 구성된다.

사회적경제는 전 세계적 차원에서 보자면, 과거에는 제3섹터의 이름으로 전통적인 시장경제와 공공부문이 해결하지 못한 사회적 필요를 충족시키기 위해 다양한 활동을 벌여왔으며, 특히 1990년대를 전후해 구조화된 실업과 만성적인 빈곤이 일상화되는 새로운 도전 속에서 '사회적경제'라는 새로운 이름과 함께 정부 및 시민사회와의 적극적인 파트너십 속에서 그 역할이 크게 주목받고 있다. 이때, 사회적경제의 역할과 관련해 한쪽에는 정부와 책임 및 비용을 나눔으로써 공공부문의 부담을 줄여주는 것은 물론, 민간의 특성인 유연성·신속성·창의성·책임성 등을 높임으로써 각종 사회서비스의 품질도 제고한다는 장점에 주목하는 입장이 있다. 반면, 다른 한쪽에는 사회적경제의 대두가 정부의 책임 및 역할을 축소시킴으로써 사회적 조절 능력을 약화시키고 시민의 사회적 권리를 위협할 우려가 있다며 경계하는 입장도 있다. 분명한 것은 오늘날 선진국들의 경우, 실업 대책 및 사회서비스 제공 등과 관련해 사회적기업이나 협동조합 등 역할이 커지고 있으며, 이것이 빠르게 변화하고 있는 경제적·사회적 환경을 배경으로 한 전체 복지시스템의 재편과 긴밀히 맞물려 있다는 점이다.

이 연구의 구성은 다음과 같다. 2절에서는 선진국에서 복지국가의 재편과 함께 사회적경제가 등장한 배경과 주요 쟁점 및 특징을 검토한다. 이때 사회적경제의 혁신, 제도적 동형화, 혼성조직, 공동생산 등의 쟁점과 함께, 사회적경제를 시장경제의 보완으로 상정하는 노선과 시장경제의 대안으로 상정하는 노선의 대립이 지니는 의미도 살펴본다. 3절에서는 한국에서 외환위기 이후 사회적경제가 본격적으로 대두된 원인과 맥락을 확인한 후, 사회적경제 부문의 현황과 성과 그리고 한계를 살펴본다. 4절에서는 한국의 사회적경제가 향후 대안적 복지제도로서의 역할을 담당하기 위해 어떠한 제도적·정책적 보완과 노력이 필요한지에 관해 간단히 검토하기로 한다.

## 제2절 사회적경제의 등장 배경, 개념, 쟁점

### 1. 사회적경제의 등장 배경

#### 가. 복지국가의 위기와 복지국가의 재편

복지국가는 복지재원의 조달, 사회복지에 관한 규칙의 제정, 급여의 전달 등과 관련해 국가가 중추적이고 주도적인 역할을 담당함으로써 사회

구성원의 복지를 책임지는 시스템이다. 2차 대전 이후 경제적 호황과 시민의 정치적 성장에 힘입어 복지국가가 발전할 수 있었다(신정완, 2014). 그러나 1970년대를 기점으로 경제적 불황·유가급등·재정위기 등이 본격화되면서, 각국 정부는 복지국가의 규모와 범위를 줄이고 민영화·시장화 등의 정책을 본격적으로 추진했다. 유럽에서는 정부가 복지서비스의 핵심 제공자라는 지위를 벗어던지고 이들 기능을 민간의 영리·비영리조직들에 이양하되, 이들 서비스의 재원·규제·감독과 관련해서는 주도적인 역할을 계속 담당하는 방향으로 복지국가의 재편이 이뤄졌다(Evers, 2005).

공공부문의 경우 비효율적일 뿐만 아니라 방만하게 커진 상황이어서 공공부문의 규모를 더 늘려 문제를 해결하는 것은 사실상 불가능하며, 새로운 종류의 사회적 위험이 대두됨으로써 기존의 복지국가가 제공하던 사회보장이나 연금과 같은 소득 이전 메커니즘의 실효성 자체가 크게 약화되었다는 인식이 이러한 재편을 정당화하였다. 이러한 인식을 바탕으로 다양한 사회서비스들의 연결망을 재배치하고 이를 최대한 효율적으로 사용하는 쪽으로 복지정책의 방향 전환이 추진되었는데, 그 핵심은 공공부문의 축소와 민영화였다. 이와 관련하여, 공공관리에 시장원리를 적극적으로 도입하는 방향으로 공공시스템의 재편이 진행되었고, 신공공관리기법(New Public Management)이 광범위하게 도입되었다. 그리고 복지서비스 제공과 관련해서는 민간의 영리 및 비영리 부문의 전면적이고도 직접적인 참여가 추진되었다. 최대한 많은 공급자들의 참여를 유도하고, 수요자들이 여러 공급자들 중에서 선택하도록 함으로써 공급자들 사이의 경쟁 및 소비자 선택을 통한 효율화의 원리가 강조되었다(Ascoli & Ranzi, 2002).

## 나. 복지혼합

복지체제 재편은 복지혼합(welfare mix) 개념의 출현으로 종합되었다. 복지혼합이란 복지 제공의 새로운 제도적 그물망으로서 혼합복지경제 또는 복지 다원주의로도 지칭되었다. 이때, 복지혼합의 출현과 관련해 사회보장제도·의료·교육은 정부가 담당한다는 '정부 중심성', 공공부문과 민간부문의 주어진 소임은 다르다는 '두 부문 사이의 장벽', 민간부문의 시민단체는 공공의 문제와 관련해 정부의 행동을 세심히 관찰하고 의견을 제시한다는 '권익 옹호(advocacy) 기능'이라는 기존 복지국가 체제의 핵심 특징에 본격적인 변화가 수반되었다. Evers(2005)에 따르면, 이제 정부는 복지서비스의 중요 제공자라는 지위를 벗어던지고 이들 기능을 민간의 영리·비영리조직들에 이양하되, 이들 서비스의 재원·규제·감독과 관련해서는 주도적인 역할을 계속 담당하게 되었다.

한편, 복지국가 및 그 재편은 탈상품화 및 재상품화(re-commodification)의 개념과 관련이 깊다. 탈상품화(de-commodification)란 사람들이 시장에서의 금전적 교환관계에 참여하지 않고도 기본적인 복지를 충족할 수 있게 해주는 정도를 의미한다.[74] 반면, 복지혼합은 복지서비스의 운영 및 공급에 시장의 금전적 교환원리를 강화하는 방향, 곧 탈상품화로의 복지국가 재편이라고 할 수 있다(Etxezarreta & Bakaikoa, 2012). 이때 복지혼합 또는 복지다원주의는 다음과 같은 특징을 지닌다.

74) 에스핑-앤더슨은 이 탈상품화 개념에 근거한 복지체제의 유형화를 시도했다. 첫째, 국가가 평등하고 보편적인 시스템을 통해 우발적인 사회적 사고들로부터 사람들의 안전을 보장해주는 체제로, 탈상품화가 가장 많이 이뤄진 사민주의 모델이 있다. 둘째, 복지의 주요한 제공자가 시장이며, 시민은 복지국가로부터 잔여적이고 보조적인 지원을 받는 체제로, 탈상품화가 가장 적게 이뤄진 자유주의 모델이 있다. 셋째, 사회적 지위 및 직역에 따라 상이한 수준의 위험 보장이 제공되고 복지의 많은 부분이 가족에게 맡겨지는 체제로, 탈상품화의 중간 유형인 보수주의 모델이 있다(Esping-Andersen, 1990).

첫째, 복지서비스 운영 및 공급과 관련해 정부 이외의 다른 주체들, 즉 상업부문, 비공식부문, 자원부문 등의 역할에 주목한다. 둘째, 복지서비스의 효율적·합리적 제공을 위해 분권화, 수혜자들의 참여, 민간 공급자들의 권한 강화에 관심을 기울인다. 셋째, 전통적 복지국가에 비해 탈상품화의 정도가 낮다. 넷째, 각 제공 주체들의 역할을 어떻게 합리적으로 조정할 것인가가 중요한 문제로 대두된다(사득환, 2017).

## 2. 복지국가의 재편과 제3섹터의 역할

산업혁명을 계기로 공동체의 해체가 본격화되면서 민간영역의 자발적 노력에 의해 사회 구성원들의 생존 및 기본적 필요 중 일부를 충족시키려는 노력이 꾸준히 전개되었다. 영미권에서는 민간의 비영리조직이 자선활동을 통해 공공의 필요를 충족시켰고, 유럽대륙에서는 협동조합·상호공제·조합 등이 공공의 필요를 충족시켰다. 이 점에서 이들 제3섹터는 다양한 사회서비스의 제공에 더해 시민사회의 참여적 경험이 수행되던 주요한 통로였다(Pestoff, 2004). 그러나 복지국가의 발달과 함께 1970년대까지만 해도 이러한 흐름은 극히 예외적인 일부로 치부되었다가, 복지국가의 위기 속에서 다시 주목을 받게 되었다. 복지국가의 위기 속에서 제3섹터는 정부를 대신해 취약계층에 복지서비스를 대신 공급하거나 정부와의 협력 속에서 취약계층을 대상으로 일자리를 제공하는 파트너로서의 역할을 새롭게 부여받았다(Defourny, 2014).

제3섹터의 역할 및 정부 등과의 관계는 각국의 고유한 역사적·문화적 전통에 따라 다양한 모습을 띠는데, 이러한 특성을 유형별로 분석한 연구들이 다수 있다. 우선, Defourny와 Pestoff(2008)는 유럽을 다섯 가지 전통으로 구분한다. 첫째, 자선단체와 공동체 부문을 중심으로 박애 전통이 강한 영국과 아일랜드가 있다. 둘째, 지역사회 공동체에 대한 시민의 참여를 바탕으로 평등과 민주주의가 발전한 스칸디나비아 국가들이 있다. 셋째, '보충성(subsidiary)'의 원칙에 기반을 두고 교회의 주도로 복지서비스가 제공되는 독일, 벨기에, 아일랜드, 네덜란드가 있다. 넷째, 참여와 민주주의의 배양에 초점을 맞춘 공동의 시민적 배경(스웨덴, 덴마크)이나 공동의 종교적 열망(이탈리아, 벨기에, 프랑스)을 토대로 발전한 자발적 자원부문(voluntary sector)과 연계된 협동조합 중심의 나라들이 있다. 다섯째, 가족의 역할을 중시하면서 보육·탁아 등 대인서비스의 제공을 중심으로 제3섹터가 발전한 스페인, 포르투갈, 그리스, 이탈리아가 있다(Defourny & Pestoff, 2008; 노대명, 김신양, 장원봉, 김문길, 2010).

Salamon과 Anheier(1998)는 각국의 제도적 환경은 역사적 경로 및 지배적인 문화적 특성에 크게 영향을 받는다는 문제의식 위에서 각국의 고유한 사회적·정치적·경제적 관계에 초점을 맞추는 '시민사회의 사회적 기원이론'을 통해 제3섹터 발전 패턴의 국가별 유형화를 시도했다. 각국의 제3섹터는 고유한 계급관계와 국가·시민사회 간 관계들에 따라 상이한 패턴을 보인다. 첫째, 정부의 사회보장 지출은 낮지만 제3섹터의 규모가 큰 자유주의 모델(liberal model)이 있다. 미국과 영국이 대표적이며, 제3섹터의 주 수입원은 민간 기부금이다. 둘째, 정부의 사회보장 지출은 높지만 제3섹터의 규모는 작은 사민주의 모델(social democratic model)이 있다. 스웨덴이 대표적인 나라로 공공부문이 복지를 광범위하게 제공하고 있어 제3섹터는 권익옹호(advocacy) 단체로 주로 활동하며, 그 주 수입원은 민간 기부금이다. 셋째, 정부의 사회보장 지출도 크고 제3섹터의 규모도 큰 조합주의 모델(corporatist model)이 있다. 독일과 프랑스가 대표적인 나라로, 제3섹터는 농촌의 종교단체와 복지서비스를 제공하며 국가와도 긴밀히 협력하며, 그 주 수입원은 정부지원금이다. 넷째, 정부의 사회보장 지출도 낮고, 비영리 부문의 규모도 작은 국가주의 모델(statist model)이 있다. 일본이 대표적인 나라로 복지는 최소한으로 제공되며 제3섹터의 역할도 미미한데, 그 주 수입원은 수수료다. Salamon과 Anheier(1998)에 따르면, 네 유형들 사이의 차이는 노동계급 동원의 정도, 노동계급의 사회·정치적 영향력, 복지 제공에 관한 중산층의 옹호 정도에 크게 좌우된다.

복지혼합의 본격화 속에서 제3섹터의 성격 및 역할에 어떠한 변화가 발생했는지를 분석한 Ascoli와 Ranzi(2002), Etxezarreta와 Bakaikoa(2012) 등의 연구를 종합하면 크게 네 유형별로 그 특징을 확인할 수 있다. 첫째, 자유주의 모델 또는 시장지배 모델(dominant market model)을 채택한 나라들에서는 복지와 관련해 정부의 개입이 거의 없었으며 민간영역이 복지를 제공했다. 특히 북미 지역의 경우에는 제3섹터가 상이한 인종적·종교적 정체성에 기반을 두었으며 기부 및 시장 교환 등 민간 자원에의 접근성이 높았다. 복지혼합의 확대 속에서 제3섹터는 공공 보조금의 의존 비중이 높아졌고 기업가적 처방을 한층 강화했는데, 복지 관련 제3섹터의 규모가 눈에 띄게 커지는 등의 양적 변화는 없었다. 반면 제3섹터와 국가 사이의 관계는 자금조달 및 판로 확보 문제와 관련해 계약에 기초한 공식적 관계로 전환했다. 이 과정에서 제3섹터의 전문성을 강화하는 방향으로 변화가 일어났고, 권익 옹호에 보다 주력하는 비영리조직들은 뒷전으로 밀려나는 결과가 발생했다.

둘째, 조합주의 모델 또는 보충성 모델(subsidiary model)을 채택한 나라들에서 제3섹터는 역사적으로 정부로부터 많은 특권을 부여받으며 공공정책의 강력한 파트너로 활동했다. 전통적으로 제3섹터는 성당이나 교회에 기반을 두고 정부 못지않은 권위를 가지며 높은 사회적 영향력을 행사하며 과점적 형태로 운영되었다. 복지혼합의 확대 속에서 경쟁 메커니즘이 도입되면서 그동안의 조합주의적 협약이 약화되고 복지서비스 영역에 새로운 민간 주체들의 진입이 촉진되었으며, 복지서비스 영역의 시장화가 확대되었다. 이 과정에서 민간 공급자들의 자금조달은 개별 수요자들의 선택을 통해 충족시키고 정부는 제공되는 서비스의 품질과 가격을 엄격하게 관리하는 '관리된 재상품화'가 발생했다.

셋째, 사민주의 모델 또는 국가지배 모델을 채택한 나라들도 제3섹터가 발달했지만, 그 활동의 근거는 종교나 이념이 아니라 현장의 필요에 뿌리를 두었으며, 국가와의 관계는 쌍방향적이었다. 복지국가의 재편 속에서 복지서비스의 민간 공급이 제3섹터와의 협력을 중심으로 점진적으로 진행되었다. 보육·간병 등 일부 복지서비스를 협동조합 방식으로 제공하는 움직임이 가속화되면서 복지서비스 제공과 관련해 정부의 역사적 중심성이 약화되었다. 재상품화가 본격화되지는 않았지만, 비용절감이 강조되면서 복지서비스의 제공과정에서 제3섹터의 자율성 및 정치적 발언권이 약화되었다.

넷째, 지중해 모델 또는 제3섹터 지배 모델이 지배적인 나라들의 경우에는 제3섹터가 사회적 배제계층의 노동시장 통합이나 돌봄서비스 등을 중심으로 규모 면에서 급성장했다. 이때, 제3섹터 안에는 종교적 자선단체와 협동조합·상호조합과 같은 세속적 조직이 공존했다. 제3섹터는 과거 정부와의 관계가 비우호적·비협력적이었지만, 복지국가의 재편 속에서 제도화의 과정을 거치면서 법적·제도적으로 인정을 받고 안정적인 관계로 전환되었다. 이 과정에서 경쟁적 메커니즘과 조직의 효율화 등이 요구되면서, 제3섹터의 개별주의가 완화되었고 구매자 및 제공자 사이의 관계도 투명하게 변화되었다.

제3섹터의 역할과 성격의 유형별 차이는 미국과 유럽으로 대별할 경우, 더욱 두드러진다. 미국에서는 제3섹터의 경제적·잔여적·독립적 역할을 중시했던 반면, 유럽에서는 제3섹터의 사회적·통합적 역할을 중시했다. 이러한 차이는 다시 미국의 경우 제3섹터를 비영리조직으로 축소시키고, 유럽의 경우 제3섹터라는 용어보다는 '사회적경제'(Social Economy), '사회연대경제'(Social and Solidarity Economy)라는 용어를 선호하는 흐름으로 연결되었다. 하지만 복지국가의 재편과 복지혼합은 유형별 차이를 뛰어넘어 국가와 제3섹터 사이에 역사적으로 형성되었던 관계를 크게 바꾸어 놓았다는 공통점을 보인다. 첫째, 모든 복지체제에서 제3섹터는 복지혼합이 본격화되는 과정에서 우선적인 지위를 점하게 되었다. 제3섹터는 특정 사회서비스들의 경우에는 부차적·보조적 역할을 넘어서서 가장 주도적인 공급자가 되기도 했다. 둘째, 제3섹터와 국가 사이의 관계가 시장 메커니즘을 통해 조정되기 시작했으며, 그로 인해 신뢰관계에서 교환관계로 전환되었고, 제3섹터의 자금조달과 관련해서는 성과관리가 강조되면서 보조금 방식이 계약방식으로 바뀌게 되었다. 셋째, 시장 압력에 대한 대응 속에서 비금전적 동기에 기초한 자발적 자원봉사가 재화나 서비스의 직접적인 전달로 옮겨갔고, 제3섹터의 전문성 강화(professionalization)가 요구되었다(Ascoli & Ranzi, 2002; Etxezarreta & Bakaikoa, 2012).

## 3. 비영리조직에서 사회적경제로

### 가. 북미 경제학계와 비영리조직

북미권의 경제학자들은 시장과 정부가 개별재·공공재·집합재를 생산하고 분배하는 과정에서 '집행실패'(execution failures) 현상이 일어나는데, 이에 대한 효과적인 해법이 제3섹터, 특히 비영리조직(non-profit organizations)이라고 보았다. 이때 '집행실패'가 발생하는 근본적인 원인들과 관련해서는 다음과 같이 요약될 수 있다. 시장은 계약실패(Hansmann, 1980), 무임승차자 문제(Weisbrod, 1975), 거래비용(Krashinsky, 1986) 등의 문제로 인해 집합재(collective goods)[75]를 충분하게 공급하지도 못하고 요구되는 품질을 충족시키기도 어렵다. 그리고 정부는 유권자들의 이질성으로 인해 공공재를 공급하는 과정에서 대표되지 못하는 유권자들의 수요를 충족시키지 못한다(Weisbrod, 1975). Ben-Ner와 Gui(2003)에 따르면, 제3섹터가 시장과 정부를 대신해 집행실패 문제를 잘 다룰 수 있는 이유는 비영리적 성격에 있다. 비영리성은 태만과 부정행위 그리고 기회주의 등을 억제하는 것은 물론 효율성을 담보할 수 있으며, 구성원들의 자발적 행동과 호혜적 성격을 고양시킨다는 장점도 있다. Valentinov(2008)는 이윤을 분배하지 않는 제약조건이 비영리조직의 핵심적 특징이라고 주장했다.

그러나 Salamon(1987)에 따르면, 비영리조직도 구조적인 난점들이 있어 '자원봉사의 실패'(voluntary failures)로 표현되는 비효율성을 불가피하게 낳게 마련인데, 그 이유는 다음과 같다. 첫째, 필요자금을 자체적으로 조달할 능력이 없으므로 재정적으로 정부에 의존할 수밖에 없다. 둘째, 자원봉사는 도락이나 취미 이상을 넘기 어렵기 때문에 전문성을 발휘하기 어렵다. 셋째, 자기중심주의 및 사적 이익 보호의 성격이 강해 보편적 이익을 강하게 추구할 수 없다. 넷째, 가부장주의가 강하고 수혜 대상의 권한 강화에 매진할 유인이 없다(Salamon, 1987). 비영리조직의

75) 집합재(collective goods)란 소비 및 생산의 외부성이 커서 집단적 협력에 의해서만 소기의 성과를 산출할 수 있거나, 비배제성이 커서 일단 생산이 되면 비용을 지불하지 않은 이들도 이용이 가능한 재화나 서비스를 지칭한다. 군사적 평화협정, 지역의 안전, 지역의 개발 등이 대표적 사례이다(Olson & Zechkauser, 1967).

이러한 강점과 약점을 종합적으로 고려해, 비영리조직을 독립적이지만 부차적·보조적 부문이 아니며 정부·시장 등 나머지 영역들과 상호의존적인 관계를 맺는다는 인식이 본격화되었다(Steinberg, 2006).

## 나. 유럽권 사회과학계와 사회적경제

유럽의 연구자들은 비영리조직에 초점을 맞춘 이러한 개념이 제3섹터의 한층 복잡하고 풍부한 역사적 특성 및 향후의 사회·경제적 가능성을 담아내지 못한다는 문제의식 위에 북미와는 차별화되는 접근법을 시도했다. 이때, 제3섹터의 구성 및 발전과 관련해 첫째 협동조합·조합·공제 등이 주요한 역할을 담당한다는 점, 둘째 이들 조직의 결성 및 발전과정에서 사회적 문제해결의 지향을 놓치지 않아야 한다는 점, 셋째 공공부문과의 협력관계를 확보하는 것이 중요하다는 점이 강조되었다. 유럽에서는 첫 번째 특징으로 인해 제3섹터보다는 '사회적경제'(Social Economy)라는 용어가 선호되었고, 두 번째 특징으로 인해 관련 연구가 경제학보다는 사회학적 성격을 더 많이 띠게 되었다(Defourny & Pestoff, 2008).

사회적경제 개념은, 경제활동의 목적을 돈벌이가 아니라 살림살이와 사회적 필요의 충족에서 찾으며, 경제활동 및 노동분업의 원리를 재분배·상호성·가정경제·교환으로 재구성한 폴라니의 작업과 연관성이 깊다. 재분배(redistribution)는 재화가 중앙에 집중되었다가 다시 배분되는 방식으로 국가나 가부장 등 권위를 가진 존재가 관습이나 각자의 역할에 대한 판단에 근거해 자원의 배분을 주도한다. 상호성(reciprocity)은 일정한 사회적 관계를 맺는 사람들 사이에 공동체의 유지나 사회적 인정을 목적으로 재화와 서비스를 서로 주고받는 쌍방향의 노동분업이다. 가정경제(householding)는 집단 구성원들의 필요를 충족시키기 위해 생산하고 저장하고 분배하는 원리로서, 이익이나 돈벌이를 위한 경제활동이 아니라 사용이나 살림살이를 위한 경제활동을 의미한다.[76] 교환(exchange)은 이득을 목적으로 수행되는 사람들 사이에서 행해지는 재화의 상호이동으로 시장에서 이뤄진다(Polanyi, 1944).

드푸르니와 페스토프는 이러한 이론에 근거해 제3섹터를 영리에 대립하는 비영리가 아니라 재분배 원리에 기초한 '국가', 교환 원리에 기초한 '시장', 그리고 상호성의 원리에 기초한 '공동체'가 함께 만나는 영역으로 상정한 삼각형 모형을 제시했다. 여기에서 경제활동 단위는 법제적 공식성과 조세 투명성 측면에서는 '공식부문 대(對) 비공식부문'으로, 경제활동 목적 측면에서는 '영리부문 대(對) 비영리부문'으로, 국가와의 관계에서는 '공공부문 대(對) 민간부문'으로 각각 나뉜다. 제3섹터는 민간부문이라는 측면에서는 기업과 특성이 같지만, 영리적일 수도 있다. 제3섹터는 또한 비공식부문의 비중이 크지만 공식부문으로도 존재한다. 시장 역시 민간부문 및 영리부문에 속하면서 공식과 비공식부문이 공존한다. 국가는 공공 및 공식 부문이지만 항상 비영리인 경우도 있다. 이러한 기준에서 보자면, 제3섹터는 정부와 독립적으로 존재하는 별개의 영역이나 시장에 대립하는 경제활동이 아니라 정부·시장·공동체가 중첩되고 재분배·교환·상호성의 노동분업 원리가 유연하게 활용되는 매개적 영역으로 새롭게 부각된다(Defourny & Pestoff, 2008; 노대명 등, 2010; 박종현, 김낙현, 2015).

76) 가정경제는 아리스토텔레스에 의해 특히 강조된 개념이다. 아리스토텔레스는 경제를 재물을 취하고 획득하는 기술, 곧 돈벌이의 기술인 크레마티스티케(Chrematistike)와 가정의 살림살이, 곧 가정경제의 관리인 오이코노미아(oikonomia)를 구분했다. 이때 가정이란 자급자족이 가능한 경제단위로서, 살림살이는 구성원들의 노동분업을 합리적으로 조직함으로써 가정의 자급자족을 가능케 하는 것이다. 아리스토텔레스는 이러한 구분 위에, 이익을 위한 생산을 위한 원리는 인간에게 자연적이지 못한 것이고, 부나 재물의 획득은 그 자체가 목적이 아니라 살림살이를 위한 수단이라는 점을 강조했다. 그는 또한 살림살이의 경우 구성원들이 각자의 잠재적 능력을 충분히 발휘하는 '좋은 삶'이라는 목적에 부합해야 한다고 주장했다. 이러한 아리스토텔레스의 관점을 적극적으로 수용할 경우, 사회적경제는 좋은 삶을 지향하는 살림살이의 경제로 규정될 수 있을 것이다.

## 다. 비영리 진영과 사회적경제 진영의 접근

유럽의 사회적경제는 크게 조합원의 경제적 이익을 중시하는 협동조합 영역과 사회적·공익적 문제의 실현을 중시하는 결사체 또는 비영리 영역으로 대별된다. 각각 시장과 비시장을 주된 활동 무대로 삼는 이 두 부문은 자립·자율·자결 및 민주주의의 원리를 핵심 가치로 삼는다는 공통점을 공유한다. 한편, 비영리조직이 중심인 미국의 연구자들도 비영리조직의 핵심 특징과 관련해 비영리성과 함께 구성원들의 자기결정을 중시하고 자원봉사 활동에 크게 의존한다는 점에 주목했다.

사회적경제 진영의 경우, 민주적 조직이 핵심 특성이고, 비영리조직 진영의 경우 비영리성이 핵심 특성이라는 점에서는 차이가 있지만, 두 진영 모두 제3섹터의 민주적 성격과 사회 구성원들의 비금전적 동기에 기초한 참여를 중시한다는 공통점이 확인되고 있다. 이러한 공통점들이 확인되면서, 최근 두 진영은 보다 가깝게 접근했다. 사회적경제 진영에서는 비영리조직과 결사체가 사회적경제의 비시장 부문에 속한다고 인정하고 있으며, 비영리조직 진영에서는 비영리성만을 중시했던 기존의 입장을 바꾸어 협동조합·노동통합기업·저축은행 등도 제3섹터에 포함시켰다. 이처럼 두 진영이 가깝게 된 이유로는 사회복지 서비스 업무가 제3섹터에 의해 수행된 것과 관련이 깊다. 이 과정에서 기업가정신이 요구되었고, 사회적기업이라는 새로운 혼성조직이 출현했는데, 이 조직의 경우 양자를 매개하는 성격이 강했던 것이다(Etxezarreta & Bakaikoa, 2012).

## 4. 사회적경제 조직의 제도적 동형화 위험과 혁신적 대응

### 가. 사회적경제 조직의 혁신

혁신의 대표적인 경제학자인 조지프 슘페터는 혁신을 '새로운 배합'을 수반하는 '창조적 파괴'의 과정으로 규정했다. 이때 새로운 배합(new combination)은 신제품이나 신품종의 도입, 새로운 생산방법의 도입, 신시장의 개척, 새로운 원재료의 확보, 활동 부문의 재조직화를 포함한다(Schumpeter, 1934).

Defourny(2014)는 사회적경제의 경우 대표적인 혁신 사례라며 그 이유를 다음과 같이 제시했다. 첫째, 제3섹터는 정부나 영리기업이 해결하지 못했던 사회적 문제를 해결하기 위해 출현했고, 이 과정에서 새로운 유형의 서비스를 만들어냈다. 특히 사회적 배제 계층의 노동통합 및 개인서비스 부문에서 필요에 보다 잘 부합하는 새로운 활동들, 직업훈련, 아동보육, 노인돌봄, 학대아동·이민자·장애인 대상 보호 및 지원 등의 영역을 중심으로 다양한 혁신들이 시도되었다. 둘째, 사회적경제는 전통적인 민간 및 공공부문과는 상이한 방식으로 활동을 조직화했다. 오늘날 사회적기업 등 사회적경제 조직의 가장 중요한 특징은 유급 직원·자원봉사자·이용자·지원조직·지방정부 등이 동일한 프로젝트 속에 파트너로 함께 참여한다는 점이다. 이 과정에서 참여자들의 역할이나 성격도 변화했다. 자원봉사자의 경우 과거에 비해 자선이나 사회운동의 성격이 약화된 대신, 특정한 필요에 부응하는 활동 및 생산적 목표에 보다 충실하게 되었다. 노동자들은 조직의 운영에 있어 영리기업에 비해 더 큰 영향력을 행사한다. 셋째, 사회적경제 속에 새로운 시장관계들이 스며들었다. 정부업무 중 일부를 위탁하는 흐름과 과거 정부나 비영리조직에 의해 제공되던 서비스를 시장화하는 흐름이 전개되었다. 사회적경제 조직들은 영리기업들과의 경쟁 속에서 경제적 위험이 커졌고, 이 흐름에서 살아남기 위해 다양한 자구책들이 모색되었다. 넷째, 사회적경제 내에 새로운 형태의 기업조직들이 출현했다. 유럽국가들은 충족되지 않은 필요에 부응할 새로운 사회적기업가정신을 담아내기 위해서는 전통적인 비영리조직이나 협동조합의 법적 형태만으로는 부족하다는 판단 아래 공동체이익회사(영국), 사회적협동조합(이탈리아), 사회적기업(핀란드, 이탈리아) 등 새로운 법적 형태를 도입하였다(Defourny, 2014).

사회적경제 조직의 혁신적 성격이 잘 드러나는 대표적인 분야로는 노동통합 사회적경제 조직들이다. Nyssens(2014)의 논의를 중심으로 이들 조직이 어떠한 혁신적 성격을 지녔는지, 그 과정에서 어떠한 문제점이 도출되었는지를 확인해 보자. 유럽에서 최초의 노동통합 사회적경제 조직들은 커뮤니티 활동가·노조 지도자·사회사업가 등 공익을 추구한 시민사회 행위자들에 의해 1970년대 등장했다. 이들은 정부와 독립적이거나 정부에 맞서면서 공공정책의 쇄신을 이끌어냈다. 이후 1980년대를 기점으로 구조적 실업이 만성화됨에 따라 실업수당 방식으로 실업자의 소득을 보전해 주는 소극적인 노동정책에서 구인 안내 프로그램·직업훈련·고용장려금 등을 통해 실업자들을 노동시장에 통합시키는 '적극적인 노동시장정책'으로의 전환이 일어났다. 2세대 노동통합 사회적기업들은 법적 인정 및 공식적 파트너십 속에서 정부 보조금을 안정적인 재원으로 활용하면서, 적극적 노동시장 정책을 집행하는 수단이자 컨베이어 벨트가 되었다.

## 나. 제도적 동형화의 위험

그런데 이 과정에서 이들 조직의 목표들 사이에 긴장관계가 발생했으며, 정부 정책 수행기관으로서의 압력이나 영리 및 공공부문으로부터 파급된 전문가주의의 규범 아래 사회적기업의 내재적 특성이 점차적으로 소실되는 동형화(isomorphism)의 우려가 제기되었다(DiMaggio & Powell, 1983). 노동통합 사회적경제 조직체들의 주요한 사업 목적은 주변화된 노동자들에게 일할 기회를 제공할 뿐 아니라 유용한 재화 및 서비스의 생산을 통해 공익 창출에 기여토록 하고 민주적 경영참여를 유도해 그들의 역량을 발전시키고 권한을 강화하는 데 있었다. 그러나 적극적 노동시장 정책으로의 포섭 속에서 노동통합 사회적기업들에 취약 계층 노동자들을 정규 노동시장으로 통합시키라는 압력이 커졌고, 이 과정에서 노동자들의 역량을 강화하거나 권한을 부여한다는 최초의 목적을 견지하는 것이 어렵게 되었다.

첫째, 정부 프로그램은 주변화된 노동자를 고용하는 사회적기업에 단기 보조금을 제공했는데, 이러한 상황에서 노동통합 사회적기업은 역량이 떨어지는 사람들보다는 취업 가능성이 높은 사람들을 중심으로 고용하게 되어 역량 강화라는 목표와 정규 노동시장에의 통합이라는 목표를 조화시키기는 어렵다. 둘째, 최초의 노동통합 사회적기업들은 의도적으로 민주적 의사결정 참여를 권장함으로써 역량 강화에 적극적이었지만, 조직이 커지면서 전문가주의를 고양하고 영리기업의 생산방식을 채택하는 변화가 발생했다. 특히 영리기업과의 경쟁이 큰 사회적기업들은 경쟁기업의 표준을 채택할 수밖에 없었기에 이러한 변화가 더 컸다. 셋째, 정책당국은 노동통합 사회적기업을 '공식적' 노동시장에의 통합이라는 한 가지 편익에서만 주목하고 사회적경제 영역의 활동가들도 암묵적으로 이 지침을 내면화하게 됨으로써 애초에 그들을 고무시켰던 다층적 목표들을 포기하거나 혁신을 향한 역량이 훼손될 위험이 발생했다(Nyssens, 2014).

## 다. 혼성조직의 성격 강화를 통한 혁신성 확보

유럽의 사회적경제 연구자들에 따르면, 동형화의 문제는 사회적기업을 혁신적 존재로 만드는 핵심적인 특성, 곧 혼성조직(hybridity)의 성격을 제대로 이해하고 이러한 성격을 잘 지킴으로써 해결될 수 있다. 사회적경제 조직, 특히 사회적기업은 목표·참여자·지배구조·수입원의 측면에서 다층적·혼성적 성격을 지닌다. 유럽의 사회적기업은 시민사회 내 다양한 유형의 행위자들과 지방정부가 파트너십을 통해 설립되었고, 그 지배구조에는 다양한 참여자들을 이사회 구성원으로 참여시킴으로써 이들을 적극적으로 연결해주는 다중 이해관계자의 동학이 작동한다. 이러한 참여적 성격·협업적 성격으로 인해 상이한 유형의 이해관계자들 사이의 네트워킹을 통해 신뢰가 제고되고 상호부조가 가능하게 된다. 여기에서 공통의 정체성을 공유하는 사람들 사이의 결속형 관계(bonding social capital)와 그동안 고립적으로 존재해왔던 세상들 사이에 다리를 놓고 왕래할 수 있게 하는 교량형 관계(bridging social capital)가 함께 강조된다(Bacchiega & Borzaga, 2001; Evers, 2001).

사회적기업의 혼성적 성격은 사회적기업들이 동원하는 자원 혼합(resource mix)에 의해서도 확인 가능하다. 사회적기업은 시장에서의 제품이나 서비스의 판매, 공공부문으로부터의 보조금, 시민이나 자선단체로부터의 기부금 등 다양한 자원을 동원하는데, 이는 사회적기업이 자유의 가치를 추구하며 등가교환의 노동분업 원리에 기초한 시장, 평등의 가치를 추구하며 재분배의 노동분업 원리에 기초한 국가, 박애의 가치를 추구하며 호혜의 노동분업 원리에 기초한 공동체가 함께 만나 여러 목적을 동시에 추구하는 혼성적 경제조직임을 잘 보여준다. 이때, 사회적경제조직의 수입원은 시장·재분배·윤리적 구매·호혜로 분류될 수 있는데, 윤리적 구매나 호혜의 경우에는 해당 조직이 시민사회 네트워크 속에 얼마나 깊이 뿌리 내렸는가를 보여주는 중요한 지표이자 이들 조직이 제도적 동형화를 저지하고 본연의 다층적 목적들을 지속할 수 있는 교두보가 된다[77](Laville & Nyssens, 2001; Nyssens, 2014).

이 문제와 관련해 시장경쟁과 같은 외부 환경, 법률·제도·정책, 해당 기업 내 소유·통제·관리 관련 규칙, 전반적인 문화 등 대내외적 조건들의 변화에 따라 기업의 성격이 크게 좌우된다는 점을 고려할 필요가 있다(Borzaga, Depedri & Tortia, 2014). 똑같이 시장경쟁 및 전문가주의의 압력에 직면했더라도, 국가별·지역별·기업별로 정체성의 훼손 정도는 다르며, 해당 기업 내의 규칙이나 문화가 임직원들로 하여금 기업이 표방하는 사회적 목적에 부합하는 방향으로 움직일 수 있는 자발적이고 내재적인 동기를 고취함으로써 이러한 외부적 압력에도 훌륭한 성과를 내는 경우가 있기 때문이다. 시장자원·비시장자원·비금전적 자원 등 다양한 자원을 동원하는 특성 및 역량이야말로 사회적경제 조직의 목적 훼손이나 제도적 동형화(institutional isomorphism)를 저지할 수 있는 핵심 자산이다(Laville & Nyssens, 2001).

77) 유럽 차원에서 판매 수입은 전체 수입의 53%을 차지하는데 이 중 3분의 1은 윤리적 구매로부터의 판매수입이다. 정부에 의한 재분배, 곧 직간접적 보조금 수입은 38.5%이며, 호혜에 기반을 둔 자원봉사나 기부는 8.5%이다(Nyssens, 2014).

## 라. 또 다른 혁신으로서의 공동생산

복지혼합에 따른 영리화 및 시장화의 확대, 제도적 동형화의 문제점에 대한 또 다른 해법으로 공동생산(co-production)의 개념 및 그 실천도 주목을 받았다. 공동생산이란 공공서비스 담당자와 이용자로서의 시민이 공공서비스의 생산 및 제공에 함께 기여하는 활동들의 배합으로 정의할 수 있다. 공공서비스 담당자들이 '정규 생산자'나 전문가로서 이 과정에 투입된다면, 시민들은 이용하는 서비스의 질이나 양을 개선하려는 자발적인 노력을 통해 서비스 생산에 기여한다. 민간 경제의 영역에서 이러한 공동생산의 방법을 통해 서비스의 질을 개선하는 대표적인 조직체가 바로 협동조합이나 사회적기업이다(Ostrom, 1996; Pestoff, 2009; 박종현, 김낙현, 2015).

이때 공동생산은 전문화된 서비스 제공의 맥락 내에서 발생하며 타인을 위해서가 아니라 자신을 위해 시간이나 노력을 기꺼이 할애한다는 점에서 전통적인 자원봉사와 구별이 된다. 공동생산은 통합 메커니즘임과 동시에 효과적인 자원동원을 위한 인센티브 메커니즘의 의미도 띤다 (Brandsen, Pestoff & Verschuere, 2014). Calabro(2012)는 공공서비스의 민영화가 건전한 시장경쟁 없이 공공서비스의 해체만을 가져왔고, 그 결과 시민 및 고객을 향한 서비스 공급자의 책임성이 크게 저해되었는데, 이러한 상황에서 공동생산이 대안으로 모색되었다고 주장한다. 공공서비스의 생산 및 전달에 시민이 참여할 새로운 방법들을 개발함으로써 시민과 국가가 신뢰·윤리적 기준·책임성에 기초해 상호협력함으로써 양질의 서비스를 이용할 수 있게 되었다는 것이다.

실제로 공동생산이 서비스 품질의 개선으로 연결된다는 증거들은 적지 않다. 이용자들의 관여가 커질수록 '도덕적 소유심'이 커짐에 따라 만족도 수준도 높아지고 맞춤형 서비스로 인해 개인적 필요에 더 잘 부합하고, 시장 소비자주의(market consumerism)의 편익 중 일부가 공공서비스 영역 속으로 다시 들어올 수 있게 된다는 것이다. 8개 유럽 국가를 대상으로 아이돌봄 영역에서 부모의 서비스 제공 및 경영 참여가 공공·민간 영리·민간 비영리 사이에 어떤 차이가 있었는가에 관한 연구를 보면, 비영리부문의 서비스 전달방식에서 부모들의 참여가 가장 잘 이뤄졌다. 스웨덴의 보육시설을 대상으로 한 연구에 따르면, 비영리 시설 및 부모협동조합에서 부모들이 가장 적극적으로 보육시설을 관리하고 통제하는 일에 참여했고, 지방자치단체의 전문적인 보육시설에 비해서도 더 나은 양질의 서비스와 일자리가 제공되었다(Pestoff, 2009; Vamstad, 2012; Brandsen et al., 2014).

그러나 공동생산의 단점도 존재한다. 우선, 내부자와 외부자 사이의 차별이 일어날 가능성이 있는데, 해당 서비스가 특정 집단에만 제공될 경우 이러한 문제는 특히 부각되는데, 주택협동조합이 대표적인 사례이다. 주택협동조합의 경우 레토릭(누구라도 저렴한 가격으로 이용할 수 있다)과 현실(실제로는 폐쇄적 시스템으로 희망자의 대부분은 이용할 수 없다) 사이의 괴리가 존재한다는 것이다. 둘째, 공동생산은 형평의 문제도 제기한다. 유럽이나 북미의 경우 부유하고 교육을 잘 받은 백인 시민이 공동생산 활동에 참여할 의향과 능력이 더 크기 때문에, 실제로는 서비스를 이용해야 할 필요가 더 큰 사람들이 공동생산으로부터 배제될 가능성이 높다. 셋째, 이용자가 생산과정의 일부인 상황에서 이용자는 누구에게 책임을 져야 하는가라는 문제도 제기된다. 따라서 공동생산의 이용 가능성을 어떻게 높이고, 공동생산의 효과를 어떻게 강화할 것인가는 향후 사회적 경제 조직들이 복지서비스를 제공하는 과정에서 지속적으로 고민해야 할 과제이다(Brandsen et al., 2014).

## 5. 시장경제의 보완인가, 대안인가?

### 가. 포스트 포디즘과 사회적경제의 가능성

Jessop, Moulaert, Hulgard, Hamdouch(2013)에 따르면, 정부의 적극적 개입 아래 자본과 노동의 타협 속에서 완전고용을 가능케 했던 포디즘이 와해되는 과정에서 다음과 같은 변화가 일어났는데, 이들 변화는 사회적경제가 새롭게 발전할 토양으로 작용했다. 첫째, 민주적 모습을 띤 새로운 형태의 경제조직과 유기농이나 친환경 제품 등 새로운 틈새시장을 찾는 대안적 운동이 출현했다. 둘째, 서비스 부문이 비중이 커졌고, 유연 생산체제가 발전했으며, 기업 기능들의 세분 및 외주화로 인해 소규모 기업의 창업이 용이해졌고, 생산조직의 변화 속에서 적은 투자로도 사업 확장이 가능하게 되었다. 셋째, 재정위기 및 보수적 이데올로기로 인한 국가 활동의 재편과 공공서비스 관리의 외부화가 복지국가의 '합리화' 시도와 결합되면서 사회적경제가 확대될 기회가 창출되었다. 동시에 사회적·경제적 사안들에서의 국가 활동의 재편 및 기술적·경제적 변화가 빠르게 진행되면서 실업·사회적 배제·지역의 쇠퇴 등 새로운 문제들이 본격화되었다.

이러한 변화 속에서 강력한 시장경쟁에 참여할 능력이 없거나 더 큰 위험이 예상되는 주변화된 경제적·정치적·사회적 공간이나 쇠퇴지역을 중심으로 자본주의 영역 및 국가의 외부에서 대안을 찾는 움직임도 커졌다. 이 과정에서 지역의 사회운동에 기반을 두어 권리가 박탈된 빈곤층의 역량 및 권한 강화에 주력했던 전통적인 사회적경제가 이들 문제에 대한 유효한 해법으로 다시 주목을 받게 되었다.[78] 따라서 확대되고 재설정된 사

78) 이때 사회적경제의 가능성에 주목했던 흐름은 다시 둘로 나뉠 수 있다. 경제적 혁신과

회적경제는 사적인 풍요와 공적인 빈곤 사이의 불균형을 해결하고, 지역적 수요를 창출하며, 장기 실업자들을 재숙련화해 정규 노동시장으로 다시 진입시키며, 사회주택·에너지 절감 등 도시 재생의 문제를 해결하고, 중소기업에 상이한 종류의 시공간적인 해결책을 제공하며, 공동체 내부의 신뢰를 다시 만들어내며, 시민들의 권한 강화를 촉진하는 등 다양한 목적을 지향하며 발전할 수 있었다.

## 나. 사회적경제의 두 가지 노선

사회적경제 조직은 사회적 문제를 생산활동을 통해 해결하려는 경제단위로서 사업체로서의 성격과 결사체로서의 성격을 함께 지니는 혼성체이다. 사회적경제의 이러한 특성은 흔히 경제적 목적과 사회적 목적을 동시에 지향한다는 표현으로 압축되는데, 이때 두 목적은 긴장관계를 갖는다. 이러한 긴장은 그 특성이 다소 상이한 사회적 조직체들 사이의 긴장 속에서 보다 극적으로 표출된다. 첫째, 협동조합과 같이 산출물을 시장에서 판매하는 사업체들과 청년운동과 같이 그 활동의 경제적 성격이 강하지 않고 그 자원이 기부금·보조금·자원봉사 활동 등 비시장 자원에 기반을 둔 결사체 사이에 긴장이 존재한다. 둘째, 협동조합·공제조직 등 조합원들의 이익 실현에 일차적 목적을 둔 상호이익(mutual interest) 조직들과 환경단체나 사회적협동조합 등 전체 공동체나 구성원 외부의 특정 집단들을 위해 활동하는 공익(general interest) 추구 기관들 사이에도 긴장이 존재한다(Defourny, 2014).

---

정부의 지원으로 경쟁력을 회복하고 자본주의 시장경제의 주요한 행위자로 다시 참여할 수 있도록 돕는 교두보로서 사회적경제를 주목했던 흐름과 자본주의 시장경제의 외부에서 자족적이고 지속가능한 지역적 연대의 경제를 영위하는 터전으로 사회적경제를 주목한 흐름이 그것이다. 이에 대한 상세한 논의는 뒤에서 행해진다.

오늘날 사회적경제에는 이러한 긴장을 반영해 다소 상이한 두 노선이 공존한다. 한쪽에는 사회적경제 조직을 자본주의 시장경제의 중요한 구성요소로 설정한 가운데 복지시장의 긍정적 잠재력을 적극 수용하고 경제적 혁신 및 기업가정신의 고취를 통해 경제적 빈곤층이나 사회적 취약계층의 역량을 강화함으로써 정부와 시장의 한계를 보완하려는 노선이 있다. 이러한 '시장경제의 보완' 노선은 경제적 효율성에도 적극적으로 관심을 기울이며 시장의 인간화에 주력한다. 다른 한쪽에는 사회적경제 조직을 복지에 대한 신자유주의적인 접근법에 맞서는 대항 담론의 중요한 구성요소이자 자본주의 시장경제의 새로운 대안으로 발전시키려는 노선이 있다. 이러한 '시장경제의 대안' 노선은 새로운 형태의 연대·집단주의·사회적 행동을 모색하는 데 적극적이다(Amin, 2009; Hulgard, 2014).

오늘날의 주류적 노선은 '시장경제의 보완' 노선이라고 할 수 있다. 이 노선의 입장[79]에서 보자면, 사회적경제에서 가장 중요한 행위자는 사회적기업가들(social entreprneurs)이며, 따라서 정책적 우선순위도 성공적인 사회적기업가의 길을 밟으려는 시민들이 직면하는 제약을 제거하는 데 맞춰져야 한다. 그런데 이때 사회적기업가는 한편에서는 권익 옹호·적극적 시민참여·권한강화를, 다른 한편에서는 시장원리에 기초한 사회서비스 제공 및 노동통합을 동시에 추구해야 하는 곤란한 상황에 직면하며, 호혜와 시장 사이에서 적절한 균형을 잡는 데 어려움을 겪을 가능성이 높다.

한편 '시장경제의 대안' 노선은 복지혼합과 복지의 민영화로 개인의 책임이 강조되는 상황에서 사회적경제가 이러한 흐름에 맞서 시민의 권리

79) 이들은 앞에서 사회적경제 조직이 경제 내에서 차지하는 위치를 정부·시장·공동체의 교차 영역으로 개념화했던 페스토프의 삼각형과 입장을 같이하는 것으로 보인다.

를 보호하고 자족 가능한 새로운 삶의 방식을 찾아내는 새로운 집단적 운동의 터전이 되어야 한다고 인식한다(Amin, 2009; Castells, Caraca & Cardoso, 2012; Jessop et al., 2013; Hulgard, 2014). 이 입장에서 보자면, 사회적경제는 커뮤니티 기반, 사회적 소유, 자조·상호의무·사회적 적합성의 원리에의 명확한 전념 등 시장이나 국가의 경제활동에서 찾아볼 수 없는 독특한 가치 및 원리를 지니고 있는 독자적인 경제영역이다. 따라서 국가가 자신의 복지 의무를 줄이기 위해 사회적경제를 이용하고 효율·가격·전달에 관한 표준화된 규칙을 요구하는 것은 사회적경제 고유의 특성 및 순기능을 훼손하고 저해할 가능성이 높다. 사회적경제 조직들이 사회적 필요를 충족시키고 독립적인 개인들 사이의 연대망을 제공하며 지역공동체 재생이라는 핵심 사명을 달성하도록 하려면, 사회적 효용이나 사회적 사용가치와 같이 사회적경제의 작풍(ethos)에 부합하는 평가지표를 활용해야 한다(Pearce, 2009).[80]

## 다. 새로운 사회경제적 실천 공간으로서의 사회적경제

Castells 등(2012)에 따르면, 2008년 글로벌 금융위기를 기점으로 네 가지 경제적 문화의 출현이 본격화되었다. 전문가 계급이 지배하는 보다 발전한 정보자본주의의 경제적 문화, 위기에 직면한 공공부문의 경제적

80) 이러한 사회적경제 정부지원 정책과 관련한 두 노선의 차이는 복지혼합 속에서 사회적경제가 복지정책의 파트너로 적극 활용되었던 주요국의 역사적 경험에서도 확인된다. 영국과 덴마크는 국가의 복지 서비스 제공 부담을 사회적경제로 대폭 넘기는 과정에서 사회적경제 조직들이 고품질의 서비스를 경쟁적인 가격에 제공하는 등 경쟁시장에서 사업 경쟁력을 확실히 입증하는 것을 조건으로 지원을 했다. 반면, 캐나다·이탈리아·프랑스의 경우에는 정부가 사회적경제에 복지 역할의 담당을 요구하면서도 독특한 윤리적·사회적 기풍에 기반을 둔 사회적경제의 특수성 및 장점을 인정해 영리경제, 공공부문, 사회적경제가 별도의 영역들에서 공존하는 병렬 체제를 유지하는 제한된 경쟁 및 지원 정책을 펼쳤다. 따라서 이곳에서 사회적경제 사업체들은 사회적 동기에 충실한 가운데 사업을 지속하는 것이 가능했다(Amin, 2009).

문화, 저숙련 일자리를 제공하며 생존에 급급한 경제적 문화, 삶의 의미에 관한 다른 종류의 가치들에 기반을 둔 대안적 경제적 문화가 그것들이다. Jessop 등(2013)은 오늘날 사회적경제는 경제주의 관점에 포획됨으로써 시장에서의 성공에 초점을 맞추는 방향으로 왜소화될 것인지 아니면 신자유주의 질서나 주주 자본주의의 대안으로 발전할 것인지의 기로에 놓여 있다는 점에 주목했다. 이들은 이러한 문제의식 위에 사회적경제가 지배적 통념에 맞서 경제에 관한 사람들의 통념을 바꾸고 새로운 삶의 방식을 경험할 기회를 제공하는 공간이라는 점을 강조한다.

Jessop 등(2013)에 의하면, 사회적경제는 자본의 논리에 맞서 경쟁적 시장에서는 높은 가치로 실현되지 못했지만 사회적으로 중요한 기능을 담당할 사회적 사용가치들에 우선순위를 부여했다. 경제조직들을 금융자본의 광란적 순환보다는 사회적 재생산의 리듬에 초점을 맞춘 특정한 시공간적인 맥락 속에 다시 뿌리내리려는 것도 사회적경제의 중요한 지향이다. 사회적경제는 또한 교육·의료·주거·정치·문화·스포츠 등 여타 생활세계로 자본주의의 논리를 확장하는 움직임에 맞서는 혁신적 움직임으로, 자본주의의 '상식'과 상이한 방식으로 경제적 삶과 사회적 삶을 조직할 수 있는 가능성을 보여줌으로써 사회 전반에 대해 강화되는 자본주의의 헤게모니에 저항할 수 있는 토대를 제공한다.[81]

81) 이러한 혁신은 시장과 국가의 보완으로 사회적경제를 바라보는 인식과는 상이한 흐름을 대표한다. 이는 또한 호혜와 연대에 기반을 둔 사회적 네트워크와 협의와 헌신에 기초한 도덕적 공동체의 전통적 이념을 현대화하는 시도이기도 하다(Jessop et al., 2013).

## 제3절 사회적경제의 국내 현황과 평가

### 1. 한국의 복지체제와 사회서비스 부문

한국은 1998년 성장과 복지의 균형 및 '생산적 복지'를 기치로 내건 김대중 정부를 기점으로 4대 보험제도 및 공공부조가 본격화되었다. 당시 정부는 국가·시장·시민사회의 협력을 활용하고, 개인의 권리와 책임을 동시에 강조하고 가운데 개인의 자립과 자활을 지원하는 복지제도를 발전시켰다. 이 과정에서 복지재정 비중이 대폭 확대되었으나, 서구의 복지국가에 비하면 조세부담률과 복지재정 비율이 훨씬 낮아 복지제도의 물적 토대는 구조적으로 제한된 편이다(김윤태, 2010).

사회서비스는 개인이나 전체 사회의 복지 증진 및 삶의 질 향상을 위해 제공되는 서비스들로, 대상별로는 영유아, 아동, 청소년, 청년, 중장년, 노인, 장애인, 미혼모, 국제결혼이주자, 특수취약계층 등이며 내용별로는 돌봄, 재활, 상담, 보건의료, 교육, 문화·예술·체육 활동 지원, 고용지원, 일반 행정 등으로 나뉜다. 사회서비스 전달체계 주체는 공공과 민간으로 양분되며, 다시 민간 사회서비스 전달체계는 영리를 목적으로 하지 않는 주민조직, 사회복지법인, 재단·사단법인, 종교단체, 법정단체 등과 영리목적의 기관으로 나뉜다(한국협동조합연구소, 2015). 사회복지서비스 공급방식과 관련해 1970년대 이후 보조금에 의한 지원방식이 채택되었으며, 1990년대 이후 민간위탁 등 계약방식이 도입되었고, 2000년대 중반부터는 바우처사업이 시행되었다. 서비스 대상이 중산층으로 확대되고 사회서비스 공급방식도 제공기관에 대한 재정지원 방식에서 이용자에 대한 재정지원 방식으로 전환되면서 복지의 시장화가 전면화되었다(양난주, 2015; 사득환, 2017).

한국에서 복지서비스, 특히 사회서비스는 정부가 제한된 공적 자원을 제공하고 민간기관들이 이용자들에게 해당 서비스를 공급하는 방식을 택하고 있다. 그러나 한국은 사회서비스를 제공하는 비영리기관이 발달한 유럽이나 영리기관이 발달한 영미권 국가와 달리, 민간 조직들의 발달이 상대적으로 취약한 편이다. 빈민운동과 생협운동 등 사회운동을 주도했던 세력들이 2000년 이후 자활사업에 참여했지만, 전체 사회서비스 제공 민간기관들에서 이들 기관이 차지하는 비중은 미미하다. 한국은 공적인 사회서비스 전달 경험이 없는 기관들이 사회서비스 시장에 새롭게 참여한 경우가 많아, 이러한 영리기관들이 공적기관을 대신해 공공의 가치를 추구하며 사회서비스를 효과적으로 전달할 것이라고 기대하기 어려운 실정이다(김진욱, 2013).

김진욱(2013)의 연구를 토대로, 2000년부터 2010년까지 10년간 한국 복지혼합 지출 및 그 구조의 변화는 다음과 같이 요약될 수 있다. 첫째, 한국의 사회복지 지출 총량이 크게 증가하였다. 국가, 기업, 시장, 제3섹터 및 가족 영역의 사회복지 지출 합계는 국내총생산 대비 2000년 21.3%에서 2010년 26%로 늘어났다. 둘째, 국가의 사회복지 지출이 2000년 31조 9,000억 원에서 2010년 117조 2,000억 원으로 크게 늘어났고, 국내총생산 대비 비중도 5.3%에서 10%로 확대되었다. 셋째, 국가·시장·공동체의 삼각형 모형을 기준으로, 2000년 '가족〉시장〉국가'의 구도가 2010년 '국가〉가족〉시장'의 구조로 변화되었다. 이는 지난 10년간 복지혼합의 성격이 변화했음을 뜻한다. 넷째, '보호적인 가족 주도형의 혼합적 복지지출 구조'에서 '확장된 국가복지 중심의 혼합적 복지지출 구조'로 변화했다. 다섯째, 제3섹터와 가족의 비중에는 큰 변화가 없었다. 공적이전의 확대가 사적이전의 '구축'으로 이어지지 않았으며, 시민사회와 비영리부문의 복지재정 능력은 여전히 취약한 것으로 분석되었다. 이상의 분석은 한국의 경우 복지국가의 확대과정에서 제3섹터와 사회적경제 조직이 파트너로 설정되었으나 그 양적 규모는 미미했음을 의미한다.

## 2. 돌봄서비스와 사회적경제 조직의 경쟁우위[82]

2012년 기준 사회서비스 고용규모는 294만 8,000명으로 전체 취업자의 15.9%로 추산된다. 사회서비스들 중 사회적경제와의 관련성이 가장 높은 돌봄서비스업의 고용규모는 98만 명(5.3%)으로 추산된다. 돌봄서비스업의 이용자는 크게 산모·신생아, 아동, 노인, 병원 입원자, 장애인 등으로 구분되는데, 이 중 아동 대상 보육서비스와 노인 대상 요양·간병서비스 부문의 고용이 상대적으로 크다. 돌봄서비스에서 사회적경제 조직의 고용 비중은 14.8%로 공공부문(13.4%)에 비해서는 다소 높으나 영리사업체(71.8%)에 비해서는 크게 낮은 수준으로, 사회적경제 조직의 사회복지전문직 고용비중은 13.0%, 사회적경제 조직의 유치원 교사 고용비중은 5.2%에 불과하다(황덕순, 윤자영, 윤정향, 2012).[83]

보육서비스직의 경우 사회적경제 조직의 월평균 임금은 170만 8,000원으로, 공공부문의 152만 6,000원, 영리부문의 125만 원을 크게 상회했고, 주당 근로시간은 41.5시간으로 영리부문(48.9시간)보다 양호했지만 공공부문(39.5시간)에 비해서는 다소 뒤졌다. 요양·간병서비스직의 경우 사회적경제 조직의 월평균 임금은 85만 8,000원으로, 공공부문의 79만

82) 이 부분은 장종익, 홍훈, 유정식, 김태환, 박종현(2016)에 의존했다.

83) 여기에서 논의되는 사회적경제조직은 영리와 공공기관이 아닌 비영리조직을 통칭한 것으로, 앞 절에서 살펴본 엄밀한 의미에서의 제3섹터나 사회적경제조직이라고 보기는 어렵다. 엄밀한 의미에서의 사회적경제조직은 이들 통계보다 훨씬 미치지 못할 가능성이 높다. 최근 발표된 정부 자료에 의하면, 사회적경제조직의 사회서비스 참여율은 장기요양 0.5%, 보육 0.1%, 바우처 1.3%, 장애인활동지원 4.1% 등으로 대단히 낮다(일자리위원회 관계부처 합동, 2017).

3,000원, 영리부문의 81만 원을 능가했고, 주당 근로시간은 37.1시간으로 영리부문(32.5시간)과 공공부문(34.7시간)에 비해 다소 많았다(황덕순 등, 2012).

한편, 2007년 노동부 사회적일자리사업에 참여한 376개 비영리조직 중 164개를 대상으로 970명의 이용자 설문 결과를 분석한 김혜원(2008)의 연구에 따르면, 사회적경제조직은 서비스 측면에서 영리기업에 비해 높은 만족도를 주었다. 보육 영역에서는 친절·신뢰·공익동참·저렴·품질 등에서 영리업체에 우위를 보였고, 간병 및 요양 영역에서는 저렴·신뢰·친절·공익동참·품질 등에서 영리업체에 우위를 보였다. 정부제공 서비스와의 비교도 비슷한 결과를 보였는데, 사회적경제조직은 특히 서비스 제공기관의 신뢰도 및 제공자의 친절함에서 정부부문에 비해 경쟁우위를 발휘했다.

2010년 전국 143개 기관(영리 70개곳, 비영리 73개곳)을 대상으로 실시된 기관 평가자료 및 기관별 30명씩 총 4,290명을 대상으로 실시된 이용자 만족도 결과자료를 분석한 양난주, 임세희, 한성윤(2012)의 연구에 따르면, 비영리조직과 영리조직의 비중이 거의 동등한 사업인 산모신생아도우미서비스사업 이용자 만족도 비교에서도 유사한 결과가 확인되었다. 이 연구에서 비영리조직은 영리조직에 비해 종사자 친화성·서비스 충실성·이용자 민감성·이용자 만족도 등에서 우위를 보였다.

2015년 서울시 소재 893개 사회적경제조직을 대상으로 회수된 204개 사회적경제조직을 대상으로 한 장종익 등(2016)의 연구에 따르면, 사회적경제 조직 204곳 중 103곳이 영리나 공공부문에 비해 사업상 우위에 있다고 응답했으며, 그중 돌봄서비스 영역에 종사하는 사회적경제조직의 경우 이렇게 응답한 비율이 66.7%로 가장 높았다. 경쟁우위의 원천과 관련해서는 보건업 및 사회복지 서비스업 종사 조직은 이윤분배의 제한으로 인한 사회적 목적에의 집중(33.3%) 및 민주적 의사결정구조와 내재적 동기부여로 인한 높은 생산성 요인(33.3%)을 우선적으로 선택했다.

사회적경제 조직이 영리나 공공기관에 비해 더 높은 성과를 정말로 거두고 있는지, 그렇다면 구체적으로 어떠한 경쟁우위를 가지고 있으며, 그 경쟁우위를 가능케 한 원천들은 무엇인지, 소유 및 지배구조가 다른 사회적경제조직체들 사이에 차별성이 있는지 그리고 이들 사이의 상대적 우위가 존재하는지 등의 문제를 해명하기 위해 노인돌봄서비스 기관 및 보육서비스 기관 종사자 및 이용자들을 대상으로 심층 인터뷰를 수행·분석한 장종익 등(2016)의 연구에서도 유사한 결과가 확인되었다.

## 3. 사회적경제의 현황, 지원정책, 성과

### 가. 사회적경제의 출현과 발전과정

한국의 사회적경제는 1990년대 생산공동체나 의료생협 등의 형태로 시작되었으며, 외환위기의 충격 속에서 노동운동이나 민주화운동에 참여했던 단체들이 실업과 빈곤 등 각종 사회문제를 해결하기 위해 사회적경제조직으로 전환해 역동적이고 혁신적인 실험을 펼치면서 성장의 계기를 스스로 확보할 수 있었다. 2000년대 들어 정부가 복지정책 및 고용정책의 일환으로 실업극복 사업과 자활사업을 펼치고 각종 사회서비스를 확대 공급하고 사회적 일자리를 늘리는 과정에 사회적경제조직들이 적극 참여함으로써 사회적경제는 본격적으로 성장 궤도를 밟게 되었다. 이후의 사회적기업이나 사회적협동조합 등도 이러한 흐름과 무관하지 않다. 사회적경제의 발전단계는 ① 사회적경제조직과 사업이 근로연계복지와 연계되어 한국사회에 이식되었던 이식기(1996~2006) ② 사회적기업육성법 제정부터 협동조합기본법 제정까지 사회적경제 본래의 사업과 제도화가 진행되던 확장기(2007~2012) ③ 사회적경제 관련 법규의 형식적 완비 이후 각 사업과 제도 간의 정비 필요성이 제기되는 정비기(2013~현재)로 대별된다(노대명, 2015).

## 나. 현황

한국의 사회적경제는 외환위기를 전후로 빈민운동 및 생협운동 활동가들의 적극적 노력으로 시작되었고 정부의 적극적 지원 및 제도화로 많은 성장을 거두었지만, EU 국가에 비해서는 규모 면에서나 사회적·경제적 파급력 면에서나 아직 미미한 실정이다. 한국의 사회적경제조직의 고용 비중은 2015년 기준 1.4%로 EU 6.5%에 크게 부족한 수준이다. 농협 등을 제외하고 자립지향적이고 비영리성이 강한 본연의 사회적경제조직, 곧 사회적기업·협동조합·마을기업·자활기업 등 주요 사회적경제조직은 총 1만 4,948개가 운영 중이고, 총 고용인원은 9만 1,100명이다

〈표 8-1〉 사회적경제조직 및 고용 현황(2016년)

| 조직유형 | 사회적기업 | 협동조합 | 마을기업 | 자활기업 | 합계 |
|---|---|---|---|---|---|
| 조직 수(개) | 1,713 | 10,640 | 1,446 | 1,149 | 14,948 |
| 고용 인원(명) | 37,509 | 29,861 | 16,101 | 7,629 | 91,100 |

자료: 일자리위원회 관계부처 합동. (2017). 사회적경제 활성화 방안.

사회적 가치 실현을 주요 목적으로 취약계층에 사회서비스·일자리 등을 제공하는 사회적기업은 총 1,713곳(예비사회적기업 포함 시 총 2,821곳)이 3만 7,509명을 고용 중인데, 최근에는 성장세가 다소 둔화되었다. 조합원의 자발적 참여·민주적 의사결정 등의 특성을 바탕으로 조합원의 고용안정·양질의 생필품·사업기회 창출 등을 위해 사업을 벌이는 협동조

합은 총 1만 640곳이 운영 중이고 총 2만 9,861명을 고용한 것으로 추정되었다. 일반협동조합은 사업자협동조합이 전체의 75%를 차지하며, 사회적협동조합은 지역문제 해결 목적형이 전체의 40%를 차지하고 있다. 지역주민이 지역 내 인적·물적자원을 활용하여 수익창출 및 지역 환원을 통해 지역공동체 활성화를 꾀하는 마을기업은 총 1,446곳이 운영 중이며 총 1만 6,101명을 고용하고 있는데, 일반식품·전통식품 등 지역농산물 가공·판매 업종이 전체의 58.4%를 차지하고 있다. 기초수급자 및 차상위자가 사업주체가 되어 자활근로사업을 추진함으로써 취약계층의 탈수급 유도 및 사회안전망 강화를 꾀하는 자활기업 총 1,149곳이 운영 중이며, 총 7,629명이 자활기업 사업에 참여하고 있는데, 전국자활협회 5대 표준화 사업(청소소독, 집수리, 간병, 폐자원·음식물 재활용) 중 청소소독이 20.6%로 가장 높은 비중을 차지하고 있다(일자리위원회 관계부처 합동, 2017).

### 다. 지원정책 및 성과

정부는 개별 부처별·사회적경제 유형별로 사회적경제 확산을 위한 법 제정·기본계획 수립 등 직·간접 지원정책을 마련해 시행했다. 사회적경제 기업 인증 및 경영·재정지원 등의 법적 근거를 마련했고, 사회적경제 활성화를 위한 기본계획 등을 수립·시행 중이며, 인건비 지원 등 직접지원과 세제혜택(법인세·소득세 감면 등)·공공조달 시 우선구매 유도·정책자금 지원 등 간접지원을 병행하고 있다. 협동조합에 대해서는 자주·자립·자치와 같은 협동조합 기본원칙에 입각하여 간접지원 중심으로 운영하고 있다. 그리고 광역·지역별로 중간 지원기관을 설립·운영하여 창업지원·홍보·인력양성·사업모델 발굴 등의 다양한 지원정책을 추진 중이다(일자리위원회 관계부처 합동, 2017).

〈표 8-2〉 사회적경제 유형별 주요 지원정책

| 구분 | 직접 지원 | 간접 지원 | |
|---|---|---|---|
| | | 공통 | 개별 |
| 사회적기업 | 인건비, 사회보험료, 사업 개발비 | 판로지원, 교육 및 홍보, 컨설팅, 창업 및 운영 지원, 정책자금 융자 등 | 세제(법인세,소득세,부가세 감면, 기부금 인정 등) 모태펀드 운영 등 |
| 협동조합* | - | | - |
| 마을기업 | 사업비 | | - |
| 자활기업 | 인건비, 사업비, 창업자금, 컨설팅비용 | | 사업 및 시설자금 융자 |

자료: 일자리위원회 관계부처 합동. (2017). 사회적경제 활성화 방안.

2007년 사회적기업 육성법 제정 이후, 인증·지원제도를 통해 사회적기업의 양적 확대와 더불어 사회적·경제적 성과가 창출되었다. 지난 10년간 사회적기업 수는 30배 이상, 고용규모는 15배 이상 늘어났다. 총 고용인원 3만 8,146명 중 취약계층이 60% 이상(2만 3,399명)을 차지하고, 청년 사회적기업가 육성사업을 통해 청년의 창업 기회를 제공하는 등 장애인·고령자 등 취약계층과 청년에게 더 많은 일자리가 제공되었다. 매출규모 증가 등 경제적 성과도 확대되었다. 2007년에서 2015년까지 총매출액은 465억 원에서 1조 9,677억 원으로, 정부지원금 대비 매출액 비중은 277.8%에서 1461%로, 기관당 평균 매출액은 9억 1,110만 원에서 13억 4,800만 원으로 늘어났다. 2016년 말 기준, 사회적기업 3년 생존율은 91.8%로 일반기업 38.2%에 비해 매우 높은 수준(1년 생존율 98.9%, 3년 생존율 91.8%, 5년 생존율 80.6%)이며, 인건비 지원이 종료된 사회적기업의 3년 생존율도 75.4%로 높은 수준이다(이성룡, 2017).

한편, 협동조합기본법 시행 이후 4년 만에 약 12만 명의 시민들이 1,600여억 원을 출자하여 1만 개 이상의 협동조합을 설립한 것으로 추산된다. 자본주의적 시장경제에서 사회경제적 애로를 심하게 겪고 있는 자영자·소기업가·프리랜서·조기은퇴인·경력단절여성, 마을주민 등이 다양한 업종과 분야에서 다양한 유형의 협동조합을 설립하고 운영하기 시작했다. 시민들이 스스로 협동조합을 설립하고 운영하면서 자본주의적 기업방식 이외에 협동조합 비즈니스방식에 대한 노하우를 학습하기 시작함에 따라 서구 사회에서 지난 150년 동안 시민들의 자발적 협동조합운동을 통하여 세대 간에 전수되었던 시민사회의 역량 함양과정이 한국에서도 본격화되고 있다고 평가할 수 있다(장종익, 2017).

### 라. 서울시의 사례[84)]

한국에서 사회적경제가 가장 발달한 지역은 서울시이다. 서울시에서 사회적경제가 발달한 이유는 한국 최대 대도시라는 공간적 이점도 작용했지만, 서울시의 사회적경제 육성정책이 효과적으로 수행된 것에도 기인한다. 서울시는 민관협력의 제도화에 기초해 사회적경제의 생태계를 육성하는 데 정책적 초점을 맞췄는데, 이는 정부 부처가 위로부터 아래라는 일방적 관계 속에서 개별 사회적경제조직의 인증 및 재정지원에 초점을 맞춘 중앙정부의 육성정책과는 전혀 다른 접근법이다.

서울시가 추진한 사회적경제 민관협력 체제는 정부나 자치단체 사업 중 일부를 민간에 위탁하는 것과는 본질적으로 다르다. 민관협력체제는 '서울시 사회적경제 민관정책협의회'로 대표되는데, 이는 서울시 사회적경제 정책의 기본 방향·사업계획·예산 운영과 관련해 민관의 공동수립·공동집행·공동책임을 지향하는 거버넌스 구조이다. 사회적경제를 구성하는 각 부문(사회적기업, 협동조합, 마을공동체, 자활기업, 사회투자, 중간지원조직)의 대표성을 가지는 위원들이 참여하고 서울사회적경제네트워크가 협의회의 간사 역할을 수행한다.

---

84) 이 부분은 조달호, 이인재, 장종익, 박종현, 김혜원(2017)에 의존했다.

서울시 사회적경제의 중간지원조직인 사회적경제지원센터는 서울사회적경제네트워크에, 협동조합지원센터는 서울지역협동조합협의회에 위탁·운영하는 형태를 취했다. 이는 중앙정부가 정책집행의 하부기구를 지사무소나 정부 출연기관으로 운영하던 방식과 달리 계약에 의하여 높은 사명감과 전문성을 지닌 민간의 사회적경제조직에 일정기간 동안 위탁·운영한다는 점에서 혁신적이라고 할 수 있다. 그리고 자치구의 사회적경제 생태계 조성을 위하여 자치구 사회적경제 지원단 및 지원센터의 설립을 지원해 지역자원조사 및 의제 발굴, 사회적경제 주체 발굴 및 조직화, 민민, 민관 거버넌스 네트워킹 및 협업 강화를 촉발했다.

그리고 선구적인 자치구에서 대표적인 사회문제 해결을 위해 지역 내 자원 및 역량을 집중할 수 있도록 사회적경제특구 지원사업을 벌였고, 사회문제 해결을 위한 전략분야를 중심으로 혁신형 사업을 선정·지원했으며, 국공립 어린이집의 확충사업을 공동육아협동조합과 연계하고 서울시 노인요양원의 운영을 사회적협동조합 도우누리 등에 위탁하는 등 복지 파트너십을 시도했다. 또한 사회투자기금을 설치해 조성된 약 700억 원의 자금으로 지난 4년간 263개 기업을 대상으로 678억 원의 융자금을 지원했다.

## 마. 한계

첫째, 한국의 사회적경제는 사회문제에 능동적으로 대처하고 사회적 필요를 스스로 해결하기 위한 노력 속에서 출범했음에도 사회적경제조직들이 견고한 경제적 기반을 구축하지 못한 상황에서 복지확장 과정에 참여함에 따라 정부지원에 대한 의존성이 심화되었다. 정부가 사회적기업의 혼종적 성격을 인식하지 못한 가운데 성과기반 중심의 보조금 사업을 중심으로 제도화를 진행하면서 사회적경제조직들이 구사하는 자원혼합의 다양성이 크게 축소되었고, 그 결과 대부분의 사회적기업들은 시장경제에 자리 잡도록 강요되고, 극취약계층을 고용한 사회적기업들은 재분배경제에 갇히는 현상이 발생했다. 정부지원의 의존도가 높은 사회적경제 기업들은 다양한 이해당사자의 참여와 지역의 다양한 자원을 유입시키려는 노력을 소홀히 하고 정부의 수량적 성과목표에 치중하게 됨으로써 본연의 사회적 목적을 상실하고 사회적경제조직으로서의 정체성이 훼손될 위험이 크다.

둘째, 정부는 인증 및 재정지원 중심의 육성정책을 통해 단기간에 사회적경제 기업의 양적인 성장을 이끄는 데는 성공했으나, 사회적경제조직들의 질적 발전을 유도하지는 못했다. 이는 정부가 자율·연대·협력이라는 사회적경제 고유의 특성을 간과한 가운데 정책을 펼친 결과이다. 정부는 또한 사회적경제를 사회적·경제적 정책 수립 및 집행의 파트너가 아니라 정책집행의 수단으로만 취급했는데 그로 인해 정부와 사회적경제 부문 사이의 높은 수준의 협력이 전개되지 못했고, 사회적경제의 자생적 성장을 촉진하는 생태계 조성도 시도되지 않았다.

셋째, 사회적경제 조직에 대한 육성 및 지원이 보건복지부·고용노동부·행정자치부·기획재정부 등 각 부처마다 별도로 행해짐에 따라 유사·중복사업이 발생했다. 사회적경제 기업들도 사회적기업·협동조합·마을기업·자활기업 등 법적 유형 내부에만 묶인 채 불필요한 경쟁으로 내몰렸고, 자립이 힘겨운 신생 조직과 경영역량을 확보한 대규모 조직 사이의 사업협력 등 사회적 미션이나 업종에 따른 연대와 협력도 어렵게 되었다. 정부 주도에 의한 제도화 속에서 만들어진 중앙·광역·기초 단위의 지원조직은 행정의 전달체계 업무 기능만을 수행할 뿐 경영지원 기능을 제대로 담당하지 못함으로써 사회적경제 기업의 사업능력 제고에 도움을 주지 못했다.

넷째, 사회적경제는 좋은 일자리나 양질의 서비스 제공과 같은 유형의 경제적 가치 창출과 더불어 모든 계층에 신뢰와 네트워크의 사회적 자본 제공, 지역재생, 돈벌이나 수익성과는 다른 방식으로 경제적 삶과 사회적 삶을 조직하고 영위할 새로운 기회의 제공 등과 같은 사회적 가치도 창출한다. 그럼에도 지금까지의 사회적경제 육성정책은 취약계층의 일자리 창출에 주력함으로써 사회적경제를 특정 계층에만 적용되는 활동으로 축소시키고 협소하게 만드는 결과를 낳았다.

## 제4절 소결

고령화, 인구감소, 인공지능의 출현, 4차 산업혁명의 진행에 따라 일과 생활과 관련한 새로운 종류의 사회적 위험이 커질 가능성이 높다. 일자리가 소멸하고 노동과 일의 성격이 변화하는 상황에서 사회적경제는 기존의 노동분업 방식 및 사회경제적 질서를 바꾸고 다른 종류의 일과 사회적 만남의 공간을 제공하며 자족적 삶의 기반이 됨으로써 새로운 위험에 맞설 수 있는 수단이자 장소로서의 새로운 희망이 될 수도 있다. 사회적경제가 양질의 복지서비스와 좋은 일자리를 제공하며 지역사회의 충실한 터전으로서의 본연의 기능에 더해 새로운 사회적 위험에 대한 해법으로 기능할 수 있기 위해서도 사회적경제의 육성 및 지원에 대한 다음과 같은 정책적 쇄신이 요구된다.

첫째, '사회성'과 '경제성'의 강화에 초점을 맞춘 정책 지원이 필요하다. 사회적 목적 달성과 관련해서는 시민참여, 협치, 사회적 성과 및 외부효과 창출에 대한 보상 등의 방식이 필요하다. 지역 기반 강화·지역시민

참여 유도, 다양한 외부자원과의 연계를 강화해 사회적경제의 자립적 기반을 강화하고 지역의 사회적 자본 축적을 지향할 필요가 있다. 이를 위해서는 사회적기업의 혼성조직 성격을 강화하고, 같은 지역, 유사업종 사회적경제 사업체의 협력 및 연계를 유도하고 지원하며, 유급 임직원 이외에 자원활동가·자원봉사자의 참여를 유도할 필요가 있다. 특히 시니어의 사회적경제 참여 및 노조와의 협력이 중요하다. 경제성과 관련해서는 사업역량, 직무역량을 실제로 높일 수 있는 방향으로의 정책 개발이 필요하며, 규모화와 성공모델의 확산에 대해서도 적극적인 관심이 요구된다.

둘째, 사회적경제의 고유한 특성이 발휘될 수 있는 정책적 지원체계를 구축할 필요가 있다. 이를 위해서는 개별적 지원보다는 생태계 조성에 초점을 맞추는 것이 필요한데, 이때 사회적경제 생태계 조성의 핵심은 사회적경제를 구성하는 다양한 참여자들과 사회적경제조직들이 공동의 활동공간 속에서 경험을 공유하고 배우며 공동사업을 펼칠 수 있는 환경을 조성하는 것이다. 그리고 정부 보조금은 사회적 가치 창출 및 외부효과 창출에 대한 사회적 보상의 성격과 보다 많은 외부자원 유인의 마중물로 자리매김할 필요가 있다. 이를 위해서는 사회적경제조직이 창출하는 사회적 가치를 객관적으로 평가하고 측정할 수 있는 평가 및 측정 수단 개발 및 활용이 요구된다. 이때, 사회적경제에 관한 평가 및 측정은 효율성과 경쟁력이라는 시장의 기준에 더해 사회적 목적의 달성이라는 사회적 회계의 기준도 충분히 반영되어야 한다.

셋째, 사회적경제 사업체의 유형별 차별화된 정책적 지원의 필요성이 있다. 미션별, 조직유형별, 업종별 창출하는 사회적·공익적 가치의 정도가 다르고, 지속가능성에도 차이가 있다는 점에 주목해, 공익성이 높고 사회적 가치를 창출하지만 수혜층의 지불능력이 낮은 영역에 속하는 사회적경제 사업체에 대해서는 정부가 수혜층을 대신해 공익적 가치를 보상하고,

조합원들의 자발적 협력을 통해 높은 경제적 가치를 창출하고 시장에서 경쟁이 가능한 사회적경제 사업체 유형에 대해서는 정부의 직접적 지원 대신 공정한 시장경쟁의 제도적 기반을 제공하는 것이 바람직하다.

넷째, 사회적경제의 전반적인 활성화를 위한 정책제안을 제시할 필요가 있다. '사회적경제기본법' 제정 등을 통한 사회적경제 사업체의 사회적·경제적 가치에 대한 사회적 승인 및 사회적경제 사업체의 제도적 위상을 부여해야 하며, 사회적경제조직이 창출하고 있는 사회적·경제적 가치 및 유용성을 제고하고 지속가능성을 높이기 위해서는 사회적경제조직의 공공구매와 공유재산 등의 이용에 대한 우선적 지위를 부여하는 근거를 마련할 필요가 있다. 사회적경제 사업체의 안정적 사업을 위한 법·제도의 정비도 필요하다. 그리고 사회적기업에 관한 정의를 사회적 가치 창출 및 사회혁신을 사명으로 하는 기업으로 바꾸고, '사회적목적회사'와 같은 새로운 법인격을 신설할 필요성이 있다. 이를 통해 사회적기업의 설립이 자유롭게 허용됨과 동시에 이윤 배분 및 자산 처분이 법적으로 규제를 받게 되면, 사회적기업에 대한 신뢰가 제고됨으로써 윤리적 소비자와 사회적 투자자로부터의 자원 유입도 크게 늘어날 것이다. 장기적으로는 정부 지원의 필요성을 줄임으로써 자생적이고 건강한 사회적경제의 발전으로 이어질 것으로 기대된다. 협동조합들의 경우, 설립 주체 및 목적에 따라 비즈니스모델, 필요한 자원, 성공 요인, 정책적 요구사항 등이 서로 다르므로, 협동조합의 유형을 소상공인협동조합, 프리랜서 협동조합, 직원협동조합, 마을공동체 증진형 협동조합, 사회적협동조합 등으로 새롭게 구분하고, 협동조합 대상 지원체계도 이러한 유형에 근거해 차별적으로 설계·운영할 필요가 있다.

# 제 9 장 공유경제, 소유기반 경제하에서의 작은 실험

# 공유경제, 소유기반 경제하에서의 작은 실험

## 제1절 서론

최근 공유경제(Sharing Economy)가 빠르게 확산되면서,85) 복지나 환경 측면에서 새로운 대안으로 여겨지는 듯 보인다. 공유경제는 미사용 자원(이나 재화, 또는 서비스)을 소유자와 이용자 사이에서 '함께 나눠 쓰는' 것으로 정의될 수 있는바, 이러한 자원 공유가 확산되면 환경파괴 문제를 완화할 수 있을 뿐만 아니라 빈부격차나 불평등의 문제 또한 누그러뜨릴 수 있을 것으로 기대되기 때문이다(박건철, 이상돈, 2016, pp. 32-41). 게다가 많은 공유기업들이 2008~2010년에 설립86)되었다는 점에서, 오늘날 공유경제는 이미 사람들 사이에서 2008년 글로벌 금융위기에서 비롯된 경기침체나 저성장 국면에서 벗어나기 위한 돌파구로 수용되고 있다고 볼 수도 있다(Goudin, 2016, p. 12). 이는 곧 공유경제가 복지나 환경 측면의 대안에 그치지 않고, 새로운 성장동력이나 수익창출 기회로까지 여겨지고 있음을 시사한다.

물론 인간은 전통적으로 자원의 공유나 협력을 통해 공동체가 지속될 수 있는 기반을 마련해왔다는 점에서, 공유경제는 최근에 비로소 나타난 현상이라기보다 오히려 인류사회의 매우 오래된 문화이자 생활방식에 가깝다. 그렇지만 과거에는 공유가 주로 친족 공동체나 마을 공동체 내

85) 2014년 전 세계 공유경제 시장규모는 약 150억 달러이며, 2025년에는 그 규모가 3350억 달러에 이를 것으로 전망된다. 10여년 사이에 시장규모가 20배 정도 늘어나는 셈이다(PwC, 2014, p. 14).

86) The Economist. (2013, Mar 9). All eyes on the sharing economy.

부에서 나타났다면, 최근에는 이것이 서로 모르는 사람들 사이에서도 매우 빠른 속도로 확산되고 있다(우정호, 김민길, 김영직, 조민호, 2016, p. 651)는 점에서 차이를 보인다. 이러한 역사적 차이 혹은 특성은 무엇보다도 디지털 기술의 발전에 힘입은 바 크다. 디지털 기술의 발전으로 거래비용이 감소됨으로써 서로 모르는 사람들 사이에서조차 미사용 자원을 공동으로 이용할 가능성이 높아졌기 때문이다(Sundarajan, 2016, pp. 47-67). 유럽의회(European Parliament)가 공유경제에 대해 디지털 플랫폼(digital platforms)이나 포털(portals)을 이용해서 시장의 거래나 고용을 촉진함으로써 자산이 과소이용되는(under-utilised) 정도를 줄여 주는 것으로 정의(Goudin, 2016, p. 11)하는 이유 또한 마찬가지일 것이다. 이는 곧 공유경제 영역이 경제의 디지털화(또는 '4차산업혁명')에 힘입어 앞으로 더욱 더 빠르게 성장할 가능성이 높음을 시사한다.

심지어 리프킨은 경제의 디지털화를 '3차 산업혁명'[87]으로 정의하면서, 이러한 변화의 결과로 생산성이 높아지면 한계비용이 낮아지면서 점차 '0(零)'으로 수렴하게 될 것이므로 기업들이 공유경제가 번영할 수 있는 새로운 네트워크를 구축해서 이득을 확보하려고 노력할 것이라고 주장한다(Rifkin, 2016, pp. 8-10). 또한 그는 디지털 기술의 발전에 힘입어 네트워크 기술이 향상되고 공유경제의 가능성 또한 높아지면, 자원의 소유(property)보다 자원에 대한 접근(access)이 훨씬 더 중요해졌다는

87) 이에 반해, 다보스 포럼은 경제의 디지털화를 '4차 산업혁명'으로 정의한다. 이 포럼에 따르면, 3차 산업혁명이 전자정보기술(electronics and information technology)을 이용해서 생산을 자동화한 것이라면, 4차 산업혁명은 3차 산업혁명의 기반 위에서 디지털 혁명을 추가한 것으로서, 속도, 범위, 영향(velocity, scope, and systems impact) 면에서 3차 산업혁명과 차이가 있다(Schwab, 2016). 이에 반해 리프킨은 다보스 포럼의 '4차 산업혁명'이 3차 산업혁명의 본질인 디지털화(digitalization)를 통해 충분히 설명 가능하다고 반박한다(Rifkin, 2016).

의미에서, 디지털 경제의 핵심을 소유가 아닌 접근에서 찾기도 한다(Rifkin, 2000/2002). 스테파니도 이와 비슷하게, "공유경제의 가치는 사용빈도가 낮은 자산에 인터넷으로 접근할 수 있도록 하여, 공동체가 이러한 자산을 소유할 필요성을 감소시키는 데서 나온다"(Stephany, 2015, p. 33)고 주장한다. 이는 곧 공유경제가 지배하는 세계에서는 소유의 중요성이나 필요성이 줄어드는 대신 접근의 중요성이나 필요성이 높아지고 있음을 시사한다.

이와 같이 공유경제는 짧은 역사에도 불구하고 사회경제적·환경적 대안으로 제시되는 데서 그치지 않고, 소유 중심의 경제구조를 접근 중심의 경제구조로 탈바꿈시킬 만한 계기로까지 이해되는 듯 보인다. 때로는 공유경제가 소유기반 경제 아래서 경제문제를 해결하거나 완화하려는 시도에 머물지 않고, 소유기반 자체를 약화시키거나 허물 수 있는 움직임으로까지 해석되기도 한다.[88] 그렇지만 공유경제는, 역사가 짧아서 그런지 , 적어도 아직까지는 용어에서부터 그 의미에 이르기까지 상당한 차이를 안고 있다. '크라우드 기반 자본주의'(crowd-based capitalism)와 '공유경제'(sharing economy)를 혼용하는 경우가 있는가 하면(Sundarajan, 2016), 또한 '공유경제'라는 표현보다 '협력 경제'(collaborative economy; Owyang, 2013)나 그물망(mesh, 또는 mesh businesses; Gansky, 2010)이라는 표현을 즐겨 사용하는 경우도 있다. '공유경제' 대신에 '협력 소비'(Collaborative Consumption)라는 용어가 사용되거나(Botsman & Rogers, 2010), 임시 경제(gig economy), 동료 경제(peer economy), 임대 경제(renting economy), 주문 경제

88) 디지털 기술의 발달에 힘입어 이른바 P2P(peer-to-peer)라는 새로운 유형의 인간관계가 나타나면서 자본주의 시장경제에 상당히 큰 영향을 미치고 있으며, 최근에는 이 P2P가 자본주의를 넘어설 수 있는 대안인가에 대한 논의로까지 이어지고 있는 듯 보인다(Bauwens & Kostakis, 2017).

(on demand economy) 등의 용어가 사용되는 경우도 있으며(Sundarajan, 2016 pp. 27-28), 때로는 '협력적 공유사회'(Collaborative Commons; Rifkin, 2014/2014, pp. 33-48)라는 표현이 사용되기도 한다. 심지어 최근 한국에서는 포콜라레 운동(Focolare Movement)에 기반을 둔 공유경제(Economy of Communion)가 소개되기도 했다.[89]

이러한 용어상의 차이에도 불구하고, 마지막 사례(포콜라레 운동에 기반을 둔 공유경제)를 제외하면, 대부분의 용어들은 소유기반 아래서 '함께 나눠 쓰는' 공유의 가능성을 보여준다. 이것들은 대부분 디지털 기술을 이용해서 미사용되거나 과소이용되는(under-utilized) 자원을 함께 나눠 쓰는 것으로 분류될 수 있기 때문이다. 그렇지만 조금 더 깊게 들여다보면, 공유경제 내부에는 상당한 중요한 차이가 놓여 있다. 예를 들어, 오늘날 공유경제를 대표하는 기업으로 흔히 우버(Uber)와 에어비앤비(Airbnb)가 언급된다.[90] 그런데 공유경제에 대한 이론적 배경을 제공했다고 평가되는 벤클러(Y. Benkler)[91]는 이 두 기업의 경제활동을 공유경제로 볼 수 없다고 주장한다.[92] 벤클러에게 공유경제는 가격체계(price system)가 아닌 사회관계(social relations)와 공유의 윤리(ethic of

89) 골드의 2010년 저작(Gold, 2010)이 2012년에 『공유경제』라는 제목으로 번역·출간된 바 있다. 포콜라레 운동은 1943년 이탈리아에서 루빅(C. Lubich)이 주도한 가톨릭교회 영성운동이다. 포콜라레는 이탈리아어로 난로를 지칭하며, 포콜라레 운동은 분열과 갈등의 현실에 맞서 상호 사랑과 모든 이의 일치를 목적으로 운영된다(Gold, 2010/2012, pp. 64-69). 이와 관련해서 Bruni & Uelmen(2006)도 참조하라.

90) 공유경제, 10년 후 20배 성장(이성규, 2016, http://www.sciencetimes.co.kr/?news=%EA%B3%B5%EC%9C%A0%EA %B2%BD%EC%A0%9C-10%EB%85%84-%ED%9B%84-20%EB%B0%B0-%EC%84%B1%EC%9E%A5에서 2017. 7. 15. 인출).

91) 벤클러의 2004년 논문(Benkler, 2004)이 종종 공유경제에 대한 이론적 배경을 제공한 것으로 평가된다(손상영, 2015, p. 2).

92) 벤클러는 자신의 2006년 저작(Benkler, 2006) 한국어 번역본(최은창 역, 2015) 서문에서 우버나 에어비앤비 같은 온디맨드 경제(on demand economy)는 동료생산과 마찬가지로 디지털 기술의 발달에 따른 거래비용 절감 효과에 의존하고 있지만 핵심 추동력이 사회적 동기가 아니라 가격 신호에 바탕을 둔 수익추구에 있다는 점에서 공유경제로 볼 수 없다고 주장한다(Benkler, 2006/2015, pp. viii-ix).

sharing)를 기반으로 자원을 동원하고 배분하는 것인데(손상영, 2015, pp. 2-3), 우버나 에어비앤비와 같은 기업들은 자원 공유에 대해 주로 가격체계에 기반을 둔 새로운 성장동력이나 수익창출 기회라는 맥락에서 접근하고 있기 때문이다. 이러한 차이는 공유경제를 이해하거나 정의하는 방식 혹은 철학적 관점에서 비롯된 차이를 안고 있다는 점에서, 결코 간단한 사안이 아니다.

그런데도 공유경제 주창자들은 거의 대부분 자원의 공유를 통해 새로운 성장동력을 확보할 수 있을 뿐만 아니라 복지나 환경 측면에서도 대안을 마련할 수 있다고 주장한다. 복지나 분배 측면으로 범위를 좁힐 경우, 이들은 자원의 공유가 '소유기반 경제' 아래서 빈부격차나 불평등을 완화할 수 있는 새로운 대안이 될 수 있다고 주장한다. 자원의 공유가 환경 측면이나 새로운 수익창출 기회 측면에서는 대안이 될 수 있을지 몰라도, 과연 복지나 분배 측면에서도 대안으로 작용할 수 있을까? 그것도 '소유기반 경제'에서 자원의 공유가 빈부격차나 불평등을 완화하는 데 기여할 수 있을까? 이 글은 바로 이러한 문제의식에서 출발해서 공유경제가 새로운 복지제도의 가능성을 제공할 수 있는지, 제공할 수 있다면 그 이유는 무엇이며 제공할 수 없다면 그 이유는 무엇인지에 대해 살펴보려는 시도이다.

이 글에서는 특히 공유경제를 대표하는 두 견해, 즉 우버나 에어비앤비를 중심으로 영리활동 차원에서 공유경제에 접근하는 견해와 사회관계나 공유의 윤리 혹은 비영리 활동 차원에서 공유경제에 접근하는 벤클러의 견해를 복지의 대안이라는 맥락에서 비교하면서 각각의 가능성과 한계를 살펴보게 될 것이다. 종종 성장의 논리와 분배의 논리가, 영리 추구행위와 비영리 추구행위가 충돌한다는 점에서, 분배나 복지에 초점을 맞출 경우 공유경제를 성장이나 영리 차원에서 접근하는 견해와 비영리 차원에서 접근하는 견해 사이에는 결코 작지 않은 차이나 간극이 존재한다. 이러한 의미에서, 두 견해는 공유경제를 서로 다르게 이해하고 정의하는 데서 그치지 않고, 공유경제 내부에서 복지나 분배 문제에 접근하는 서로 상반된 관점을 보여주는 사례일 수 있다. 그렇다면 분배나 복지 측면에서 공유경제를 대표하는 두 견해를 비교하는 시도는 곧 소유기반 경제에서 자원의 공유를 통해 빈곤문제나 불평등 문제를 완화할 수 있다는 (공유경제 주창자들의) 판단 혹은 주장이 이론적으로나 현실적으로 어느 정도 타당성을 갖고 있는지에 대해 확인해 보는 또 다른 접근방법일 수 있을 것이다.

## 제2절 공유경제의 의미와 이론적·철학적 배경

일반적으로 '공유경제'는 1984년에 와이츠먼(M. Weitzman)[93]에 의해 경제 침체 극복 방안으로 처음 제시된 후 2008년 레시그(L. Lessig)에 의해 그 의미가 구체화되었다고 평가된다(박건철, 이상돈, 2016, p. 28).[94] 그러나 공유경제 활동이 실질적으로 활성화된 것은 2008년 글로벌 금융위기 이후이며, 일반 대중에게 공유경제를 대표하는 기업으로 알려진 우버(Uber)와 에어비앤비(Airbnb) 또한 각각 2009년과 2008년에 설립되

93) 공유경제는 일반적으로 'sharing economy'로 표현되지만, 와이츠먼은 'share economy'로 표현했으며(Weitzman, 1984), 그 의미 또한 오늘날의 '공유경제' 와 조금 다르다. 그는 공유경제를 이른바 '스태그플레이션'의 극복 대안으로서 제시했는데, 여기서 '공유'는 노동자의 보수체계를 기업의 성과지수에 맞추는 방식으로 변화시키는 의미라는 점에서(Weitzman, 1984, pp. 2-3), 기업의 수익 혹은 이윤을 나누는, 일종의 수익공유 개념에 가깝다.

94) 그렇지만 공유경제라는 용어가 오늘날과 비슷한 의미로 사용되기 시작한 것은, Mackay가 2002년 그의 논문 '지적재산과 인터넷: 공유의 공유'에서 리눅스를 공유 모델로 언급하면서부터라고 알려져 있다(박건철, 이상돈, 2016, p. 28).

었다. 이는 곧 공유경제가 2010년 무렵부터 현실적으로 중요한 의미를 지니는 영역으로 작동하기 시작했음을 시사한다. 일반 대중이나 연구자들 사이에서 공유경제에 대한 관심이 2010년 이후에야 비로소 활발하게 나타났다고 평가되는 이유도 이와 무관하지 않다(길현종, 2016, pp. 14-18).

그렇지만 아직까지 공유경제는 그 의미가 논자에 따라 조금씩 차이를 보인다. 공유경제를 지칭하는 용어가 다양하다는 사실 또한 이러한 차이와 무관하지 않다. 문제는 공유경제의 의미 차이가 단순히 개인적인 견해 차이에 국한된 현상이 아니라는 점이다. 공유경제에 관한 관심이 폭발적으로 증대되던 2010년 무렵부터 공유경제에 관한 논의는 대체로 우버나 에어비앤비와 같은 주문형 경제의 새로운 비즈니스 모델 중심으로 전개되었다(이다혜, 2017, p. 405). 벤클러가 주문형 경제에 대해 공유경제로 볼 수 없다고 평가했음을 감안한다면, 2010년 무렵부터 이러한 주문형 경제 중심으로 공유경제 논의가 진행된다는 사실은 곧 이때부터 공유경제를 이해하거나 정의하는 방식에 상당히 근본적인 변화가 나타났음을 시사한다. 공유경제의 의미를 처음으로 '구체화'했다고 평가되는 레시그의 공유경제 개념을 살펴보면, 2010년 이후의 변화가 얼마나 크고 근본적인 것인지 알 수 있을 것이다.

레시그는 2008년 저서(Lessig, 2008)를 통해 공유경제의 의미를 구체화했는데, 이 책에서 그는 상업경제(Commercial Economies)와 공유경제(Sharing Economies)를 구분한다. 상업경제에서는 돈이나 가격이 중요한 역할을 한다면, 공유경제는 화폐교환(monetary exchange) 밖에서 작동되며, 가격이 아니라 우정(friendships)과 같은 사회관계들의 집합(a set of social relations)에 의해 규제된다(Lessig, 2008, pp. 117-176).[95] 이러한 정의는 벤클러에게서도 확인된다. 벤클러는 2004

년 논문에서 상업경제(commercial economies)와 공유경제(sharing economies)를 구분하면서, 전자에서는 가격이 자원배분에 관한 정보와 유인의 주요 원천으로 기능하는 반면 후자에서는 비가격적인 사회관계(non-price-based social relations)가 중요한 역할을 담당한다고 설명한다(Benkler, 2004, p. 282). 레시그의 공유경제와 마찬가지로, 벤클러의 공유경제에서도 비시장적인 사회관계가 핵심적인 의미를 차지하는 셈이다(손상영, 2015, p. 6).

벤클러에게 공유는 상호성(reciprocity)이나 선물(gift)보다 적용범위가 넓고 좀 더 일반적인 개념이다. 그에 따르면, 상호성은 협동(cooperation)을 유지하는 조건으로서 다소 직접적으로 대응되는 상호 보상과 처벌(more or less directly responsive reciprocated reward and punishment)이 요구하며, 선물은 사물의 교환이나 순환을 통해 사회관계가 만들어지거나 유지되는 방식이다. 이러한 상호성이나 선물은 대체로 서로 잘 아는 사람들 사이에서 나타나지만, 공유는 서로 잘 아는 사람들 사이에서만 나타나지 않는다. 서로 모르는 익명의 관계에서도 공유가 나타날 수 있기 때문이다(Benkler, 2004, p. 275). 또한 그는 이러한 공유가 과거에는 자본주의 내부에서 주변적인 지위를 차지했지만, 최근에는 디지털 기술의 발달에 힘입어 공유가 새로운 경제모델로 부상하고 있다고 본다(Sundarajan, 2016, pp. 30-31). 디지털 기술의 발전으로 자원 공유에 수반되는 '거래비용'의 문제가 해결되거나 완화되었기 때문이다.[96]

---

95) 레시그는 2001년에 크리에이티 커먼스 재단(Creative Commons Foundation)이라는 비영리조직을 설립하고 2002년부터 크리에이티브 커먼스 라이선스(Creative Common s License, CCL)라는 새로운 저작권을 만들어 보급하기 시작했다. 카피 레프트(copy l eft) 운동과 달리, CCL은 저작권 혹은 지식에 관련된 사유 재산권의 역할을 부정하지 않으면서도 저작권의 권리를 부분적으로만 인정하는 것이다. 현재 CCL을 따르는 대표적인 사례로 위키피디아가 있다(Wikipedia, "Creative Commons", https://en.wikipedia.org/wiki/Creative_Commons#cite_note-3에서 2017. 8. 20. 인출).

96) 벤클러에 따르면, 공유가능 재화(shareable goods)는 초과능력(excess capacity)을 갖

벤클러에 따르면, 디지털 기술의 발전에 힘입어 경제영역이 산업정보경제(industrial information economy)에서 네트워크 정보경제(networked information economy)로 전환되었다. 전자에서는 소유전략(proprietary strategies)이 중요한 의미를 지닌다면, 후자에서는 분산된 형태의 비시장 메커니즘으로 이루어진 새로운 협력적·동조적 행위(cooperative and coordinate action)가 주요 특징으로 나타난다. 또한 전자에서는 정보·지식·문화를 확보하기 위해서는 높은 자본비용이 반드시 필요했지만, 후자에서는 정보와 문화의 소통이 철저하게 탈집중화된(decentralized) 방식으로 이루어지며 비용부담 또한 사회에 폭넓게 분산된다. 후자, 즉 네트워크 정보경제는 새롭게 등장하는 협력과 공유의 양식(emergent patterns of cooperation and sharing)에 뿌리를 두고 있을 뿐만 아니라 동조적 공존(coordinate coexistence)의 양식에도 뿌리를 두고 있기 때문이다(Benkler, 2006/2015, pp. 3-7, 32-34).

벤클러는 네트워크 정보경제의 등장으로 생산을 조직화하는 양식(modality)에도 변화가 나타났다고 설명하면서, 그 사례로 자유·오픈 소스 소프트웨어(free and open-source software)의 등장을 꼽는다. 그가 보기에, 전통적으로 경제학은 거래비용에 비추어 기업조직의 장점이나 가치를 설명했다. 여기서 기업은 사람들이 시장에서 개별적으로 자원을 배분하는 과정에서 발생하는 비용, 즉 거래비용을 기업의 관리조직을 통해 최소화시킬 때 본질적 가치를 갖게 되는데, 그는 바로 이러한 설명방식이 자유·오픈소스 소프트웨어의 등장으로 재검토되기 시작했다고 본다. 자원이 공유되는 상황에서는, 거래비용의 문제가 의사결정 과정에서 더 이상 중요한 변수가 될 수 없기 때문이다. 자유·오픈 소스 소프트웨어

고 있으면서 이 능력을 활용하는데 2차 시장(secondary markets)를 활용하기보다 공유관계(sharing relations)를 활용할 때 거래비용을 더 절감할 수 있는 재화를 지칭한다(Benkler, 2004, pp. 276-277).

생산조직은 시장 신호나 기업 관리직의 통제(managerial commands)에 따라 움직이지 않으며, 프로그래머들이 금전적 보상을 받기 위해 참가하는 것도 아니다. 이 조직은 근본적으로 탈집중화되어 있고, 서로 협력하면서도 어느 누구도 배타적 사유권을 행사하지 않으며(non-proprietary), 자원 공유에 기초하면서 서로 협력하는 느슨하게 연결된 개인들을 기반으로 한다. 그는 이러한 생산양식을 '공유재 기반 동료생산'(commons-based peer production)으로 명명한다.[97] 여기서 공유재(commons)는 자원에 대한 접근, 사용, 통제 권한을 구조화하는 제도적 형태를 지칭하는 것으로서, 재산권(property)에 반대되는 개념이다. 이러한 공유재의 두드러진 특징은 어떤 개인도 배타적인 처분 권한을 가질 수 없다는 점이다(Benkler, 2006/2015, pp. 59-61).

벤클러는 공유재 기반 동료생산의 핵심 특징(core characteristics)으로 탈집중화(decentralization)와 함께 사회적 동기를 꼽는다. 전자가 행위자들이 기업의 관리자나 관료와 같은 그 어떤 중앙 조직자(a central organizer)의 영향 아래서 행동하기보다는 독자적으로 행동하는 것이라면, 후자는 개인들의 행위동기가 가격(prices)이나 통제(commands)에 있는 것이 아니라 사회적 동기에 있음을 의미한다. 또한 그는 공유재 기반 동료생산이 다음과 같은 3가지 구조적 속성(structural attributes)을 갖고 있다고 본다. 동료생산이 가능한 대상(the potential objects of peer production)은 모듈화(modularity)되어야 하고, 모듈 단위(the granularity of the modules)가 동료생산을 효과적으로 수행하기에 적절한 규모여야 하며, 모듈화된 작업들의 통합비용(integration)이 낮아

97) 동료생산(peer production)은 자발적으로 조직된 공동체(self-organizing communities of individuals)에 기반해서 재화나 서비스가 생산되는 방식으로, 이 공동체에서 사람들은 공유하는 결과(a shared outcome)를 얻기 위해 서로 협력한다. 자유 소프트웨어나 오픈소스 소프트웨어 운동이 대표적인 사례이다(Wikipedia, "Peer production", https://en.wikipedia.org/wiki/Peer_production에서 2017. 8. 20. 인출).

야 한다는 점이 그것이다(Benkler & Nissenbaum, 2006, pp. 400-402).[98]

벤클러는 이러한 공유경제가 상업경제보다 효율적일 수 있다고 본다. 아니 그에게 공유재 기반 행위의 효율성은 사회적 공유가 경제적 생산의 양식 가운데 하나로 인정받기 위한 최소 조건이다. 산업정보경제 시대에는 재화, 서비스, 자원의 공급을 위해 대규모의 집중적 자본투자가 필수적이지만, 오늘날 기술환경을 고려하면 오히려 공유가 더 나은 결과를 가져올 수 있다. 물질적 자본의 공급이 필요한 경우에 국가, 시장, 산업계를 규제하는 국가-시장 복합체를 통해서 얻기보다 공유에 의해 해결하는 방식이 앞으로 더 효율적일 수 있기 때문이다. 그러나 어느 수준까지 공유가 가능할 것인가는 테크놀로지만으로 결정되지 않는다. 테크놀로지는 공유에 의한 생산양식이 지배적 경제적 생산양식으로 자리 잡기 위해 필요한 최소한의 조건을 결정할 뿐이며, 공유적 생산양식이 실제로 사회에서 실행되는 수준은 해당 사회의 문화에 의해 좌우된다. 공유경제에 대한 평가가 문화권마다 다르게 나타나는 이유는 바로 여기에 있다(Benkler 2006/2015, pp. 119-122).[99]

벤클러에 따르면, 이러한 사회적 생산이나 동료생산이 확대된다고 해서 반드시 시장기반 생산이 몰락하는 것은 아니다. 공유재 기반 동료생산

98) 모듈화는 동료생산의 핵심적 특징으로, 프로젝트 작업이 얼마나 소규모 구성부분들로 잘게 나눠질 수 있는가를 보여준다. 그래뉼래리티(Granularity)는 모듈의 단위로서, 이는 개인이 각 모듈을 생산하기 위해서 투자해야 하는 시간과 노력의 단위를 의미한다(Benkler, 2006/2015, pp. 99-104). "동료생산이 비교적 큰 규모의 사람들을 끌어 모아서 성공적으로 수행되기 위해서는 모듈의 단위가 대체로 미세한 크기로 나뉘어(fine-grained, or small in size) 있어야 한다"(Benkler & Nissenbaum, 2006, p. 401).

99) 벤클러는 동료생산에 사람들이 참여하는 이유에 대해 설명하면서 돈으로 대체되지도, 누적되지도 않는 사회심리적 행위동기가 존재한다고 주장한다. 그에 따르면, 금전적 동기와 사회지향적 동기는 서로 결합할 수도 있지만 때로는 충돌할 수도 있으며, 금전과 사회심리적 보상 간의 상대적 관계(relative relationships)는 문화와 맥락(culture and context)에 따라 결정된다(Benkler, 2006/2015, pp. 91-99).

은 정보재를 생산하는 현재의 기술체계의 새로운 경쟁자로 작용할 수 있다. 정보재 생산시장에 이른바 사회적으로 생산된 정보재라는 새로운 대체재를 제공하는 것이기 때문이다. 게다가 사회적 생산의 확산은 이용자 기호의 변화를 동반한다. 산업정보경제에서는 생산이 영화나 음악과 같이 수동적으로 소비하는 완제품, TV처럼 공장에서 이미 용도가 정해진 가전제품 등에 초점이 맞춰져 있었지만, 네트워크 정보경제에서는 적극적이고 활동적인 이용자들의 요구를 파악하는 것이 중요하다. 네트워크에 기반을 둔 동료생산은 수동적 차원에만 머물던 소비자들을 훨씬 더 적극적 이용자로 탈바꿈시키고 있기 때문이다(Benkler, 2006/2015, pp. 122-127).

이상의 논의에 비추어 볼 때, 레시그와 벤클러는 시장을 통해 영리나 수익을 추구하는 상업경제와 사회적 동기에 따라 운영되는 비시장 기반의 공유경제를 구분한 후 후자의 가능성이나 필요성을 강조하면서도 전자의 필요성 자체를 부정하지는 않는다. 어떤 의미에서, 레시그나 벤클러와 같은 초창기 공유경제 연구자들은 공유경제의 중요성이나 그 현실적 가능성을 모색함과 동시에 이것이 시장 기반의 상업경제와 양립 가능한 방안까지 탐구했다고 볼 수 있다. 벤클러의 공유경제 개념에 대해 '진보적 자유주의자의 견해'(progressive liberal interpretatiom)를 보여주는 사례로서, 자본주의의 대안이 아니라 자본주의를 개선하기 위한 조건(imporving conditions for capitalism)에 해당된다고 평가(Lund, 2017, p. 102)되는 이유도 이와 무관하지 않을 것이다. 벤클러의 공유경제는 자본주의와 공존가능한 모델인 셈이다.[100)]

100) 이러한 의미에서, 벤클러의 공유경제는 리프킨의 공유경제와 차이를 보인다. 리프킨은 공유경제를 '협력적 공유사회'(Collaborative Commons)로 정의하면서, 이것을 자본주의 사회의 대안으로 제시한다(Rifkin, 2014/2014, pp. 33-48). 무엇보다도 여기에는 '3차 산업혁명'의 영향으로 한계비용이 지속적으로 하락함으로써 궁극적으로 한계비용이 0이 되는 상황에 도달할 것이며, 이 상황에서는 자본주의가 더 이상 작동될 수

벤클러는 바로 이러한 관점에서 우버(Uber)나 에어비앤비(AirBnB)와 같은 '주문형 경제'(on demand econony)에 대해 공유경제가 아니라고 평가하는 듯 보인다. 그가 보기에, 이러한 기업들은 외형상으로 '자원 공유'라는 모습을 보이지만, 경영 목표가 사회적 동기에 있지 않고 영리와 수익에 있다. 이는 곧 주문형 경제가 공유경제를 자본주의 시장경제 맥락에서 바라보고 있으며, 그래서 시장의 위험이 피고용인에게 고스란히 전가될 수 있는 구조를 갖고 있음을 시사한다. 그는 주문형 경제가 이러한 문제에서 벗어나기 위해서는 상호조합(mutual association)으로 전환해서 경제적 이익과 가치의 부담을 공유하는 방법을 모색할 필요가 있다고 주장한다(Benkler, 2006/2015, pp. x-xi). 이러한 의미에서 본다면, 우버나 에어비앤비에 대한 벤클러의 비판은 그 초점이 수익 추구 행위 자체에 있다기보다는 오히려 자원의 공유를 표방하면서도 수익이나 영리를 추구하는 데 있다고 할 수 있다.

우버나 에어비앤비처럼 자본주의 시장경제 맥락에서 공유경제를 이해할 경우, 자본주의 시장경제와 공유경제의 본질적인 차이는 간과되며, 공유경제는 또 다른 수익창출 기회로 이해될 수밖에 없다. 이러한 의미에서, 스테파니의 견해는 흥미롭다. 그는 자원의 공유를 통해 천연자원 소비를 줄이고 전 세계를 금융위기로 몰고 간 물질주의 탐욕에서도 벗어날 수 있으며, 그래서 "공유경제가 사회적·환경적·경제적 구원과 다르지 않다"(Stephany, 2015, p. 25)고 말한다. 그러면서도 그는 공유경제를 자본주의의 대안이 아닌 '정제된 자본주의'로 정의하면서, 이러한 공유경제가 부상한 원인에 대해 예전에 시장의 영향을 받지 않았던 사회생활 영역에서 새로운 이익 창출 기회를 찾아내야 한다는 자본주의의 요구 때문이라고 설명한다(Stephany, 2015, pp. 40-42).[101] 이러한 설명방식에서,

---

없다는 리프킨의 판단이 놓여 있다(Rifkin, 2014/2014, pp. 9-21).

공유경제는 자본주의 시장경제와 다른 영역이 아니라, 자본주의 시장경제를 (조금 더 세련되고 정제된 방식으로) 더욱 확장해주는 요인이 된다.

이러한 견해는 차량 공유기업(car-sharing company)인 집카(Zipcar)의 공동 창업주 중 하나인 체이스(R. Chase)[102]에게서도 그대로 확인된다. 그는 공유경제를 협력경제[103]로 정의하고 이것을 산업경제와 구분한다. 그가 보기에, 전자에서는 소유가 중요했다면 후자에서는 공유가 중요하며, 전자와 달리 후자에서는 성장을 위해 생산을 늘리고 물리적인 제품을 소비할 필요가 없다. 그는 사람들이 이러한 공유를 통해 삶과 환경이 모두 개선될 수 있다고 주장한다(Chase, 2015/2016, pp. 333-344).[104] 그렇지만 그에게 '공유경제'는 '산업경제'와 다른 방식으로 수익창출 기회를 제공하는 것일 수 있다. 이러한 맥락에서 "공유경제는 좀 더 낮은 비용으로 이윤을 산출하려는 개인들에 의해 창조된 현상"(Olson & Kemp, 2015, p. 1)으로 정의될 수 있을 뿐이다. 여기서 공유경제는 자본주의 시장경제의 영리활동과 무관한 영역이 아니라, 산업경제와는 다른 방식으로 시장의 가격 메커니즘을 이용해서 수익을 창출할 기회로 이해된다.

물론 공유경제 논의가 대부분 수익창출 맥락에서 진행 된 배경에는 최근 공유경제의 시장규모가 급속도로 확대되고 있다는 사실이 놓여 있을 것이다. 아울러 공유경제 연구자들 내부에서도 자신들의 논의가 지나치

---

101) 순다라얀에 따르면, 스테파니는 공유경제를 소비자에게 직접 재화나 서비스를 제공하는 공유기업(Zipcar, Rent the Runway 등)까지 포함하는 의미로 정의한다(Sundarajan, 2016, pp. 29-30).

102) Zipcar는 2000년에 다니엘슨(Antje Danielson)과 체이스가 창업하였다(Wikipedia, "Zipcar", https://en.wikipedia.org/wiki/Zipcar에서 2017. 8. 20. 인출).

103) 오와이양에 따르면, '협력 경제'는 소유권(ownership)과 접근(access)이 기업들과 사람들 사이에서 공유되는(shared) 경제모델을 지칭한다(Owyang, 2013, p. 4).

104) 로빈 체이스는 잉여 역량, 참여 플랫폼, 다양한 피어(peer)를 결합한 조직체계를 피어스 주식회사(Peers Inc)로 정의한다. 그리고 그는 이 주식회사가 산업경제에서 협력경제로의 전환을 추구한다고 설명한다(Chase, 2015/2016, pp. 10-12).

게 수익창출 측면에 집중되어 있다는 사실이 부정되지도 않는다. 그래서 순다라얀(A. Sundarajan)이 공유경제, 또는 크라우드 기반 자본주의(crowd-based capitalism)의 특징을 큰 시장 기반(Largely market-based), 자본의 높은 영향력(High-impact capital), 중앙집중화된 제도나 위계제가 아니라 크라우드 기반 네트워크(Crowd-based networks), 개인과 전문가 사이의 모호한 경계(Blurring Lines between the personal and professional), 완전 고용(fully employed)과 임시노동(casual labor) 사이의 모호한 경계(Blurring Lines) 등 5가지로 요약한다(Sundarajan, 2016, pp. 26-27). 그러면서 그는 공유경제 개념에 대해 아직까지 합의된 것은 없으며, 자신의 공유경제 정의에 대해 상업적 교환영역에 치우쳐 있다는 비판이 제기될 수 있음을 인정한다(Sundarajan, 2016, p. 27). 아울러 그는 자신의 공유경제 관점이 보츠만(R. Botsman)과 갠스키(L. Gansky)의 견해에서 크게 영향을 받은 것임을 인정한다는 점에서(Sundarajan, 2016, p. 29), 보츠만의 '협력소비'(collaborative consumption) 개념이나 갠스키의 그물망(mesh) 개념 또한 공유경제를 새로운 수익창출 기회라는 맥락에서 이해하고 있다고 볼 수 있다.[105)]

이와 같이 오늘날 공유경제는 개념 정의에서부터 서로 상반된 관점이나 견해가 공존하는 상황이다. 공유경제를 자본주의 시장경제에 바탕을 둔 또 다른 수익창출 기회로 볼 것인가? 아니면 자본주의 시장경제와 구분되는 또 다른 비영리 영역의 문제로 볼 것인가? 이러한 차이는 단순히

---

105) 원래 '협력소비'는 1970년대 후반 미국에서 등장한 용어이다. 당시 이 말은 쓰지 않는 재화를 버리지 않고 서로 나누어 사용해서 지속가능한 성장을 지향한다는 맥락에서 사용되었으며(이다혜, 2017, p. 405). 오늘날에는 이 말이 디지털 기술을 통해 유휴자원을 공유하는, '공유된 접근'(shared access)이라는 의미로 사용된다. 갠스키의 그물망 개념은 디지털 기술을 이용해서 구축된 네트워크를 구축하고 이것을 이용하는 공유가능성(shareability)의 의미로 정의된다(Sundarajan, 2016, pp. 28-29; Botsman, 2013).

공유경제를 바라보는 관점의 차이에 그치지 않는다. 공유경제를 영리나 수익 차원에서 이해할 경우, 벤클러의 공유경제는 시장경제에서 새롭게 형성되는 수익창출 기회를 보지 못하는 한계를 안고 있는 것일 수 있다. 그러나 벤클러의 견해가 타당하다면, 디지털 기술이 발달된 상황에서는 서로 독립적인 개인들이 어느 누구의 통제나 지시도 받지 않은 채 느슨한 협력 관계를 구축하는 것이 오히려 효율적일 수 있다. 우버와 에어비앤비처럼 공유경제를 시장경제의 새로운 수익창출 기회로 모색할 경우, 여기에 참가하는 개인이나 기업은 끊임없는 시장경쟁에 직면할 수밖에 없으며, 그래서 서로 자율성이나 독립성을 지켜가면서 느슨한 협력관계를 구축하기 어렵다. 이는 곧 수익창출 기회 맥락에서 접근하는 공유경제가 벤클러의 공유경제 개념에 부합되지 않을 뿐만 아니라 그가 정의하는 공유경제의 효율성 기준에도 부합되지 않는 것일 수 있음을 시사한다(손상영, 김사혁, 2015, pp. 47-50).

이와 같이 공유경제를 대표하는 두 견해는 현실에서 서로 다른 유형의 공유경제로 나타날 것이다. 과연 어느 유형의 공유경제가 분배나 복지 측면에서 유의미한 시사점을 제공할 수 있을 것인가? 양자 모두 제공할 수 있을 것인가, 아니면 그중 하나만 제공할 수 있을 것인가? 그 이유는 무엇인가? 이러한 의문을 해소하기 위해서는, 무엇보다도 먼저 실제로 작동되는 공유경제 사례부터 살펴볼 필요가 있을 것이다.

## 제3절 공유경제의 실제 운용사례와 주요 특징

### 1. 공유경제의 유형

공유경제의 실제 운용사례는 매우 다양하며. 그 분류기준 또한 그러하다. 그렇지만 대부분의 사례에서 공유경제는 사유재산제도를 부정하지 않으면서도 미사용(또는 과소이용)되는 자원을 서로 다른 사람들이 함께 나눠 쓰는 것, 즉 소유기반 경제에서 충분히 이용되지 않는 자원의 공유를 시도하는 것으로 정의될 수 있다. 이렇게 볼 경우, 공유경제 유형은 크게 공유활동을 매개하는 디지털 플랫폼의 성격이나 운영 주체, 공유활동에 참여하는 주체, 공유되는 자원의 종류나 그 범위에 따라 구분될 수 있다(박건철, 이상돈, 2016, pp. 24-25).

공유경제는 디지털 플랫폼(이나 포털)을 매개로 해서 작동된다는 점에서, 이 플랫폼의 성격이나 운영 주체는 공유경제의 유형을 판가름하는 데 중요한 요인일 수밖에 없다. 이와 관련해서 이 플랫폼의 성격이 영리나 수익을 추구하는 것인지 아닌지, 운영 주체가 정부인지 아닌지가 주로 문제가 된다. 운영 주체가 정부가 아닌 경우, 그 주체는 영리조직이거나 비영리조직일 것이다. 일반적으로 디지털 플랫폼의 운영 주체가 정부나 비영리조직인 경우 이 플랫폼의 성격은 영리조직이 운영하는 경우와 달리 사회적 동기와 같은 비영리적 목적을 추구하는 것이 된다.106) 이미 언급했듯이, 벤클러는 공유재 기반 동료생산의 특성으로 사회적 동기와 탈집중화를 제시하는데, 여기서 후자는 '행위자들이 기업의 관리자나 관료와 같은 그 어떤 중앙 조직자의 영향 아래서 행동하기보다는 독자적으로 행동하는 것'을 지칭한다. 이는 곧 벤클러가 공유재 기반 동료생산이라는 공유경제의 의미를 자본주의 시장경제만이 아니라 정부의 관리나 통제에서도 벗어난, 즉 시장도 정부도 아닌 제3의 대안이라는 맥락에서 정의하고 있음을 시사한다.

106) 우리나라의 경우, 공유경제에 관한 정책 논의가 대체로 중앙정부보다 지방자치단체를 중심으로 이루어지고 있다. 예를 들어, 서울시는 이미 2012년 9월에 도시의 경제적, 사회적, 환경적 문제들을 '공유'하기 위한 방안으로 '공유도시(Sharing City) 서울'을 표방한 바 있다(길현종, 2016, pp. 32-33).

공유활동에 참가하는 주체의 경우 공유 자원의 제공자와 이용자의 관계를 중심으로 정의되며, 일반적으로 개인과 개인의 관계(P2P)와 기업과 개인의 관계(B2P)로 구분될 수 있다. 전자가 개인 간에 재화나 서비스를 이용하는 것이라면, 후자는 자원을 소유한 기업 등이 단기 임대 형식으로 대여해주는 방식이다. 우버나 에어비앤비가 전자를 대표한다면, 집카(Zipcar)가 후자를 대표한다(Schor, 2014; Stephany, 2015, pp. 37-38).

공유되는 자원의 종류나 그 범위에 관해서는, 크게 유형의 상품을 제공하는 경우와 무형의 서비스를 제공하는 경우로 구분될 수 있다. 전자와 후자는 각각 '상품제공형 공유경제'와 '서비스 제공형 공유경제'로 정의될 수 있다. 에어비앤비가 상품공유형 공유경제를 대표한다면, 우버는 서비스제공형 공유경제를 대표한다(박제성, 박은정, 2016, pp. 152-155). 벤클러가 강조하는 '공유재 기반 동료생산'은 P2P에 속하며, 상품이나 서비스 모두 제공할 수 있다는 점에서 상품제공형 공유경제와 서비스경제형 공유경제가 모두 가능한 경우로 볼 수 있다.

공유경제에 관한 견해 차이를 고려할 경우, 이상의 분류 기준에서 가장 중요한 것은 '디지털 플랫폼의 성격이나 운영 주체'가 될 것이다. 우버나 에어비앤비로 대표되는 공유기업이 자본주의 시장경제를 기반으로 자원을 공유하면서 영리나 수익을 추구하는 것이라면, 벤클러의 '공유재 기반 동료생산'은 사회적 동기에 따라 자원을 공유하면서 자본주의 시장경제만이 아니라 정부의 관리나 통제에서도 벗어난, 즉 시장도 정부도 아닌 제 3의 경제영역을 추구하는 것으로 정의될 수 있다. 정부나 지방자치단체가 운영하는 공유경제의 경우, 비영리를 지향한다는 점에서는 벤클러의 공유경제와 동일하지만, 정부나 지방자치단체의 관리나 통제를 전제한다는 점에서는 벤클러의 공유경제와 다르다.

〈표 9-1〉 공유경제 유형

| 구분 | | 디지털 플랫폼 운영 주체 | |
|---|---|---|---|
| | | 민간 | 정부 |
| 디지털 플랫폼의 성격 | 비영리 | 자유 소프트웨어<br>(오픈소스 소프트웨어),<br>공유재 기반 동료생산 | 연대냉장고(스페인),<br>한지붕 세대공감사업(서울시) |
| | 영리 | 우버, 에어비앤비, 집카 등 | - |

## 2. 유형별 공유경제 운영사례와 주요 특징

### 가. 영리추구형 공유경제[107)]

이 유형을 대표하는 사례는 우버나 에어비앤비이다. 먼저 우버부터 살펴보자. 우버는 차량공유 기업이며, 차량공유는 일반적으로 공유 성격에 따라 카헤일링(car-hailing)과 카셰어링(car-sharing)으로 구분된다. 전자는 이동 서비스를 공유하는 것으로서 이동을 원하는 소비자와 이동 서비스(차량과 기사)를 제공하는 사업자를 연결해 주는 방식으로 운영되며, 후자는 차를 단기 임대해 주는 방식으로 운영된다. 전자는 라이드 헤일링(ride hailing)으로도 불리기도 하며, 주로 P2P 형태로 운영되고 우버가 대표적이다. 반면 후자는 주로 B2P 형태로 운영되며, 집카가 대표적이다.

우버는 캘러닉(T. Kalanick)에 의해 2009년 3월에 창립되었으며, 이후 벤처 투자자의 지속적인 투자를 바탕으로 해외 영업망을 확장했다.[108)] 우버는 처음부터 다양한 지원방법을 이용해서 가급적 많은 사람

107) 이 소절은 민성희, 박정은(2016, pp. 30-38)에 기초하고 있다.

108) 2017년 5월 현재 미국의 라이드 헤일링 시장(ride hailing market)에서 우버의 점유율은 77%를 차지하고 있으며, 2017년 초에는 동 점유율이 84%를 차지하기도 했다(wikipedia, “Uber”, https://en.wikipedia.org/wiki/Uber_(company에서 2017. 8. 3. 인출).

들이 시장에 참여하도록 유도했으며 고객집단에 따른 다양한 서비스를 제공하기도 했다(예를 들면, Uber Black, Uber X, Uber Taxi, Uber SUV, Uber ASSIST 등).[109] 또한 지역에 따라 다양한 이동수단[110]을 제공했으며, 이동서비스에 배송 역량을 접목하는 서비스를 제공하기도 했다.[111]

우버는 우버 앱(Uber app software)을 통해 승객과 차량(기사 포함)을 연결해주는 플랫폼 서비스를 제공하며, 그 대가로 수수료를 받는다. 이용 요금은 우버 앱을 통해 자동으로 결제되며, 수수료(charges)는 결제금액의 20~25% 범위에서 탄력적으로 결정된다. 우버는 사업 초기에 모든 차량에 대해 20%의 동등한 수수료를 부과했지만, 이후 수급상황을 고려해서 지역별로 수수료를 탄력적으로 부과하는 방침으로 전환했다. 그 결과, 새롭게 진출한 도시에서는 운전자 수요를 빠르게 늘리기 위해 수수료를 20% 아래로 책정했지만, 자리가 잡힌 도시에서는 수수료를 25% 수준으로 인상하는 방식으로 운영한다.[112] 우버의 요금체계 또한 국가, 도시 및 공휴일 등 서비스 수급상황에 따라 탄력적으로 운용하는데, 이는 주로 수요가 많을 경우 요금을 높게 받는 방식이다. 이용 후기(peer-review)를 이용해서 상호평가 시스템을 구축하는 방식으로 신뢰도를 높이기 위해 노력한다. 〔그림 9-1〕은 우버의 차량공유 사업의 프로세스를 보여준다. 우버의 차량공유사업은 기존 시장과 마찰을 일으키면서 불법화되기도 했지만, 이용자 급증으로 우호적 환경이 조성되면서 현재 대부분

109) Uber Black은 고급 리무진, Uber X는 일반 자가용, Uber Taxi는 택시, Uber SUV는 SUV 차량을 제공하는 서비스, Uber ASSIST는 교통 약자들을 위한 서비스를 각각 지칭한다.

110) 예를 들어, 방콕과 베트남에서는 Uber Moto(오토바이)를 제공하고, 터키에서는 Uber Boat(수상택시)를 제공했다.

111) 음식배달 서비스를 결합한 Uber Eats, 배송 서비스를 결합한 Uber RUSH 등이 대표적이다.

112) 2015년 4월부터는 미국 일부 지역(샌프란시스코, 샌디에이고)에서 수수료를 20~25%에서 30%로 인상시켰다(주명호, 2015).

국가에서 이용 가능한 상태이다.113) 국내에서는 택시업계와의 마찰 등으로 Uber X 서비스가 현재 불법판정을 받은 상태이다.

[그림 9-1] 우버의 차량공유 프로세스

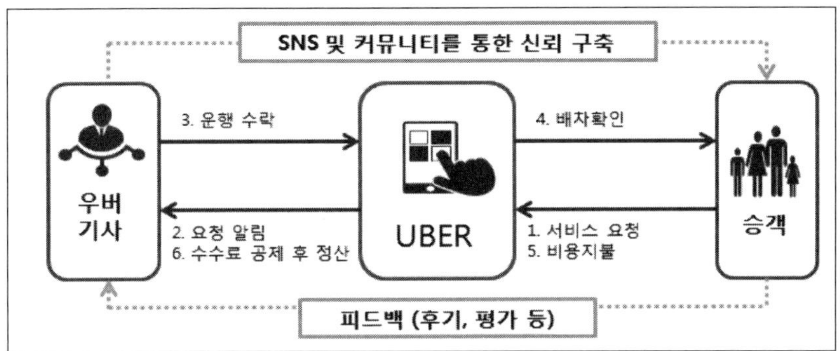


자료: 민성희, 박정은. (2016). 공유경제 비즈니스 사례 분석 및 시사점. p. 31.

한편, 에어비앤비는 숙박공유 기업이다. 숙박공유는 유휴공간을 여행객에게 숙박공간으로 제공하는 것으로서, 사업의 형태에 따라 개인의 숙박공유와 휴가용 주택임대(vacation rental)로 구분된다. 전자가 주로 P2P 형태로 운영된다면, 후자는 주로 B2P 형태로 운영된다. 에어비앤비가 전자를 대표한다면, 홈어웨이(HomeAway)114)가 후자를 대표한다고 볼 수 있다.

에어비앤비는 2008년 디자인스쿨 학생인 체스키(B. Chesky)와 게비아(J. Gebbia)가 비싼 집세를 보전할 목적으로 착안한 아이디어에 기반을 두어서 IT 기술자인 블레차르지크(N. Blecharczyk)와의 동업으로 설립되었다. 창업 초기 자금유치에 어려움을 겪었으나, 2009년 실리콘밸리 액

113) 우버는 현재 전 세계 632개 도시에서 서비스를 제공하는 상황이다(우버 코리아 홈페이지, https://www.uber.com/ko-KR/ride/에서 2017. 8. 4. 인출).

114) Homeaway는 현지 '호스트'들이 소유하고 있는 멋진 곳들을 '여행객'들이 찾아 예약할 수 있도록 해주는 소셜 마켓플레이스(social market place)이다(Homeaway 홈페이지, https://www.homeaway.co.kr/pages/press에서 2017. 8. 31. 인출).

셀러레이터(accelerator)[115]인 와이 콤비네이터(Y Combinator)[116]의 창업지원 프로그램 참가 이후 투자유치에 성공했으며, 오늘날 191개국에 숙박공유 네트워크를 보유한 글로벌 기업으로 성장했다. 여기서는 사람들이 지낼 수 있는 모든 공간(방이나 집, 별장 등)이 공유의 대상이다.

에어비앤비는 플랫폼 운영을 위해 다양한 서비스 수수료를 부과한다. 우선, 각 예약이 완료될 때마다 호스트에게 서비스 수수료가 부과되는데, 이 수수료는 일반적으로 3%이지만 호스트가 선택한 환불 정책에 따라 3~5%가 적용된다. 이것은 숙박 대금 소계를 기초로 계산되며 호스트에게 지급되는 대금에서 자동으로 차감된다. 또한 예약이 확정되면 숙박 대금 소계의 5~15%가 게스트 서비스 수수료로 부과된다. 에어비앤비가 부가가치세(VAT)를 징수해야 하는 지역에서는 서비스 수수료와 부가가치세 금액이 합해져서 15% 이상의 서비스 수수료가 부과될 수 있다. 게스트 서비스 수수료는 숙박 대금 소계, 숙박 기간, 숙소 특징 등 다양한 요인을 기초로 계산되는데, 일반적으로 소계 금액이 높아지면 수수료 비율이 낮아진다. 한편, 트립(trip)[117]을 제공할 경우, 또 다른 수수료가 부과된다. 먼저 트립을 제공하는 호스트에게 20%의 서비스 수수료가 부과된다. 이 수수료 금액은 호스트가 설정한 트립 요금을 기초로 계산되며, 호스트에게 지급되는 대금에서 자동으로 차감된다. 다만 비영리기관과 제

115) 실리콘밸리에서 등장한 기업 유형으로, 성공한 벤처기업인이 축적된 경험과 노하우, 자금, 네트워크를 활용하여 후배 스타트업의 성장을 지원하는 역할을 수행한다.

116) 와이 콤비네이터(Y Combinator)는 실리콘밸리의 대표적인 액셀러레이터로, 에어비앤비, 드롭박스 등 560여 개사를 지원하였으며 이들의 창업 생존율이 90%에 이르는 것으로 알려져 있다.

117) 트립은 현지 호스트가 기획하고 진행하는 체험이나 기타 액티비티를 지칭한다. 트립 호스트는 일반 관광객이 쉽게 접할 수 없는 도시의 특별한 장소나 커뮤니티를 게스트에게 소개해 주며, 이 호스트는 '멀티트립'이나 '싱글트립'을 제공할 수 있다. '멀티트립'이 이틀 이상에 걸쳐 이뤄지는 트립이라면, '싱글트립'은 당일 일정으로 몇 시간 동안 진행된다. 현재 트립은 일부 도시에서만 가능하다(에어비앤비 홈페이지, https://www.airbnb.co.kr/help/article/1581/what-are-experiences에서 2017. 8. 31. 인출).

휴하여 트립을 제공하는 호스트의 경우, 모든 예약의 호스트 서비스 수수료가 면제된다. 관할 지역의 법에 따라서는 부가가치세(VAT)가 부과될 수도 있는데, 이 경우 부가가치세는 서비스 수수료에 포함되어 부과된다.118)

〔그림 9-2〕 에어비앤비 숙박공유 비즈니스 프로세스

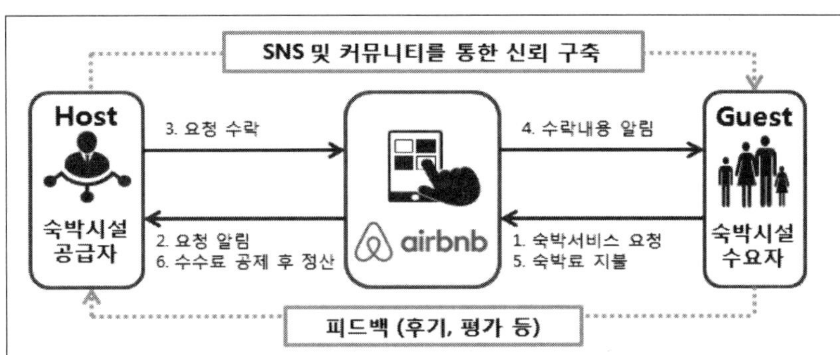


자료: 민성희, 박정은. (2016). 공유경제 비즈니스 사례 분석 및 시사점. p. 36.

〔그림 9-2〕는 에어비앤비 숙박공유 사업의 프로세스를 보여준다. 국가나 도시에 따라 숙박공유에 대한 법·제도적 허용 여부가 서로 다를 수 있지만, 최근에는 법 개정을 통한 허용 사례가 증가하는 추세이다. 에어비앤비는 SNS를 활용한 평판시스템 도입 등으로 서비스에 대한 신뢰를 구축하기 위해 노력하고 있다. 그렇지만 아직도 에어비앤비를 금지하고 있는 국가나 도시도 많다. 예를 들어, 현재 미국 뉴욕, 독일 베를린 등에서는 숙박공유사업이 금지되어 있으며, 한국에서는 2016년에 정부가 '공유민박업' 도입 계획을 발표한 바 있다.119)

118) 에어비앤비 홈페이지, https://www.airbnb.co.kr/help/article/1857/what-are-airbnb-service-fees에서 2017. 8. 31. 인출.

119) 2016년 3월 여야 공동으로 '규제프리존 특별법'(지역전략산업육성을 위한 규제프리존의 지정과 운영에 관한 특별법안)이 발의되었다. 동 법은 공유민박·드론·수소자동차 등 지역별 전략산업 육성을 위한 규제 해소 방안을 담고 있으며, 정부는 19대 국회 내 법안을 통과시켜 2016년 안에 사업을 시작한다는 목표로 추진했으나 아직까지 의회 통과가 불투명한 상태이다. 이 중에서 공유 민박업은 부산, 제주, 강원을 '숙박공유서

## 나. 비영리형 공유경제

비영리형 공유경제는 정부나 지방자치단체가 직접 운영하는 경우와 민간에서 자발적으로 협력이 이루어지는 경우로 구분될 수 있다. 전자의 사례로는 스페인 갈다카오(Galdakao)[120] 지역의 '연대 냉장고(Solidarity fridge)[121]와 서울시의 한지붕 세대공감 사업을 들 수 있는데, 두 사례 모두 정부나 지방자치단체가 공유경제를 위한 디지털 플랫폼의 운영주체이다. 연대 냉장고 사례부터 살펴보자.

스페인은 2008년 글로벌 금융위기의 영향으로 상당히 심각한 경제위기를 겪었으며, 갈다카오시 또한 예외가 아니었다. 그렇지만 심각한 경제위기 상황에서도 지속적으로 많은 식재료들이 슈퍼마켓 쓰레기통에 버려지고 있었던바, 이러한 쓰레기를 줄이기 위해 시작된 움직임이 바로 연대 냉장고 프로젝트이다. 이 프로젝트는 한 시민(Alvaro Saiz)의 아이디어와 시당국의 협조가 결합해서 현실화될 수 있었다.

갈다카오시에서는 이 연대 냉장고 프로젝트를 통해 나눔의 문화를 실천하고 있을 뿐만 아니라 매일 200~300kg의 음식물 쓰레기를 줄였을 정도로 환경보호에 기여하고 있다. 또한 스페인 국민이 아직도 상당히 심각한 경제난을 겪고 있다는 점에서, 이 프로젝트는 단순히 음식물을 나누는 데서 그치지 않고 '더불어 사는 세상'을 만들어 가는 효과까지 보여준다. 특히 이 프로젝트는 단체나 정부에서 직접 큰돈을 투자해 성과를 낸 것이 아니라, 시민들의 자발적인 협력과 노력으로 상당히 큰 효과를 보여준다

---

비스 허용' 특례지역으로 적용해서 우선 도입하는 내용이 핵심이다(유선일, 2016).

120) 갈다카오는 스페인 북동부 바스크((Basque) 지역에 속한 소도시이다(Wikipedia, "Galdakao"; https://en.wikipedia.org/wiki/Galdakao에서 2017. 8. 20. 인출).

121) '연대 냉장고'에 관한 이하의 서술은 박건철, 이상돈(2016, pp. 80-83)과 "Solidarity fridge"(OpenIDEO, 2016, Jul 30; https://challenges.openideo.com/challenge/food-waste/research/solidarity-fridge)를 참조해서 작성되었다.

는 점에서 흥미롭다.

이 프로젝트는 2015년 5월부터 시작되었으며, 갈다카오시에 거주하는 2만 9000명의 시민이면 누구나 먹지 않는 음식물을 냉장고에 넣어둘 수 있다. 이것은 가정에서 먹고 남거나 먹지 않은 음식, 식당이나 제과점에서 만들어 놓고 팔지 못한 음식, 유통기한을 하루 넘겼다는 이유로 슈퍼마켓에서 버려지는(그렇지만 소비 가능한) 음식 등을 냉장고에 넣어 놓고 누구나 가져갈 수 있도록 하는 방식으로 운영된다. 다만 쉽게 상할 수 있는 생고기(raw meat)나 생선, 또는 달걀은 금지 품목이고, 집에서 직접 만든 음식은 케이스에 제조날짜를 반드시 표기해야 하며, 4일 후에는 반드시 버려야 한다. 가공식품의 경우에는 유통기한을 넘긴 경우 냉장고에 넣지 못한다. 갈다카오시 자원봉사단체(volunteer association) 회원들이 순번을 정해서 냉장고를 관리한다.

이 프로젝트는 남는 음식을 재활용하는 것뿐만 아니라, 지역 사회 구성원들에게 정책 참여의 기회를 제공한다는 점에서 의의가 있다. 이 프로젝트를 통해 음식을 먹는 사람은 맛있고 균형 잡힌 식사를 할 수 있으며, 자원봉사를 하는 사람은 요리 기술과 자신감을 얻어갈 수 있다. 음식 공유를 하는 사람과 받는 사람 모두에게 긍정적인 효과가 제공되는 셈이다. 이와 같이 시민들의 자발적 참여를 유도할 수 있는 공유정책은 지역사회 내 정책 서비스를 공유하는 사람들 사이에서 끈끈한 유대관계를 만들어내면서 그 효과가 사회구성원 각자의 행복한 삶으로 이어질 수 있도록 유도한다.

이러한 연대 냉장고 프로젝트는 스페인 경제위기의 산물일 수 있지만, 이 프로젝트가 시행되는 갈다카오의 실업률은 스페인 전체 실업율의 절반에 가까운 13% 수준이다. 또한 갈다카오가 속한 바스크 지역의 복지제도는 상대적으로 견고하며, 거주자 중에서 굶주리는 사람은 거의 없다. 어떤 면에서는 이러한 요인들이 갈다카오시에서 연대 냉장고 프로젝트가 짧은 시간에 성공적으로 자리 잡게 만든 원인으로 작용했겠지만, 연대 냉장고 프로젝트 또한 갈다카오 시민의 생활수준을 질적으로 향상시키는 데 일정부분 기여했을 것이다.

한편, 서울시의 한지붕 세대공감 사업은 노인문제와 청년층 주거문제를 동시에 해결하기 위해 시작한 사업이다. 노인들은 유휴공간을 제공하는 대신 소정의 임대료와 생활서비스를 제공받으며, 청년들은 생활서비스를 제공하는 대신 저렴한 주거비를 보장받게 된다(우정호 등, 2016, p. 655). 이 사업은 주거 공간의 여유가 있는 노인과 주거 공간이 필요한 대학생을 연결하는 방식으로 운영된다. 여기서 노인은 저렴하게 주거 공간을 제공하고, 대학생은 노인에게 소정의 임차료와 생활 서비스를 제공한다. 서울시에 있는 주택(여유 방 1개 이상)을 소유한 60세 이상 노인과 서울시 소재 대학(원)의 학생 및 휴학생이라면 누구나 신청 가능하다. 임대인인 노인에게는 방 1개당 100만 원의 환경 개선 공사비를 지원하는데, 다만 이 지원은 1년에 1회만 가능하다. 임차인인 대학생은 보증금 없이 인근 시세보다 저렴한 임차료(월 20만 원 정도)로 이용 가능하며, 임차료 및 추가로 발생한 비용(전기료, 수도료 등) 모두 주거 상태 등을 감안하여 노인과 대학생 사이에서 상호 조정 가능하다. 공급 호수는 제한이 없으며, 계약 기간은 6개월(1학기)을 기본으로 하되 노인과 대학생 상호 간의 합의에 따라 연장될 수 있다.[122)]

참여자 자격요건을 조금 더 구체적으로 살펴보면, 노인은 60~65세 이상 자가주택(자녀 명의도 가능) 보유자나 전세 주거자로서 대학생을 위한 별도의 주거공간을 제공해 줄 수 있어야 한다. 대학생의 경우, 서울 소재 대학에 재학 중이거나 휴학 중인 학생으로서 처음에는 일정소득 이하로

122) 서울시 '서울을 가지세요' 홈페이지, http://have.seoul.go.kr/lcList.action?m=list&service_id=219&tr_code=snews에서 2017. 8. 31. 인출.

한정했지만 점차 이 규정이 완화되고 있다. 계약 조건을 살펴보면, 대체로 보증금 없이 주변 시세의 월 임대료 50% 정도(평균 20만~30만 원)가 가이드라인이며, 통상적으로 계약 기간은 한 학기(6개월)나 1년이 기본이다. 학생은 낮은 임차료를 납부하는 대신 주 3~5시간 정도 주거를 공유하는 노인과 함께 공동생활(예를 들면, 장보기)에 참여해야 한다. 두 당사자들을 모집하고 연결시키는 일은 주로 구청에서 담당하며 서울시와 SH공사가 방 리모델링비 등을 지원해 주고 있다(김병권, 2016, p. 22). 〔그림 9-3〕은 이 모델의 구체적인 작동방식을 보여준다.

〔그림 9-3〕 서울시 세대 간 주거공유모델의 작동 방식과 사업 주체

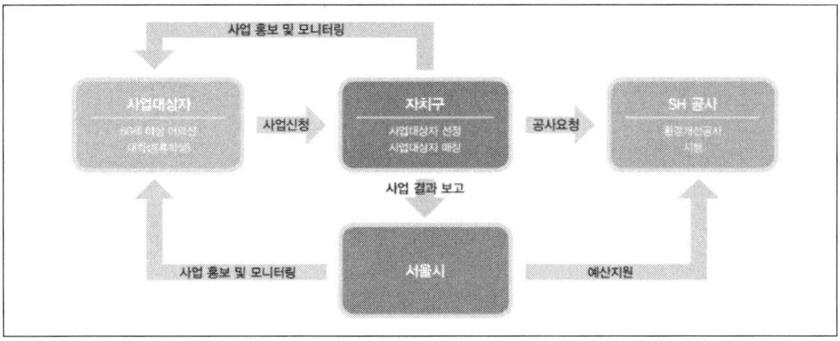

자료: 김병권. (2016). 세대 간 주거공유를 통한 사회혁신. p. 22.

한편, 민간에서 비영리 목적으로 운영되는 공유경제 사례로는 동료생산(peer production)이 대표적이다. 동료생산의 근원은 1960년 미국의 엠아이티(MIT) 대학을 중심으로 형성되었던 이른바 해커(hacker) 문화에서 찾을 수 있다. 당시 해커들은 컴퓨터에 대한 접근이 무제한적이고 완전해야 한다는 판단 아래, 모든 권위를 거부하는 탈중심성을 추구했다. 1983년 MIT 대학교 인공지능 연구소(Artificial Intelligence Laboratory)의 연구원이었던 스톨먼(R. Stallman)은 1960년대 해커 문화의 전통에 서서 소프트웨어의 사유화와 상업화 경향을 비판하면서 자

유 소프트웨어를 목표로 한 그누 프로젝트(GNU project)를 선언했다. 그는 오랫동안 해커 집단의 일원으로 활동한 인물로서, 1984년 1월부터 그누 작동 시스템(GNU operating system) 개발에 착수했으며, 1985년 10월에는 자유 소프트웨어 재단(Free Software Foundation, FSF)을 설립했으며, 원하는 모든 사람들이 그누를 자유롭게 사용할 수 있도록 했다. 그누는 자유 소프트웨어로서, 프로그램 사용자가 그 어떤 목적으로도 실행할 수 있는 자유, 그것이 어떻게 작동하는지를 연구하고 자신의 필요에 따라 변형할 자유, 다른 사람을 위해 복사본을 재배포할 자유, 프로그램을 개선하고 전체 공동체가 혜택을 누릴 수 있도록 공중에게 그것을 배포할 자유 등이 보장된 것이었다. 그는 이러한 자유를 법으로 보장하기 위해, 1989년에 그누 '지피엘'(General Public License, GPL)이라는 라이선스를 도입했다. 그가 주도한 그누 프로젝트는 수많은 프로그램 개발자들의 자발적 협력 사업, 즉 동료생산으로서 1991년 토발즈(L. B. Torvalds)가 그누 시스템과 완벽하게 호환되면서도 운영 시스템에 매우 중요한 소프트웨어인 커넬, 즉 리눅스 커넬(Linux kernel)의 초기 모델을 배포하면서 '그누/리눅스'(GNU/Linux)라는 한층 더 큰 규모의 자유 소프트웨어 운동으로 발전했다. 이후 리눅스는 모든 동료생산 프로젝트의 궁극적인 참조 모델이 되었다.[123)]

벤클러의 공유재 기반 동료생산은 바로 이러한 맥락에서 출발한다. 그는 이러한 생산을 대표하는 사례로 자유 또는 오픈소스 소프트웨어(free or open source software) 운동을 꼽는다.[124)] 그가 보기에, 이 운동의

123) 이상의 내용은 이항우(2013, p. 34)와 Wikipedia("Free and open-source software", https://en.wikipedia.org/wiki/Free_and_open-source_software에서 2017. 8. 20. 인출)를 참조해서 작성되었다.

124) 벤클러에 따르면, 자유 소프트웨어(free software) 운동이 공유재 기반 동료생산의 전형적인 모습(The quintessential instance of commons-based peer production)이며, 리눅스(Linux)가 이러한 움직임을 대표적으로 보여준다(Benkler, 2006/2015,

참가자들은 어느 누구도 생산물을 소유하거나 그 사용법을 관리하지 않는다. 그 대신에 여유시간(spare time)에 자발적으로 협동에 참가한다. 일부 참가자들은 협동에 참가함으로써 보수를 받기도 하지만, 생산물에 대해서는 스스로 소유권을 주장하지 않는다. 이미 언급했듯이, 이러한 동료생산의 핵심원리는 탈집중화와 사회적 동기이다. 벤클러가 보기에, 자유 또는 오픈소스 소프트웨어의 대표 생산물(flagship products)인 GNU/Linux operating system. The Apache web server, Perl and BIND 등은 제품의 질 측면에서 마이크로소프트사와 같은 기업의 생산물에 비교하더라도 뒤지지 않는다(Benkler & Nissenbaum, 2006, pp. 395-396).[125]

## 제4절 공유경제의 복지모델 가능성

오늘날 공유경제에 관한 논의는 대부분 영리추구형 모델, 즉 주문형 경제가 안고 있는 문제를 중심으로 진행되는 듯 보인다. 이용자 보호와 안전성 문제, 새로운 규제 체계의 도입 문제, 세제 개편 문제, 새로운 유형의 노동시장 문제 등이 대표적이다. 이 중에서 복지와 직접 연결되는 사안은 노동시장 관련 문제들이다.[126] 전통적으로 기업은 자본과 설비를

---

pp. 63-68).

125) 레이먼드는 소프트웨어 개발방식을 크게 소수의 유능한 프로그래머에 의해서 폐쇄적으로 개발되는 방식과 수많은 사람들에 의해 개방적으로 개발되는 방식으로 구분한 후, 전자와 후자를 각각 성당과 시장으로 명명한다. 그가 보기에, 전자는 완성되기 전에 공개되지 않지만 후자는 완성되기 전에도 공개되어 끊임없는 수정을 거치게 되는데, 개방적인 후자가 폐쇄적인 전자에 비해 훨씬 더 효과적이다(Raymond, 2010/2014, pp. 22-56).

126) 이용자 보호나 안전성 문제가 거래의 투명성이나 신뢰성, 그리고 공유기업 서비스를 이용하는 데서 발생할지도 모르는 인적, 물적 손해에 대한 보상의 문제와 연결된다면, 규제 체계나 조세에 관한 문제는 공유경제에 부합되는 새로운 규제체제나 조세체계의

가지고 사람을 고용해 이들에게 일을 시키고 임금과 함께 다양한 복지혜택을 제공했지만, 우버나 에어비앤비는 자원 제공자와 그 소비자를 연결해주는 중개 역할만 수행할 뿐, 이들을 고용해서 관리하지 않는다. 그 결과 우버나 에어비앤비를 통해 자원을 제공하는 사람은 피고용인 혹은 노동자가 당연히 누려야 할 권리(유급 휴가, 최저임금, 각종 복지혜택 등)를 보장받지 못한다. 그런데도 주문형 경제를 옹호하는 사람들은 우버나 에어비앤비가 사람들에게 자신의 유휴자원을 이용해서 원하는 시간대에 원하는 시간만큼 일을 해서 부수입을 얻을 수 있는 부업(second job)의 기회를 제공한다는 점에서, 우리의 삶을 더욱 풍요롭게 만들 수 있다고 주장한다. 더 나아가 이들은 이러한 공유경제로 경제가 성장하면 결과적으로 과거보다 더 많은 일자리가 만들어질 수 있다고 주장하기도 한다(박건철, 이상돈, 2016, pp. 42-51).

그러나 공유경제의 등장이 노동시장에 가져온 결과는 그렇게 낙관적이지만은 않다. 우버나 에어비앤비 같은 공유기업에서는 정규직 고용보다 프리랜서나 독립계약자(independent contractors) 등의 고용 형태가 일반적이다. 프리랜서나 독립계약자로 고용되는 경우, 각종 근로기준 및 최저임금 등 노동에 대한 사회적 보호제도가 적용되지 않을 뿐만 아니라 사회보장제도의 수혜로부터도 배제된다. 그 결과, 공유경제에서 대부분의 계약자는 사회경제적 지위 측면에서 임시직, 시간제, 파견직 등과 같은 비정규직(non-standard employment)과 비슷한 위상을 갖게 될 가능성이 높다(Berg, 2016, p. 18). 이러한 맥락에서 볼 때, 디지털 플랫폼에 기초한 공유경제의 성장은 이른바 비정규직 혹은 불안정고용(precarious employment)[127]의 양산으로 이어지면서 작업자에게로

도입 필요성 문제로 귀결된다.

127) ILO에 따르면, '불안정노동'(precarious work)은 불안정고용(precarious employment) 외에, 저임금과 사회보험 급여 제약, 노동권 제약 등의 문제까지 안고 있는 사안이다

시장의 위험이나 불확실성이 그대로 전가되는 상황으로 이어지기 쉽다(Sprague, 2015, pp. 56-58).[128] 공유경제에 대해 종종 '부스러기(scraps) 일자리를 나누어주는 모델에 불과하다(Reich, 2015)거나, 신자유주의 패러다임을 더욱 강화하는 결과를 초래했다(황덕순, 2016a, pp. 4-5)는 비판이 제기되는 이유는 바로 여기에 있다.

최근 미국에서 우버와 계약한 운전기사의 사회경제적 지위와 관련된 논쟁이 나타났던 이유도 이러한 사정과 무관하지 않다. 이 논쟁에서는 '영업시간 자율성'이 가장 중요한 쟁점 중 하나로 작용했다. 여기서 우버를 옹호하는 사람들은 우버 운전기사에 대해 스스로 영업시간을 결정할 수 있으며, 자신의 차량을 가지고 영업을 하고 차량 유지비용도 회사가 아닌 기사들이 스스로 책임지고 있으므로 피고용인(employee)이 아니라 독립계약자(independent contractor)라고 주장한다. 이에 반해, 운전기사들과 노동단체들은 일정 수준의 고객 평점을 유지하지 못할 경우 해고[129]될 수 있고 일정 시간 동안 영업을 해야 하는 최소 근로시간이 정

(ILO, 2012, p. 29). 그래서 백승호는 불안정노동과 불안정고용을 구분하면서 후자를 전자의 하위범주로 볼 수 있다고 설명하기도 한다(백승호, 2014, p. 58). 공유경제가 야기하는 '불안정 노동'에 대해서는, 논자에 따라 '주문형 앱 노동', '플랫폼 노동'(platform work), '크라우드 워크'(crowd work), 기그(gig) 등 다양한 명칭으로 정의되며, 논자에 따라 그 의미가 조금씩 차이를 보이기도 한다. 그렇지만 이 글에서는 약간의 의미 차이를 무시한 채 이 모든 용어들을 주문형 경제에서 나타나는 '불안정노동'의 문제로 접근할 것이며(황덕순, 2016a, pp. 5-8), 용어 또한 특별한 경우가 아니라면 '불안정노동'으로 통일할 것이다. 비정규직은 계약 형태(a contractual form)에 관한 문제라면 노동의 불안정성(precariousness)은 일자리 속성(the attributes of the job)에 해당되는 문제이므로 비정규직과 불안정노동 사이에 차이가 존재할 수도 있지만(ILO, 2016, pp. 18-20), 이 글에서는 이러한 차이에 대해서도 고려하지 않을 것이다.

128) 황덕순에 따르면, 플랫폼 노동과 같은 공유경제 종사자들은 특수형태근로종사자(이하, 특고)라는 범주로 분류될 수 있다. 한국의 고용형태에서 '특고'는 비정규 고용의 한 형태로 정의된다. 비정규근로자는 한시근로자, 비전형근로자, 시간제근로자로 구성되는데, 이 중에서 특고는 비전형근로자의 한 유형에 속한다. 특고가 속하는 비전형근로자는 다시 파견근로, 용역근로, 특고, 가사근로, 호출근로로 구분된다. 특고의 일부는 호출근로의 성격을 갖고 있으며 가사근로의 일부도 특고로서의 성격을 갖고 있다(황덕순, 2016b, pp. 38-41).

129) 우버는 우버 기준(Uber's standards)을 충족하지 못하는 기사들의 계정(account)을

해져 있으며, 우버 운전기사의 경우 일반계약자와 달리 승객에게 받는 요금 또한 회사에서 일괄적으로 책정되어 있는 등 근로조건에 자율성이 없으며, 그래서 우버 운전기사들을 사실상 우버에 고용된 피고용인으로 보아야 한다고 주장한다(한주희, 2016).130)

물론 공유경제 종사자들의 노동이 부업(second job)이라면, 사회복지 측면에서 이들을 피고용인으로 볼 수 있는가의 문제가 크게 중요하지 않을 수도 있다. 주업(main job)에 해당하는 일자리에서 피고용인 혹은 노동자로서 당연히 누려야 할 권리가 보장된다면, 부업영역에서 '불안정노동'의 문제가 나타나더라도 사회복지 측면에서는 크게 문제되지 않을 수 있기 때문이다. 그렇지만 안타깝게도 현재 공유경제 종사자들의 40% 정도가 공유경제 활동에 따른 수입이 주수입원(main source of income)으로 나타난다. 이들은 독립 계약자로 채용되지만, 하나의 플랫폼에서만 일하고 자신의 수입 또한 그 플랫폼에만 의존한다. 그래서 이들은 작업량이 충분치 않거나 고객이 보수지급을 거절하거나 보수가 낮은 경우 그에 따른 위험을 고스란히 떠안게 될 뿐만 아니라 요청자들(requesters)이 해당 업무(task)를 요구하면서 제시한 보수에 대해 협상할 수 있는 가능성 또한 갖고 있지 않다. 그런데도 플랫폼에서 청구하는 수수료는 반드시 납부해야 한다(Berg, 2016, pp. 18-19).131)

---

정기적으로 삭제한다(De Stefano, 2016, pp. 15-18).

130) 이러한 논쟁 과정에서, 우버와 계약한 운전기사를 새로운 유형의 '독립 작업자'(independent worker)로 분류해야 한다는 주장이 제기되기도 했다. 여기서 독립 작업자는 작업자와 고객을 연결해 주는 중개기구(intermediaries)의 통제 아래 작업한다는 점에서 전통적인 피고용인과 비슷하지만, 특정 시간 동안 특정 고용주를 위해서만 일하는 존재가 아니라는 점에서는 전통적인 피고용인과 다르다(Harris & Krueger, 2015, pp. 13-21). 이와 같이 공유경제 종사자를 독립 작업자로 정의할 경우, 노동법상 보호조치가 부분적으로나마 적용될 수 있지만, 이 방식은 누가 이 범주에 해당하는지를 판단하는 문제가 뒤따르게 되므로 현실적으로 일정한 한계가 있을 수밖에 없다(이다혜, 길현종, 2016, p. 223).

131) 우버에 관한 한, 최근에 유럽을 중심으로 새로운 규제 움직임이 나타나는 듯 보인다. 지금까지는 EU에서 우버에 관한 규정이 없어 그 어떠한 규제도 받지 않았지만, 2015년 스페인 법원이 ECJ에 우버 앱 사용에 대한 법적 규제 가능성 여부를 판단해 줄 것

디지털 플랫폼이 시장을 지배하는 상황[132]에서는, 시장의 위험이 공유경제 종사자들, 즉 불안정노동자들에게 그대로 전가되기 쉽다(Howcroft & Bergvall-Kåreborn, 2016, pp. 15-16). 물론 공유기업이 플랫폼을 통해 시장을 지배한다고 해도, 공유경제 종사자들에게 저항 가능성이 열려있다면, '작업량이 충분치 않거나 고객이 보수지급을 거절하거나 보수가 낮은 경우 그에 따른 위험을 고스란히 떠안는' 상황이 나타나지 않을 수도 있다. 안타깝게도, 디지털 플랫폼에 대한 공유경제 종사자들의 저항 가능성은 높지 않다. 전통적인 노사관계는 노동자들이 동일한 장소에서 생산에 협력하는 하나의 노동 공동체를 전제한다. 이 공동체에서 노동의 시간과 장소, 그리고 임금은 집단적으로 결정된다. 이를 통해 노동자들은 집단적 정체성을 공유하며, 노동 3권의 근거도 확보한다. 그러나 디지털 기술에 바탕을 둔 노사관계는 노동 공동체를 해체하고 각 노동자에게 개인적 정체성을 부여한다. 이에 따라 노동 공동체의 집단적 정체성이 개인적 정체성으로 대체되며, 노동의 시간과 장소, 그리고 임금이 개인적으로 결정된다. 기업 경영진이 디지털 기술을 통해 노동자들을 개인별로 관리·감독할 수 있는 가능성이 높아졌기 때문이다(박제성, 2016, pp. 169-177).[133] 이렇게 노사관계가 개인화된 상황에서는 공유경제 종사자

을 요청하면서 상황이 반전되었다. 2017년 5월 11일에는 유럽사법재판소(ECJ)의 법무관인 스푸나르(M. Szpunar)가 우버는 디지털 플랫폼으로서 혁신적이지만 운수업체에 속하며, 그래서 우버는 각 회원국에서 필요한 자격증(licences)을 획득하고 법적 규제를 받아야 한다는 의견을 내놓으면서, 우버가 유럽사법재판소에서 운수업체로 판결받을 가능성이 높아지고 있다(Kollewe, 2017). 익히 알다시피 운수업체로 판결받을 경우, 우버 기사들은 피고용인(employee)의 지위를 획득하게 된다.

132) 디지털 플랫폼을 매개로 한 공유경제 영역은 대부분 정부가 시장을 규제한다기보다 플랫폼이 시장을 규제한다. 여기서 "플랫폼은 어떠한 거래가 허용 가능하며, 어떻게 진입이 가능한지, 어떠한 계약과 가격이 허용되는지에 관한 정책을 수립한다"(Argawal, Horton, Lacetera & Lyons, 2013, p. 14).

133) 이와 관련해서 데 스테파노의 분석은 흥미롭다. 그는 디지털 기술의 발달에 힘입어 전례없는 수준의 유연성이 가능해졌으며, 그래서 노동자가 적기에('just-in-time') 공급되고, '일한 만큼 지급되는'(pay-as-you-go) 방식으로 보수를 받으며, 실제로 고객을 위해 근무하는 시간에 대해서만 보수가 산정되는 방식으로 전환되었다고 주장한다. 그

들의 저항 가능성이 낮아질 수밖에 없다.

그러나 공유기업 옹호자들은 디지털 기술을 통해 고용형태가 유연해짐과 동시에 사회안전망 또한 확보될 수 있다고 믿는 듯 보인다. 순다라얀이 대표적이다. 그는 공유경제가 다양한 형태의 유연한 직업, 특히 프리랜스(freelance) 직업의 확산으로 이어질 것이며, 더 나아가 자영자(microenterpreneur), 즉 어느 곳에서든 자신이 원하면 일할 수 있는 권한이 있는 자가고용 노동자(self-employed workers)의 출현으로까지 이어질 것이라고 예상한다(Sundarajan, 2016, pp. 162-178). 이에 따른 빈부격차나 불평등 문제에 대해, 그는 북유럽 국가들에서 나타나는 유연안정성(flexicurity)을 대안으로 제시한다(Sundarajan, 2016, pp. 187-192). 익히 알다시피, 유연안정성은 "자본의 노동력 활용 유연성 요구와 노동의 소득 및 고용 안정성 요구라는 상충된 이해관계의 상호교환을 제도화한 것"(조돈문, 2014, p. 54)이지만 구체적인 모습에서는 나라마다 조금씩 차이를 보인다. 덴마크와 네덜란드 사례가 대표적이다. 두 국가의 유연안정성 모델은 유연안정성을 대표하는 사례로 거론되지만, 덴마크에서는 이 모델이 오랫동안 사회적 대화와 타협을 통해 형성되었다면 네덜란드에서는 이 모델이 정책 목표를 위해 의도적으로 도입되었다는 점에서 차이가 있다. 그럼에도 불구하고, 두 국가에서 모두 유연안정성 모델은 강력한 노동조직을 바탕으로 한 노사 단체교섭을 전제한다.[134] 이와 같이 유연안정성이 강력한 노동조직을 필요로 한다면, 공유

렇지만 그는 이러한 공유경제에 대해 하나의 고립된 경제영역(a separate silo of the economy)이 아니라, 노동력의 임시직화(casualization of the workforce)와 공식경제의 비공식화(informalisation of the formal economy), 노동시장내 '리스크의 탈상호화'(demutualisation of risk), 비정규 고용형태(non-standard forms of employment)의 확산이라는 좀 더 폭넓은 현상의 일부로 보아야 한다고 주장한다(De Stefano, 2016, pp. 4-6).

134) "덴마크의 경우 유연안정성 모델은 오랜 역사적 과정을 거치며 사회적 대화와 타협의 동학 속에서 자연적으로 형성된 역사적 산물인 반면, 네덜란드의 경우 유연안정성 모

경제 부문에서 순다라얀의 기대와 달리 유연안전성이 현실화되기는 쉽지 않다. 이 부문에서는 디지털 기술을 통해 공유경제 종사자, 즉 노동자 측의 단체교섭 능력이 이미 현저하게 약화된 상황이기 때문이다.

그렇다면 공유경제를 새로운 성장동력이나 수익창출 기회 측면에서 접근하는 경우 공유경제가 분배나 복지 측면의 대안으로 이어지기는 쉽지 않다. 물론 공유경제를 수익창출 기회라는 측면에서 이해하더라도, 정부의 개입에 힘입어 유연안전성의 확보가 현실화될 수 있을지 모른다. 그렇지만 이른바 공유기업이 자원의 공유를 새로운 수익창출 기회라는 측면에서 활용하는 상황에서, 정부가 유연안정성이라는 이유로 개입하는 것이 얼마나 가능할 수 있을지, 설령 정부에 개입 가능성이 열린다고 해도 굳이 그 초점이 유연안전성을 위한 것이어야 하는지 의문이다. 오히려 빈부격차나 불평등을 완화하기 위한 정책을 직접적으로 도입하거나, 공유경제의 기반을 직접적으로 마련하는 방안이 오히려 더 현실적인 선택일 수 있기 때문이다.[135] 후자의 경우, 공유경제를 정부가 주도하는 만큼 그 방향은 공공성, 즉 비영리에 있을 것이다. 스페인의 '연대 냉장고'나 서울시의 '한지붕 세대공감사업'이 의미를 갖는 이유는 바로 여기에 있다. 이런 측면에서, 정부나 자치단체가 주도하는 공유경제는 빈부격차나 분배문제를 해결하거나 완화하는 데 부분적으로나마 기여할 수 있을 것이다.

---

델이 구체적 정책목표를 달성하기 위해 기획되어 의도적으로 도입된 정책수단이다. 이처럼 유연안정성 모델의 형성과정은 상이하지만, 양국 모두 강한 노동과 자본의 조직체들이 존재하며, 노동과 자본 사이의 상호신뢰에 기초한 사회적 대화와 협의 과정을 거쳐 형성되었다는 점에서는 동일하다"(조돈문, 2014, p. 54).

135) 황덕순에 따르면, 오늘날 주문형 경제의 불안정노동에 대한 복지정책 논의는 크게 두 가지 방향에서 전개된다. 기존의 사회복지제도가 공유기업 종사자들에게도 적용 가능하도록 이 제도의 적용범위를 확대하는 것이 그 하나라면, 다른 하나는 기존의 사회복지제도, 특히 사회보험의 틀을 넘어서는 새로운 대안을 모색하는 것이다. 전자가 대체로 공유경제 종사자에게도 임금노동자 지위를 부여하려는 움직임으로 이어진다면, 후자는 임금노동자를 넘어서 모든 시민을 대상으로 복지정책의 범위를 확장하는 움직임으로 나타나며 이른바 '기본소득' 논의가 대표적이다(황덕순, 2016c, pp. 290-292).

문제는 정부나 자치단체가 공유경제나 공유경제 플랫폼을 직접 유지, 관리, 운영하는 데 따르는 비용이다. 스페인 연대 냉장고의 경우, 갈다카오 자원봉사단체 회원들이 순번을 정해서 냉장고를 관리하고 제품의 질을 유지하고자 노력한다. 그러나 갈다카오는 협동조합이 발달한 바스크 지역에 속하는 곳으로서 복지제도가 비교적 견고하게 갖춰져 있으며 그래서 빈부격차도 상대적으로 적다. 이러한 지역에서는 상대적으로 적은 비용으로 연대 냉장고 사업을 유지할 수 있겠지만, 빈부격차도 크고, 복지제도도 잘 갖춰져 있지 않은 지역에서까지 이러한 연대 냉장고 사업이 적은 비용으로 유지될 수 있을지 의문이다. 더구나 갈다카오시처럼 자원봉사단체 회원들의 도움이 없이 정부나 자치단체가 직접 공유경제 플랫폼을 운영할 경우 비용의 문제는 더욱 더 확대될 가능성이 높다.

서울시의 한지붕 세대공감사업 또한 이러한 비용문제에서 자유롭지 않다. 아직까지 이 사업은 기대만큼 성과가 나타나지 않는데, 그 이유로 다양한 요인이 제시된다. 방을 제공하는 노인들의 입장에서 대학생들의 신분이 보장되지 않고 방을 이용하는 대학생들이 해야 하는 역할이나 지켜야 하는 규약이 명확하지 않으며, 이를 운영하는 데 따르는 부담이 불만사항으로 지적된다. 반대로 학생들의 입장에서는 학교와 접근성이 좋은 곳에 적절한 가격의 주거공유 공간을 구하기 어렵다는 점이 주로 불만사항으로 지적된다. 여기에 덧붙여, 낯선 사람과의 주거공유에 대한 거부감이 있는데 이를 상쇄할 인센티브는 부족하다는 점이 조금 더 본질적인 문제로 제기된다. 사업진행방식에도 문제가 있는 듯 보인다. 전체과정이 주로 구청 중심으로 진행되는데, 구청 담당자가 다소 사무적인 방식으로 대학생과 시니어를 각각 모집하고 관계를 맺어주고 관리하는 방식을 택하다 보니 전혀 성격이 다른 세대의 삶의 방식을 조율하는 미묘한 문제에 둔감할 수밖에 없다(김병권, 2016, pp. 22-23). 이렇게 볼 때, 서울시 한지붕 세대공감 사업은 주거공간을 제공하는 노인과 주거공간을 찾는 학생 사이에서 발생할 수 있는 비용, 즉 원하는 공간과 사람을 찾는 데서 발생하는 비용의 문제를 안고 있다고 판단된다.136)

그렇다면 정부나 자치단체가 직접 공유경제 플랫폼을 운영하는 경우 이른바 '거래비용'의 문제에서 자유롭기 어렵다. 이러한 의미에서 거래비용과 연결시켜 공유경제의 등장과정을 설명하는 벤클러의 시도는 흥미롭다.137) 과연 그의 공유경제, 즉 공유재 기반 동료생산은 빈부격차나 불평등 문제를 완화하는 데 기여할 수 있을 것인가? 벤클러에게 공유재(commons)는 행위 주체가 시장이 요구하는 제약들에서 벗어나 자유로이 행동할 수 있는 제도적 공간(institutional space)이자 재산권 시스템의 대안을 의미한다(Benkler, 2006/2015, p. 144). 그는 바로 이러한 공유재를 자유롭게 이용할 수 있을 뿐만 하니라 생산까지 할 수 있는 상황을 추구한다. 여기서 공유재 기반 동료생산(peer production)은 위계질서에 따라서 배정되는 작업을 수행하는 방식이 아니라 참여자들이 스스로 선택한 탈집중화된 행동(action that is self-selected and decentralized)으로 진행된다. 이를 통해 생산된 결과물은 모두에게 공평하게 분배되어 구성원 각자의 재량에 따라 자유롭게 사용될 수 있다. 이런 의미에서 공유재는 개인이 누리는 개인적 자유의 물질적 토대로 기능

136) 세대 간 주거공유 모델은 이미 서구 사회에서는 유럽지역을 중심으로 10년 이상의 역사를 가지고 있다. 예를 들어 프랑스에서는 세대 간 주거공유사업이 2003년부터 시작되었으며, 현재 약 1100명 정도의 학생들이 이 사업에 참여하고 있다. 프랑스에서는 이 사업이 지방정부가 아니라 비영리 민간단체 주도로 진행된다(김병권, 2016, p.21).

137) 벤클러는 공유경제에 대해 설명하면서 탈집중화를 강조하는데, 이는 그가 자유 혹은 오픈소스 소프트웨어 운동을 고려하기 때문이지만, 옴스트롬(E. Ostrom)의 저작(*Governing the Commons*, 1990) 또한 그의 공유경제관에 중요한 영향을 미쳤음을 간과해서는 안 된다. 옴스트롬은 하딘(G. Hardin)의 '공유지의 비극'("The Tragedy of Commons", 1968)에 대해 재산권 부재에서 비롯된 자원고갈의 문제로 해석하는 경향이 일반적이었지만, 지역 공동체의 공유지 자율규제 시스템이라는 시장도 정부도 아닌 제3의 대안으로 공유지의 비극을 막거나 제어할 대안을 제시했기 때문이다(Benkler, 2010, pp. 148-153).

할 수 있다(Benkler, 2006/2015, pp. 61-62).

벤클러는 자유주의 관점에서 불평등 문제에 접근한다. 그는 자유주의 정의론을 대표하는 사례로 롤즈와 드워킨의 이론을 꼽는다(Benkler, 2006/2015, pp. 303-304).[138] 그러면서도 그는 공유재 기반 동료생산이 롤즈의 차등원칙에도 부합될 수 있지만, 애커먼의 자원평등론에 특히 잘 부합될 수 있다고 주장한다.[139] 벤클러가 보기에, 애커먼은 거래관계, 기본정보, 적당한 교육여건에 대한 접근(access)을 시장경제에 참여하기 위한 기본조건(basic prerequisites)으로 제시한 후, 이러한 기본조건을 누구에게나 무료로 이용할 수 있도록 하는 자원의 평등을 주장한다.[140]

---

138) 자유주의자들은 노력과 보상이 서로 비례(하거나 일치)하는 분배의 공정성(fairness)을 강조한다. 이들은 자유나 평등의 조화를 중시하는데, 여기서 평등은 분배의 공정성 원칙에 부합되는 기준이다. 이와 관련해서 이들은 하향평준화(leveling down)나 우연(luck, fortune)에 따른 분배에 특히 주목한다. 하향평준화는 평등 원칙이 지나치게 강조될 경우 개인의 자유가 제한되거나 유인이 약화되면서 나타날 수 있는 문제로서, 자유주의자들에게는 이것이 자유와 평등의 조화를 위해서라도 어느 정도의 불평등이 불가피하다고 주장할 수 있는 근거가 된다(주동률, 2010). 우연에 따른 불평등은 노력과 무관하게 보상이 이루어지면서 나타나는 불평등으로서 자유주의의 공정한 분배원칙에 위배되며, 도덕적으로 정당화될 수도 없다. 타고난 재능이나 출신배경과 같이 자연적·사회적 우연에서 비롯된 불평등이 대표적이다. 그래서 자유주의자들은 (하향평준화를 유발할 수 있는) 결과의 평등보다 기회의 평등을 강조하면서 우연에 따른 불평등 문제를 해결하고자 노력한다. 롤즈의 차등원칙이나 드워킨의 자원평등론은 바로 우연에 따른 불평등 문제를 해결하기 위한 방안이다.

139) 애커먼은 드워킨(R. Dworkin), 센(A. Sen)과 마찬가지로 자원의 평등(equality of resources)을 추구하는 자유주의적 평등주의자liberal eqalitarianism(Kymlicka, 2002, p. 97)로 분류된다.

140) 벤클러는 자신의 공유경제 개념에 애커먼의 자원평등론이 특히 잘 부합된다고 주장하면서 '사회적 지분'에 관한 알스톳과 애커먼의 저작(Alstott & Ackerman, *The Stakeholder Society*, 1999)에 대해서도 언급한다(Benkler, 2006/2015, p. 305). 그런데 애커맨의 사회적 지분 개념은 기본소득 논의와 연결된다. 익히 알다시피, 기본소득(basic income) 논의는 좁게 보면 정기적으로 일정한 소득을 기본소득으로 무조건 지급할 것을 요구하는 파레이스의 견해(Van Parijs, 2006)를 중심으로 진행되지만, 조금 더 넓게 보면 애커먼(Ackerman)과 알스톳(Alstott)의 사회적 지분(Social Stakeholding) 논의도 이러한 기본소득 논의와 무관하지 않다. 양쪽 모두 평등주의를 결과의 평등이 아니라 기회의 평등 관점에서 이해하면서, 이를 실현하기 위한 방안으로 기본소득(파레이스) 혹은 사회적 지분(애커먼)을 제안하는 것이기 때문이다. 다만 애커먼과 알스톳은 파레이스처럼 정기적으로 기본소득을 제공하는 것은 개인의 책임(personal responsibility) 문제를 간과할 뿐만 아니라 온정주의(paternalism)에서 비

게다가 네트워크 정보경제의 등장은 적어도 빈곤을 지속시키는 구조적 요소들의 일부에서 벗어날 수 있는 가능성을 제공한다. 왜냐하면 네트워크 정보 경제는 정보이용의 부족(생산과 저렴한 소비를 위한 시장기회, 상품의 품질 등에 대한 정보 포함), 소통역량의 부족, 생산의 활동공간의 부족 등을 해결할 기회들을 제공하기 때문이다. 자유주의 정의론에서 보면, 네트워크 정보경제의 등장은 이미 훌륭한 개선(an unqualified improvement)인 셈이다.

벤클러에 따르면, 산업경제에서는 비용장벽과 거래제도 장벽 등이 굳건히 버티고 있었지만, 네트워크 정보경제에서는 이 장벽들을 낮추거나 우회하는 방안이 확보될 수 있다. 게다가 네트워크 정보경제의 생산물은 비전유적(nonproprietary) 재화이므로, 누구나 자유롭게 이용할 수 있으며 경제적 기회를 얻기 위한 기본도구로 활용할 수 있다. 그래서 네트워크 정보경제에서는 사람들이 경제적 행위주체로 참여하는 기회가 크게 확장되고 정보기반 글로벌 경제의 성과를 향유할 실질적 역량이 평준화될 수 있다. 여기서 정보생산과 교환은 전유적 배재(a proprietary exclusion)에 기초한 비즈니스 모델이 아니라 사회적 거래관계(social transactional frameworks)에 바탕을 두고 있다. 네트워크 정보경제의

---

롯된 폐해까지 야기할 수 있다고 비판한다. 그래서 이들은 부자들에게 2%의 부유세를 부과하여 모든 성인(범죄경력이 있는 경우 제외)에게 21세에 한번에 8만 달러의 사회적 지분(Social Stakeholding)을 제공하는 방식으로 전환할 필요가 있다고 주장한다 (Ackerman & Alstott, 2006, pp. 45-47). 이러한 차이에도 불구하고 애커먼은 파레이스와 마찬가지로 기본소득(또는 사회적 지분)을 통해 기회의 평등을 추구하는 자유주의적 평등주의자로 분류될 수 있다. 그런데 오늘날 '불안정노동'에 관한 복지정책 논의에서 모든 시민을 대상으로 복지정책의 범위를 확장하려는 움직임이 나타나면서 이른바 기본소득이 복지의 대안으로 제시되기도 한다는 점을 고려할 때(107번 각주 참조) 기본소득 개념이 공유경제와 대안적인 복지제도의 상관성을 연구하는 데 매우 중요한 매개 고리로 작용할 가능성이 있다고 판단된다. 게다가 주문형 경제가 불안정노동 문제를 해결하기 위해 기본소득 논의와 결합될 경우에는 애커먼의 자원평등론을 매개로 해서 벤클러의 공유경제 개념과 일정한 접점이 형성될 수도 있을 것으로 보인다. 그렇지만 이에 관한 연구는 다음 기회로 미룰 수밖에 없다.

생산물은 누구나 자유롭게 이용할 수 있으며, 그래서 시장기반 및 비시장기반 행위의 기초자원으로 이용될 수 있다(Benkler, 2006/2015, pp. 13-15, 301-308).

이미 언급했듯이, 벤클러에게 공유재 기반 동료생산은 시장경제만이 아니라 정부의 관리나 통제에서도 벗어난, 즉 시장도 정부도 아닌 제3의 대안이다. 아니 벤클러는 정부나 입법자들의 방해나 개입이 없다면, 자발적인 협력을 통해 공유재 기반 동료생산을 구축하고, 이를 통해 우리의 삶을 더욱 자유롭고 윤택하며 행복하게 만들어 줄 수 있다고 믿는 듯 보인다. 그에게 동료생산이라는 사회적 생산(social production)은 배타적 전유권(exclusive proprietary claims)에 기초하지 않으며, 그래서 누구나 자유롭게 이용할 수 있고 시장을 통한 수익창출을 목표로 하지도 않는다. 그래서 그는 이러한 의미의 사회적 생산이 확대될 경우, 그만큼 빈부격차가 완화될 수 있다고 믿는다(Strahilevitz, 2007, pp. 1474-1475). 더 나아가 그는 인센티브나 처벌, 통제가 아닌 협력에 의지한 시스템이 더 효과적일 수 있다고 주장하면서, 이타심과 선의라는 인간의 본질적 동기를 이끌어내는 협력 체계를 발전시키면 사회제도를 개혁하고, 범죄를 줄이며, 과학을 발전시키고, 경제적 효과까지 개선할 수 있다고 주장한다(Benkler, 2010). 벤클러는 자발적인 사회적 관계에 기초한 사회적 생산이 화폐지급이나 배타적 사유재산권에 기초한 전통적인 유인체계에 기초한 방식보다 부를 창출하는 데 더 좋은 방법이라고 주장한다. 이러한 주장을 논증하기 위해, 그는 특허권의 강화가 특허출원 수의 감소로 이어졌음을 보여준 러너의 실증연구(Lerner, 2002)를 증거로 제시하기도 한다(Benkler, 2006/2015, p. 39).

그러나 러너의 실증연구와 충돌하는 이론적, 경험적 근거도 존재한다는 점에서, 적어도 아직까지는 지식 재산권 보호조치의 순효과에 관한 실증분석이 보여주는 결과가 분명하지 않다(Strahilevitz, 2007, pp. 1478-1484). 또한 벤클러는 공유재 기반 동료생산을 대표하는 사례로 자유 또는 오픈소스 소프트웨어(free or open source software) 운동을 제시하지만, 일반적인 재화나 서비스와 관련된 공유는 위키피디아나 리눅스와 같은 자유 또는 오픈소스 소프트웨어 운동과 그 움직임이 다를 수 있다. 그래서 동료 간 공유(peer-to-peer sharing)를 유도하는 과잉 물질적 자본(the excess physical capital)과 위키피디아(Wikipedia)를 유도하는 과잉 인간자본(the excess human capital) 사이에는 중요한 차이가 존재할 수 있다(Strahilevitz, 2007, pp. 1476-1478). 그런데도 그는 자신이 강조하는 사회적 생산이 롤즈나 다른 자유주의 이론가들이 제시한 정의관에 입각해서 볼 때 더 좋은 사회를 창출함으로써 빈부격차를 완화하는 데에도 기여할 수 있다고 주장할 뿐, 자유 또는 오픈소스 소프트웨어 운동과 같은 움직임이 물질적 자본과 관련된 분야에서는 왜 나타나지 않는가에 대해서는 언급이 없다. 과연 소말리아 생존 농민(Somali subsistence farmer)이나 볼리비아 슬럼가 거주자가 자신의 빈곤문제를 해결하기 위해서라도 자유 또는 오픈소스 소프트웨어 운동에 대해 관심을 보여야 하는지, 그렇지 않을 경우 물질적인 자본과 관련된 빈부격차가 해결될 수 없는 것인지에 대해서도 그는 언급이 없다(Strahilevitz, 2007, pp. 1489-1492).

## 제5절 소결

이상의 논의에 비추어 볼 때, 공유경제가 분배나 복지 측면에서 대안으로 기능할 수 있는가에 대해서는 쉽게 확답하기 어렵다. 우버나 에어비앤비와 같은 주문형 경제는 불안정노동을 양산하는 상황이며, 그래서 빈부 격차를 확대할 수 있는 위험성을 안고 있다. 반면 정부나 자치단체가 주도하는 공유경제 모델의 경우, 공공성과 비영리를 지향한다는 점에서 시장에서 비롯된 빈부격차를 완화할 수 있는 가능성이 있으며, 벤클러의 공유경제 또한 공유재 공유를 통해 기회균등 가능성을 높임으로써 빈부격차를 완화할 가능성을 제공한다. 그러므로 외관상으로는 비영리를 추구하는 공유경제 유형이 소유기반 경제에서 분배나 복지의 대안을 제공할 가능성을 부분적으로나마 갖고 있다고 볼 수도 있을 것이다. 그렇지만 조금 더 깊게 들여다보면, 상황이 달라진다. 정부나 자치단체가 주도하는 공유경제의 경우 관리나 통제에 따른 비용문제를 극복하기가 쉽지 않을 수 있으며, 벤클러의 공유재 기반 동료생산의 경우 IT 분야 외부에서 공유경제의 가능성을 어떻게 확보할 것인가에 대한 고민이 보이지 않는다. 영리나 수익을 추구하는 공유경제 유형과 달리, 영리를 추구하지 않는 공유경제 유형은 소유기반 경제에서 자원의 공유를 통해 분배나 복지 측면의 대안을 확보할 가능성을 갖고 있지만, 이 가능성의 현실화를 가로막을 수도 있는 한계 요인 또한 안고 있는 셈이다.

벤클러의 추론이 타당하다면, 공유경제는 탈집중화된 방식으로 이루어질 가능성이 높다. 그래서 시장도 정부도 아닌, 제3의 대안으로 존재할 가능성이 높다. 민간부문에서 자발적인 협력관계를 통해 자원의 공유가 진행될 때 정부나 자치단체의 관리나 통제에 따른 비용문제, 즉 거래비용이 최소화될 수도 있다는 점에서, 벤클러의 추론은 수용 가능한 것일 수 있다. 설령 정부나 자치단체가 공유사업 플랫폼을 만들었다고 해도, 이 사업을 정부나 자치단체가 직접 운영하기보다 민간부문의 비영리조직이나 자발적인 협력공동체에 운영 권한을 넘길 수 있다면, 그래서 이 사업이 탈집중화된 방식으로 진행될 수 있다면, 거래비용이 감소됨으로써 좀 더 효율적인 방식으로 자원의 공유가 실현될 수도 있을 것이다. 이러한 상황에서는, 정부나 자치단체가 IT 분야 외부에서 공유경제를 위한 환경이나 플랫폼을 만든 후 그 운영권을 자발적인 민간조직(비영리조직)에 맡긴다면 소유기반 경제에서 공유경제가 대안적인 복지모델의 가능성을 부분적으로나마 보여줄 수도 있을 것이다.

그렇지만 벤클러의 추론이 언제나 타당한 것은 아니다. IT 분야에서는 이미 공유경제가 탈집중화된 방식으로 진행되고 있지만, IT 분야 외부에서는 이러한 공유경제가 적어도 아직까지는 확인되지 않는다는 사실이 이를 보여준다. 게다가 이미 공유경제라는 명칭으로 주문형 경제가 작동되고 있으며, 여기서 비롯된 불안정노동이나 불평등 문제가 심각한 사회문제로 대두되고 있는 현실을 무시하기도 어렵다. 이렇게 빈곤문제나 불평등 문제가 심화되는 상황에서, 정부의 개입 없이 탈집중화된 방식으로 공유경제가 형성될 것이며 이것이 소유기반 경제에서 대안적인 복지모델로서 기능할 수 있을 것이라고 기대하는 것은 너무도 낙관적인, 그래서 비현실적인 태도일 수밖에 없다.

그렇다면 공유경제가 소유기반 경제에서 대안적인 복지모델의 가능성을 부분적으로나마 보여줄 방법은 크게 세 가지로 집약될 수 있다. 벤클러의 공유경제 모델을 IT 영역 너머로 확장하는 것이 그 첫 번째 방법이라면, 두 번째 방법은 정부나 자치단체가 공유경제를 위한 제도나 플랫폼을 설계하되 관리나 통제에 따른 비용을 최소화하는 데 있을 것이며, 세 번째 방법은 주문형 경제의 불안정노동에서 비롯된 빈부격차나 불평등을 완화하기 위한 복지정책의 도입일 것이다. 이렇게 볼 때, 공유경제가 소유기반 경제에서 대안적인 복지모델로서 기능할 가능성은 과연 벤클러 공유경제 모델이 IT 영역 외부로까지 확장될 수 있을 것인지, 그리고 자원의 공유와 함께 빈부격차나 불평등을 완화하기 위한 정부나 자치단체의 정책적 노력이 과연 얼마나 설득력을 갖고 지속될 수 있을 것인지에 달려 있는 셈이다.

제 10 장

# 기본소득, 복지국가의 새로운 실험

제1절 서론

제2절 기본소득의 개념, 쟁점 및 철학

제3절 기본소득의 한국적 적용을 위한 전략

제4절 소결

# 10 기본소득, 복지국가의 새로운 실험

## 제1절 서론

4차 산업혁명[141)]이 화두다. 그 중심에 인공지능이 존재한다. 인공지능이 사람들의 머릿속에 각인된 계기는 인공지능 알파고와 프로 바둑기사 대국에서였다. 알파고는 중국의 프로기사이자 유럽 바둑 챔피언인 판후이 2단과 2013년부터 2015년까지 5전 전승, 2016년 3월 9일과 10일 한국의 프로기사 이세돌 9단과 5전 4승 1패, 그리고 2017년 5월 23일 바둑 세계랭킹 1위 커제와의 대국에서 3승을 거두고 유유히 바둑계 은퇴를 선언했다. 공식 전적 13전 12승 1패이며 기보를 남긴 대국 기준으로 총 74전 73승 1패다(나무위키, 2017). 2017년 10월에는 인간의 도움 없이 스스로 바둑을 학습하여 기존의 알파고들을 간단하게 제압한 알파고 제로까지 등장하였다. 의료계에서는 인공지능 IBM 왓슨이 의사들을 대체할 것으로 예상하고 있다. 최근 몇 년 사이에 불가능할 것으로 보였던 일들이 인공지능을 통해 현실화되고 있는 것이다. 구글이나 페이스북 등을 통한 빅데이터의 구축, 알고리즘과 인공지능 기술의 발전으로 이러한 변화가 가속화되고 있다.

이러한 변화에 대해 노동 없는 미래를 전망하는 시각(Frey & Osborne, 2017; Brynjolfsson & McAfee, 2016)과 새로운 형태의 일자리가 만들

141) 4차 산업혁명은 2016년 클라우스 슈바프(Klaus Schwab)이 독일의 '산업4.0'을 홍보하는 과정에서 도입한 개념이다(허재준, 2017, p. 62). 이 개념은 제러미 리프킨이 인터넷 혁명을 3차 산업혁명으로 명명한 지 채 3년도 안된 시점에서 세계경제포럼이 이례적으로 2016년과 2017년 2년에 걸쳐 주요 주제로 논의해 왔다. 특히 한국에서 4차 산업혁명에 대한 관심은 다른 나라들에 비해 압도적으로 높다.

어질 것이라는 전망(Autor, 2015; Mokyr, Vickers & Ziebarth, 2015)이 동시에 제기되고 있다. 하지만 이 두 전망 모두 기술의 발달로 일상은 점점 더 자동화될 것이고, 미래세계에서 인공지능이 인류의 삶에 큰 영향을 미칠 것이라는 전망(Katz & Krueger, 2016)을 부정하고 있지는 않다.

미래사회는 어떻게 변화할 것인가? 우선 노동 없는 미래에 대한 전망을 살펴보자. 이와 관련하여 가장 많이 인용되는 것이 스위스 다보스에서 2016년 1월에 열린 제46차 세계경제포럼이다. 이 포럼의 주제는 '제4차 산업혁명(Mastering the Fourth Industrial Revolution)'이었다. 여기에서 발표된 "일자리의 미래(The Future of Jobs)" 보고서는 로봇이 사람들의 일자리를 대신함으로써 2020년까지 200만 개의 일자리가 새로 만들어지겠지만, 총 710만 개의 일자리가 사라짐으로써 노동 없는 미래가 펼쳐질 것이라고 전망하였다(WEF, 2016, p. 13). 이 보고서는 사무·행정 직업에서 가장 많은 480만 개의 일자리가 사라지는 것을 비롯하여 제조업, 건설, 예술, 디자인, 스포츠, 법률 직업군에서 일자리가 감소할 것으로 전망하였다. 반면 비즈니스와 금융, 경영, 컴퓨터, 설계, 판매, 교육훈련 관련 직업군에서 일자리가 증가할 것으로 예측하였다.

현실세계의 변화는 이러한 예측이 머지않은 미래임을 짐작하게 해준다. 예를 들면, 아마존은 Amazon Go라는 인공지능 마트를 2016년 12월 개점하였는데 인공지능, 컴퓨터 인식 기술 등을 활용해 6명의 직원만으로 4000여 개의 제품을 판매하고 있다. 미국의 마트 평균 점원 수는 89명이다. Amazon Go 점포에는 계산대가 없고 재고도 로봇이 정리한다(김덕환, 이혜운, 2017). 미국 대통령 경제자문위원회는 자율자동차로 인해 220만 개에서 310만 개의 일자리가 대체될 것으로 전망하고 있다(고상원, 권규호, 김대일, 이정민, 홍석철, 홍재화, 2017). 한국도 예외는 아니다. 박가열, 천영민, 홍성민, 손양수(2016)에 따르면, 2025년 전체 취업자 2560만 명의 70%가 넘는 1800만 명 정도가 고용에 위협을 받을 것으로 예측되었다. 이러한 결과는 인공지능과 로봇으로 대체 가능한 직종을 분석한 결과에 기반을 두고 있다. 직군별로 일자리 대체 가능성은 양극화되는 경향을 보여, 관리자군의 경우 49%만이 대체될 것으로 예상된 반면, 단순노무직군의 경우 대체 가능성이 90%가 넘었다.

이런 전망과 달리 4차 산업혁명으로 인해 노동 없는 미래가 도래할 것이라는 전망에 부정적인 견해도 많다. 지금까지의 산업혁명 과정이 그러하였듯이 새로운 일자리들이 만들어진다는 것이다. 기술 진보로 인해 기계화가 진전되면서 육체노동 중심의 전통적 제조업 일자리가 기계로 대체되었지만(대체효과), 도입된 기계를 다룰 노동력의 수요가 증가하기도 하며(보완효과), 기술 진보로 인해 생산성이 향상되면서 관련 산업이 성장해 결국 고용이 증가(생산효과)할 수 있기 때문에(정혁, 2017), 기술 진보가 곧 바로 노동 없는 미래로 이어지지 않는다는 것이다. 이러한 전망들에 따르면, 4차 산업혁명 과정에서도 제조업에서는 고용이 감소하겠지만 돌봄, 지식 집약적 산업, 첨단 기술 영역에서 더 많은 일자리가 만들어질 것으로 보인다.

또한 역사적으로 보아도 산업혁명이 일자리를 줄이기보다는 더 늘리는 방향으로 작용해 왔다고 설명된다. 1차에서 3차까지의 산업혁명은 단기적으로는 노동력을 대체하는 효과가 컸지만, 중장기적으로는 생산효과와 보완효과가 지배적이었다는 것이다(정혁, 2017). 19세기의 1차 산업혁명으로 인해 방직공정이 자동화되었지만, 그로 인해 면직물 가격이 하락하고 수요가 급증하여 1830년에서 1900년 사이에 방직공의 고용이 네 배 이상 증가하였다(고상원 등, 2017, p. 13). 이뿐만 아니라 20세기 말의 ATM 보급으로 은행원 수가 일시적으로 감소했으나, 은행 지점당 운영비가 절감되고, 더 많은 지점이 설치되면서 은행원의 고용이 증가한 역사적 사례도 존재한다(Autor, 2015). 이론적으로 보면, 기술혁신이 숙련노동자의 생산성을 높임으로써 숙련편향적 노동수요가 증가한다고 설명한다. 결국 산업혁명과 기술혁신은 노동을 대체하기보다 더 많은 일자리들을 만들어 왔다는 것이 과거의 역사적 경험이라는 것이다(고상원 등, 2017).

이상과 같은 일자리의 미래에 대한 비관론과 낙관론은 각자의 논리로 각자의 주장을 제시하고 있지만, 미래에 대한 예측은 그야말로 예측에 불과해서 어떤 주장이 옳고 그른지를 논하기가 어렵다. 그러나 노동 없는 미래를 전망하는 입장이든, 새로운 일자리의 창출을 전망하는 입장이든 일자리의 미래 전망에 대한 상반된 예측들에도 불구하고 미래 전망에서 일치하는 부분도 존재한다. 4차 산업혁명으로 대표되는 현 단계 자본주의가 불안정노동을 양산하고 불평등을 구조화할 것이라는 견해가 그것이다.

이는 자동화로 인해 저숙련 및 중간숙련 일자리가 사라지고 노동력의 양극화가 진행된 결과로 설명된다(Baweja, Donovan, Haefele, Siddiqi & Smiles, 2016, pp. 4-15). 자동화로 인해 저숙련 노동자들이 일자리를 잃을 뿐 아니라, 인공지능이 지식 노동의 성격을 바꾸어 중간숙련 일자리까지 대체하게 되는데, 이들 중 일부는 재훈련을 통해서 고숙련 일자리로 진입이 가능하겠지만, 대부분은 불안정노동자로 전락할 가능성이 더 높다는 것이다(정원호, 이상준, 강남훈, 2016, p. 23). 결국 중간숙련 노동자의 감소는 노동력의 양극화로 이어진다. Goos, Konings, Radmakers(2016)는 1993년과 2010년 사이 EU 16개국의 직업 변동을 분석함으로써 일자리 양극화가 진행되고 있음을 보여주고 있다. 즉 EU 16개국의 대부분의 나라들과 미국에서 고임금 일자리가 크게 늘고 저임금 일자리가 다소 늘어났지만, 중간임금 일자리가 크게 감소하였다는 것이다(Goos et al., 2016, p. 10).

불안정 노동의 전형적 특징은 전통적인 표준적 고용관계에서의 이탈이다. 산업사회에서 표준적 고용관계였던 정규직 고용보다 이제 비정규직 고용이 표준화되고 있다. 가장 대표적인 것이 특수형태 고용의 확산이다. 미국에서는 2005에서 2015년까지 10년간 표준적 고용형태는 서서히 줄어들었고, 새로운 형태의 고용이 10.1%에서 15.8%까지 증가했다. 여기에는 자영자를 제외한 기그 노동자, 일용직, 임시직, 우버 드라이버를 포함한 온·오프라인 인력업체 계약자, 독립계약자 등 단기직 노동형태가 포함된다(Katz & Krueger, 2016). 미국의 프리랜서 유니온에 따르면 2014년 전체 노동인구의 34%가 이와 같은 독립계약자와 자영자라고 보고하고 있고(Ambrosino, 2016), 회계법인 인튜이트는 2020년 전체 노동인구의 40%가 독립계약자, 프리랜서 등으로 채워질 것이라고 예측하고 있다(Intuit, 2010).

한국도 다르지 않다. 직종 세부분류를 기준으로 특수고용 형태를 추정하고 있는 조돈문(2015)은 특수형태 고용근로자의 규모를 11.7%까지 추정하고 있다. 더욱이 플랫폼 경제와 플랫폼 노동의 확산되면서 특수형태 고용근로자는 더 증가할 것으로 예상된다. 디지털 특고로 간주되는 이들 고용형태의 특성은 일시적이거나 임시적인 형태의 일이 아니라 주업인 경우가 많고, 청년층인 경우가 많으며, 주로 최저 소득집단에 속해 있는 경우가 많다. 그리고 이들 대부분은 노동자성 인정 여부가 논란이 되면서 사회보험 등 사회보장에서도 배제되어 있는 경우가 많다(황덕순 등, 2016).

이러한 불안정노동의 확산은 노동시장의 양극화와 불평등의 구조화로 이어진다. 제조업에 비해 상대적으로 생산성이 낮은 서비스업의 확대와 서비스업에서 비숙련 저임금 노동의 고용확대 그리고 비정규직 고용의 확대는 서비스 경제사회의 전형적인 특징이다. 반면에 숙련편향적 기술

발달로 인해 고임금 노동자 또한 증가함으로써 노동시장은 양극화되어 왔다. 또한 기업은 이윤을 늘리기 위해 노동력보다는 설비투자를 더 선호함으로써 자본의 유기적 구성이 고도화되면서 국민소득에서 노동소득이 차지하는 비율인 노동소득 분배율은 지속적으로 하락하는 경향을 보여 왔다. 특히 한국에서는 1997년 경제위기 이후 구조조정과 정리해고로 인한 노동시장의 유연화와 비정규직의 증가, 소수 대기업으로의 경제력 집중은 소득 불평등과 격차를 구조화했다.

그렇다면 표준적 고용관계가 해체되고, 불안정노동이 일상화되며, 불평등이 구조화되고 있는 이유는 무엇인가? 단순히 신자유주의적 정책의 확산에 따른 결과인가? 아니면 보다 근본적인 원인이 존재하는가? 전자가 이유라면 신자유주의 정책의 수정만으로 불안정노동과 불평등의 확산은 해결 가능할 것이다. 그러나 이러한 현상들의 근본적인 원인을 신자유주의 정책에서 찾는 것은 한계가 있어 보인다. 현재 불안정노동의 일상화와 불평등의 구조화 문제는 정도의 차이는 있을지라도 신자유주의 정책을 추진하고 있는 국가들뿐 아니라 그렇지 않은 국가들에서도 나타나는 보편적인 현상이기 때문이다. 4차 산업혁명으로 인한 일자리의 변화와 표준적 고용형태의 해체와 그로 인한 불안정노동의 일상화는 현대 자본주의의 특징을 보여주는 하나의 현상들일 뿐이다.

현 시기 불평등과 양극화의 구조화 원인은 보다 근본적으로 자본주의의 질적인 변화에서 찾을 필요가 있다. 그 변화의 핵심은 산업자본주의에서 인지자본주의로의 전환이다. 현 단계 자본주의는 노동력에 의해서 가치가 창출되는 것이 아니라 지식과 정보에 의해서 가치가 창출된다. 특히 4차 산업혁명에서 중요한 가치 창출 수단으로서 빅데이터의 생산은 구글이나 네이버 등에 임노동 계약관계로 고용된 노동자들에 의해서 생산되는 것이 아니다. 일반지성으로 표현되는 보통 사람들이 인터넷 공간에서 검색하고, 이메일을 보내고, 쇼핑하는 과정에서 빅데이터는 구축된다. 이른바 플랫폼 경제과정이다. 인터넷을 통해 발전된 거대한 플랫폼이라는 새로운 공유지에서 놀고 있는 일반지성들에 의해 가치가 창출되고 있는 것이다.

따라서 플랫폼 기업들은 초과이윤을 가져다주는 알고리즘을 공개하면서 지대를 낳을 수 있는 플랫폼을 구축하는 전략을 쓰고 있다(강남훈, 2017a). 하지만 이렇게 생산된 지대는 현재 지대 형성에 기여한 일반지성에게 분배되기보다는 플랫폼 기업들이 독점하고 있다. 전통적 산업사회의 토지라는 공유지에 비견되는 인지자본주의 시대의 '가상 토지'라는 공유지를 통해 지대를 추구하고 있고, 플랫폼 경제에서 이러한 지대는 시간이 갈수록 더 커지는 경향이 있음에도 불구하고 플랫폼 기업들이 지대를 독점하고 있는 것이다. 이러한 과정이 인지자본주의에서 가치가 생산되고 분배되는 핵심과정이다.

인지자본주의로의 질적인 변화는 일자리와 일자리의 질에 영향을 미침으로써 불안정노동을 일상화하고 있을 뿐 아니라 전통적 산업자본주의와는 다른 가치생산과 분배방식으로의 전환을 보여주고 있다. 이러한 변화는 사회복지정책 영역에도 영향을 미친다. 전통적 산업사회에 구축된 사회보험 중심의 복지체제는 더 이상 인지자본주의에서의 생산체제 변화를 반영하여 사회적 보호의 기능을 충분히 실현하는 데 한계가 있다. 이러한 전통적 산업사회의 복지체제와 새롭게 변화된 생산체제 사이의 부정합은 복지국가의 지속가능성을 위협할 것이다. 이러한 제도적 부정합으로 인해 전통적 산업사회의 케인스주의에 기초한 '복지국가'는 다양한 사회적 위험과 불평등 문제에 적절히 대응하고 있지 못한다. 일자리 창출 전략이나 사회보험 강화 전략도 장기적으로 지속가능하지 않아 보인다. 이것이 사회보험 중심의 복지국가에 대한 개혁과 기본소득 중심의 새로운 복지국가 혁명이 필요한 이유이다.

특히 스위스의 국민투표가 언론에 크게 조명되고, '한국사회복지학회'와 '비판사회복지학회'에서 기본소득 관련 주제를 다루는 동시에 '제16차 BIEN 세계대회'가 아시아에서 최초로 서울에서 개최되면서, 기본소득에 대한 관심은 더욱 확장되었다. 기본소득은 노동의 위상이 축소되고 있는 유동화된 근대사회에서 (유급)노동과 소득·복지를 완전하게 분리하고, 인간의 욕구를 시민권적 권리 보장을 통해 충족시킴으로써, '실질적 자유'의 '평등한 분배'라는 사회정의(Van Parijs, 2006, p. 39)의 이념을 달성하기 위한 제안이다.

따라서 본 연구는 노동 없는 미래와 불안정노동의 확대가 진행되고 있고, 전통적 복지국가가 이러한 문제들을 충분히 해결하고 있지 못한 시점에서 대안적인 복지국가의 재구성 전략을 제안해 보고자 한다. 복지국가 재구성 전략의 핵심은 기본소득을 중심으로 하는 정책패키지에 있다.

## 제2절 기본소득의 개념, 쟁점 및 철학

### 1. 기본소득 논의의 등장 배경과 주요 연혁

기본소득에 대한 구상은 특별히 새로운 것도 아니다. 250년 전 토머스 페인(Thomas Payne, 1737~1809)이 주장한 '복지기금'에서 출발했다는 주장도 있고, 500년 전 토머스 모어(Thomas More, 1478~1535)의 '유토피아'(Utopia, 1516)라는 책에서 기원을 찾기도 한다(서정희, 2017a; Van Parijs, 1995). 서구에서 기본소득에 대한 연구가 본격화된 것은 1970년대와 1980년대 초였다. 벨기에 루뱅대학의 '샤를푸리에 그룹'(Charles Fourier Collective)이 1986년에 '기본소득'(L'allocation Universselle; Basic Income)이라는 논문을 출간하였고, 같은 해 '기본소득유럽네트워크'(BIEN: Basic Income European Network)가 설립되면서부터이다(Raventós, 2007/2016, p. 37). 이 조직은 2004년부터 '기본소득지구네트워크'(Basic Income Earth Network)로 발전하여 지금까지 전 세계 기본소득 논의의 확산을 주도하고 있다.

이러한 긴 역사 속에서 기본소득은 '사회배당'(National, Teritorial or Social Dividend), '보장소득'(Guaranteed Income), '시민소득'(Citizen's Income), '보편적 보조금'(Universal Grant), '사회수당'(Social Allowance) 또는 '데모그란트'(Demogrant), '연간 보장소득'(Guaranteed Annual Income), '국가 보너스'(State Bonus) 등 다양한 이름으로 불려왔다(백승호, 2010; Van Parijs, 2006).

2016년 이후 우리나라에서도 기본소득에 대한 학술적, 정책적 논의가 급속도로 확산되고 있다. 우리나라에서 기본소득에 대한 학술적 논의는 세 시기로 구분하여 전개되어 왔다. 첫 번째 시기는 기본소득 아이디어를 소개하는 시기로서 2000년대 초반이었다(윤정향, 2002; 성은미, 2003; 윤도현, 2003). 당시의 기본소득 제안은 1997년 경제위기 이후에 확대되기 시작한 노동시장의 '불안정성'에 대한 대안으로 기본소득 아이디어를 소개하는 수준이었다. 당시의 아이디어는 현실 세계와 동떨어진 하나의 몽상가적 제안 정도로 취급되었다(백승호, 2017). 그 이후 2000년대 중후반까지 기본소득 관련된 논문들이 간헐적으로 발표되었다(이명현, 2006, 2007; 박홍규, 2008 등).

두 번째 시기는 2010년 전후 기본소득에 대한 학술적 논의가 활성화된 시기이다. 이 시기 기본소득에 대한 관심은 2009년 민주노총 정책연구원에서 발간된 '즉각적이고 무조건적인 기본소득을 위하여'(강남훈, 곽노완, 이수봉, 2009)와 2010년 한국에서 개최된 기본소득 국제학술대회를 기점으로 확대되기 시작했다. 2010년에는 Real Utopia Project[142)]의 일환으로 기본소득 논의를 확산시키는 데 큰 영향을 주었던 'Redesigning Distribution'(Ackerman, Alstott & Van Parijs, 2006)이 '분배의 재구성'(너른복지모임, 2010)으로 번역되었다. 이 시기의 다른 특성은 주로 경제학, 여성학, 철학 분야의 학자들을 중심으로 기본소득에 대한 학술적 논의가 진행되었다는 점이며, 사회복지학계에서 기본소득에 대한 논의는 매우 제한적으로 이루어졌다(서정희, 조광자, 2008; 김교성, 2009; 백승호, 2010 등).

제1기와 제2기에 걸친 기본소득의 학술적 논의를 분류해 보면 다음과 같다. 기본소득에 대한 소개와 도덕적·철학적 원칙에 대한 논의(강남훈 등, 2009; 곽노완, 2007, 2009; 성은미, 2003; 윤정향, 2002; 최광은, 2010; 권정임, 2011; 심광현, 2015), 기본소득과 타 제도의 비교(서정희, 조광자, 2008; 이명현, 2006, 2007; 김병인, 2016), 소득 재분배와 같은 사회경제적 효과에 대한 논의(강남훈, 2009, 2010a, 2010b; 김교성, 2009; 안현효, 2010; 백승호, 2010; 김혜연, 2014; 윤자영, 2016b), 한국형 기본소득 모델 제안(강남훈, 2010a) 등으로 구분할 수 있다. 기본소득과 근로동기, 인플레이션 문제 등 기본소득이 도입될 경우 발생할 수 있는 사회경제적 파급효과에 대한 논의들도 일부 소개되었지만(강남훈 등, 2009; 강남훈, 2010b), 이는 기본소득 반대 논리들에 대한 소극적인 대응의 성격이 컸다. 따라서 기본소득에 대한 본격적인 논쟁은 전개되지

142) Real Utopia Project는 1991년 미국의 위스콘신대학교의 A. E. Heaven Center의 후원하에 급진적 사회변혁을 위한 광범위한 제안과 모델들을 탐색하기 위한 목적으로 시작되었다. 다양한 해방적 비전들에 대한 원칙과 타당성을 규범적으로 검토할 뿐만 아니라, 이러한 비전들을 실현하기 위한 제도설계 방안을 결합하고자 하였다. 프로젝트의 결과물은 영국 런던의 Verso 출판사에서 Real Utopia Project Series로 출간되었다.

않았다. 다만 노동중심적 급진 좌파의 입장에서 일부 이념적 비판이 제기되었는데, 기본소득이 '탈노동' 혹은 노동 거부의 관점에서 노동과 연계되지 않아 노동해방을 가능하게 하지 않을 것이라는 우려였다(박석삼, 2010).

세 번째 시기는 2016년 이후 기본소득에 대한 본격적인 찬반 논쟁이 전개되고 있는 시기이다. 이 시기 기본소득에 대한 본격적 논쟁의 확산은 기본소득에 대한 대중적 관심의 확산에 따른 결과라고 할 수 있다. 특히 스위스의 국민투표와 다양한 기본소득 실험이 언론에 크게 조명되고, '한국사회복지학회'(2016, 부산)와 '비판사회복지학회'(2016, 서울)에서 관련 주제를 다루는 동시에 '제16차 BIEN 세계대회'(2016)가 아시아에서 최초로 서울에서 개최되면서, 기본소득에 대한 관심은 더욱 확장되었다. 많은 번역서들이 출간되기도 하였다(Douglas, 1933/2016; Van Parijs, 1995/2016, Raventós, 2007/2016; Dunlop, 2016/2016; Ferguson, 2015/2017).

동시에 사회경제적 변화에 대한 대중의 인식 변화는 기본소득의 필요성에 대한 공감대를 확산시키는 데 기여했다. 산업구조가 서비스경제로 전환되고, 그로 인한 표준적 고용관계의 해체, 불안정노동의 일상화, 빈곤과 불평등 및 양극화의 심화, 그리고 4차 산업혁명에 대한 위기의식[143] 등 사회경제적 변화로 인한 일상화된 삶의 '불안정성' 확대는 기본소득에 대한 시민들의 관심을 촉발하였다. 특히 노동시장의 불안정성이 확대되고, 기계가 일자리를 대체할지 모른다는 불안감이 확산되면서, 전통적 사회보장제도에 대한 비판적 문제제기와 새로운 대안적 사회보장제도에 대

143) 2016년 3월 9일부터 서울에서 진행된 구글 딥마인드 챌린지 매치(Google Deepmind Challenge match)에서 이세돌이 알파고에게 패하면서 4차 산업혁명으로 인한 일자리의 소멸 가능성은 공포수준으로 대중들에게 각인되었고, 이 사건은 기본소득에 대한 대중의 관심을 확산시키는데 큰 역할을 하였다(신혜정, 2016).

한 관심이 크게 확산되었다(김교성, 2016b).

물론 기본소득이 이러한 문제들을 해결해 줄 '만병통치약'은 아니다. 그러나 기본소득에 대한 관심의 확산은 기존 사회보장제도의 사각지대 문제가 매우 심각하며, 기본소득이 이를 해결할 수 있는 보완재로서 고려되고 있음을 보여주는 것이다. 동시에 서울시와 성남시에서 기본소득의 원리를 반영한 형태의 청년정책들이 제안되고 실시되어, 기본소득에 대한 보다 현실적인 논쟁들을 확산시키는 데 큰 역할을 하였다. 최근 유력 대선후보들이 기본소득 혹은 유사한 제도를 제안하거나 언급하면서, 우리 사회에서 기본소득 논의는 본격적인 논쟁 국면으로 접어들게 되었다.

## 2. 기본소득의 개념 및 속성

기본소득은 아주 단순한 제도이다. 기본소득의 도입을 전 지구적 차원에서 논의하기 위해 만들어진 기본소득지구네트워크(BIEN: Basic Income Earth Network)는 기본소득을 '자산조사와 근로에 대한 요구 없이 모든 개인에게 무조건 교부되는 주기적 현금[144]'으로 정의하고 있다. BIEN의 공동대표이자 기본소득의 이론화 작업에 가장 큰 역할을 한 Van Parijs(2006)가 규정한 개념도 크게 다르지 않은데, 기본소득은 '국가의 자산조사나 근로조건 부과 없이 모든 구성원들이 개인 단위로 지급받는 소득'을 의미한다. 후자가 지급 주체를 명시하고 있다는 점을 제외하곤 거의 유사한 내용이다.

이러한 정의에 기초하여 보다 구체적으로 기본소득의 속성을 살펴보면 다음과 같다.

144) A basic income is a periodic cash payment unconditionally delivered to all on an individual basis, without means-test or work requirement(http://basicincome.org/basic-income/에서 2017. 12. 31. 인출).

첫째, 기본소득은 보편성(universality)을 특징으로 한다. 보편성은 어떤 정책이나 제도에서 포괄하는 인구집단의 범위와 관련된 개념이다(De Wispelaere, 2015, p. 50). 엄격한 의미에서 기본소득은 특정 인구집단이 아니라 전체 인구집단을 포괄한다. 기본소득이 보편적이기 위해서는 특정 범주, 상황이나 특정한 속성을 가진 사람으로 대상이 제한되지 않아야 한다. 그러나 어떠한 사회보장제도도 완전하게 범주조건에서 자유로운 제도는 없다(Clasen & Siegel, 2007, p. 172).

예를 들어, 아동수당은 아동이어야 수급 가능하며, 기초연금은 노인이어야 수급이 가능하다. 기본소득조차도 시민권으로 그 인구학적 범주를 한정하는 것이 일반적이다. 기초연금이나 아동수당이 인구학적 범주를 특정 생애주기로 제한하는 반면, 기본소득은 시민권이나 공인된 거주권으로 대상자의 범주를 제한하고 있다(Raventós, 2007/2016). 기본소득은 공유경제를 통해서 축적된 부의 분배와 관련되기 때문에 일반적으로 시민권이나 공인된 거주권만을 유일한 조건으로 제시한다. 다만 외국인의 경우 일반적으로 최소한의 거주기간이나 조세 목적으로 규정된 거주조건을 요구받는다.

둘째, 기본소득은 무조건성(unconditionality)을 특징으로 한다. 어떤 정책에 조건을 부여한다는 것은 대상자의 자격에 제한을 가함을 의미한다. 기본소득에서 무조건성 원칙은 기본소득 수급권이 노동이나 기여를 조건으로 하지 않고(no work related, no contribution), 개인의 소득으로부터 완전하게 독립되어(no means test) 결정되어야 함을 의미한다. 앞선 보편성의 원칙이 사회보장 수급 대상자의 인구학적 범주와 관련된 원칙이라면, 무조건성의 원칙은 그러한 범주에 추가로 부가된 상황이나 행동조건과 관련된다.

인구학적 범주와 무관하게 급여 수급을 위해 특정 상황이나 행동이 요구된다면 이는 조건부과에 해당한다(De Wispelaere, 2015, p. 52; Martinelli, 2017, p. 4).[145] 일반적으로 상황조건은 범주조건이 아니라 수준이나 기간조건의 형태를 취한다(De Wispelaere, 2015, p. 53). 사회부조의 소득수준 조건이나 사회보험의 근로기간 및 기여 조건이 여기에 해당한다. 행동요구 조건은 사회부조 수급을 위한 근로 조건, 취업성공패키지 등의 훈련참여 조건, 고용보험의 구직활동 조건 등 급여수급 유지를 위해 부과된 행동요구 사항이 그 예이다. 기본소득은 명시적으로 이러한 조건을 부과하지 않을 것을 표명한다. 따라서 기본소득은 무조건성 원칙에 따라 유급노동에 참여하고 있는지, 소득수준이 높은지 낮은지, 특정 가구형태에 속해 있는지, 사회적 기여를 하고 있는지의 여부와 무관하게 주어진다.

셋째, 기본소득은 개별성(individual base)을 특징으로 한다. 개별성은 정책이 집행되는 표준단위와 관련된다(De Wispelaere, 2015, p. 5). 표준단위는 일반적으로 개인과 가구이다. 기본소득에서는 가구의 상황과 무관하게 개인에게 직접 할당되도록 하는 개별성 원칙이 옹호된다. 가구단위의 할당 원칙은 가구의 특성을 반영할 수 있다는 장점이 있다. 일인소득자 가구와 이인소득자 가구, 장애인 가구와 비장애인 가구, 빈곤 가구와 비빈곤 가구 등에 대한 차별화된 할당을 통해서 가구의 욕구에 기반을 둔 할당이 가능하다. 그러나 가구단위 할당원칙에 대해서는 가구에 지급된 소득보장급여가 각 가구 구성원에게 균등하게 배분된다는 전제가

145) Clasen과 Siegel(2007)은 사회보장제도에서 부과되는 조건을 세 가지로 구분하고 있다. 범주조건(conditions of category), 상황조건(conditions of circumstance), 행위조건(conditions of conduct)이 그것이다. 범주조건은 노령연령 수급요건으로서 노인 범주, 실업급여 수급조건으로서 실업자 범주 등이며, 상황조건은 사회보험에서 기여 조건, 사회부조에서 자산조사 조건 등이다. 그리고 행위조건은 수급자격을 결정하는 조건이라기보다는 수급자격을 유지하기 위한 조건으로서 수급을 위한 근로 조건 등이다. 그러나 일반적으로 범주조건에 기초한 급여수급은 무조건적인 것으로 간주된다(De Wispelaere, 2015; Martinelli, 2017, p. 4).

타당하지 않다는 주장뿐 아니라, 가구를 어떻게 정의하느냐에 따라 정책 효과가 달라질 수 있다는 주장 또한 존재한다.

따라서 기본소득 지지자들은 개별성 원칙을 더 선호한다. 가구 내에서 자원배분의 공평성을 더 확보할 수 있게 하며, 특히 젠더 평등을 더 가능하게 함으로써, 기본소득의 궁극적 목적인 모든 개인의 실질적 자유를 확대할 수 있기 때문이다. 개별성의 원칙이 기본소득의 가장 중요한 특징으로 간주되기도 한다(Van Parijs, 2004; Martinelli, 2017). 또한 개별성은 보편성 원칙에 포괄될 수도 있다. 보편성 원칙의 핵심은 시민권이고, 시민권은 개인단위로 부여되는 권리이다. 따라서 보편성 원칙에 개별성이 이미 내포되어 있다고 할 수 있다(백승호, 2017).

넷째, 기본소득은 정기성을 특징으로 한다. 정기성은 기본소득 수급의 빈도 또는 간격 그리고 기간과 관련된다(De Wispelaere, 2015, p. 55). 정기적으로 제공된다고 하는 것은 대체로 '월' 단위일 수도 있고, 1주, 1년, 1분기 단위의 기본소득도 가능하다. 기본적인 생활보장을 강조하는 사람들은 짧은 간격으로 기본소득이 지급되는 것을 선호하며, 동등한 기회의 제공을 선호하거나, 가부장주의적 통제의 위험성을 걱정하는 사람들은 간격을 길게 두고 기본소득을 지급하는 것을 선호한다(De Wispelaere & Pėrez-Muňoz, 2015).

정기성의 또 다른 측면은 기본소득 수급의 기간제한과 관련된다. 일반적으로 기본소득은 생애 전 기간에 걸친 수급을 특징으로 한다. 물론 수급기간을 제한하는 변형된 형태의 제도들이 제안되기도 한다. 주로 무임승차에 대한 우려(White, 2003), 탈산업화된 사회에서 유동화된 사회적 위험에 대한 대응의 필요성(주은선, 2013), 청년수당과 같이 기존의 소득보장 정책을 보완하기 위한 실용적 이유 등으로 수급기간 제한이 선호된다(De Wispelaere, 2015, p. 56).

대표적인 제도가 한시적 시민수당(주은선, 2013)과 사회적 지분급여(Ackerman & Allstot, 2004)이다. 이 제도들은 일시금으로 지급되기 때문에 탕진의 위험이 있고, 실질적 평등의 실현에서 한계가 있어 개인들의 실질적 자유를 실현하기 어렵다고 비판받는다(Van Parijs, 2006). 기본소득은 한 번의 목돈을 지급하고 이후의 상황은 개인에게 전적으로 책임을 전가하는 사회적 지분급여(stakeholder grants)와 기회의 평등을 보장하기 위해 필요한 매순간 현금을 지급하는 극단적인 방법의 절충안이다(Van Parijs, 1995).

다섯째, 기본소득은 현금 지급을 특징으로 한다. 기본소득은 현금으로 지급됨으로써 시민들 스스로가 어떤 명목으로 소비하고 투자할지를 스스로 결정할 수 있도록 함으로써 개인들의 실질적 자유를 보장하는 것이 목표이기 때문이다. 현물이 아닌 현금 지급이 개인들의 실질적 자유 실현에 가장 좋은 방법이다. 기본소득의 다른 속성들을 모두 가지고 있고, 교육이나 여행 바우처, 주거, 음식쿠폰 등과 같은 현물의 형태나 저축할 수 없고 특정 기간 내에 소비해야 하는 특수한 형태의 통화 형태로 제공되는 급여가 배제될 필요는 없지만, 일반적으로 기본소득은 현금지급 원칙이 선호된다(Standing, 2008; Van Parijs, 1995).

여섯째, 기본소득은 중앙정부, 지방정부, 혹은 초국적 정치단위에서 제공되는 것이 원칙이다. 기본소득 제공주체를 명시하는 이유는 기본소득 재원마련방안과 관련되기 때문이다. 대부분의 기본소득 제안은 중앙정부나 지방정부 차원에서 세금을 통해 지급되는 것을 가정한다. 기본소득의 재원으로 추가적인 소득세, 소비세, 법인세뿐 아니라 자본에 대한 과세인 토빈세, 디지털 화폐인 비트코인 등의 크립토통화(crypto-currency) 등이 제안되어 왔다(De Wispelaere, 2015, p. 57).

이들 재원은 주로 중앙정부를 통해 마련 된다. 지방정부 차원에서 기금

마련을 통해 기본소득을 실현하고 있는 대표적인 경우는 알래스카 영구기금(Alaska Permanent Fund Dividend: PFD)이 있다. 초국적 정치 단위에서 제안되는 기본소득은 유럽연합이나(Genet & Van Parijs, 1992), 유엔 수준에서의 기본소득 제안(Barrez, 1999; Frankman, 2001)이 존재한다. 공동체인 종교단체나 시민단체 수준에서 기본소득에 관한 소규모 실험이 시범적으로 시도되기도 한다.

일곱째, 기본소득은 충분성을 특징으로 한다. 충분성은 대상자의 기본적 욕구를 충족시키는 역량으로서 기본소득 급여의 관대성 수준과 관련된다. 충분성 원칙은 기본소득이 기본적 욕구를 충족시키고, 실질적 자유를 실현할 수 있을 정도의 수준으로 지급되어야 한다는 원칙이다. 실제 기본소득의 목적이나 다양한 장점들도 충분한 기본소득이 제공된다는 전제에 기초한 것이다. 충분성 기준은 기본소득과 다른 제도를 구분하는 기준으로 논의되기보다는 기본소득이 실현되었을 때 기본소득의 목적을 달성할 수 있느냐와 관련되어 주로 논의되는 원칙이다.

그러나 기본소득에서 어느 정도 수준이 적정한지 대해서는 논란이 있기 때문에 그 수준을 고정하여 논의하고 있지는 않다(Van Parijs, 1995). 기본소득은 공유된 부에 대한 배당의 성격을 갖기 때문에 어느 정도가 충분한지는 해당 사회의 정치경제적 맥락에 따라 달라질 수 있다(Van Parijs, 1995). 공유된 부의 범위와 수준은 정치경제적 맥락에 따라 다르게 평가될 수 있고, 재정적 역량에 따라 달라질 수 있기 때문이다.

그럼에도 불구하고 기본소득의 기본적인 출발점으로 제안되고 있는 충분성의 수준은 일반적으로 최저생계비 수준이며, 경상 GDP의 25% 수준이 제안되기도 한다(Van Parijs & Vanderborght, 2017, p. 11). 충분한 수준의 기본소득 관대성이 확보되지 못한 경우를 보통 부분(partial) 기본소득이라 명명하기도 한다(강남훈, 2017a). 기본소득의 수준은 연령

등에 무관하게 동일한 수준으로 지급될 수도 있고 일부 차별화될 수도 있다(Van Parijs & Vanderborght, 2017, p. 9).[146)]

## 3. 기본소득 개념 논쟁

앞의 내용을 요약하면 기본소득의 원칙은 보편성, 무조건성, 개별성, 충분성, 정기성, 현금지급이라 할 수 있고 다양한 지급주체를 가정하고 있다. 이 원칙들을 기준으로 기본소득과 기본소득이 아닌 제도들이 구분된다(윤홍식, 2016; 백승호, 2017). 이 과정에서 무엇을 기본소득으로 규정할지에 대한 논쟁이 전개되고 있다. 이러한 논쟁의 핵심은 기본소득의 정의에 기초하여 기본소득을 엄격하게 개념 정의해야 한다는 주장과 완전한 기본소득을 실현해가는 과정에서 기본소득의 속성이나 철학을 크게 훼손하지 않는 경우까지 포괄하여 기본소득으로 정의해야 한다는 실용적 주장에 있다.

이들은 주로 보편성과 충분성에 대한 원칙에서 서로 다른 접근을 취하고 있으며, 무조건성과 관련해서는 크게 이견이 없어 보인다. 물론 개별성, 정기성, 현금지급과 관련된 이견은 일부 존재한다. 개별성과 관련하여 개인단위가 아닌 가구단위의 기본소득을 제안하거나, 임금 지급단위인 주(week) 단위 지급을 주장하거나, 현물기본소득을 주장하는 입장들이 그것이다. 그러나 이들 원칙에 대해서는 일반적으로 개별성, 월(month) 단위 정기성, 현금지급원칙을 유지해야 한다는 주장이 지배적이다. 따라서 이 장에서는 보편성, 충분성과 관련된 논쟁들만 간략히 소개하고자 한다.

---

146) 급여액을 연령별로 차등하는 방안도 존재한다. 다만 인구학적 구간(아동, 청소년, 성인, 노인 등) 설정의 문제와 차등지급의 정당성이 확보되어야 하며,—생활 비용이 많이 소요되는—성인기에 최고수준의 급여를 제공하는 안이 선호된다.

먼저 보편성 원칙과 관련된 논쟁이다. 보편성 원칙은 기본소득이 시민권에 기초하여 모든 시민에게 지급되어야 한다는 원칙이다. 그런데 자격규정에 제한을 두고 있는 사회수당을 기본소득으로 볼 것인지에 대한 논쟁이 존재한다. 사회수당은 특정 생애주기로 대상 범주를 제한하였을 뿐 기본소득의 대부분의 속성을 포함하고 있기 때문이다. 다수의 기본소득 옹호자들은 완전 기본소득을 제도화하기 위한 전략으로서 점진적 접근을 선호한다(Jordan, 2012). 기본소득의 실현과정에서 아동수당과 노인수당을 시작으로 인구학적 범주를 점차 확대해 감으로써 완전 기본소득으로 발전할 수 있을 것으로 기대한다. 물론 사회수당을 기본소득에 포함할지 여부와 관련하여 논란의 여지가 있다.

그러나 명목적 보편주의를 강조하여 사회수당에 기본소득이라는 이름을 부여할 것인지 아닌지에 대해 지나치게 민감하기보다, 이러한 수당들의 확대를 통해서 실질적인 보편주의를 달성하는 것이 더 중요하다는 견해가 일반적이다(De Wispelaere, 2015, p. 49). 라벤토스(Raventós, 2007/2016)는 인구학적 범주를 제한하는 사회수당을 기본소득으로 보지 말자는 주장을 세련되지 못한 '정치적 오류'(crude political errors)라고 지적한다. 그리고 특정 인구학적 생애주기 범주에 포함되었느냐의 여부에 따른 수급자격 제한의 경우 보편성의 원칙을 위배하지 않는 것으로 보는 견해가 일반적이다.

보편성 원칙과 관련된 다른 논쟁은 외국인, 범죄자 등에 대한 기본소득 적용 여부이다. 외국인의 경우, 전지구적 기본소득이 주장되기도 하지만, 현실적인 이유로 거주기간의 제약(조건)이 부과된다. 범죄자에 대해서는 감옥에 수감되어 있을 경우 의식주가 제공되기 때문에 이 비용이 기본소득을 대체하는 것으로 전제된다. 수감생활을 마치고 사회로 나오는 시점부터 다시 기본소득 대상에 포함된다.

다음으로 충분성과 관련된 논쟁이다. 충분성과 관련해서는 충분하지 못한 급여가 기본소득의 목적을 달성할 수 없게 하기 때문에 기본소득으로 보지 않는 것이 타당하다는 주장과, 현재 세대에 충분한 기본소득을 제공하여 경제적 부를 소진하고, 다음 세대에 상대적으로 낮은 수준의 기본소득을 제공하는 것도 세대 간 정의 측면에서 올바른 선택은 아니라는 정의론적 주장이 존재한다. 기본소득 지지자들도 이러한 주장에 대해 부정하지 않지만, 앞서 지적했듯이 세련되지 못한 정치적 오류를 경계한다는 관점에서 낮은 수준의 기본소득을 부정하지는 않는다.

이뿐만 아니라 다른 모든 원칙이 유지된다면 낮은 수준의 기본소득은 완전 기본소득의 실현으로 가는 중요한 경로일 수 있다고 판단한다. 한편 낮은 수준의 기본소득에 대한 우려보다는, 충분성의 원칙을 실현하기 위해, 부유한 사람은 가난한 사람보다 기본소득 재정에 더 기여하도록 조세 시스템의 개혁이 동반되어야 한다는 점이 강조된다. 생산 잠재력, 분배 효율성, 세율의 구조와 수준, 인구증가, 생태적 효과 등을 종합적으로 고려하여 최고의 평균 기본소득을 유지할 수 있는 안을 선택하도록 제안되고 있다(Van Parijs, 1995).

이상과 같이 기본소득을 명확하고 엄격하게 구분하는 것이 소모적인 논쟁일 수 있음에도 불구하고 기본소득과 기본소득이 아닌 것을 구분하는 것은 학술적으로는 유용할 수 있으며 필요한 작업이 될 수 있다. 그러나 이러한 엄격한 구분이 기본소득 변용들의 유용성에 대한 부정을 의미하지는 않는다. 분명히 기본소득은 유급노동과 그에 기반을 둔 소득을 전제로 하는 사회보험이나 노동에 대한 의무를 부과하는 노동연계복지와는 기본적으로 성격이 다르다. 자산조사 조건도 부과하지 않는다는 점에서 사회부조와도 구별되며, 수급자를 선별하기 위한 심사과정과 행정적 거래비용[147]을 절감할 수 있다. 그리고 운영과정에서 나타날 수 있는 사각지대와 낙인의 문제도 존재하지 않는다. 실질적 자유의 확대를 위해 '현금'급여를 원칙으로 하며, 소득보장 이외의 보건, 의료, 복지서비스, 교육, 주택 등의 사회서비스를 대체하지 않는다(김교성, 2016a, 2016b).[148] 이러한 관점에서 보면, 기존의 사회보험, 사회부조, 사회서비스는 명확하게 기본소득과 구분된다. 다만 사회수당을 비롯하여 일부 제도들은 기본소득과의 구분이 모호한 점이 존재한다.

## 4. 기본소득의 철학적 기초: '모두를 위한 실질적 자유'

기본소득 논의에 가장 큰 이론적 공헌을 한 Van Parijs(1995, p. 1)는 현대 사회에 용납할 수 없는 불평등이 만연해 있으며, 자유의 가치가 가장 중요하다는 문제의식에서 출발하여 지속가능한 최대의 기본소득에 대한 철학적 정당화를 시도하고 있다. 그는 기본소득론의 철학을 가장 체계적으로 제시하고 있으며, 로머(Roemer), 롤스(Rawls), 드워킨(Dworkin), 노직(Nozick)을 일부 수용하고 부분적으로 비판하면서 기본소득의 철학을 재구성하였다(곽노완, 2013, p. 10). 이 절에서는 기본소득의 철학을 대표하는 Van Parijs의 '실질적 자유론'을 살펴봄으로써, 기본소득의 정치철학적 기초를 이해하고자 한다.

일반적으로 자유지상주의(libertarian)는 사회정의의 초점이 자유에

147) 우파 버전의 기본소득 주장에서는 기본소득이 행정비용을 줄일 수 있다고 가정한다. 기존의 모든 사회보장제도를 기본소득으로 대체하는 것을 전제로 하기 때문이다. 그러나 좌파 버전의 기본소득 주장에서는 기본소득을 통해 행정비용이 축소된다고 보지 않는다. 기본소득을 통해 줄어드는 비용은 행정비용이 아니고, 기존의 복지수급자 선별 등을 위해 필요한 거래비용이 줄어든다고 보는 것이 타당하다. 이를 통해 사회복지전문 요원 등 복지관련 종사자들이 불필요한 행정업무에서 자유로워질 수 있고 사례 관리 등의 본연의 업무에 더 충실할 수 있게 될 것이다.

148) '현물'기본소득으로 사회서비스(교육, 의료 등)를 포함시키는 논자도 있지만, 기본적으로 선호되는 급여의 형태는 현금이며, 기존의 직·간접적인 현금급여 모두를 대체하는 것으로 구상되는 경우가 많다(이명현, 2014).

있으며, 자유의 실현은 불평등을 해소하기 위한 (재)분배노력과 양립할 수 없다고 주장해왔다. 그러나 기본소득의 현대적 논의를 주도해온 Van Parijs는 '모두를 위한 실질적 자유(Real Freedom for All)' 개념을 통해, 분배의 정의를 실질적인 기회의 평등으로 정식화함으로써 자유의 실현과 분배정의의 문제가 결코 양립 불가능한 것이 아님을 보이고 있다. 그는 자유를 지키기 위해 불평등을 감내할 수밖에 없다는 자유지상주의(libertarianism)의 입장을 비판적으로 검토할 뿐 아니라, 반대로 불평등을 해소하기 위해서는 자유를 제약할 수밖에 없다는 단순히 평등주의적일뿐인 '좌파 자유지상주의'(Left-libertarianism)와 구분되는 실질적 자유지상주의(Real-libertarianism)를 주장한다(금민, 2010). '모두를 위한 실질적 자유'를 불평등 해소와 자유의 가치를 동시에 담아낼 수 있는 정의로 제안하고 있는 것이다.

그는 "사회정의는 스스로 좋은 삶이라고 생각하는 것을 실현할 수 있는 실질적 자유의 평등한 분배상태"로 정의한다(Ackerman et al., 2006, p. 39). 실질적 자유는 개인이 원할 수 있는 모든 일을 할 수 있는 자유를 의미하며 이를 실현할 수단과 기회를 포함한다(Van Parijs, 1995). 그의 '모두를 위한 실질적 자유론'은 적극적 자유와 소극적 자유, 자유의 목표들, 자유 개념을 구성하는 전제인 강제 개념의 두 유형, 형식적 자유와 실질적 자유의 구분 등을 엄밀하게 검토함으로써 재구성되었다(금민, 2010).

Van Parijs는 권리(security) 보장, 자기소유권(self-ownership) 그리고 기회의 최소극대화(lexicogrphic maximin: leximin)의 세 가지 조건이 만족될 때 자유로운 사회가 가능하다고 본다. 권리가 잘 지켜지는 사회구조(권리보장)에서 각 개인은 스스로를 소유하며(자기소유권), 각 개인이 원할 수 있는 것이라면 무엇이든 할 수 있는 기회가 최대화되어 있는(기회의 최소극대화) 사회가 실질적인 자유가 보장되는 사회라는 것이다. 이때 권리보장, 자기소유권, 기회의 최소극대화 순으로 우선순위가 있지만, 기회의 최소극대화가 실질적 자유의 실현을 위해 가장 중요하다고 강조한다.

사회 전체의 기회가 줄어들더라도 최약자의 기회가 최대한 증가되는 사회를 실질적인 자유가 보장된 정의로운 사회라고 보는 것이다(Van Parijs, 1995, p. 27). 권리보장과 자기소유권만 존재할 경우 형식적인 자유는 존재하지만 실질적인 자유는 확보될 수 없다(Van Parijs, 1995, p. 21). 예를 들어, 실질적 자유론에 따르면 다른 어떤 일자리도 구하지 못해 생존을 위해 악조건의 일자리를 거부할 수 없다면 실질적 자유는 실현될 수 없다(Raventós, 2007/2016). 그 이유는 일할 권리와 일을 선택할 자유가 존재하기 때문에 형식적 자유는 보장된다고 할 수 있지만, 좋은 일자리를 원할 때 좋은 일자리에 취업할 수 있는 기회가 제약되기 때문이다.

이때 Van Parijs의 제안은 '실질적 자유'를 위해 '결과의 평등'을 위한 분배가 아니라 '기회의 평등'을 위한 분배가 필요하다는 입장이다. 그는 양도 가능한 자원, 기술과 같이 체화되어 양도 불가능한 자원의 불평등뿐 아니라, 특정 모국어, 인종, 국정 등 특정한 사회관계가 낳는 모든 특권적 자원의 향유로 얻어진 추가소득을 조세로 환수하여 지속가능한 최대한의 기본소득을 모두에게 지급하는 것이 정의라고 주장한다(Van Parijs, 1995). 앞의 예에서 좋은 일자리 자체가 '고용지대'(employment rent)를 발생시키는 특권적 자원에 해당하며(Van Parijs, 1995, pp. 119-124), 직업만족도도 높으며 높은 소득을 발생시키기 때문에, 이 고용지대를 모두에게 평등하게 분배하지 않으면 착취에 해당한다(곽노완, 2013, p. 1). 좋은 일자리 자체는 '금수저론'에서 이야기되듯이 좋은 지능이나 부모의 경제력 등이 함께 작용하였고, 사회적으로 만들어진 측면이 있기 때문에, 개인의 노력을 넘어서는 소득과 직업적 특권은 기회의 불평등에서 유래한 착취라는 것이다(곽노완, 2013, p. 12).

그러나 좋은 일자리 등 모든 생산자원과 기회를 최대한 평등하게 분배할 수가 없기 때문에, Van Parijs는 그로부터 유래하는 특권적 추가소득을 최대한 환수하여 모든 시민들에게 최대한 평등하게 분배함으로써, 실질적 기회를 극대화할 수 있는 기본소득을 실현하는 것만으로 분배정의는 달성될 수 있다고 본다. 자유란 어떤 사람의 선호가 외부 주체에 의해 형성되는 것이 아니라 자율적인 선호 형성을 전제하는 것이기 때문에, 이러한 기본소득은 실질적 자유를 위해 중요하다(Van Parijs, 1995, p. 19). 결국 Van Parijs는 기본소득이라는 결과의 평등을 보장하는 수단이 기회의 평등을 극대화할 수 있다는 독특한 철학적 정의론을 제안하고 있다. 곽노완(2013, p. 15)은 실질적 자유가 실현되는 과정을 다음과 같이 설명하고 있다.

> "첫째, 실질적인 삶의 기회를 지속가능한 수준에서 최대한 평등하게 만들려면, 실질적인 기회의 수단 내지 자원이 평등하게 분배되어야 한다. 둘째, 그리고 그러한 자원에는 각자의 노력을 벗어나는 모든 것들이 포함된다. 로머나 드워킨이 제시한 개별적인 외부 천부(자연자원, 유산 및 증여, 그리고 기술) 및 내부 천부(건강, 소질, 외모)에 한정되지 않고, 사회적이고 시대적이며 나아가 국제적으로 특권적인 선물(gift), 그리고 헤아릴 수 없는 우연적인 선물(좋은 선생님이나 좋은 친구 내지 이웃과의 만남)과 사랑도 포함된다. 또 무엇보다 고용지대(employment rent)를 낳는 좋은 일자리가 포함된다. 셋째, 그런데 이처럼 각자의 노력을 넘어서서 무상이나 우연적으로 주어지는 기회 내지 자원 중에는 분할할 수 없는 것들이 많다. 예를 들어 신체나 인격체에 결부되어 있는 기술, 소질, 건강, 외모, 인종, 성, 특정 모국어, 자기가 사랑하는 사람으로부터 받는 사랑 등이 그렇다. 넷째, 그래서 대안으로 그처럼 각자의 노력을 벗어나는 특권적인 자원의 독점적 소유와 사용으로부터 발생하는 특권적인 불로소득을 조세 등을 통해 최대한 환수하여 롤스의 차등의 원칙(Difference

Principle)대로 최소수혜자에게 돌아갈 사회경제적인 기회를 최대화하는 것이 기회의 평등을 최대로 보장하는 분배정의라 할 수 있다. 다섯째, 이때 자원의 독점에서 유래하는 추가소득에 대한 과세는 일시적인 최대치가 아니라 지속가능한 최대치가 되어야 하며, 여섯째, 이를 모두에게 평등하게 기본소득으로 분배하면 실질적인 기회의 평등은 지속가능한 최대치에 도달한다."(곽노완, 2013, p. 15)

Van Parijs는 기본소득과 선별적 이전급여의 결합 가능성을 '비우월적 다양성'(undominated diversity) 개념을 통해 제시하고 있다. 즉, 무조건적 기본소득에 비우월적 다양성이라는 제약조건을 부과함으로써 기본소득의 일부가 보편적 교육, 건강보험, 장애인에 대한 추가 급여 등의 형태로 제공될 필요성을 제안한다(Van Parijs, 1995). 그는 사회에서 어떤 한 사람이 부여받은 내적 외적 자산(endowment)의 집합을 다른 사람의 자산 집합보다 모두가 더 선호한다면, 그러한 분배는 정의롭지 못하다고 규정한다. 비우월적 다양성은 어떤 다른 사람이 부여받은(endowment) 자산을 더 선호하지 않는 분배 상태이며, 비우월적 다양성이 존재하는 사회를 정의로운 사회로 본다(Van Parijs, 1995, p. 59).

Van Parijs의 비우월적 다양성 개념은 Ackerman(1980)이 유전적 특징에만 적용했던 열등다양성(dominated diversity) 개념을 일반화한 것이다. Van Parijs(1995)는 유전적 특징을 포함하여 모든 재능이나 인간이 내적으로 부여받은 자산을 포괄한 일반화된 개념으로 비우월적 다양성 개념을 사용한다. 그는 '부여받은 자산이 열등한 사람'(the dominated)은 '부여받은 자산이 우월한 사람'(the dominator)보다 최소한 한 가지 다른 측면에서 어떤 것을 분배받을 수 있는 상태가 '비우월적 다양성'이 달성된 정의로운 상태라고 주장한다(Van Parijs, 1995, p. 73). 이러한 논리에 따라서 기본소득과 욕구에 기반을 둔 선별적인 사회적 이전(현금이든 현물이든)이 결합 가능하다.

기본소득의 정의는 모두에게 부여된 자산이 동등하다는 전제에서 출발하여 동일한 액수가 모든 시민에게 제공될 때 달성된다. 그러나 이러한 전제가 성립하기 않는 경우, 기본소득에서 동일한 액수의 소득을 일률적으로 공제하여 장애인과 같이 '부여받은 자산이 열등한 사람'에게 보상으로 제공될 수 있다는 것이다. 이러한 논리는 장애인 뿐 아니라, 돌봄이 필요한 아동이나 노인 등에 대한 사회복지서비스와 기본소득의 결합가능성을 제안해주고 있다는 점에서 유용하다.

이상으로 기본소득론에서 주장하는 핵심적 정의론으로서 실질적 자유론에 대해 살펴보았다. 간략하게 요약하면 실질적 자유는 도덕적 의무나 강제된 자율에 따라 행하는 자유라기보다는 '하고 싶어 할 수도 있는 것이라면 무엇이든 할 자유'(a freedom to do 'whatever one might want to do')이다(Van Parijs, 1995, p. 4). 이러한 실질적 자유는 모든 사람의 형식적 자유가 보장된 상태에서 최소한의 기회를 가진 사람에게 가능한 한 가장 많은 실질적 기회들을 제공하도록 제도가 설계될 때 보장될 수 있다(Van Parijs, 1995, p. 5). 즉, 시민의 '권리'는 잘 보장되어 있어야 하고, 개인은 자신에 대한 '소유권'(ownership)이 있어야 하며, 자신이 하는 일에 대한 '기회'와 '가능성'이 최대화되어 있어야 한다(Raventós, 2007/2016). 개인이 원하지 않으면 일을 하지 않아도 살 수 있고, 원할 때 스스로 선택하여 할 수 있는 상태가 '실질적' 자유가 실현된 상태이다.

그리고 실질적 기회의 보장은 모두에게 최고로 지급되는 기본소득을 통해서 가능하다. 물론 실질적 기회의 평등을 보장하는 방법이 기본소득뿐인 것은 아니다. 다양한 대안들이 이와 관련해서 논의될 수 있을 뿐 아니라, 기존의 사회복지서비스 등 사회보장제도들과 어떻게 정합적으로 재구성되느냐도 중요하다.

## 제3절 기본소득의 한국적 적용을 위한 전략

앞서 살펴보았듯이 기본소득의 정의는 단순하다. 그러나 완전한 기본소득을 실현하기 위해서는 재원이 많이 소요되기 때문에 개별 국가들은 그 사회의 발전수준과 사회 경제적 맥락에 따라 다양한 형태의 실험들을 전개해 왔다. 이 과정에서 기본소득의 중요한 원칙들에 대한 변형이 기본소득 실험으로 시행됨으로써 기본소득에 대한 개념적 혼란이 가중되기도 하였다. 이 절에서는 현 단계 한국사회에서 고려해 볼 수 있는 기본소득 실험들에 대해 살펴보고자 한다. 현 단계 한국사회에서 완전한 기본소득의 실현이 가능한지에 대해 회의가 많고, 완전한 기본소득으로 가기 위해 사회적으로 충분히 합의되어야 할 지점이 많기 때문에 완전 기본소득 모델은 이상적 수준에서 간략하게 소개할 것이다.

### 1. 이상적 기본소득 모델

기존 사회보장제도와의 관계 속에서 한국에서의 이상적 기본소득 모델을 제안하고 있는 연구는 김교성, 백승호, 서정희, 이승윤(2017b)이 대표적이다(그림 10-1 참조). 이 모델에서는 2016년 기준 생계급여 기준인 중위소득의 30% 수준으로 기본소득 50만 원을 제안하고 있다. 기본소득 50만 원이 지급될 경우, 국민기초생활보장제도의 생계급여는 기본소득으로 대체된다. 이 외에 기초연금 등 사회수당도 기본소득으로 대체되는 모델이 제안되고 있다. 이 기본소득안은 소득보장과 관련된 사회보험인 국민연금 급여에서는 소득재분배 기능만 남기고 소득비례 부분은 삭제하지만 기존의 사회보험은 유지되고, 교육이나 보육, 의료, 직업훈련과 같은 사회서비스는 적극적으로 확충할 것을 제안하고 있다.

〔그림 10-1〕 한국형 기본소득 모형

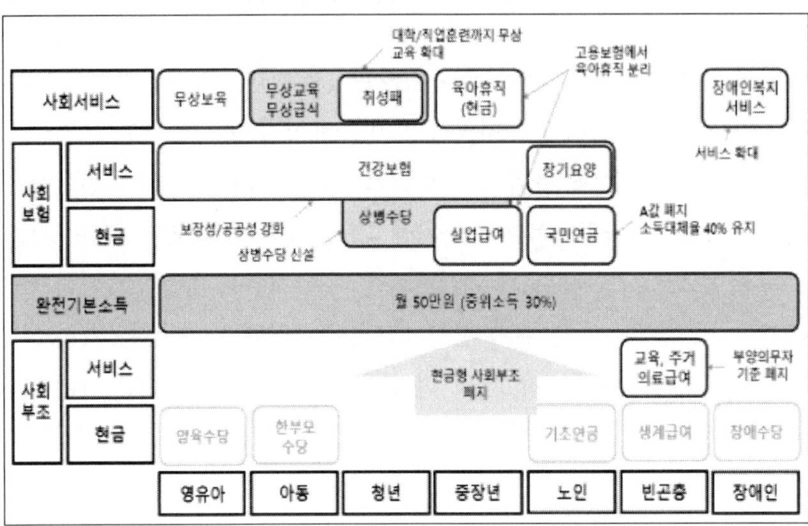

자료: 김교성 등. (2017b). 한국형 기본소득의 이상적모형과 단계적 이행방안.

또한 김교성 등(2017b)은 이상적인 기본소득 복지국가로의 이행경로를 다음과 같이 제안하고 있다. 첫째, 현 사회보장체계에 대한 합리적 조정, 둘째, 실업부조와 같은 새로운 범주형 사회부조의 도입과 국민기초생활보장제도의 생계급여 확대, 셋째, 아동, 노인, 장애인을 위한 (제한적 수준의) 각종 사회수당 구축, 넷째, (근로가능 연령대인) 청년을 위한 사회수당 도입, 다섯째, 참여소득의 도입 및 확대, 여섯째, 각종 인구집단별 수당(아동, 청년, 노인)의 연령 확대, 일곱째, 각종 사회수당을 통합하여 낮은 수준의 전환적 기본소득 운영, 여덟째, 기본소득의 수준을 상향 조정하여 완전 기본소득 완성 등이다.

그리고 모든 이행과정에서의 정책 평가와 노동시장 제도 등과의 제도적 정합성과 상호보완성이 검토될 필요가 있다(김교성 등, 2017b). 기본소득 하나로는 사회문제들을 해결할 수 있는 것이 아니기 때문이다. 또한 기본소득의 보편성과 충분성, 무조건성 수준에 따라 노동시간 단축, 최저임금 인상 등의 노동시장 정책과의 상호보완성도 검토될 필요가 있다. 이러한 기본소득이 효과적으로 작동하기 위해서는 돌봄, 장애인, 건강 등에 대한 사회서비스의 동시적 확대·발전도 요구된다.

## 2. 기본소득으로 향하는 실험적 정책 제안들

앞서 설명했듯이, 완전한 형태의 기본소득 실현을 위해서는 사회적 합의가 필수적이며, 그 사회적 합의에 기초해서 재원이 마련될 때 지속가능한 기본소득 복지국가의 실현이 가능하다. 이러한 사회적 합의의 과정은 장기적인 관점에서 기본소득 원칙들을 실현하기 위한 실험들을 필요로 한다. 이러한 실험들과 관련되어 제안되어 왔던 유사 기본소득으로 참여소득, 부의 소득세, 사회적 지분급여, 사회수당 등이 존재한다. 이후에는 이러한 제도들이 기본소득 실현과정에서 어떠한 함의를 가질지를 살펴볼 것이다.

먼저 참여소득이다. 참여소득은 사회적으로 유용하다고 판단되는 활동을 하고 있는 시민들에게만 제공되는 금전적 지원이다(Raventós, 2007/2016). 사회적으로 유용한 일이란 자원봉사, 유급노동, 가사노동, 훈련 등이 해당된다. 앤서니 앳킨슨(Atkinson, 1996)이 제안한 정책이다. 물론 참여소득은 여러 지점에서 기본소득과 차이를 보이고 있다. 참여소득의 수급자격이 시민권 기준으로만 주어지는 것이 아니며, 사회적으로 유용한 일에 종사하는 경우로 제한되기 때문이다. 즉, 참여소득은 기본소득의 핵심 원칙인 보편성과 무조건성의 원칙에 위배된다.

이렇듯 참여소득은 엄격한 의미에서 기본소득이라 할 수 없지만, 참여소득이 기본소득 중심의 복지국가 실현과정에서 의미가 없다고는 할 수 없다. 생산적 노동에 대한 가치가 신성시되고 있고, 노동윤리가 인간으로서의 가치를 평가하는 중요한 기준으로 작동하고 있는 현 시점에서 기본소득의 무조건성 원칙은 사회적으로 수용하기 어려울 수 있다. 반면에 참여소득을 통해 사회적 보상의 범주를 생산적 노동에서 사회적으로 유용한 활동으로 확장할 수 있다면, 장기적으로는 기본소득의 무조건성 원칙의 수용 가능성을 높이는 데 기여할 수 있을 것이다.

둘째, 부의 소득세(NIT: Negative Income Tax)는 면세점 이하의 소득계층에 대해서는 일정 세율에 따라 정부가 조세 환급을 통해 보조금을 지급하고, 면세점 이상의 소득계층에 대해서는 일정세율에 따라 소득세를 과세하는 제도를 말한다(Moffit, 2004). 자유주의 경제학자 프리드먼이 제안(Friedman, 1962)한 정책이다. 이 제도는 정부에 의한 현금보조라는 점에서 기본소득과 유사한 제도로 취급된다.

그러나 부의 소득세 역시 다양한 측면에서 기본소득이라고 보기 어렵다. 우선, 소득을 기준으로 부의 소득세 수급 여부가 결정된다는 점에서 기본소득의 무조건성 원칙에 위배된다. 또한 총소득이 일정 수준 이하인 일부 계층만을 대상으로, 개인이 아닌 가구단위로 급여를 제공하므로, '보편성'과 '개별성'의 원칙에도 위배된다. 복지 거버넌스 구조를 단순화하여 관리비용을 축소하고 다양한 사회복지제도를 대체하기 위한 목적으로 일부 시장주의자들이 선호하는 방식이기도 하다. 소득조사가 필요하기 때문에 일정 수준의 행정비용이 수반되며, 현실적으로 급여지급이 연말에 사후적으로 될 수밖에 없어서 빈민들의 소득 욕구를 즉각적으로 충족시켜주기 어렵다(Van Parijs & Vanderborght, 2017). 캐나다 온타리오주에서의 실험과 같이 기본소득 도입과 관련한 논의를 활성화하는 데 일부 기여했지만, 사회 변혁을 추구하는 기본소득과 지향점이 근본적으로 다른 제도이기도 하다.[149)]

149) 그 외에도 유사한 제도로 '사회적 지분급여'가 있다. 일정 연령에 이른 사람에게 사회

그러나 부의 소득세 역시 기본소득으로 이행하는 단계적 과정에서 유의미한 역할을 할 수 있다. 일반적으로 부의 소득세는 소득기준에 따라 급여지급 여부가 달라지지만, 노동의무를 부과하지 않는다. 그리고 일반적인 사회부조에서 문제가 되는 100% 한계세율 적용으로 인한 근로동기 저하의 문제에서 자유롭다. 수용 가능성의 측면에서 부의 소득세 방식은 더 유용할 수 있다. 현재의 제도에서 부의 소득세로 전환하는 것이 기본소득을 즉각적으로 도입하는 것보다 행정적으로 더 용이할 수 있기 때문이다(Van Parijs & Vanderborght, 2017). 부의 소득세 방식이 기본소득을 실현하는 실험적 단계에서 유의할 점은 현행 사회부조 시스템에서의 노동의무 부과를 제거함으로써 기본소득의 무조건성 원칙에 좀 더 가까이 접근하고 있다는 점이다. 여기에 더하여 부의 소득세 방식이 가구단위가 아닌 개인단위 적용, 개인소득세뿐 아니라 자산세 등 공유부에 대한 과세를 기반으로 하는 방향으로 확대될 수 있다면 부의 소득세 실험은 시도해 볼 가치가 있다(Van Parijs & Vanderborght, 2017).

셋째, 사회적 지분급여(stakeholder grant)는 법적으로 성인기에 들어서는 시점에, 국가가 일시금으로 대상자에게 목돈을 지급하도록 제안된 제도이다(Ackerman & Alstott, 2004). 모든 사람에게 무조건 제공한다는 점에서 사회적 지분급여는 기본소득과 가장 유사하다. 영국에서는 아동신탁기금(child trust fund)이라는 이름으로 유사한 제도가 시행

에 첫발을 내딛는 밑천(stake)의 의미로 일정수준의 급여를 일률적으로 제공하자는 제안이다. 예를 들어 모든 시민들이 21세가 되었을 때 4년에 걸쳐 매년 2만 달러씩 총 8만 달러를 목돈 형태로 지급함으로써, 교육이나 창업을 가능하게 하여 사회적 생활의 발판을 만들어주자는 것이다. 이러한 제안은 기본소득의 급여 수준이 너무 낮아 실질적인 자유를 보장할 수 없다는 비판에서 비롯된 것이나, 지분탕진(stake blowing)의 문제나 기회의 평등 정책이 가지는 문제를 유지하는 한계가 있다(Ackerman & Alstott, 2006; 서정희, 조광자, 2008). 제도가 지향하는 목적과 주요 내용이 완전히 다르다는 점에서, 기본소득의 하부 유형이라기보다 다른 형태의 접근으로 보는 것이 올바른 시각이다.

되었고, 미국에서 브루스 애커먼과 앤 알스톳(Ackerman & Alstott, 2004)이 특정 교육 이상을 받은 21세 인구 중에서 범죄기록이 없는 사람들을 대상으로 8만 달러를 지급할 것을 제안하기도 하였다.

사회적 지분급여는 급여수급에 조건을 부과하고 있지는 않지만, 급여수급 시점을 특정 연령에 국한하고 있다는 점에서 기본소득의 보편성 원칙에 대한 완화된 기준을 제안하는 제도라 할 수 있다. 사회적 지분급여가 기본소득의 무조건성 원칙과 보편성의 원칙을 제한적으로 수용하고 있다고 할 수 있다. 그러나 사회적 지분급여는 결정적으로 정기성의 원칙을 위배하고 있다. 이 외에도 사회적 지분급여는 '기회의 평등'을 통해 시장 내에서 자신의 역할을 잘 수행하기 위한 더 나은 환경의 제공을 목표로 한다는 점(Raventós, 2007/2016)과 '자산재분배'를 추구한다(서정희, 조광자, 2008)는 점에서, 결과적으로 소득재분배를 추구하는 기본소득과 철학적 기반이 다르다. 그럼에도 불구하고 사회적 지분급여는 정치적 실현 가능성이 높을 뿐 아니라, 청년들에 대한 자산재분배를 통해 청년들이 급박한 생존 문제에 종속되지 않음으로써 창의적인 활동을 가능하게 한다는 점에서 의미가 있을 수 있다.

넷째, 사회수당은 자산조사나 노동의무 없이, 시민권에 기초하여 특정 인구집단의 최소소득을 보장하는 제도로 정의할 수 있다(노대명, 여유진, 김태완, 원일, 2009; ISSA, 2016). 이러한 정의에 기초하면, 사회수당은 무조건성 원칙을 견지하고 있고, 현금으로 지급되며, 개인단위로 지급된다는 점에서 기본소득과 가장 유사하다. 그러나 아동, 노인, 청년 등 특정 인구집단에 시민권을 제한하고 있다는 점에서 기본소득과 다르다.

하지만 이론적, 철학적 측면에서 볼 때, '수당'과 '기본소득'은 서로 다르다. 사회수당은 시민권을 제한적으로 적용하고 있을 뿐 아니라, 사회수당의 근거를 '욕구'에 기반을 둔 분배원리에서 찾고 있다. 반면에 기본소득은 생애주기적 욕구에 기초하여 시민권을 제한하고 있지도 않으며, '권리'에 기반을 둔 사회적 배당원리에 기초하고 있다. 기본소득에 대한 권리는 '공유'된 부를 분배받을 권리로 보고 있는 것이다. 그리고 사회수당은 급여 수준의 상한선을 최저소득 보장 수준으로 한정하고 있는 반면(노대명 등, 2009), 기본소득은 지속가능한 최고의 현금급여를 통해서 개인의 실질적 자유를 실현하고(Van Parijs, 1995), 자본주의 체제 변혁의 가능성까지 고려하고 있다는 점에서 사회수당과 정책적 지향점이 다르다. 따라서 엄격한 기준을 적용한다면 사회수당은 기본소득이라고 보기 어렵다. 그러나 이에 대해서는 논란의 여지가 많다.

반면에 수당이라는 이름을 가지고는 있지만, 장애수당이나 실업수당과 같은 제도는 일반적으로 기본소득에 포함되지 않는다. 장애수당은 장애 진단이라는 대상자 선정과정을 통해 수급 여부가 결정되기에 보편성의 원칙을 위반하고 있기 때문이다. 마찬가지로 실업수당도 노동시장에서의 근로경력이 있는 실업자를 대상으로 하기 때문에 보편성의 원칙을 위배하고 있어 기본소득이라고 보기 어렵다(백승호, 2017).

그러나 사회수당을 기본소득으로 볼지의 여부와 무관하게, 가장 기본소득에 가까운 제도로서 기본소득을 실현하는 중간 과정에서 매우 중요한 의미를 가질 수 있다(김교성 등, 2017b). 아동, 청년, 노인 수당이 존재하는 상태라면 전체 시민을 대상으로 하는 기본소득의 실현은 사회적 수용성을 더 높일 수 있기 때문이다.

## 제4절 소결

한국에서도 이미 기본소득 형태의 실험들이 지방자치단체 및 시민사회를 중심으로 제안되고 실현되어 왔다. 성남시의 청년배당을 시작으로, 서울시의 청년수당, 기본소득대전네트워크의 '띄어쓰기 프로젝트', 『한겨레21』에서 주관한 기본소득 크라우드 펀딩 프로젝트, 기본소득전북네트워크의 '쉼표 프로젝트', 춘천기본소득실험기획단의 '2017 춘천 기본소득 실험프로젝트' 등 다양한 실험들이 지방자치단체 및 민간영역에서 실시되고 있다(서정희, 2017b). 민간단체들의 기본소득 실험은 충분성 원칙과 무조건성 원칙에는 충실하지만, 전체 시민이나 지역 주민들을 대상으로 하고 있지 않아 보편성의 원칙을 실현하는 데는 한계가 있다. 그럼에도 불구하고 이런 실험들은 기본소득의 필요성과 원칙에 대한 시민적 합의를 이끌어내는 과정에서 중요한 역할을 할 것으로 기대된다.

지자체의 정책 중 기본소득에 가까운 것은 성남시의 청년배당이다. 성남시는 3년 이상 성남에 거주한 만 24세 청년에게 2016년 1월부터 분기별로 25만 원씩 연 100만 원을 성남사랑상품권(지역화폐)으로 지급하고 있다. 청년배당은 지급 대상 청년층의 연령을 매년 1세씩 확대하여 최종적으로 19~24세의 모든 성남시 청년들에게 청년배당을 실시할 예정이며, 시행 첫해인 2016년 1만 7,949명에 이어 2017년 1분기 1만 482명, 2분기 1만 603명, 3분기 1만 586명이 청년배당을 받았고, 4분기에는 만 24세(출생일 1992.10. 2.~1993.10. 1.) 청년 1만 881명에게 지급된다. 2018년에는 만 16~18세 청소년(현재 3만 5116명)에게 학교 급식비 지원 차원에서 1인당 연 50만 원(월 4만 원 정도)을 성남사랑상품권으로 지급할 계획이다(성남시, 2017a). 또한 청년배당을 청소년배당으로 확대하기 위한 조례 개정을 추진하고 있다(성남시, 2017b).

성남시의 청년배당은 ‘부분’ 기본소득으로 간주할 수 있다. 급여 대상자가 근로연령대인 청년임에도 불구하고 노동중심성에서 탈피하여 근로 유무나 취업 혹은 창업 노력 등을 조건으로 하지 않는다. 또한 자산조사 등의 조건을 부과하지도 않는다. 보편성의 측면에서 전체 시민은 아니더라도 근로연령대의 청년을 대상으로 했다는 점에서 의미가 있고, 무조건성 원칙을 준수하였다는 점에서도 의의가 있다. 충분성 측면에서 그 액수가 기본 생활을 하기에는 상당히 부족한 액수이지만, 광역단위도 아닌 시·군·구 단위의 지자체가 기존 예산을 절약해서 조성한 재정을 통해 재원을 마련하였다는 점에서 향후 중앙정부에서 기본소득의 수용가능성을 가늠할 수 있게 한다는 점에서 의의가 있다.

성남시의 청년배당에 대한 평가는 매우 긍정적이다. 청년들은 생활에 실질적 도움이 되고, 지자체가 청년의 삶을 배려한다는 느낌을 받고 있다고 응답하고 있으며, 지역에 관심을 갖게 되었다는 등 청년층의 압도적 지지를 받고 있다(성이름, 2016). 성남시의 청년배당은 청년들이 기본적인 생활을 유지하기에 충분한 수준이 아님에도 불구하고, 청년들의 삶에 유의미한 변화들이 발견된다. 청년들에게서 지역에 대한 관심이나 정치활동에 대한 관심 등 생활영역 전반에서 적극적이고 능동적인 태도 변화가 관찰되고 있는 것이다(성이름, 2016).

물론 현재 한국사회의 문제를 기본소득 하나로만 해결할 수는 없다. 김교성 등(2017b)의 제안과 같이 최저생계비 수준의 기본소득과 사회보험, 사회서비스의 결합을 통한 복지국가 재구성 구상은 지금 당장 현실화하기에는 어려울 수도 있다. 이와 같은 완전기본소득 모델이 실현되는 중간단계에서 다양한 시도들이 필요할 수 있다. 우선적으로는 플랫폼 노동과정에서 기존 사회보험으로는 포괄하기 어려운 고용형태들의 사회보험 사각지대 문제를 해결하기 위해, 근로자성 인정범위를 확대하는 노력도 필요할 것이다. 좀 더 나아가 고용관계를 전제로 하는 현재의 사회보험 시스템에서 벗어나 고용주와 일하는 사람에게서 발생하는 모든 소득에 대해 보험료를 부과하는 방식의 소득보험 형태로 현행 사회보험제도를 근본적으로 재설계하는 접근도 필요할 것이다. 현재 사회보험 중심의 복지국가가 노동시장의 변화와 정합적이지 못한 측면이 있다는 점을 전제로 할 때, 이러한 제도 개혁은 그 함의가 클 수 있다.

이와 같이 기존 제도를 개혁하는 접근뿐 아니라, 장기적으로 생산적 노동만을 전제로 하는 사회보장 시스템을 근본적으로 바꾸는 프로젝트들도 전개될 필요가 있다. 이를 위해 우선적으로는 생산적 노동 이외에, 돌봄노동, 자원봉사활동 등 사회적으로 유용한 활동에 참여한 데 대한 보상 시스템으로서 참여소득을 실험해 볼 수도 있다. 또한 생애 일정기간 동안 수당 사용권을 제안하고 개인들이 자유롭게 수급일시를 결정할 수 있도록 하는 한시적 시민수당을 실험해 볼 수도 있다.

이러한 다양한 실험들이 성공적으로 이행된다면 완전한 기본소득 중심의 복지국가 실현은 한층 용이할 것이다. 노동의 미래에 대해 서로 엇갈리는 전망이 있지만, 사회변화의 여러 가지 현상들이 노동 없는 미래가 전혀 허황된 이야기가 아님을 보여주고 있는 현 시점에서 이러한 사회적 위험에 대한 예방적이고 선제적인 차원으로서 기본소득에 대한 논의는 매우 시급하다. 이뿐만 아니라 앞서 설명했듯이 인지자본주의하에서 플랫폼 소유자들의 과도하고 독점적인 지대추구와 자본 축적이 공정하게 분배되고 있지 않은 현 시점에서 기본소득은 필요나 욕구에 대한 대응의 문제를 넘어 정의 실현의 문제로서도 매우 중요하게 고려될 필요가 있다. 욕구 중심의 기존 사회보장제도를 넘어 권리와 정의를 실현하는 제도적 장치로서 기본소득이 중요한 이유가 여기에 있다.

# 제 4 부 결론 및 정책적 함의

# 제11장 결론 및 정책적 함의

제1절 한국 복지자본주의의 위기와 새로운 도전들

제2절 기존 복지제도의 재편 방향

제3절 새로운 대안의 가능성과 한계

제4절 '한국형 복지모형'을 향해?

# 11 결론 및 정책적 함의

## 제1절 한국 복지자본주의의 위기와 새로운 도전들

조절이론의 틀이 이미 한물 간 낡은 이론적 분석틀이라는 비판도 없지 않다. 포디즘적 축적체제와 조절양식으로서 복지국가가 위기에 봉착했고, 이를 뒤이을 축적체제와 조절양식에 대한 규명이 불투명하다는 점에서 보면 이는 타당한 지적일 수 있다. 하지만 축적체제와 조절양식 그 자체와 이들의 상호 부정합성으로 위기를 설명하는 조절이론의 분석틀 자체가 무용한 것은 아니다. 필자는 보편적인 자본주의의 변화 양상 속에서 조절기제로서 복지국가의 다양성에 주목하는 제도주의적 접근을 끌어들임으로써 조절이론이 한국 복지국가의 특수성과 현재 위기의 양상에 대해 일정한 설명력을 제공할 수 있다고 보았다.

한국은 후후발 산업국가로서 조절이론가들(혹은 국가론자들)은 이를 '주변부 포드주의', '국가주도적 개발국가', '신중상주의' 등으로 지칭하곤 했다. 중심부 포드주의 복지국가에서 '국가'는 시장에 대해서는 물가안정, 독과점 규제와 같은 공정한 게임의 규칙을 설정하고 조절하는 방식으로 개입하는 데 비해, 가족에 대해서는 산업사회의 불안정성을 보장하는 형태로 노동시장정책과 사회복지제도를 통해 직접적이고 적극적으로 개입해 왔다면, 주변부 포드주의로서 한국의 '국가'는 산업화 기간 동안 정반대의 역할을 담당해 왔다. 즉, 시장경제에 대해서는 중화학·수출대기업 중심의 산업 육성, 관치금융, SOC 투자 등을 통해 적극적이고도 직접적으로 개입한 데 비해, 가정경제에 대해서는 거의 전적으로 확대 가족과 개인, 그리고 일부 기업의 몫으로 남겨둔 채 개입을 최소화하는 소극적 태도를 견지해 온 것이다.

1997년의 위기는 기존의 발전주의 모델이 국내적으로는 민주화, 대외적으로는 세계화에 적응하지 못한 채 급격하게 약화된 결과이며, 동시에 앞서 언급한 가족에 대한 최소개입주의를 견지하는 발전주의적 조절양식의 특성으로 인하여 경제적 위기가 고스란히 사회적 위기로 전화되는 과정을 보여주고 있다. 경제위기로 인한 실업과 파산은 사회안전망 장치 등을 통해 완충되지 못한 채 빈곤, 가족 동반 자살, 노숙인 증가, 경제범죄 증가 등 각종 사회병리현상으로 이어졌다. 이러한 사회문제는 경제적 위기를 어느 정도 극복한 이후에도 해소되지 못했을 뿐만 아니라, 오히려 사회양극화, 노동시장의 이중구조화, 초저출산, 신용불량, 부동산가격 급등과 가구부채 급증, 높은 수준의 노인빈곤과 자살 등의 문제들이 추가되면서 경제적·사회적 지속가능성을 위협하고 있는 실정이다.

여기에 더해, 최근에는 인공지능으로 대표되는 기술 혁신의 "심대하고 완만하지만 조용한 변화(Arthur, 2011)"가 경제·사회 전반, 특히 노동시장과 복지국가에 큰 파장을 미칠 것으로 예견되고 있다. 20세기가 대량생산의 포디즘적 축적체제와 노동자의 중산층화를 추동하는 복지국가가 상호 조응하는 이른바 '평균의 시대'였다면, 21세기에는 신기술 도입에 따른 생산성 이득이—정규분포가 아닌—'파레토 분포'를 따르는 소위 '양극화' 현상이 나타나고 있다는 것이다. 이러한 4차 산업혁명에 의한 경제의 구조적 변동이 노동시장에 미치는 영향은 크게 두 가지 차원에서 부각된다. 하나는 디지털 인공지능과 로봇 사용에 따른 숙련 일자리의 감소 효과이고, 다른 하나는 기하급수적으로 증가하는 온라인 플랫폼으로 인한 비정형 노동의 증가 효과이다.

일자리 감소 효과에 대한 논쟁의 경우, 로봇에 의한 인간 노동의 대체로 인해 미국에서 47% 정도가 일자리를 상실할 위험에 처할 수 있다는 주장(Frey & Osborne, 2013)에서, 이러한 주장이 과장되어 있으며 그 수치는 10% 내외에 불과할 것이라는 주장(Atkinson & Wu, 2017)에 이르기까지 그 편차가 심하다. 하지만 기본적으로 고도의 인공지능 로봇의 등장으로 중간숙련 노동이 위협받을 것이라는 데는 큰 이견이 없는 것 같다. 다른 한편으로는 기술 진보에 따라 새로운 노동형태로서 '기그 노동자'가 급증하고 있다. 이는 불안정한 단기 노동계약을 상시적으로 반복하는 노동형태로서, 이미 서구에서 폭발적으로 증가하고 있는 것으로 나타났다. 예컨대, 미국 노동자의 약 40%가 비정규직이고 이 중 11%가 주문형 플랫폼과 관련된 일자리에 종사하는 것으로 나타났으며, 유럽의 경우에도 30% 내외의 취업자가 독립적인 계약노동을 통해 소득의 일부 혹은 전부를 취득하고 있는 것으로 나타났다. 우리나라는 이미 생산공정에서 로봇 활용도가 높은 나라에 속하며, 전문직 프리랜서에서 미화원, 대리기사에 이르기까지 기그경제의 플랫폼 노동자도 크게 증가하고 있으며, 그 규모는 임금근로자의 12%에 달하는 것으로 추정되었다(조돈문, 2016).

우리나라는 기존 사회적 위험에 대한 보호 장치가 비교적 잘 구축되어 있는 서구 복지국가들과는 달리 산업사회의 사회적 위험에 온전하게 대비하기 위한 사회적인 안전망이 제대로 갖추어지지 못한 상태에서 새로운 위험들에 직면해 있다. 외환위기 이후 20여 년의 비교적 짧은 기간 동안, 그것도 서구와는 달리 경제 후퇴기에, 사회적 보호 장치들이 급속하게 도입되기는 했다. 하지만 압축 성장에 비례하는 압축적 복지확대가 내실 있고 체계적인 복지국가의 구축으로 귀결되었으리라 기대하기는 어렵다. 2장에서 살펴본 바와 같이 외관상 대부분의 복지제도들이 도입됨으로써 진용을 갖추기는 했지만, 커버리지와 급여 수준, 그리고 전체 체계

간 배치와 결합이라는 차원에서 볼 때 산업사회의 사회적 위험에 대처하기에는 역부족이었다. 이러한 상태에서 거대한 4차 산업혁명의 파고가 밀려오고 있으며, 게다가 경제협력개발기구(OECD) 회원국 중 가장 빠른 속도로 인구고령화가 진행되고 있다.

이러한 상황—기존 복지국가의 미성숙과 새로운 대안을 요구하는 환경적 도전 과제들의 등장이라는 이중고—에서 최근 우리나라에서는 기존 복지국가의 내실화와 신중한 재편에 무게중심을 두는 측과 대안적 복지제도, 특히 기본소득을 중심으로 급격한 제도의 개편이 필요하다고 주장하는 측 간의 논쟁이 한창이다. 하지만 후자의 대안이 단번에 실현될 수 있으리라 기대하는 사람은 극히 드문 것으로 보인다. 그럼에도 불구하고 이러한 논쟁 자체가 소모적인 것은 아닐 것이다. 본 보고서에서도 기존 복지국가의 재편을 한 축에 놓고, 다른 한 축으로 새로운 대안들의 가능성과 한계를 짚어 봄으로써 둘 간의 조우 가능성을 열어두고자 하였다.

## 제2절 기존 복지제도의 재편 방향

본문의 4장에서 6장까지는 기존 복지제도, 즉 근로계층을 위한 복지제도, 가족지원제도, 그리고 노인을 위한 소득보장제도를 개괄하고, 이들 각각의 문제점과 재구조화 방안을 제시하고 있다. 결론에서 이를 재열거할 필요는 없겠지만, 재구조화 방안에서 핵심적이고 공통적인 부분을 언급하고자 한다.

각 장에서 공통적으로 우리나라의 복지제도가 지난 20여 년 동안 숨가쁘게 발전해 온 가운데 제도의 형식적 외양이나 양적 측면에서는 급격히 성장해 왔음을 인정하고 있다. 1990년 국내총생산(GDP)의 2.8%에 불과하던 공적사회지출은 2014년 10.4%까지 증가하였으며(OECD. SOCX), 아동수당의 도입을 기정사실화하면 상병급여를 제외한 대부분의 주요 사회보장제도와 사회서비스들이 제도화되어 있다. 하지만 문제는 제도의 도입과 확대에 치중한 나머지 제도의 포괄성과 적절성, 그리고 제도 간의 연계성과 관계 설정에 상대적으로 소홀했다는 것이다.

그 결과, 근로계층에 대한 복지제도의 경우 정작 불안정계층을 사각지대에 방치한 채 비교적 안정적인 소득계층을 대상으로 제도가 확대되어 왔으며, 그 결과 핵심 연령층의 남성 상용직 근로자 중심으로 사회보험이 구축되어 왔다. 예를 들면, 임금근로자의 국민연금(직장가입자) 가입률은 정규직의 경우 2004년 72.5%에서 2017년 85.0%로 12.5%포인트 증가하였지만, 비정규직의 경우 동 기간 동안 37.5%에서 36.5%로 오히려 약간 감소한 것으로 나타났다.150) 더구나 사회적 위험에 대응하는 기존 복지국가의 주축이 되는 사회보험의 경우 새로운 형태의 노동자들, 대표적으로 기그경제 노동자들에 대한 대처능력은 더욱 떨어질 위험이 있다.

가족지원제도의 경우 외환위기 이후 '초저출산'과 인구고령화로 인한 인구절벽의 위기감에 의해 제도 발전이 추동되면서 지나치게 출산장려 성격이 상위 목표로 자리 잡았으며, 이로 인해 제도의 조화로운 발전이 저해된 측면이 있음을 지적한다. 특히 OECD 회원국 중 유일하게 0~5세 아동에 대한 보편적 무상보육이 실현되면서 보육예산이 다른 가족지원제도의 확대나 발전을 압박한 측면도 존재한다. 아동수당도 그러한 예 중 하나이다. 이러한 가운데 가족지원정책 중 가장 오래된 출산휴가나 육아휴직은 소득대체율이 낮고 노동시장 착근성이 낮은 여성들의 활용률이

150) 통계청. 근로형태별 사회보험가입자 비율 및 증감. http://kosis.kr/statHtml/statHtml.do?orgId=101&tblId=DT_1DE7081&vw_cd=&list_id=B1A_101_160&seqNo=&lang_mode=ko&language=kor&obj_var_id=&itm_id=&conn_path=MT_ZTITLE에서 2017. 12. 31. 인출.

떨어지는 등의 문제도 제기된다.

노후소득보장제도도 이러한 문제에서 크게 벗어나지 않는다. 형식적으로 공적연금, 기초연금, 국민기초생활보장제도, 노인일자리사업 등의 공적 제도들과 퇴직(연)금, 개인연금, 주택연금 등 사적 제도들이 빼곡이 들어선 다층체계로 자리잡았으나, 대상 포괄성과 급여적절성의 문제가 심각하게 제기되고 있다. 그 결과는 OECD 회원국 중 가장 높은 노인빈곤율, 자살률, 최상위권의 노인 경제활동참가율 등으로 표출되고 있다.

이러한 기존 복지국가 제도들의 문제점에 대응하여 공통적인 재구조화의 방향으로 다음과 같은 몇 가지 사안들이 제시되고 있다.

첫째, 좀 더 목표가 명확하게 제시될 필요가 있는데, 이는 제도 하나하나의 목표라기보다는 좀 더 큰 영역에서의 목표이다. 즉, 고용보험, 보육서비스, 국민연금과 같은 개별 제도 차원의 목표보다는 근로계층의 보호체계, 가족지원체계, 노후소득보장체계와 같은 상위 차원의 목표가 좀 더 명시적으로 설정되어야 한다는 것이다. 개별 제도적 차원의 목표는 제도 차원에서는 바람직할 수도 있겠지만, 상위 체계 혹은 전체 사회의 지향성과 반드시 일치하지 않을 수도 있다. 따라서 먼저 상위 체계의 목표를 설정하고, 하위 제도의 목표는 상위 체계 목표와의 정합성을 제고하는 방향에서 수정될 필요가 있다.

둘째, 향후 재구조화에 가장 중요한 요소는 제도 간 연계성의 확립이다. 이는 첫 번째 제안과도 밀접하게 연관되어 있다. 지금까지 각 제도들은 상위 체계나 영역을 크게 염두에 두지 않은 채 제각기 발전해 오거나, 그 시점에서의 정치적·사회적 현안에 따라 하나의 제도가 과잉 발전함으로써 오히려 중장기적으로 다른 제도들의 발전을 저해하는 결과를 초래하기도 했다. 제도 간 연계는 현금과 서비스의 상대적 비중, 사회수당, 사회보험, 공공부조제도 간 관계에서 선정·급여 기준의 상호 정합성, 급여증액 시스템의 표준화에 이르기까지 매우 다양한 수준에서 검토되어야 할 사안이다. 연계성은 재정 효율성과 제도 형평성을 제고함으로써 장기적으로 재정적 지속가능성뿐만 아니라 복지국가의 정당성과 지지 기반을 확보하는 데도 기여할 것이다. 역으로 말하자면, 제도 연계성이 떨어질 경우 효율성과 형평성이 저해됨으로써 복지국가의 지속가능성이 위협받을 수 있음은 주지의 사실이다.

셋째, 본 보고서의 목적 중 하나이기도 하지만, 재구조화에 있어 미래 변화에의 대응성을 확보하는 것은 무엇보다 중요한 과제이다. 이는 무엇보다도 세 가지 차원에서이다. 첫째, 기술혁신에 따른 노동형태의 변화이다. 3장에서 주로 논의된 내용이지만, 복지국가는 포디즘적 축적체제, 오프라인 작업장의 상용직 남성 근로자를 기본 가정으로 설계된 건축물이다. 이러한 건축물이 단기간에 용도 폐기되지는 않겠지만, 기술혁신과 생산체계 변화에 따른 노동시장의 불안정성 확대와 새로운 노동형태의 출현에 유연하게 대응하되, 기존의 안정성을 확보할 수 있는 방안을 찾아야 한다. 둘째, 인구구조 고령화이다. 이는 잠재성장률을 떨어뜨리고 재정적 지속가능성을 위협하는 요인이다. 하지만 출산율 제고나 이민 장려 같은 단순한 해법은 정답이 아닐 수 있다. 낮은 여성 경제활동참가율이나 높은 노인빈곤율 등을 감안할 때 조세 기반을 확대할 수 있는 여지는 상당히 남아 있다. 일과 생활, 여가의 경계를 완화하고 이 경계를 자유롭게 넘나들 수 있는 유연한 노동시장·복지·가족 체계를 구축하는 것이 미래사회의 대안이 될 수 있다. 마지막으로 빈곤과 불평등의 증가를 저지하는 것이다. 복지국가는 분배와 재분배를 통해 인류 역사상 가장 평등한 사회를 구현한 바 있다. 스웨덴 복지국가는 공산국가를 표방했던 중국보다 더 낮은 불평등도를 기록한 바 있다. 하지만 1990년대 이래 대부분의 복지국가에서 불평등도는 증가했으며, 빈곤율도 뒤따라 이에 합류했다. 우리나라의 경우 외환위기 이전까지만 해도 '복지국가 없는 관리국가' 하에서 비교적 낮은 불평등도를 구가했다. 하지만 외환위기 이후 불평등도와 빈곤은 동시에 치솟았으며 위기의 극복 이후에도 오히려 높아지고 있는 추세이다. 무엇보다도 앞서 언급한 산업·노동시장의 양극화와 부실한 소득보장체계가 빈곤과 불평등 증가의 주범으로 지목되고 있다. 문제는 향후 노동시장의 불안정과 인구고령화로 인해 현재와 같은 대응체계로는 빈곤과 불평등이 더욱 확대될 것이라는 점이다. 국가와 사회의 위기는 '축적체제'에 상호 조응하는 '조절양식'을 찾지 못한 채, 과도하게 자원이 집중됨으로써 발생할 가능성이 높다. 이러한 의미에서도 대안적 복지국가의 탐색은 중요하다.

## 제3절 새로운 대안의 가능성과 한계

대안적 복지제도의 필요성은 무엇보다도 두 가지 차원에서 제기되고 있다. 하나는 기존 복지국가제도들이 우리나라의 노동시장 구조와 인구구조에 부조응함으로써 현재 나타나고 있는 위기 상황을 현 제도들로는 극복할 수 없다는 진단이다. 예를 들면, 기존 복지국가의 주축이라 할 수 있는 사회보험제도로는 높은 비율의 영세자영자나 비정규직을 커버하기 어렵다거나, 현재의 노후소득보장체계로는 노인빈곤 문제를 해소하기 어렵다는 인식이 그러한 주장이다. 다른 하나는 기술변화가 노동시장에 미치는 영향으로 인해 기존 복지국가가 더 이상 '정상적으로' 작동하기 어렵다는 진단이다. 특히, 4차 산업혁명으로 인한 디지털 플랫폼 경제하에서의 기그 노동자와 같은 새로운 노동형태의 출현과 로봇에 의한 일자리의 대체 등의 문제에 대해 기존 복지제도로 대응하는 데는 한계가 있다는 주장이다. 그렇다면 제기되고 있는 대안적 복지제도들은 기존의 복지제도들에 비해 현재의 위기나 앞으로의 변화에 더 효과적으로 대응할 수 있을까? 이것이 기존 복지국가의 옹호자들이 가지는 근본적 의문이자 비판의 핵심이다. 본 보고서에서는 새롭게 제기되는 대안들로 자산기반복지, 사회적경제, 공유경제, 그리고 기본소득의 네 가지를 논의하고 있다. 네 가지 대안에 대한 논의에서 공통적으로 언급될 수 있는 가능성과 한계는 다음과 같다.

첫째, 무엇보다도 제안되고 있는 대안들은 기존 복지국가에 대해 '양날의 검'과 같다는 점이다. 예를 들면, 자산기반복지는 기존의 소득기반 복지국가 침식을 정당화하는 수단으로 활용될 가능성이 있으며, 공유경제의 성장은 오히려 비정규직이나 불안정고용 양산을 조장할 수 있다. 기본소득의 제기 역시 애써 구축해 놓은 기존 복지국가제도들의 정당성을 훼손할 위험이 있다는 점에서 경계의 대상이 되기도 한다.

하지만, 이 대안들의 형성이나 번성 자체가 복지국가 위기와 대응을 배경으로 하고 있다는 점에서 기존 복지국가가 가진 대응력의 한계에 비해 상당한 장점을 가지고 있는 것도 사실이다. 자산기반복지의 경우 독립적인 '자산효과'와 자산의 유동화가 가진 실질적인 노후빈곤 감소 효과를 무시할 수 없으며, 나아가 공유자산제도는 사회적경제와 같은 새로운 경제모델과 융합될 여지도 열어두고 있다. 사회적경제의 경우 이미 유럽연합(EU) 국가에서 고용의 6.5%를 차지할 정도로 높은 비중을 차지하고 있으며, 자생의 동력을 확보할 경우 자족과 상호호혜성의 원리로 시장 영역을 잠식해 갈 수 있는 새로운 가능성을 지니고 있다. 공유경제는 정부나 지방자치단체가 주도할 경우 소유하지 않고도 효용을 충족함으로써 효율적으로 빈부격차나 분배문제를 해결할 수 있는 방안으로 주목된다. 기본소득은 기존 복지국가의 근간을 흔들 수 있는 가장 근본적인 대안으로 제기되기도 하지만, 단계적 확장 모형에서는 현 제도들과 공존함으로써 현 제도들이 메울 수 없는 불안정성 문제를 상당히 해결할 대안으로 제시되기도 한다.

둘째, 대안들 모두 누구에게 이니셔티브가 주어지느냐에 따라 상당히 다른 결과가 나타날 수 있다. 예를 들면, 공유경제의 경우 영리형으로 추구될 경우 비정형 노동자를 양산하고 불확실성을 가중시킬 수 있지만, 제3섹터나 정부에 의해 주도될 경우 소유가 아닌 '공유' 기반의 경제를 통해 효율과 평등에 기여할 수 있는 대안적 복지제도로 유효하다. 사회적경제의 경우 자생력의 확보가 무엇보다 중요하다는 점에서 정부의 개입이 정체성을 훼손할 수 있지만, 적어도 시장과의 경쟁 속에서 자생적 성장을 촉진할 생태계를 형성할 때까지 일정 정도의 지원은 필요할 수 있다.

이와는 다소 다른 차원에서 기본소득과 자산기반복지의 경우 진보적 접근과 보수적 접근에 따라 상당히 다른 결과를 초래할 수 있다. 특히 기본소득의 경우 좌우파의 관심을 동시에 받고 있는데, 좌파의 경우 변화하는 경제 환경 속에서 새로운 평등과 안정의 장치로 기본소득을 바라보는 반면, 우파의 경우 '비싼' 기존 복지국가를 대체하기 위한 수단으로 기본소득을 바라본다. 이러한 의도의 차이에 따라 결과는 상당히 달라질 수 있음은 주지의 사실이다. 따라서 '가치나 운동으로서 공유경제를 비롯한 대안들에 대한 긍정적인 이해는 반쪽의 진실을 담고 있다'(3장)는 비판의 목소리에도 귀기울일 필요가 있다.

마지막으로, 대안의 정교화가 필요하다. 대안들 중에는 이미 제도화된 것들도 상당수 존재하지만 아직은 그 존재감이 미미하다. 기본소득의 경우 일부 국가나 지역에서 시범사업이 실시되고 있지만 아직은 실현가능성과 기존 복지국가와의 대체성이 어느 정도인지 가늠하기 쉽지 않다. 따라서 제도의 좀 더 정치한 설계도면과 함께 실현 가능성과 문제 해결능력, 확대 가능성과 확대 범위, 기존 제도와의 비교를 통한 우위성의 입증, 중장기 소요 예산 등이 좀 더 구체적으로 뒷받침되어야 한다.

## 제4절 '한국형 복지모형'을 향해?

민주주의와 복지국가는 물질적 풍요 이상으로 인류가 지켜야 할 자산이다. 왜냐하면 한 영토 내의 '모든' 시민이 평등하게—형식적으로든 실질적으로든—정치에 참여하고, 교육받을 권리, 노동할 권리, 최소한의 인간답게 생활할 권리를 보장받은 것은 인류 역사상 복지국가가 유일하기 때문이다. 또한 국가가 정복, 지배, 통치가 아닌 시민의 안정과 복지를 위해 복무하는 것을 일차적 역할로 삼은 것 역시 그 유래를 찾기 어렵다. 시민권의 성숙이야말로 이러한 민주주의 복지국가로의 이행을 가능케 했던 핵심 동력이었다.

마셜의 세 가지 시민권(citizenship), 즉 공민권, 참정권, 사회권은 복지사회로의 이행과정에서 개인의 자유화, 정치화, 연대화 과정을 보여준다. 인신적 구속으로부터의 탈피는 자유로운 '시민의 탄생'을 의미했지만 동시에 공동체적 삶의 안전망으로부터 벗어나서 노동의 판매를 통해 개인 생존을 스스로 책임져야 함을 의미했다. 정치화는 귀족계급, 나중에는 일부 부르주아 계급의 전유물이던 정치 아레나에 노동자계급 혹은 보편적 시민계급의 등장을 의미했다. 마지막으로 연대화는 개별화된 익명성을 가진 개인이 연대(solidarity)를 통해 정치적 권력을 획득함으로써 새로운 '안정'의 기제를 획득하는 과정을 의미했다. 이런 보편적 시민권의 획득과 사회공학적 복지국가의 성립 과정에서 근대적 합리성과 성찰성은 중요했으며 이는 탈근대 시대에도 마찬가지이다.

안타깝게도 우리나라는 황금기의 서구 복지국가가 맛보았던 달콤한 열매를 채 맛보기도 전에 복지국가의 위기와 재편, 나아가 자본주의의 위기에 휩쓸려 그 대응에 부심하고 있다. 그럼에도 불구하고, 여전히—그것이 서구의 황금기 복지국가와는 상당히 다른 건축물이라 할지라도—복지국가의 이상은 견지될 필요가 있다. 이를 위해서는 '자유롭고 성숙하고 평등'한 보편적 시민성의 제고가 무엇보다 중요하다. 또한 대안적 복지국가에 대한 전문가와 시민의 공론장도 확대될 필요도 있다. 전통적인 복지국가제도들의 성숙이 여전히 중요한지, 혹은 이를 거치지 않고 새로운 대안으로 직진할 수 있는지, 혹은 두 개의 바퀴를 동시에 굴려야 할지에 대한 새로운 사회적 협의와 합의가 필요한 시점이다.

# 참고문헌

## 국내문헌


강남훈. (2009). 기본소득의 경제적 효과에 대한 검토. 비판과 대안을 위한 사회복지학회 추계학술대회 자료집.

______. (2010a). 기본소득 도입모델과 경제적 효과. 진보평론, (45), 12-43.

______. (2010b). 기본소득의 경제적 효과. 기본소득 국제학술대회 자료집.

______. (2017a). 권리로서의 기본소득: 쟁점과 이해. 화우공익재단 제3회 공익세미나.

강남훈, 곽노완, 이수봉. (2009). 즉각적이고 무조건적인 기본소득을 위하여. 민주노총.

강신욱. (2017). 한국 소득보장제도군의 효과성 평가. 한국사회정책, 24(1), 213-237.

강신욱, 노대명, 이현주, 임완섭, 김현경, 권문일 등. (2015). 주요 소득보장정책의 효과성 평가 연구. 한국보건사회연구원.

경기도. (2017). 2017년 경기도 일하는 청년통장 참가자 모집 공고.

계봉오, 김영미. (2016). 저출산에 대한 문화적 접근: 성평등주의와 출산의 관계. 한국보건사회연구원, 국민대학교 산학협력단.

고상원, 권규호, 김대일, 이정민, 홍석철, 홍재화. (2017). 4차 산업혁명의 고용효과. 한국개발연구원.

고용노동부. (2015). 실업급여제도 변천사. 동 기관.

_________. (2016a). 2016년 취업성공패키지 업무매뉴얼. 동 기관.

_________. (2016b). 한권으로 통하는 노동정책. 동 기관.

_________. (2016c). 고용노동부 내부 자료. 동 기관.

_________. (2016. 6. 24.). ‘16년 4월 기준 “직종별사업체노동력조사” 결과 발표. 고용노동부 보도자료.

_________. (2017a). 2017년 실업급여제도 일반현황. 동 기관.

_________. (2017b). 고용형태공시결과. 동 기관.
곽노완. (2007). 기본소득과 사회연대소득의 경제철학-빠레이스, 네그리, 베르너에 대한 비판과 변형. 시대와 철학, 18(2), 183-218.
_____. (2009). 신자유주의와 실질적 자유지상주의의 경제철학: 하이에크의 시장중심주의와 판 빠레이스의 기본소득 논의를 중심으로. 사회와 철학, 18, 1-32.
_____. (2013). 분배정의와 지속가능한 최대의 기본소득 -게으른 자에게도 지급되는 기본소득은 정의로운가? 시대와 철학, 24(2), 7-29.
국민연금사편찬위원회. (2015). 실록 국민의 연금. 국민연금공단.
국민연금연구원, 국민연금제도발전위원회. (2013). 2013 국민연금재정계산-국민연금 제도개선방향. 동 기관.
국민연금재정추계위원회, 보건복지부. (2013). 제3차 국민연금재정계산 장기재정전망 결과. 동 기관.
국세청. (2016). 국세통계. 동 기관.
_____. (2017). 신규사업자가 알아두면 유익한 세금정보. 동 기관.
국회예산정책처. (2016). NABO 2016~2060년 NABO 장기 재정전망. 동 기관.
권미혁 의원실. (2016). 국민연금공단의 2016 국정감사 권미혁 의원 요청자료.(2016. 10.)
권정임. (2011). 생태사회와 기본소득 -고르의 기본소득론에 대한 비판과 변형. 시대와 철학, 22(3), 1-40.
금민. (2010). 기본소득의 정치철학적 정당성. 진보평론, (45), 157-204.
금융감독원. (2015). 퇴직연금 통계. 동 기관.
기획재정부. (2013. 9. 10.). 금년도 근로장려금 지급과 관련하여 내년 이후 달라지는 근로장려세제 설명. 기획재정부 보도자료.
기획재정부, 고용노동부, 금융위원회. (2014. 8. 27.). 안정적이고 여유로운 노후생활 보장을 위한 사적연금 활성화 대책. 동 기관 보도자료.
길현종. (2016). 공유경제의 정의와 현황, 길현종 외, 공유경제와 고용관계에서. 한국노동연구원.

김교성. (2009). 기본소득 도입을 위한 탐색적 연구. 사회복지정책, 36(2), 35-57.

______. (2016a). '실질적 자유'의 '평등한 분배'를 위한 기본소득. 현안과 정책, 144, 지식협동조합 이슈페이퍼.

______. (2016b). 이 시대 복지국가의 쓸모?!: 불평등 문제 해결을 위한 제언. 비판사회정책, (52), 179-222.

김교성, 백승호, 서정희, 이승윤. (2017a). 기본소득의 이상적 모형과 이행경로. 한국사회복지학, 69(3), 289-315.

______________________. (2017b). 한국형 기본소득의 이상적모형과 단계적 이행방안. 한국사회보장학회 정기학술발표논문집, 2017(1), 221-246.

김기찬. (2009. 1. 9.). 오일쇼크로 실업률 10% 넘던 네덜란드 '노사정 협약' 뒤 국민소득↑ 실업률↓. 중앙일보.

김낙연. (2016). 한국의 부의 불평등, 2000-2013: 상속세 자료에 의한 접근, 경제사학, 40(3), 393-429.

김덕환, 이혜운. (2017. 2. 26.). 계산대 없는 아마존 무인마트. 유통판도 바꾼다. 조선닷컴.

김병권. (2016). 세대 간 주거공유를 통한 사회혁신, Future Horizon, 30, 20-23.

김병인. (2016). 기본소득은 사회보장을 위한 최선의 대안인가?: 사회정책의 필요 개념에 입각한 비판적 검토. 사회복지정책, 43(4), 79-107.

김사현, 주은선, 홍경준. (2013). 무상보육 및 관련 정책 이슈들에 대한 핵심 이해집단의 선호분석: 서울시 어린이집 원장, 보육교사, 학부모를 중심으로. 사회복지정책, 40(2), 205-235.

김성권. (2017). 육아휴직 제도의 법·정책적 문제점 검토. 사회법 연구, 30, 1-33.

김성은, 이진우. (2010). 고용보험 재정기준선 전망과 과제: 실업급여계정을 중심으로. 예산현안분석, 37. 국회예산 정책처.

김수영. (2012). 사회복지와 노동시장의 연계가 초래한 근로연계복지의 딜레마:

자활사업의 사례를 중심으로. 한국사회복지학, 64(3), 203-229.
김수정. (2006). 아동수당을 통한 사회적 돌봄 정책. 사회적 돌봄을 위한 정책토론회 '더 나은 미래를 위한 사회적 투자'. 참여연대 사회복지위원회.
______. (2015). 보육서비스의 트릴레마 구조와 한국 보육정책의 선택: 민간의존과 비용중심의 정책. 경제와 사회, 105, 64-93.
김수현. (2017. 10. 19.) 비상장법인 사내유보금 1천 472조…100대 법인이 38% 차지. 연합뉴스.
김양중. (2006.11.24.). 자산형성 지원하니 빈곤 탈출 의지 높아져. 한겨레신문.
김용창. (2013). 자산기반 주거복지정책으로서 단기 공공임대주택의 지분공유제 주택으로 전환. 공간과 사회, 44, 5-35.
김어진. (2013). '지식기반경제론'의 모순과 실제. 한국사회경제학회 학술대회 자료집, 1-24.
김영미. (2013). 한국 일가정 양립현실과 대안: 우리, 행복하기 위한 조건. 복지동향, 175, 13-18.
______. (2016). 한국 일·가정양립지원정책의 방향과 정책개선과제, 사회보장제도 장기정책방향 연구모임 발표자료.(2016. 12. 8.)
김영미, 계봉오. (2015). 이행의 계곡에서 무슨 일이 벌어지는가? 여성의 고용과 출산에 관한 성평등적 접근. 한국여성학, 31(3), 1-30.
김유선. (2016). 비정규직 규모와 실태: 통계청. 노동사회, 189, 54-94.
김유선, 박관성. (2017). 대기업 비정규직 규모. KLSI 이슈페이퍼, 8.
김윤태. (2010). 복지국가의 발전과 도전. 한국 복지국가의 전망에서. 한울아카데미
김은지, 홍승아, 민현주, 성경. (2016). 육아휴직 소득보장 실효성 확보방안 연구. 한국여성정책연구원.
김인경, 정선아, 조부경, 김영미, 이지은. (2015). 영유아 교육·보육 지원방식 다양화 방안에 관한 연구. 국무조정실·KDI 한국개발연구원.
김인춘. (2007). 자본주의 다양성과 한국의 새로운 발전모델: 민주적 코포라티즘의 조건. 한국사회학, 41(4), 202-241.

김정원, 이문국, 전세나. (2013). 자활사업 제도개선 방안. 비판사회정책, (38), 7-44.

김정호, 유경준. (2009). 산전후휴가/육아휴직 지원사업. 2008년도 재정사업 심층평가 보고서. 한국개발연구원.

김정호, 홍석철. (2012). 보육료지원의 여성노동공급 및 출산효과 분석. 사회통합센터 working paper, 12(2). 한국경제연구원.

김종수, 전은호, 홍성효. (2012). 공동체자산기반 접근을 활용한 사회적 기업 육성 정책 방향 모색, 도시행정학보 25(2), 71-91.

김종해. (2006). 아동수당 도입의 두가지 의미. 복지동향, 90, 34-35.

김진석. (2016). 아동수당 도입의 함의와 쟁점. 복지동향, 218. 33-40.

______. (2017). 사회서비스 공단설립을 통한 사회서비스 공공성 확보. 여성정책연구원 지속가능한 돌봄정책 포럼.

김진욱. (2013). 한국 복지국가 10년(2000~2010), 복지혼합 지출구조의 변화와 그 함의. 한국사회복지조사연구, 36, 387-419.

김호원, 강지성. (2016). 사회서비스 직접일자리사업 심층 평가 연구. 한국고용정보원.

김혜연. (2014). 이데올로기적 다양성에 따른 기본소득의 정책 특성에 관한 연구. 비판사회정책, (42), 92-139.

김혜원. (2008). 사회서비스 제공 비영리조직의 이용자 만족도 연구. 사회적기업연구, 1(1), 41-64.

______. (2014). 출산휴가 및 육아휴직 급여의 사회적 분담방안 확대방안. 출산휴가 및 육아휴직 급여의 사회적 분담방안 토론회.(2014. 4. 17.)

김현수. (2011). 양면시장에서의 시장획정 및 시장지배력 평가. 안암법학, 34, 759-790.

남재욱, 계민지, 조한나. (2016). 한국에서의 유연안정성: 현황과 과제. 비판사회정책, (50), 76-125.

노대명. (2015). 한국 사회적경제의 진단과 과제. 한국노동연구원, 고용노동부, 사회적경제의 이슈와 쟁점 연구(pp. 96-124)에서. 동 기관.

노대명, 여유진, 김태완, 원일. (2009). 사회수당제도 도입 타당성에 관한 연구. 한국보건사회연구원.

노대명, 김신양, 장원봉, 김문길. (2010). 한국 제3섹터 육성방안에 대한 연구. 한국보건사회연구원.

노호창. (2016). 실업급여의 요건과 제한에 관한 연구. 노동법연구, 40, 353-391.

노현웅. (2017. 8. 2.) 아동수당 받아도 '자녀세액공제'는 3년간 더 유지한다. 한겨레신문.

농림축산식품부. (2017. 11. 8.). 농지연금, 신상품 출시 및 제도개선으로 고령농 생활안정 지원 강화 - 일시인출·경영이양 상품, 담보농지(농지가격 15% 이하) 가입 허용 등 - . 동 기관 보도자료.

류건식, 강성호, 김동겸. (2016). 퇴직연금시장 환경변화와 보험회사 대응방안. 보험연구원.

미래에셋은퇴연구소. (2016). 2016년 주목해야 할 연금제도 변화 8가지. 은퇴와 투자, 47, 1-43.

민성희, 박정은. (2016). 공유경제 비즈니스 사례 분석 및 시사점. 산은조사월보, 730, 26-42.

민연경, 장한나. (2015). 보육정책의 이슈네트워크 분석: 무상보육정책과 양육수당정책을 중심으로. 한국행정연구 24(2), 1-43.

박가열, 천영민, 홍성민, 손양수. (2016). 기술변화에 따른 일자리 영향 연구. 한국고용정보원.

박건철, 이상돈. (2016). 도시·사회혁신을 위한 디지털 공유경제. 서울디지털재단.

박석삼. (2010). 기본소득을 둘러싼 쟁점과 비판. 노동사회과학, (3), 307-326.

박성준, 변양규, 정현용. (2008). 한국 노동시장의 유연안정성 현황 및 과제. 한국경제연구원.

박승호. (2017). 우리나라의 자영업 동향 및 주요 특징. NABO 경제동향 & 이슈, (57), 33-41.

박윤수. (2016). 고용장려금 제도의 문제점과 개선방향. KDI FOCUS, 74, 1-7.

박제성. (2016). 새로운 고용관계를 규율하기 위한 노동법의 역할과 원칙: 디지

털 노동관계를 중심으로, 황덕순 외, 고용관계 변화와 사회복지 패러다임 연구에서. 한국노동연구원

박제성, 박은정. (2016). 공유경제와 노동법, 길현종 외, 공유경제와 고용관계에서. 한국노동연구원.

박종서. (2016). 취업여성의 일가정양립 실태와 정책적 함의. 보건복지포럼, 236, 18-36.

박종현, 김낙현. (2015). 경남지역 사회적경제 육성을 위한 사회적금융 발전방안. 경남경제리뷰. 한국은행 경남본부.

박진희, 윤정혜, 최기성. (2016). 실업급여 수급자 및 비수급자의 특성과 노동시장 성과. 한국고용정보원.

박찬임, 황덕순, 김기선. (2016). 일자리 형태의 다양화 추세와 산재보험. 한국노동연구원.

박홍규. (2008). 기본소득 연구. 민주법학, 36, 199-223.

배규식. (2017). 경제사회환경변화와 노동시장 이중구조 개혁, 사회경제정책포럼 발표자료.(2017. 1. 24.)

배은경. (2010). 현재의 저출산이 여성들 때문일까: 저출산담론의 여성주의적 전유를 위하여. 젠더와 문화, 3(2), 37-75.

백선정. (2016). 스웨덴의 보육정책과 우리나라의 시사점. 넥스트경기 61, 16-28.

백선희. (2009). 김대중·노무현 정부 10년의 보육정책 평가. 상황과 복지, 28, 95-141.

______. (2011). 보육의 공공성 강화를 위한 정책방안. 한국보건사회연구원.

______. (2015). 성인지적 관점에서 본 보육재정 분담 쟁점 분석: 영아무상보육과 누리과정을 중심으로. 페미니즘 연구, 5(1), 299-334.

______. (2016). 저출산 극복대책으로서의 아동수당 도입의 쟁점과 방향. 2017년 이후의 대한민국 대선핵심아젠더 연속토론회.(2016. 11. 8.)

______. (2017). 보육서비스의 공공성 확보방안: 사회서비스공단을 중심으로. 한국사회보장학회 정기학술발표논문집 2017권 1호, 1-13.

백승호. (2010). 기본소득 모델들의 소득재분배 효과 비교분석. 사회복지연구, 41(3), 185-212.

_____. (2014). 서비스경제와 한국사회의 계급, 그리고 불안정 노동 분석, 한국사회정책, 21(2), 57-90.

_____. (2017). 기본소득 실현을 위한 기본소득 모형들: 무엇이 기본소득이고 무엇이 아닌가?. 월간복지동향, 221, 14-21.

보건복지부. (2003). 보육통계. 동 기관.

_________. (2005). 보육통계. 동 기관.

_________. (2008). 보육통계. 동 기관.

_________. (2010). 보육통계. 동 기관.

_________. (2012). 보육통계. 동 기관.

_________. (2014). 보육통계. 동 기관.

_________. (2016). 보육통계. 동 기관.

_________. (2012). 2012년 자활사업안내. 동 기관.

_________. (2015). 통계로 본 2015 기초연금. 동 기관.

_________. (2017). 2017년 아동분야 사업안내[1]. 동 기관.

보건복지부. (2017. 4. 28.) 희망키움통장Ⅰ·Ⅱ, 내일키움통장 5월 신규 모집. 동 기관 보도자료.

보건복지부, 한국자활연수원. (2017). 제1기 종사자 자활정책 및 지침교육과정. 동 기관.

사득환. (2017). 복지다원주의, 시장 그리고 한국적 모델. 한국공공관리학보, 31(1), 235-257.

서문희, 양미선, 강기숙. (2016). 보육과 출산의 연계성에 대한 거시-미시접근. 한국보건사회연구원, 한국보육진흥원.

서문희, 이혜민. (2014). 영유아 교육 보육 재정 증가 추이와 효과: 2004~2014. 육아정책연구소.

서울노동권익센터. (2015). 통계로 본 서울의 노동: 산업구조, 고용구조, 취약노동자의 구조. 동 기관.

서울시복지재단. (2016). 2016. 12월 저소득층 자산형성지원사업 참가자 현황 보고. 동 기관.

서정희. (2017a). 기본소득의 국가별 실험. 월간 복지동향, 221, 22-27.

______. (2017b). 기본소득과 사회서비스: 기본소득이 사회서비스를 구축할 것인가? 미간행.

서정희, 조광자. (2008). 새로운 분배제도에 대한 구상: 기본소득과 사회적 지분 급여 논쟁을 중심으로. 사회보장연구, 24(1), 27-50.

성남시. (2017a. 10. 20.). 성남시 보도자료.

______. (2017b. 10. 25.). 성남시보. .

성은미. (2003). 비정규노동자에 대한 새로운 사회적 안전망: 기본소득. 비판과 대안을 위한 사회복지학회 학술대회 발표논문집, 273-306.

성이름. (2016). 청년배당 대상자 FGI 및 설문조사 결과. 성남시 청년배당 인식 조사 결과발표 및 쟁점토론회 자료집. 녹색전환연구소.

성재민. (2016). 실업급여의 역사와 과제. 노동리뷰, 140, 20-37.

성혜영. (2013). 시간제 근로자 국민연금 적용에 관한 외국사례 연구 조사. 국민연금연구원.

손명석. (2012). 대공황 사례로 본 현위기 진단 및 전망. 포스코경영연구소.

손상영. (2015). 공유경제의 이론과 실체 그리고 정책적 대응. 정보통신정책연구원.

손상영, 김사혁. (2015). 공유경제 비즈니스 모델과 새로운 경제 규범. 정보통신정책연구원.

송다영. (2009). 가족정책 내 자유선택 쟁점에 관한 고찰. 페미니즘 연구, 9(2), 83-117.

신경혜. (2016). 연금수급률의 해석. 연금이슈&동향분석, 31.

신윤정. (2009). 프랑스 저출산 정책의 주요현황: 가족지원정책을 중심으로. 보건복지포럼, 153, 97-107.

신정완. (2014). 복지국가의 철학. 인간과복지.

신진욱, 이은지. (2012). 금융화 시대의 주택체제 변동의 네 가지 경로: 국제 비교 관점에서 본 한국 주택불평등 구조의 특성. 경제와 사회, 95, 218-253.

신혜정. (2016. 3. 9.) “이세돌 지다니” 알파고 승리에 놀라움 공포교차. 한국일보. http://www.hankookilbo.com/v/bb02ea93aafc419795c0b8266ab82301에서 2017. 11. 12. 인출.
심광현. (2015). 맑스의 관점에서 본 기본소득과 대안사회로의 이행의 과제. 시대와 철학, 26(2), 115-159.
안승국. (1999). 한국에 있어서 포드주의의 위기에 관한 정치경제적 재성찰: 조절이론의 접근을 중심으로, 한국정치학회보, 33(2), 93-113.
안현미. (2012). 국공립 어린이집 확충 타당성 연구. 아젠더 포럼.
______. (2014). 서울시 보육교사 근로환경 개선방안 연구. 서울시 여성가족재단.
안현효. (2010). 기본소득과 고진로 산업정책. 1등만 기억하는 더러운 세상을 뒤집어라. 매일노동뉴스, 242-279.
______. (2012). 인지자본주의와 기본소득. 마르크스주의 연구, 9(1), 124-143.
양난주, 임세희, 한성윤. (2012). 사회서비스 제공기관의 영리 · 비영리성이 이용자만족도에 미치는 영향. 한국사회복지행정학, 14(4), 27-52.
양난주. (2015). 사회서비스 바우처 정책평가. 한국사회정책, 22(4), 189-223.
양재진. (2016). 노후소득보장제도의 재구조화와 재정동원 전략: 국민연금 강화를 중심으로. 한국정책학회 공동세미나 갈림길에 선 저발전 복지국가 한국의 노후소득보장강화 국민연금 Vs. 기초연금 강화론. 3-11.
여유진. (2002). 한국에서의 소비지출 불평등에 관한 연구: 집합적 소비의 사회복지적 함의를 중심으로. 박사학위논문. 서울대학교.
______. (2011). 복지국가의 구조적 제약과 경로의존성: 근로연령층의 빈곤과 복지국가의 재분배효과를 중심으로, 상황과 복지, 32, 7-44.
______. (2016). 청년세대 내부격차의 확대와 ‘희망’의 불평등. 2016년 제1차 사회통합포럼(청년세대의 희망과 좌절 그리고 사회통합) 발표자료. 한국보건사회연구원.
______. (2017). 한국 복지국가의 현좌표, 보건복지 ISSUE & FOCUS, 339(2017-10), 1-8.
여유진, 김미곤, 강혜규, 장수명, 강병구, 김수정, 등. (2014). 한국형 복지모형

구축: 한국의 특수성과 한국형 복지국가. 한국보건사회연구원.

여유진, 김미곤, 구인회, 김수정, 윤자영, 허순임 등. (2015a). 한국형 복지모형 구축: 생애주기별 소득·재산·소비 연계형 복지모형 구축. 한국보건사회연구원.

여유진, 김미곤, 김태완, 김명중, 정재훈, 이주미. (2015b). 국민기초생활보장제도와 역모기지제도 연계방안 연구. 보건복지부, 한국보건사회연구원.

여유진, 김미곤, 임완섭, 김민희. (2009). 저소득층 지원제도의 유형 및 특성 연구. 한국보건사회연구원.

여유진, 김수정, 구인회, 김계연. (2007). 교육불평등과 빈곤의 대물림. 한국보건사회연구원.

여유진, 김영순, 강병구, 김수정, 김수완, 이승윤, 등. (2016). 한국형 복지모형 구축: 복지레짐 비교를 통한 한국복지국가의 현 좌표. 한국보건사회연구원.

오건호. (2016). 기초연금 중심 노후소득보장론. 한국정책학회 공동세미나 갈림길에 선 저발전 복지국가 한국의 노후소득보장 강화: 국민연금 Vs. 기초연금 강화론. 13-34.

오호영, 이은혜. (2014). 고용률 제고를 위한 시간제 일자리의 변화(2004~2013년)분석과 정책제언. 한국직업능력개발원.

우정호, 김민길, 김영직, 조민호. (2016). 공공영역에서의 공유경제 정책 집행에 관한 연구: 서울시 '한지붕 세대공감' 사업을 중심으로, 2016 한국정책학회 하계학술대회 발표논문집. 655-690.

우준희. (2010). 근로연계복지로서 한국 자활지원사업의 한계와 가능성. 대한정치학회보, 17(3), 19-50.

유선일. (2016. 3. 28.). 공유민박 등 지역 전략산업 육성 위한 '규제프리존 특별법' 발의…시행까진 '첩첩산중'. 전자신문.

유해미, 김아름, 김진미. (2015). 국내 육아지원정책 동향 및 향후과제. 육아정책연구소.

윤도현. (2003). 신자유주의와 대안적 복지정책 모색. 한국사회학, 37(1), 55-61.

윤자영. (2012). 돌봄서비스 일자리 근로조건의 현황과 과제. 노동리뷰, 82,

52-66.
_____. (2016a). 노동과 출산간의 연계성에 관한 거시-미시 접근. 한국보건사회연구원, 한국노동연구원.
_____. (2016b). 돌봄노동과 기본소득 모형. 여성학 논집, 33(2), 3-29.
윤정향. (2002). 기초소득의 도입가능성연구. 한국노총 중앙연구원.
윤형중. (2017. 3. 28.) '육아휴직 3년' '칼퇴근', 유승민 저출산 풀기공약. 한겨레신문.
윤홍식. (2016). 기본소득, 복지국가의 대안이 될 수 있을까?: 탈상품화 대 탈노동화. 한국사회보장학회 정기학술대회 자료집, 2016(2), 995-1028.
은수미. (2012. 10. 10.). 여성노동권 모성권 보호에 대규모 사각지대 존재. 은수미 의원실 보도자료.
이기훈. (2017. 8. 22.). 육아휴직급여 인상 3000억 더 드는데... 정부지원 700억뿐. 조선일보.
이다혜. (2017). 공유경제(sharing economy)의 노동법적 쟁점- 미국에서의 근로자성 판단 논의를 중심으로, 노동법연구, 42, 401-441.
이다혜, 길현종. (2016). 공유경제 해외사례 I : 미국, 길현종 외, 공유경제와 고용관계에서. 한국노동연구원.
이명현. (2006). 복지국가 재편을 둘러싼 새로운 대립축: 워크페어 개혁과 기본소득 구상. 사회보장연구. 22(3), 53-76.
_____. (2007). 유럽에서의 기본소득 구상의 전개 동향과 과제: 근로안식년과 시민연금을 중심으로. 사회보장연구, 23(3), 147-169.
_____. (2014). 복지국가와 기본소득: 논쟁과 전략의 탐색. 대구: 경북대학교출판부.
이민화. (2017). 4차 산업혁명과 지역혁신. 지방행정, 66(764), 30-33.
이용하. (2015). 국민연금 사업장가입자 확대정책의 성과. 연금이슈&동향분석, 27.
이병희, 길현종, 김혜원, 이영수, 오민홍. (2016). 취업성공패키지 운영성과평가 분석 및 개편방안 마련. 한국노동연구원.
이병희, 허재준, 김혜원, 김복순. (2007). 실업급여 수급자수 지급액 증가추이 및 원인 분석. 한국노동연구원.
이봉주. (2016). 아동수당도입 필요성 및 재원마련 방안. 국회 저출산·고령화사회 특별위원회 공청회 자료.(2016. 9. 23.)
이삼식, 계봉오, 김경근, 김동식, 서문희, 윤자영 등. (2016). 결혼·출산 행태 변화와 저출산 대책의 패러다임 전환. 한국보건사회연구원.
이삼식, 최효진 (편). (2014). 초저출산 초고령사회위험과 대응방안. 한국보건사회연구원.
이상문. (2017. 6. 15.) 민간기업 여성근로자 육아휴직기간 3년 이내로 확대 전망. 뉴스1.
이성규. (2016. 2. 25.). 공유경제, 10년 후 20배 성장. *The Science Times*.
이성균. (2003). 기업의 특성과 노동유연화 전략 활용. 경제와사회, 57, 148-175.
이성룡. (2017). 사회적기업육성법 제정 10주년 기념 정책토론회의 토론문. 한국사회적기업중앙협의회.
이승윤, 안주영, 김유휘. (2016). 여성은 왜 외부자로 남아 있는가? 한국사회정책, 23(2), 201-237.
이승윤, 백승호, 김미경, 김윤영. (2017a). 한국 청년노동시장의 불안정성 분석. 비판사회정책, (54), 487-521.
이승윤, 백승호, 김윤영. (2017b). 한국의 불안정 노동자. 후마니타스
이승호, 조성은, 백학영, 한경훈. (2016). 국민기초생활보장법 개정에 따른 자활사업 참여자 규모와 특성 변화 추정. 한국사회복지행정학, 18(2), 207-233.
이종아. (2015). 주택연금 제도 변화와 가입자 분석, KB 지식 비타민 15(65), 1-7.
이주영. (2015. 9. 15.) 10년 간 81조 써도 출산율 제자리. 경향신문.
이주호, 지상훈. (2017). 교육 불평등에 대한 실증분석과 정책 방향, 한국경제연구원 세미나 자료(사회이동성과 교육해법: 개룡남은 전설이 되었나, 2017. 8. 23.).
이항우. (2013). 동료생산과 공유경제. 참여사회포럼 〈공유 경제와 동료 생산〉 (2013. 8. 29.). 참여사회연구소.

이현주, 장지연, 전병유. (2017). 현금 기본소득과 현물 공적서비스의 불평등 완화 효과 비교 연구. 사회과학연구, 56(1), 93-118.

이호근. (2006). 한국적 유연안정성 모델의 정착을 위한 조건. 한국사회정책. 13(1). 129-198.

일자리위원회 관계부처 합동. (2017). 사회적경제 활성화 방안. 동 기관.

임완섭. (2016). 근로장려세제의 노동공급 효과성과 정책적 함의. 보건복지 이슈앤포커스. 308. 1-8.

장기용. (2013). 현행 근로장려세제 (EITC) 의 중· 장기적 정책과제와 개선방안. 회계연구, 18(4), 51-80.

정기현. (2009). 우리나라 근로장려세제의 현황 및 정책과제. 조세연구, 9, 92-133.

장종익. (2017). 협동조합 활성화를 위한 제도 및 정책 분석과 개선 방안. 생협평론, 27, 41-57.

장종익, 홍훈, 유정식, 김태환, 박종현. (2016). 서울시 사회적경제의 성과 측정과 관련 정책 평가. 서울연구원.

장지연, 정혜선, 류임량, 김수영, 장은숙. (2004). 여성근로자 모성보호의 현황과 정책방안 모성관련휴가제도를 중심으로. 한국노동연구원.

전윤정. (2005). 한국의 모성보호정책 변화에 관한 연구: 정책행위자들의 협력·대립양상을 중심으로, 여성건강 6(2), 91-119.

정갑영. (2009). 산업조직론. 박영사.

정국헌. (1994). 조절이론에서의 국가 이해: Joachim Hirsch의 조절이론적 재구성을 중심으로. 한국정치학회보, 28(2), 527-548.

정신동. (1990). 조절이론에 관한 일연구: 포드주의적 축적체제의 성장과 위기를 중심으로. 석사학위논문. 서울대학교.

정용덕. (1993). 자본주의 국가론에 의한 한국 중앙국가기구의 유형별 분석. 한국행정학보, 27(3), 677-704.

______. (1998). 한국적 국정관리와 국가경쟁력. 정부수립 50주년 기념 학술 심포지움 자료집.

정원호. (2005). 네덜란드와 덴마크의 유연안정성 비교. 국제노동브리프, 3(12), 35-43.

정원호, 이상준, 강남훈. (2016). 4차 산업혁명 시대 기본소득이 노동시장에 미치는 효과 연구. 한국직업능력개발원.

정의룡. (2014). 한국 근로연계 복지정책의 효과성 분석 - 근로장려세제를 중심으로. 한국행정학보, 48(1), 181-206.

정이환. (2014). 국제비교를 통해서 본 한국의 고용불안정. 경제와 사회, (103), 103-128.

정인영, 민기채, 한신실. (2015). 공적연금제도와 고령자고용정책의 보완적 발전방안. 국민연금연구원.

정준호. (2016). 한국 산업화의 특성과 글로벌 가치사슬. 이병천, 유철규, 전창환, 정준호. 한국의 민주주의와 자본주의: 불화와 공존(pp. 70-111)에서. 돌베개.

정한나, 윤정혜, 최숙희. (2016). 한국 여성의 고용과 경력단절에 관한 연구: 고용보험 DB를 활용하여. 한국고용정보원.

정혁. (2017). 4차 산업혁명과 일자리. 정보통신정책연구원.

조달호, 이인재, 장종익, 박종현, 김혜원. (2017). 서울시 사회적경제 5개년 계획 수립을 위한 기초 연구. 서울연구원.

조돈문. (2014). 유연안정성 모델의 두 유형: 덴마크와 네덜란드의 유연안정성 모델 비교. 스칸디나비아 연구, 15, 31-61.

______. (2015). 민간부문 비정규직 인권상황 실태조사 : 특수형태 근로종사자를 중심으로. 국가인권위원회 발간자료. 1-395.

______. (2016). 노동시장의 유연성-안정성 균형을 위한 실험: 유럽연합의 유연안정성 모델과 비정규직 지침. 서울: 후마니타스.

주동률. (2010). 하향평등 반론(Levelling-Down Objection)과 평등주의의 대응, 哲學, 103, 207-240.

주명호. (2015. 5. 19.). 우버, 일부도시서 수수료 30%까지 인상. 중앙일보.

주은선. (2009). 1998부터 2007까지 한국 연금정책의 전개 방향: 국가와 시장의 역할 경계와 사회권의 변형. 한국사회정책. 15(2), 145-180.
_____. (2013). 한국의 대안적 소득보장제도 모색. 비판사회정책, (38), 83-126.
_____. (2017). 보편적 수당으로서 기초연금 확대 방안. 복지동향, 222, 18-24.
주은선, 권혁진, 김우창, 유희원, 원종현, 이은주 등. (2017). 국민연금의 발전적 재구성. 공적연금강화국민행동.
주택금융연구원. (2017. 11. 30.). 55~59세 절반 자녀에 집 상속 안한다. 주택금융공사 보도자료.
최광은. (2010). 기본소득 모델의 이해와 한국에서의 도입가능성 연구. 석사학위논문, 한신대학교 국제평화인권대학원.
최영. (2010). 아동수당제도 도입에 관한 몇가지 논점들. 복지동향, 139, 73-75.
____. (2017). 아동수당제도 도입의 기본방향. 참여연대 사회복지위원회.
최윤경, 김윤환, 이혜민. (2015). 스웨덴의 육아정책(II): 교사정책을 중심으로. 육아정책연구소.
최은영. (2010). 한국 아동양육의 난맥상: 양육수당의 문제점. 복지동향, 143, 4-7.
최재혁. (2016). 전체를 위한 배제 없는 사회안전망. 월간 복지동향, 207, 22-26.
최현수. (2009). 근로장려세제의 시행 및 정책과제. 보건복지 이슈앤포커스,11, 1-8.
_____. (2011). 근로장려세제 (EITC) 확대 개편방안의 의미와 정책과제. 보건복지 이슈앤포커스, 108, 1-8.
_____. (2014). 저소득층 자산형성 지원을 위한 희망키움통장 운영 성과 및 확대 개편에 따른 정책과제. 보건·복지 Issue & Focus, 255(2014-34).
최현수, 여유진, 김태완, 임완섭, 오미애, 황남희 등. (2016). 한국의 노인빈곤실태 심층 분석 및 정책적 시사점. 보건복지부, 한국보건사회연구원.
탁현우. (2016). 기초연금제도 평가. 사업평가, 352.
통계청. (각 연도). 경제활동인구조사 8월 부가조사. 동 기관.
_____. (2016a). 2015년 경제활동인구조사 고령층 부가조사. 동 기관.

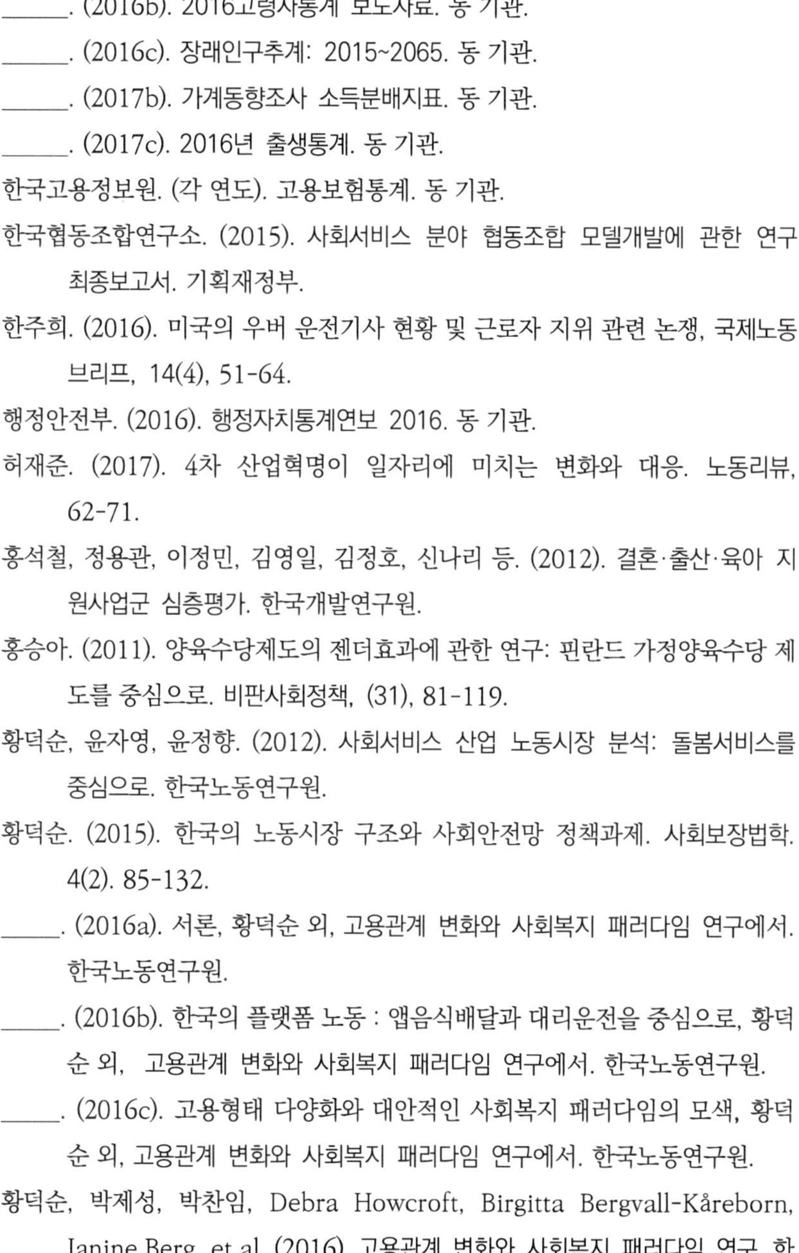

______. (2016b). 2016고령자통계 보도자료. 동 기관.

______. (2016c). 장래인구추계: 2015~2065. 동 기관.

______. (2017b). 가계동향조사 소득분배지표. 동 기관.

______. (2017c). 2016년 출생통계. 동 기관.

한국고용정보원. (각 연도). 고용보험통계. 동 기관.

한국협동조합연구소. (2015). 사회서비스 분야 협동조합 모델개발에 관한 연구 최종보고서. 기획재정부.

한주희. (2016). 미국의 우버 운전기사 현황 및 근로자 지위 관련 논쟁, 국제노동브리프, 14(4), 51-64.

행정안전부. (2016). 행정자치통계연보 2016. 동 기관.

허재준. (2017). 4차 산업혁명이 일자리에 미치는 변화와 대응. 노동리뷰, 62-71.

홍석철, 정용관, 이정민, 김영일, 김정호, 신나리 등. (2012). 결혼·출산·육아 지원사업군 심층평가. 한국개발연구원.

홍승아. (2011). 양육수당제도의 젠더효과에 관한 연구: 핀란드 가정양육수당 제도를 중심으로. 비판사회정책, (31), 81-119.

황덕순, 윤자영, 윤정향. (2012). 사회서비스 산업 노동시장 분석: 돌봄서비스를 중심으로. 한국노동연구원.

황덕순. (2015). 한국의 노동시장 구조와 사회안전망 정책과제. 사회보장법학. 4(2). 85-132.

_____. (2016a). 서론, 황덕순 외, 고용관계 변화와 사회복지 패러다임 연구에서. 한국노동연구원.

_____. (2016b). 한국의 플랫폼 노동 : 앱음식배달과 대리운전을 중심으로, 황덕순 외, 고용관계 변화와 사회복지 패러다임 연구에서. 한국노동연구원.

_____. (2016c). 고용형태 다양화와 대안적인 사회복지 패러다임의 모색, 황덕순 외, 고용관계 변화와 사회복지 패러다임 연구에서. 한국노동연구원.

황덕순, 박제성, 박찬임, Debra Howcroft, Birgitta Bergvall-Kåreborn, Janine Berg, et al. (2016). 고용관계 변화와 사회복지 패러다임 연구. 한

국노동연구원.
황정미. (2005). 저출산과 한국 모성의 젠더정치. 한국여성학, 21(3), 99-132.
황종률. (2017). 가계소득 및 지출의 특징과 시사점: 2016년 통계청 가계동향 조사 자료를 중심으로, Nabo 경제동향 & 이슈 2017년 3월호(통권 제 53호).

## 국외문헌

Ackerman, B. (1980). *Social Justice in the Liberal State.* Yale University Press.

Ackerman, B., & Alstott, A. (1999). *The Stakeholder Society.* Yale University Press.

______________________. (2004). Why stakeholding? *Politics & Society, 32*(1), 41-60.

______________________. (2006). Why Stakeholding? In B. Ackerman, A. Alstott., & Van Parijs, P.(eds), *Redesigning Distribution.* London: Verso.

Ackerman, B., Alstott, A., & Van Parijs, P. (2010). 분배의 재구성: 기본소득과 사회적 지분 급여 (너른복지연구모임, 역). 나눔의 집. (원서출판 2006)

Ambrosino, B. (2016, April 20). *The gig economy is coming. You probably won't like it. The Boston Globe.* Retrived from https://www.bostonglobe.com/magazine/2016/04/20/the-gig-economy-coming-you-probably-won-like/i2F6Yicao9OQVL4dbX6QGI/story.html.

Amin, A. (2009). Locating the social economy. in Amin, A. (ed.), *The social economy: International perspectives on economic solidarity.* Zed Books.

Argawal, A., Horton, J., Lacetera, N., & Lyons, E. (2013). *Digitization and the contract labormarket: A research agenda.* NBER WP

No.19525.

Arthur, B. (2011). The second economy. *McKinsey Quarterly. Retrieved from* http://www.mckinsey.com/insights/strategy/the_second_economy

Ascoli, U., & Ranzi, C.(Eds.). (2002). *Dilemmas of the welfare mix: The new structure of welfare in an era of privatization.* New York.: Kluwer Academic/Plenum Publishers.

Atkinson, A. B. (1996). The case for a participation income. *The Political Quarterly, 67*(1), 67-70.

Atkinson, R. D., & Wu, J. (2017), False Alarmism: Technological Disruption and the U.S. Labor Market, 1850-2015. *Information Technology & Innovation Foundation(ITIF), 8 May 2017.*

Autor, D. H. (2014). Polyani's paradox and the shape of employment growth, *NBER Working Paper* No. 20485, September 2014.

Autor, D. H. (2015). Why Are There Still So Many Jobs? The History and Future of Workplace Automation. *Journal of Economic Perspectives, 29*(3), 3-30.

Bacchiega, A., & Borzaga, C. (2001). Social Enterprises as Incentive Structures: an Economic Analysis. In Borzaga, C., & Defourny, J.(eds.), *The Emergence of Social Enterprise.* Routledge.

Balaram, B., Warden, J., & Wallace-Stephens, F. (2017). *Good Gigs A Fairer Future for the UK's Gig Economy.* RSA Action and Research Center.

Barnes, M. (2002). Reaching the socially excluded?. In Kober, C., & Paxton, W.(eds), *Asset-based Welfare and Poverty: Exploring the Case For and Against Asset-based Welfare Policies*(pp. 13-16). London: Institute for Public Policy Research and End Child Poverty.

Barrez, D. (1999). Tien frank per dag voor iedereen. *De Morgen*, 22.

Bauwens, M., & Kostakis, V. (2017). Peer-to-peer: a new opportunity for the left. *Roar,* January 12.

Baweja, B., Donovan, P., Haefele, M., Siddiqi, L., & Smiles, S. (2016). Extreme automation and connectivity: the global, regional, and investment implications of the Fourth Industrial Revolution. *Paper presented at the UBS White Paper for the World Economic Forum Annual Meeting.*

Bekker, S., & Wilthagen, T. (2008). Europe's pathways to flexicurity: Lessons presented from and to the Netherlands. *Intereconomics, 43*(2), 68-73.

Bell, D. (1996). *Marxian socialism in the United States (No. 4).* Cornell University Press.

Benkler, Y. (2004). Sharing Nicely: On Shareable Goods and the Emergence of Sharing as a Modality of Economic Production, *The Yale Law Journal, 114*(2), 273-358.

__________. (2010). *The Penguin and Leviathan: the triumph of cooperation.* New York: Crown Business.

__________. (2015). 네트워크의 부, 사회적 생산은 시장과 자유를 어떻게 바꾸는가 (최은창, 역). 커뮤니케이션북스. (원서출판 2006)

Benkler, Y., & Nissenbaum, H. (2006). Commons-based Peer Production and Virtue. *Journal of Political Philosophy, 14*(4), 394-419.

Ben-Ner, A., & Gui, B. (2003). The theory of non-profit organizations revisited. In H. Anheier., & Ben-Ner, *A. The Study of the Non-profit Eenterprise: Theories and Approaches.* Kluwer Academic/Plenum.

Berg, J. (2016). Income security in the on-demand economy: Findings and policy lessons from a survey of crowdworkers. *Conditions of Work and Employment Series No. 74*, Geneva: ILO.

Blair, T., & Schroeder, G. (1998). *Europe: The Third Way/Die neu Mitte*. Friedrich Ebert Foundation South Afica Office, Working Documents No.2.

Borzaga, C., Depedri, S., & Tortia, E. (2014). Organizational variety in market economies and the emergent role of socially oriented enterprises. In Defourny, J., Hulgard, L., & Pestoff, V.(eds.), *Social Enterprise and the Third Sector: Changing European Landscapes in a Comparative Perspective*. Routledge.

Botsman, R. (2013). *The Sharing Economy Lacks a Shared Definition*. Retrieved from http://www.collaborativeconsumption.com/2013/11/ 22/ the-sharing-economy-lacks-a-shared-definition/

Botsman, R., & Rogers, R. (2010). *What's Mine Is Yours: The Rise of Collaborative Consumption*. New York: Crown Business.

Bowles, J. (2014). The computerisation of European jobs, *Bruegel*, 17 July 2014.

Bowles, S., & Gintis, H. (1998). Efficient redistribution: New rules for markets, states and communities. In E. O. Wright (ed.), *Recasting Egalitarianism: New Rules for Communities, States and Markets*, New York: Verso, pp. 3-71.

Boyer, D., & Fagnani, J. (2017). France country note. In Blum S., Koslowski A., & Moss P.(eds.), *International Review of Leave Policies and Research 2017*. http://www.leavenetwork.org/lp_and_r_reports/에서 2017. 9. 30. 인출.

Boyer, R. (2013). 조절이론: 1.기초. (서익진, 서환주, 정세은, 김태황, 이지용, 역). 뿌리와 이파리. (원서출판 2004)

Brandsen, T., Pestoff, V., & Verschuere, B. (2014). Co-production and the third sector: The state of the art in research. In Defourny, J., Hulgard, L.. & Pestoff, V.(eds.), *Social Enterprise and the Third Sector: Changing European Landscapes in a Comparative Perspective*, Routledge.

Bruni, L., & Uelmen, A. J. (2006). Religious Values and Corporate Decision Making: the Economy of Communion Project. *Fordham Journal of Corporate and Financial Law*, *XI*, 645-680.

Brynjolfsson, E., & McAfee, A. (2014). *The Second Machine Age.* New York: W. W. Norton.

____________________________. (2016). *The Second Machine Age: Work, Progress, and Prosperity in a Time of Brilliant Technologies.* Chicago: W. W. Norton & Company, Inc.

Bussemer, T., Krell, C., & Meyer, H. (2016), Social Democratic Values in the Digital Society Challenges of the Fourth Industrial Revolution, *Social Europe Occasional Paper, 10*, Friedrich Ebert Stiftung.

Calabro, A. (2012). Co-Production: An Alternative to the Partial Privatization Processes in Italy and Norway. In Pestoff, V., Brandsen, T., & Verschuere, B.(eds.), *New Public Governace, The Third Sector and Co-production, Critical Studies in Public Management* (pp. 317-336). Routledge.

Castells, M. (1997). An introduction to the information age. *City, 2*(7), 6-16.

Castells, M., Caraca, J., & Cardoso, G. (2012). *Aftermath: The Cultures of the Economic Crisis.* Oxford University Press.

Chase, R. (2016). 공유경제의 시대 (이지민 역). 신밧드프레스. (원서출판 2015)

Clasen, J., & Siegel, N. A. (2007). *Investigating welfare state change:*

*the'dependent variable problem'in comparative analysis.* Edward Elgar Publishing.

Conley, D., & Gifford, B. (2003). *Home Ownership: Social Security and the Welfare State.* New York University.

Coyle, D. (2017). Precarious and Productive Work in the Digital Economy. *National Institute Economic Review, 240*(1), F2-F2.

Daemmrich, A., & Bredgaard, T. (2013). Denmark's Flexicurity Policies. *The Oxford Handbook of Offshoring and Global Employment.*

Defourny, J. (2014). From Third Sector to Social Enterprise: A European research trajectory. In Defourny, J., Hulgard, L., & Pestoff, V.(eds.), *Social Enterprise and the Third Sector: Changing European Landscapes in a Comparative Perspective.* Routledge.

Defourny, J., & Pestoff, V. (2008). Images and Concepts of the Third Sector in Europe, *EMES Working Paper* No.08/02.

Dewilde, C., & Raeymaeckers, P. (2008). The Trade-off between Home-Ownership and Pension: Individual and Institutional Determinants of Old-Age Poverty, *Aging & Society 28*(6), 805-830.

De Decker, P., & Dewilde, C. (2010). Home-Ownership and Asset-Based Welfare: the Case of Belgium, *Journal of Housing and the Built Environment, 25*, 243-262.

De Stefano, V. (2016). The rise of the just-in-time workforce: On-demand work, crowdwork and labour protection in the gig-economy, ILO Conditions of Work and Employment Series No. 71.

De Wispelaere, J. (2015). *An Income of One's Own? The Political*

*Analysis of Universal Basic Income.*

De Wispelaere, J., & Pérez-Muñoz. C. (2015). Basic Income Between Freedom and Paternalism. *Paper delivered at the Annual MPSA Conference*, 16-19 April 2015.

DiMaggio, P. J., & Powell, W. (1983). The Iron Cage Revisited: Institutional Isomorphism and Collective Rationality in Organisational Fields. *American Sociological Review, 48,* 147-60.

Doling, J., & Elsinga, M. (2013). *Demographic Change and Houing Wealth: Homeowners, Pensions and Asset-based Welfare in Europe.* Springer Science & Business Media.

Doling, J., & Ronald, R. (2010). Home Ownership and Asset Basd Welfare, *Journal of Housing and the Built Environment, 25*(2), 165-173.

Dostal, J, M. (2008). The Workfare Illusion: Re-examining the Concept and the British Case, *Social Policy & Administration, 42*(1), 19-42.

Douglas, C. H. (2016). 사회신용 (이승현, 역). 역사비평사. (원서출판 1933)

Dunlop, T. (2016). 노동없는 미래. (엄성수, 역). 비즈니스맵. (원서출판 2016)

Duvander, A. -Z., Haas, L., & Hwang, P. (2017). Sweden country note. In Blum, S., Koslowski, A., & Moss, P.(eds.), International Review of Leave Policies and Research 2017. http://www.leavenetwork.org/lp_and_r_reports/에서 2017. 10. 13. 인출.

Ellingsaeter, A. L. (2012). *Cash for Childcare: Experiences from Finland, Norway and Sweden.* Friedrich Ebert Stiftung: International Policy Analysis.

Emmerson, C., & Wakefield, M. (2001). *The Saving Gateway and The Child Trust Fund: Is Asset-Based Welfare 'Well Fair'?* London:

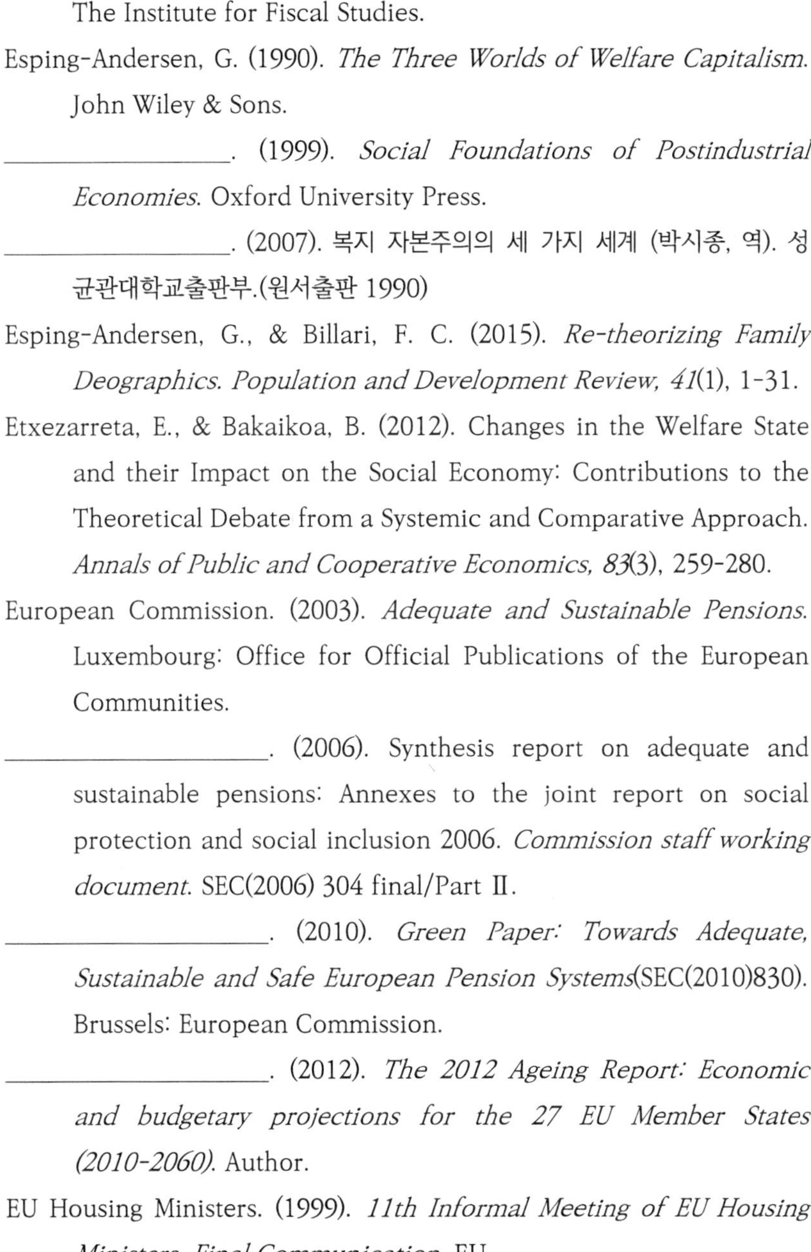

The Institute for Fiscal Studies.

Esping-Andersen, G. (1990). *The Three Worlds of Welfare Capitalism.* John Wiley & Sons.

__________. (1999). *Social Foundations of Postindustrial Economies.* Oxford University Press.

__________. (2007). 복지 자본주의의 세 가지 세계 (박시종, 역). 성균관대학교출판부.(원서출판 1990)

Esping-Andersen, G., & Billari, F. C. (2015). *Re-theorizing Family Deographics. Population and Development Review, 41*(1), 1-31.

Etxezarreta, E., & Bakaikoa, B. (2012). Changes in the Welfare State and their Impact on the Social Economy: Contributions to the Theoretical Debate from a Systemic and Comparative Approach. *Annals of Public and Cooperative Economics, 83*(3), 259-280.

European Commission. (2003). *Adequate and Sustainable Pensions.* Luxembourg: Office for Official Publications of the European Communities.

__________. (2006). Synthesis report on adequate and sustainable pensions: Annexes to the joint report on social protection and social inclusion 2006. *Commission staff working document.* SEC(2006) 304 final/Part II.

__________. (2010). *Green Paper: Towards Adequate, Sustainable and Safe European Pension Systems*(SEC(2010)830). Brussels: European Commission.

__________. (2012). *The 2012 Ageing Report: Economic and budgetary projections for the 27 EU Member States (2010-2060).* Author.

EU Housing Ministers. (1999). *11th Informal Meeting of EU Housing Ministers, Final Communication.* EU.

Evans, P. B. (2011). *Platform Economics: Essays on Multi-Sided Businesses. Chicago*, IL: Competition Policy International.

Evers, A. (2001). The Significance of Social Capital in the Multiple Goal and Resource Structure of Social Enterprise. In Borzaga C., & Defourny J.(eds.), *The Emergence of Social Enterprise.* Routledge.

________. (2005). Mixed welfare systems and hybrid organizations: changes in the governance and provision of social services. *International Journal of Public Administration, 28*(9), 737-748.

Fahey, T., Nolan, B., & Maitre, B. (2004). Housing expenditures and income poverty in EU countries. *Journal of International Social Policy, 33*(3), 437-454.

Fayard, A, L. (2016. 7. 30). Solidarity fridge. *OpenIDEO.* Retrieved for m https://challenges.openideo.com/challenge/food-waste/rese arch/solidarity-fridge.

Ferguson, J. (2017). 분배정치의 시대: 기본소득과 현금지급이라는 혁명적 실험. (조문영, 역). 여문책. (원서출판 2015).

Frankman, M. (2001). F*rom the Common Heritage of Mankind to a Planet-Wide Citizen's Income: Establishing the Basis for Solidarity.* Montreal: McGill University, Department of Economics, May.

Frey, C. B., & Osborne, M. A. (2013). The future of employment: how susceptible are jobs to computerisation?, *Working Paper,* Sep. 2013, Oxford Martin Programme on Technology and Employment. Oxford Martin School, Oxford University.

Frey, C. B. & Osborne, M. A. (2017). The Future of Employment: How Susceptible are Jobs to Computerisation?. *Technological Forecasting & Social Change, 114*, 254-280.

Friedman, M.(1962). *Capitalism and Freedom.* University of Chicago Press.

Finkle, J. L., & McIntosh, A. (1979). Policy responses to population stagnation in developed societies. In A. A. Campbell(eds.), *Social, Economic and Health Aspects of Low Fertility(pp.* 275-297). NIH Publication.

Forsakringskassan. (2017. Jan. 01.). Child Allowance and large family supplement. Retrieved 2017. 10. 13. from https://www.forsakringskassan.se/wps/wcm/connect/07a63f80-05f7-4254-b294-71e9568f0999/4058_barnbidrag_flerbarnstillagg_eng.pdf?MOD=AJPERES

Gamble, A., & Prabhakar, R. (2005). Asset and Poverty, *Theoria, 52*(107), 1-18.

Gansky, L. (2010). *The Mesh: Why the Future of Business Is Sharing Portfolio Penguin*, New York. Retrieved from https://informationdj.files.wordpress.com/2012/01/future-of-business-is-lisa-gansky.pdf

Genet, M., & Van Parijs, P. (1992). Eurogrant. *Birg Bulletin, 15*, 4-7.

Gold, L. (2012). 공유경제 (안명옥, 하윤희 역). 조윤커뮤니케이션. (원서출판 2010)

Goos, M., Konings, J., & Radmakers, E. (2016). *Future of work in the digital age: evidence from OECD countries.* Flexibility@work2016.

Goudin, P. (2016). The Cost of Non-Europe in the Sharing Economy-Economic, Social and Legal Challenges and Opportunities, European Parliamentary Research Service.

Gregory, J. (2014). The Search for an 'Asset-Effect'" What do We Want from Asset-based Welfare?, *Critical Social Policy, 34*(4), 475-494.

Haldane, A. G. (2015). *Growing, Fast and Slow.* Speech at University of

East Anglia 17 February 2015, Bank of England.

Hansmann H. (1980). The role of non-profit enterprise. *Yale Law Journal*. vol. 89.

Harris, S. D., & Krueger, A. B. (2015). A proposal for modernizing labo r laws for 21st century work: The 'independent worker. The Ha milton Project(Brookings), *Discussion Paper 2015-10*.

Herwig, S. (2015). A Critical Look at the #DigitalSingleMarket strategy *Netopia, Forum for the Digital Society*, 22 October, 2015.

HM Treasury. (n.a.). *Saving Gateway: An Overview*. Retrieved from htt p://www.webarchive.nationalarchives.gov.uk.

Holzmann, R., & Hinz, R. (Eds). (2005). *Old Age Income Support in the 21st Century: An International Perspective on Pension System and Reform*. Washington DC: The World Bank.

Howcroft, D., & Bergvall-Kåreborn, B. (2016). 크라우드워크 플랫폼의 유형론, 황덕순 외, 고용관계 변화와 사회복지 패러다임 연구에서. 한국노동연구원

Hulgard, L. (2014). Social Enterprise and the Third Sector: Innovative Service Delivery or a Non-Capitalist Economy? In Defourny, J., Hulgard, L., & Pestoff, V.(eds.), *Social Enterprise and the Third Sector: Changing European Landscapes in a Comparative Perspective*. Routledge.

Huws, U. (2014). *Labor in the Global Digital economy: The Cybertariat Comes of Age*. New York: Monthly Review Press.

_______. (2015). iCapitalism and the Cybertariat: Contradictions of the Digital Economy. *Monthly Review, 66*(8), 42-57.

ILO. (2012). *From precarious work to decent work: outcome document to the worker's symposium on policies and regulations to combat precarious employment*. International

Labour Office, Bureau for Workers' Activities. Geneva: Author.

___. (2016). *Non-standard employment around the world: Understanding challenges, shaping prospects International Labour Office.* Geneva: Author.

International Social Security Association & Social Security Administration(ISSA). (2016), *Social Security Programs Throughout the World: Europe, 2016*, Washington, DC: John W. R. Phillips.

Intuit. (2010). Twenty Trends That Will Shape The Next Decade. *INTUIT 2020 Report.*

_____. (2015). *Intuit Forecast: 7.6 Million People in On-Demand Economy by 2020. Retrieved form* http://investors.intuit.com/press-releases/press-release-details/2015/intuit- forecast76-million-people-in-on-demand-economy-by-2020/default.aspx

Iversen, T., & A. Wren. (1998). Equality, Employment, and Budgetary Restraint: The Trilemma of the Service Economy. *World Politics, 50*(4), 507-546.

Jensen, C. S. (2011). *The flexibility of flexicurity: The Danish model reconsidered. Econimic and industrial Democracy, 32(4), 721-737.*

Jessop, B. (1991). The Welfare State in the Transition from Fordism to Post-Fordism. In Jessop, B., Kastendiek, H., Nielsen, K. and Pedersen, O, K.(eds.), *The Politics of Flexibility: Restructuring State and Industry in Britain, Germany and Scandinavia.* Edward Elgar.

________. (1993). Towards a Schumpeterian Workfare State? Preliminary Remarks on Post-Fordist Political Economy. *Studies in Political Economy*, (40). 7-40.

Jessop, B., Moulaert, F. , Hulgard, L., & Hamdouch, A. (2013). Social innovation research: a new stage in innovation analysis? In Moulaert, F., MacCallum, D., Mehmood, A., & Hamdouch, A. (eds.), *The International Handbook on Social Innovation*. Edward Elgar.

Jordan, B. (2012). The low road to basic income? Tax-Benefit Integration in the UK. *Journal of Social Policy, 41*(1), 1-17.

Katz, L., & Krueger, A. (2016). The Rise and Nature of Alternative Work Arrangements in the United States, 1995-2015, *Working Paper* 22667, National Bureau of Economic Research.

Kempson, E., McKay, S., & Coilard, S. (2003). *Evaluation of the CFLI and Saving Cateway Pilot Projects. Interim Report on the Saving Gateway Pilot Project.* University of Bristol: Personal Finance Research Centre.

Kenny, M., & Zysman, J. (2016). What is the future of work? Understanding the platform economy and computation-intensive automation. *BRIE Working Paper* 2016-9.

Keynes, J. M. (1932). Economic Possibilities for our Grandchildren (1930). In *Essays in Persuasion*(pp. 358-373). New York: Harcourt Brace.

Kollewe, J. (2017, May 11). New Uber blow as European legal adviser s ays service should be licensed like taxis. *The Guardian*.

Korpi, W., & Palme, J. (1998). The Paradox of Redistribution and Strategies of Equality: Welfare State Institutions, Inequality, and Poverty in the Western Countries. *American Sociological Review, 63*(5), 661-687.

Korpi, W. (2000). Faces of inequality: Gender, Class and patterns of inequalities in different types of welfare states. *Social Politics,*

*7*(2), 127-191.

Kostakis, V., & Bauwens, M. (2014). *Network Society and Future Scenarios for a Collaborative Economy.* Basingstoke: Palgrave

Krashinsky M. (1986). Transaction costs and a theory of the non-profit organizations. In Ackerman R.(eds.), *The Economics of Non-profit Institutions.* New York: Oxford University Press.

Kymlicka, W. (2002). *Contemporary Political Philosophy: An Introduction.* Oxford University Press

Langley, P., & Leyshon, A. (2016). Platform capitalism: The intermediation and capitalisation of digital economic circulation. *Finance and Society*, Early View, 1-21.

Laville, J. L., & Nyssens, M. (2001). The Social Enterprise: Towards a Theoretical Socio-Economic Approach. In Borzaga C., & Defourny J.(eds.), *The Emergence of Social Enterprise.* Routledge.

Leadbeater, C. (1999). New measures for the new economy. In International symposium on measuring and reporting intellectual capital: Experience, issues, and prospects. reconsidered, *Economic and Industrial Democracy, 32*(4). 721-737.

Lee, M, J. (1993). *Consumer Culture Reborn: The Cultural Politics of Consumption.* Routledge.

Le Grand, J., & Nissan, D. (2000). *A Capital Idea: Start-up Grants for Young People.* London: Fabian Society.

Lerner, J. (2002). Patent Protection and Innovation Over 150 Years. *NBER Working Papers*, 8977.

Lessig, L. (2008). *Remix: Making Art and Commerce Thrive in the Hybrid Economy.* New York: The Penguin Press.

Lipietz, A. (1985). Akkumulation, Krise und Auswege aus der Krise: einige methodische Uberlegungen zum Begriff "Regulation" *Prokla, 15*(58), 109-137.

Lund, A. (2017). *Wikipedia, Work and Capitalism: A Realm of Freedom?* London & New York: Palgrave Macmillan.

Manyika, J., Lund, S., Bughin, J., Robinson, K., Mischke, J., & Mahajan, D. (2016). *Independent Work: Choice, Necessity and the Gig Economy*. McKinsey Global Institute.

Martinelli, L. (2017). The Fiscal and Distributional Implications of Alternative Universal Basic Income Schemes in the UK. *IPR Working Paper*. University of Barth.

McIntosh, C. A. (1986). Recent Pronatalist Policies in Western Europe. *Population and Development Review, 12*, 218-334.

Meade, J. E. (1995). *Full Employment Regained? An Agathotopian Dream*. Cambridge: Cambridge University Press.

Meyer, H. (2016). The digital revolution and inequality: how should governments respond? A special issue of the Technological Revolution. *Journal for a Progressive Economy, 7*, 34-37.

Mills, G., Patterson, R., Orr. L., & DeMarco, D. (2004). *Evaluation of the American Dream Demonstration: Final Evaluation Report*. Cambridge, Massachussetts: Abt Associates Incorporated.

Moffit, R. A. (2004). The Idea of a Negative Income Tax: Past, Present, and Future. *Focus, 23*(2), 1-3.

Mokyr, J. (2014). Secular stagnation? Not in your life. In C. Teulings & R. Baldwin.(eds.), *Secular Stagnation: Facts, Causes and Cures* (pp. 83~89). A VoxEU.org eBook. London: CEPR Press.

Mokyr, J., Vickers, C. & Ziebarth, N. L. (2015). The History of Technological Anxiety and the Future of Economic Growth: Is

This Time Different?. *Journal of Economic Perspectives, 29*(3), 31-50.

Naumann, I., McLean, C., Koslowski, A., Tisdall, K., & Lloyd, E. (2013) *Early Childhood Education And Care Provision: International Review Of Policy, Delivery And Funding Final Report.* Centre for Research on Families and Relationships The University of Edinburgh. http://www.gov.scot/Publications/2013/03/4564/0에서 2017. 9. 23. 인출.

Norden. (2014). *The Nordic Countries in Figures 2014.* Nordic Council of Ministers.

Nyssens, M. (2014), European work integration social enterprises: Between social innovation and isormophism. In Defourny, J., Hulgard, L., & Pestoff, V.(eds.), *Social Enterprise and the Third Sector: Changing European Landscapes in a Comparative Perspective.* Routledge

O'Connor, J. (1990). The fiscal crisis of the state. 현대국가의 재정위기(우명동, 역). 서울: 이론과 실천.(원서출판 1972)

OECD. (2011). *Government at a Glance.* Paris: OECD Publishing.

_____. (2013a). *Factbook: Economic, Environmental and Social Statistics.* Paris: OECD Publishing,

_____. (2013b). Family Policy Database: PF 1.3 Family cash benefits. OECD Benefits and wages database 2013. http://www.oecd.org/ els/soc/PF1_1_Public_spending_on_family_benefits.pdf에서 2017. 10. 12. 인출.

_____. (2013c). *OECD Framework for Statistics on the Distribution of Household Income, Consumption and Wealth.* OECD Publishing.

_____. (2015a). *Government at a Glance.* Paris: OECD Publishing,

_____. (2015b). *Pensions at a Glance 2015: OECD and G20 indicators.*

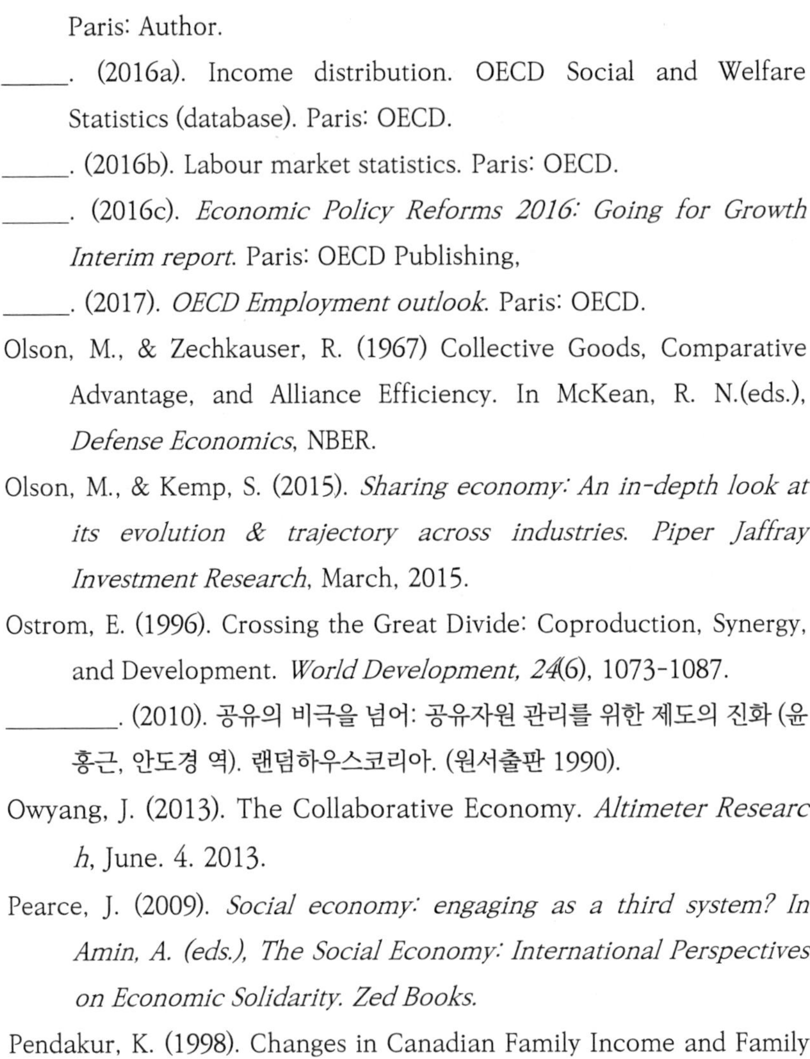


Paris: Author.

_____. (2016a). Income distribution. OECD Social and Welfare Statistics (database). Paris: OECD.

_____. (2016b). Labour market statistics. Paris: OECD.

_____. (2016c). *Economic Policy Reforms 2016: Going for Growth Interim report.* Paris: OECD Publishing,

_____. (2017). *OECD Employment outlook.* Paris: OECD.

Olson, M., & Zechkauser, R. (1967) Collective Goods, Comparative Advantage, and Alliance Efficiency. In McKean, R. N.(eds.), *Defense Economics,* NBER.

Olson, M., & Kemp, S. (2015). *Sharing economy: An in-depth look at its evolution & trajectory across industries. Piper Jaffray Investment Research,* March, 2015.

Ostrom, E. (1996). Crossing the Great Divide: Coproduction, Synergy, and Development. *World Development, 24*(6), 1073-1087.

________. (2010). 공유의 비극을 넘어: 공유자원 관리를 위한 제도의 진화 (윤홍근, 안도경 역). 랜덤하우스코리아. (원서출판 1990).

Owyang, J. (2013). The Collaborative Economy. *Altimeter Researc h,* June. 4. 2013.

Pearce, J. (2009). *Social economy: engaging as a third system? In Amin, A. (eds.), The Social Economy: International Perspectives on Economic Solidarity. Zed Books.*

Pendakur, K. (1998). Changes in Canadian Family Income and Family Consumption Inequality Between 1978 and 1992, *Review of Income and Wealth, 44*(2), 259-283.

Pestoff, V. (2004). The development and future of the social economy in Sweden. In Evers A., & Laville J. L.(eds.), *The Third Sector in Europe.* Edward Elgar.

________.(2009). *A Democratic Architecture for the Welfare State*. Routledge.

Pew Research Center. (2014). *Emerging and developing economies much more optimistic than rich countries about the future*, Pew Research Center, 9 October.

Polanyi, K. (1944). *The Great Transformation*. Rinehart & Company.

_________. (1991). 거대한 변환. (박현수, 역). 민음사. (원서출판, 1944).

Prabhakar, R. (2008). The Assets Agenda and Social Policy, *Social Policy & Administraion 43*(1), 54-69.

Price waterhouseCoopers. (2017). Consumer Spending Prospects and the Impact of Automation on Jobs. *UK Economic Outlook*, March 2017.

PwC. (2014). The Sharing Economy. *Consumer Intelligence Series*, April, 2015.

Raymond, E. S. (2014). 성당과 시장 (정직한, 최준호, 송창훈, 이기동, 윤종민 역). 서울: 한빛미디어. (원서출판 2010).

Raventós, D. (2016). 기본소득이란 무엇인가. (이재명, 이한주, 역). 책담. (원서출판 2007).

Reich, R. (2015). Why work is turning into a nightmare: The new 'sharing' economy is really about sharing the scraps, *Alternet*, February 3. 2015.

Rifkin, J. (2002). 소유의 종말 (이희재 역). 서울: 민음사. (원서출판 2000).

_______. (2014). 한계비용 제로 사회: 사물인터넷과 공유경제의 부상 (안진환 역). 서울: 민음사. (원서출판 2014)

_______. (2016). How the Third industrial Revolution Will Create a Green Economy, *NPQ*, Winter, 2016, 6-10.

Ritakallio, V. M. (2003). The Importance of Housing Costs in Cross National Comparisons of Welfare (State) Outcomes.

*International Social Security Review, 56*(2), 81-101.

Salamon, L. M. (1987). Of market failure, voluntary failure, and third party of government relations in the modern welfare state. *Journal of Voluntary Action Research, 16*(2), 29-49.

Salamon, L. M., & Anheier, H. K. (1998). Social Origins of Civil Society: Explaining the Nonprofit Sector Cross-Nationally. *Voluntas: International Journal of Voluntary and Nonprofit Organization, 9*(3), 213-248.

Scholz, T. (2016). *Platform Cooperativism: Challenging the Corporate Sharing Economy.* Rosa Luxemburg Stiftung, New York Office.

Schor, J. (2014). *Debating the Sharing Economy, Great Transition Initi ative*, October 2014. Retrieved from http://www.greattransitio n.org/publication/debating-the-sharing-economy

Schreiner, M., Clancy, M., & Sherraden, M. (2002). *Final Report. Saving Performance in the American Dream Demonstration. A National Demonstration of Individual Development Accounts.* St Louis: Centre for Social Development.

Schumpeter, J. A. (1934). *The Theory of Economic Development: An Inquiry into Profits, Capital, Credit, Interest, and the Business Cycle* (trans. Opie, R. from the second German edition of 1926). Harvard University Press.

Schwab, K. (2016). *The Fourth Industrial Revolution: What It Means, H ow to Respond.* Retrieved from https://www.weforum.org/age nda/2016/01/the-fourth-industrial-revolution-what-it- means-and-how-to-respond/

Sipilä, J., & Korpinen, J. (1998). Cash versus Child care Services in Finland. *Social policy and Administration, 32*(3), 263-77.

Sprague, R. (2015). Worker (mis) classification in the sharing economy

: Square pegs trying to fit in round holes. *ABA Journal of Labor & Employment Law, 31*, 53-76.

Standing, G. (1990). The road to workfare: Alternative to welfare or threat to occupation? *International Labour Review, 129*(6), 677-691.

__________. (2008). How cash transfers promote the case for basic income. *Basic Income Studies, 3*(1).

Steinberg, R. (2006). Economic theories of non-profit organizations. In Powell, W., & Steinberg, R.(eds), *The Non-Profit Sector: a Research Handbook*(pp. 221-243). Yale University, AEB.

Stephany, A. (2015). *The Business of Sharing: Making It in the New Sharing Economy.* London: Palgrave Macmillan.

Stiglitz, J. E. (2017). *Markets, States and Institutions.* Roosevelt Institution Working Paper. Roosevelt Institute.

Storm, S., & Naastepad, C. W. M. (2013). Wage-led or profit-led supply: wages, productivity and investment. *Wage-Led Growth: An Equitable Strategy for Economic Recovery*, 100-124.

Strahilevitz, L. J. (2007). Wealth without Markets? (reviewing Benkler, Y. The Wealth of Networks: How Social Production Transforms Markets and Freedom (2006)), *The Yale Law Jornal, 116*(7), 1472- 1516.

Sundarajan, A. (2016). *The Sharing Economy: The End of Employment and the Rise of Crowd-Based Capitalism.* Cambridge & London: Palgrave Macmillan.

Sundararajan, A. (2017). *The Collaborative Economy: Socioeconomic, Regulatory and Policy Issues.* Directorate General for Internal Policies, Policy Department A: Economic and Scientific Policy, European Parliament.

The Economist. (2013, Mar 9). All eyes on the sharing economy. *The Economist.*

UBS. (2016). Extreme automation and connectivity: The global, regional, and investment implications of the Fourth Industrial Revolution. *UBS White Paper for the World Economic Forum Annual Meeting 2016.*

Valentinov, V. (2008). The economics of the non-distribution constraint: a critical reappraisal. *Annals of Public and Cooperative Economics, 79*(1), 35-52.

Vamstad, J. (2012). Co-production and service quality: A new perspective for the Swedish welfare state. In Pestoff. V., Brandsen, T. & Verschuere, B.(eds.), *New public governance, the third sector and co-production.* Routledge.

Van Parijs, P. (1995). *Real Freedom for All.* Oxford University Press.

__________. (2004). Basic income: a simple and powerful idea for the twenty-first century. *Politics & Society, 32*(1): 7-39.

__________. (2006). Basic Income: A Simple and powerful idea fre the twenty-first century. In Ackerman, B., Alstott, A., & Van Parijs, P. *Redesigning Distribution.* London: Verso.

__________. (2016). 모두에게 실질적 자유를: 기본소득에 대한 철학적 옹호 (조현진 역). 후마니타스. (원서출판 1995).

Van Parijs, P., & Vanderborght, Y. (2017). *Basic Income: A Radical Proposal for a Free Society and a Sane Economy.* Harvard University Press.

Vivarelli, M. (2012). *Innovation, Employment and Skills in Advanced and Developing Countries: A Survey of the Literature*, Institute for the Study of Labor.

Watson, M. (2009). Planning for the Future of Asset-based Welfare?:

New Labour, Financialized Economic Agency and the Housing Market, *Practice and Research, 24*(1), 41-56.

Weisbrod, B. A. (1975). Toward a theory of the voluntary non-profit sector in a three sector economy. In Phelps E. S.(eds.), *Altruism, Morality and Economic Theory*. New York: Russell Sage.

Weitzman, M. L. (1984). *The Share Economy: Conquering Stagflation*, harvard Univ.

White, S. (2003). *Fair reciprocity and basic income. Andrew Williams and Andrew Reeves, Real Libertarianism Assessed,* Basingstoke, Macmillan.

Wilthagen, T., & Tros, F. (2008). 네덜란드식 유연안정성. 국제노동브리프, 6(3), 13-22.

World Bank. (1994). *Averting the Old Age Crisis*. Author.

__________. (2012). International Patterns of Pension Provision II: A Worldwide Overview of Facts and Figures. *Discussion Paper, 1211*. Author.

World Economic Forum(WEF). (2016). The Future of Jobs. Employmen t, Skills and Workforce Strategy for the Fourth Industrial Revolut ion. *Global Challenge Insight Report*.

Yates, J., & Bradbury, B. (2010). Home Ownership as a Crumbling Fourth Pillar of Social Insurance in Australia, *Journal of Housing and the Built Environment, 25*, 193-211.

## 홈페이지

알파고. (n.d.) 나무위키. https://namu.wiki/w/알파고에서 2017. 11. 10. 인출.

고용노동부 홈페이지. http://www.moel.go.kr/policyinfo/new/safety/vie w_content10.jsp에서 인출.

__________________. https://www.ei.go.kr/ei/eih/eg/pb/pbPersonBnef/retrievePb0302Info.do에서 2017. 10. 12. 인출.

고용노동부 청년내일채움공제 홈페이지. https://www.work.go.kr/youngtomorrow에서 2017. 12. 31. 인출.

덴마크 노동고용위원회. http://uk.bm.dk/에서 2017. 9. 5. 인출.

서울시복지재단. (2017). 꿈나래통장. http://www.welfare.seoul.kr/business/hope/about/dream에서 2017. 11. 9. 인출.

____________. (2017). 희망플러스통장. http://www.welfare.seoul.kr/business/hope/about/hope에서 2017. 11. 13. 인출.

____________. (2017). 희망두배 청년통장. http://www.welfare.seoul.kr/youth/section/introduction/action에서 2017. 11. 9. 인출.

서울을 가지세요 홈페이지. 한지붕 세대공감 사업. http://have.seoul.go.kr/lcList.action?m=list&service_id=219&tr_code=snews에서 2017. 8. 31. 인출.

선거정보포털 중앙선거관리위원회. 19대 대통령 각 정당 후보공약집. http://policy.nec.go.kr/svc/policy/PolicyContent119.do에서 2017. 10. 12. 인출.

에어비앤비 홈페이지. https://www.airbnb.co.kr/help/article/1857/what-are-airbnb-service-fees에서 2017. 8. 31. 인출.

__________________. https://www.airbnb.co.kr/help/article/1581/what-are-experiences에서 2017. 8. 31. 인출.

우버 코리아 홈페이지. https://www.uber.com/ko-KR/ride/에서 2017. 8. 4. 인출.

의안정보시스템, http://likms.assembly.go.kr/bill/main.do에서 2017. 10. 13. 인출.

박광온 의원안, [2002599]아동수당의 지급에 관한 법률안(박광온 의원 등 36인), 2016-10-07.

곽정숙 의원안, [1808254]아동복지법 일부개정법률안 (곽정숙 의원 등 13

인), 2016-4-26.
김우남 의원안, [1806943]아동수당법안(김우남 의원 등 10인), 2009-12-09.
이낙연 의원안, [1806700]아동수당에 관한 법률안(이낙연 등 13인), 2009-11-25.
양승조 의원안, [1800845]아동복지법 일부개정법률안(양승조 의원 등 15인), 2008-09-04.
중앙자활센터 홈페이지. http://www.cssf.or.kr/new_home/bigsub1/sub3/sub2.asp?no=1에서 2017. 9. 30. 인출.
통계청. 근로형태별 사회보험가입자 비율 및 증감. http://kosis.kr/statHtml/statHtml.do?orgId=101&tblId=DT_1DE7081&vw_cd=&list_id=B1A_101_160&seqNo=&lang_mode=ko&language=kor&obj_var_id=&itm_id=&conn_path=MT_ZTITLE에서 2017. 12. 31. 인출.
통계청. 인구동향조사 각 연도. http://ww.ndex.go.kr/potal/stts/idxMain/selectPoSttsIdxSearch.do?idx_cd=2917&stts_cd=291702에서 2017. 10. 12. 인출.
한국농어촌공사. 농지연금. http://www.fplove.or.kr에서 2017. 11. 13. 인출.
한국사회복지협의회. (2017). 디딤씨앗통장. http://www.adongcda.or.kr에서 2017. 11. 9. 인출.
한국주택금융공사. (2017). 주택연금. http://www.hf.go.kr/hf에서 2017. 11. 13. 인출.
희망내일키움통장. (2017). 희망내일키움통장. http://www.hopegrwing.com에서 2017. 11. 12. 인출.
e-나라지표. 출산 및 육아휴직 현황. http://www.index.go.kr/potal/main/EachDtlPageDetail .do?idx_cd=1504에서 2016. 10. 12. 인출.
________. 인구동향조사. http://ww.index.go.kr/potal/stts/idxMain/selectPoSttsIdxSearch.do?idx_cd= 2917&stts_cd=291702에서 2017. 10. 12. 인출.
________. 주요국의 GNI 대비 수출입비율. http://www.index.go.kr/potal/

stts/idxMain/selectPoSttsIdxSearch.do?idx_cd=4006&stts_cd=400604&freq=Y에서 2017. 10. 17. 인출.

Basic Income Earth Network. (n.d.). About basic income. http://basicincome.org/basic-income/에서 2017. 12. 31. 인출.

Boyer & Fagnani. (2017). http://www.leavenetwork.org/fileadmin/Leavenetwork/Country_notes/2017/France.FINAL.10may2017.pdf에서 2017. 9. 30. 인출.

Creative Commons. (n.d.). In Wikipedia. https://en.wikipedia.org/wiki/Creative_Commons#cite_note-3에서 2017. 8. 20. 인출.

Duvander, Haas & Hwang. (2017). http://www.leavenetwork.org/fileadmin/Leavenetwork/Country_notes/2017/Sweden_2017_FINAL.pdf에서 2017. 10. 13. 인출.

Fordism. (n.d.). In Wikipedia. https://en.wikipedia.org/wiki/Fordism에서 2017. 10. 17. 인출.

Free and open-source software. (n.d.). In Wikipedia. https://en.wikipedia.org/wiki/Free_and_open-source_software에서 2017. 8. 20. 인출.

Galdakao. (n.d.). In Wikipedia. https://en.wikipedia.org/wiki/Galdakao에서 2017. 8. 20. 인출.

Homeaway 홈페이지, https://www.homeaway.co.kr/pages/press에서 2017. 8. 31. 인출.

OECD family policy database. http://www.oecd.org/els/soc/PF1_1_Public_spending_on_family_benefits.pdf에서 2017. 10. 12. 인출.

______________________. https://www.oecd.org/els/soc/PF2_1_Parental_leave_systems.pdf에서 2017. 10. 12. 인출.

______________________. http://www.oecd.org/els/soc/PF1_3_Family_Cash_Benefits_Jul2013.pdf에서 2017. 10. 13. 인출.

OECD Social Expenditure Database(SOCX). http://www.oecd.org/social/e

xpenditure.htm에서 2017. 12. 31. 인출.

Peer production. (n.d.). In Wikipedia. https://en.wikipedia.org/wiki/Peer_production에서 2017. 8. 20. 인출.

Uber. (n.d.). In Wikipedia. https://en.wikipedia.org/wiki/Uber_(company에서 2017. 8. 3. 인출.

Zipca. (n.d.). In Wikipedia. https://en.wikipedia.org/wiki/Zipcar에서 2017. 8. 20. 인출.

## 관련 자료

강남훈. (2017b). 한국형 기본소득 모델의 가구별 소득재분배 효과. 한국사회경제학회 학술대회 자료집, 1-20.

이재완. (2010). '아동수당법' 제정 더 이상 미룰 수 없다, 복지동향, 144, 8-11.

장지연. (2013). 육아휴직 활용실태와 개선과제. 노사정위 일자리위원회.

통계청. (2017a). 2017 통계로 보는 여성의 삶. 동 기관.

Hansmann, H. (1987). Economic Theories of Nonprofit Organization. In Powell, W.(eds.), *The Nonprofit Sector.* Yale University Press.

## 간행물회원제 안내

**▶ 회원에 대한 특전**

- 본 연구원이 발행하는 판매용 보고서는 물론 「보건복지포럼」, 「보건사회연구」도 무료로 받아보실 수 있으며 일반 서점에서 구입할 수 없는 비매용 간행물은 실비로 제공합니다.
- 가입기간 중 회비가 인상되는 경우라도 추가 부담이 없습니다.

**▶ 회원종류**

- 전체 간행물회원: 120,000원
- 보건분야 간행물회원: 75,000원
- 사회분야 간행물회원: 75,000원
- 정기 간행물회원: 35,000원

**▶ 가입방법**

- 홈페이지(www.kihasa.re.kr) – 발간자료 – 간행물구독안내

**▶ 문의처**

- (30147) 세종특별자치시 시청대로 370 세종국책연구단지 사회정책동 1~5F
  간행물 담당자 (Tel: 044-287-8157)

## KIHASA 도서 판매처

- 한국경제서적(총판) 737-7498
- 영풍문고(종로점) 399-5600
- Yes24 http://www.yes24.com
- 교보문고(광화문점) 1544-1900
- 서울문고(종로점) 2198-2307
- 알라딘 http://www.aladdin.co.kr